I0779078

El diario literario: poética e historia

El diario literario: poética e historia

ESTUDIOS HISPÁNICOS EN EL CONTEXTO GLOBAL
HISPANIC STUDIES IN THE GLOBAL CONTEXT
HISPANISTIK IM GLOBALEN KONTEXT

Edited by Ulrich Winter, Christian von Tschilschke
and Germán Labrador Méndez

VOLUME 11

PETER LANG

Álvaro Luque Amo

El diario literario: poética e historia

PETER LANG

Bibliographic Information published by the Deutsche Nationalbibliothek
The Deutsche Nationalbibliothek lists this publication in the Deutsche
Nationalbibliografie; detailed bibliographic data is available online at
http://dnb.d-nb.de.

El Departamento de Filología de la Universidad de Cádiz
ha financiado parte de la publicación de este libro
mediante una ayuda de su Contrato Programa 2020.

ISSN 2364-8112
ISBN 978-3-631-81108-5 (Print)
E-ISBN 978-3-631-82902-8 (E-PDF)
E-ISBN 978-3-631-82903-5 (EPUB)
E-ISBN 978-3-631-82904-2 (MOBI)
DOI 10.3726/b17261

Parte II. El diario literario: una poética

**Parte III.	El *Salón de pasos perdidos*: el diario literario de Andrés Trapiello**

**III. 1.	Andrés Trapiello y el proyecto del *Salón de pasos perdidos***

**III. 2.	La poética diarística de Andrés Trapiello**

**III. 3.	El *Salón de pasos perdidos:* texto literario**

**III. 4.	El *Salón de pasos perdidos:* diario personal**

**III. 5.	El *Salón de pasos perdidos:* diario autobiográfico**

**III. 6.	El *Salón* y el asentamiento del diario personal en la literatura española**

Epílogo

Referencias bibliográficas

Presentación

En la narrativa occidental del siglo XX y comienzos del XXI es constatable una reafirmación del Yo como personaje literario. Si en el Siglo de Oro español la novela picaresca se caracteriza por el moderno uso de la primera persona, y en los siglos XVIII y XIX la tradición europea incorpora este elemento en la elaboración de un gran número de novelas u obras autobiográficas —desde *Diario de un seductor*, de Kierkegaard, hasta *Apuntes del subsuelo*, de Dostoievski; por no hablar de las autobiografías de Rousseau, Chateaubriand o Goethe—, va a ser en el siglo XX cuando decaiga la hegemonía del relato omnisciente decimonónico y proliferen obras narrativas cuya estructura se desarrolla a partir del Yo, que se convierte en eje central del relato literario. Es paradigmático el caso de Marcel Proust y los volúmenes de *En busca del tiempo perdido*, pero se puede hablar de muchos autores que emplean este marco en su obra narrativa, como Henry Miller en Estados Unidos, Albert Camus en Francia, Cesare Pavese en Italia, Ernst Jünger en Alemania o Azorín en España, por citar algunos ejemplos de la primera mitad de siglo. En la segunda parte del siglo XX, y sobre todo a partir de la década de los 70, el uso del Yo entra en contacto con aquellas novelas que priman la construcción de *lo real* en el texto y tiene lugar un auge de los géneros autobiográficos, en los que la primera persona narrativa tiene un peso sustancial. Esta circunstancia es fruto de un doble proceso. Por un lado, después de la aparición de la non fiction en *Estados Unidos —con la publicación en 1965 de A sangre fría*, la novela de Truman Capote— se hace patente la nueva inclinación de la narrativa occidental por modelos propios del *relato real* —bautizada por George Steiner con el nombre de *posficción* para definir una «masa de no ficción» regida por la «poética del documento» (Steiner, 2003: 104)—. En este grupo de textos se encontrarían los relatos construidos a través de un discurso referencial y entre los que destacan formas como la novela periodística, la biografía literaria o la crónica novelística. Por otro lado, en las décadas de los 70 y 80 se localiza un incremento de la teoría sobre escritura autobiográfica, que ilustra sobre el asentamiento de los géneros autobiográficos en el sistema literario y además patrocina el surgimiento de etiquetas como *autoficción*, la cual va a tener un rutilante ascenso en la teoría literaria de las últimas décadas. En este contexto, el Yo narrativo pasa a ser uno de los elementos más relevantes de la literatura contemporánea desde los años 70 hasta nuestros días.

En la evolución experimentada por el Yo narrativo en la literatura de los últimos siglos, y su función en las diferentes formas de discurso, hay que diferenciar entre géneros ficcionales y autobiográficos, pues en ocasiones el análisis ha tendido a la ausencia de distinción y a la confusión interpretativa. En la literatura occidental se puede encontrar una trayectoria paralela en textos narrativos, por un lado, escritos en primera persona y pertenecientes a modalidades propias de la ficción tradicional, como novelas y relatos, y, por otro lado, textos que se relacionarían con géneros documentales, vinculados a lo que más tarde se va a llamar discurso autobiográfico,[1] como crónicas aventureras, diarios espirituales y de navegación o memorias de soldados en la época del Siglo de Oro. Es muy posible que la existencia previa de este último tipo de textos en las sociedades de la época configurase un horizonte de expectativas que explique el surgimiento posterior de obras novelísticas basadas en la narración vital del protagonista, como sucede en el paradigma del género: el *Lazarillo de Tormes*. Lo anterior ejemplifica el proceso de contagio entre las formas autobiográficas y ficcionales, que actúan como vasos comunicantes. Sucede de igual modo en la época contemporánea, cuando en el siglo XVIII y XIX los novelistas incorporan rasgos de las formas autobiográficas en sus novelas, principalmente el diario personal y el discurso epistolar,[2] lo que repercute en el asentamiento de los géneros autobiográficos en el sistema literario, el cual acontece paulatinamente y se debe, entre otros motivos, a la proliferación de los textos novelísticos que emplean estas formas narrativas ya en el siglo XX. Este asentamiento es lento porque los géneros autobiográficos cuestionan los límites entre discurso ficcional y referencial, declarados ya en la *Poética* de Aristóteles, que para muchos teóricos y preceptistas han supuesto la verdadera diferencia entre texto literario y no-literario. En los últimos tiempos, sin embargo, diversas formas referenciales han sido asimiladas por el sistema literario; como señala Antoine Compagnon, «la literatura ha reconquistado en el —siglo— XX una parte de los territorios perdidos: junto a la novela, el drama y la poesía lírica, el poema en prosa ha obtenido sus títulos de nobleza, la biografía y el relato de viajes han sido rehabilitados, y así sucesivamente» (Compagnon, 2015: 36). Entre estas modalidades destacadas por Compagnon se encuentran los géneros autobiográficos, que a pesar de esta incorporación al sistema literario mantienen su naturaleza referencial, tal y como aquí se va a sostener en la línea de Philippe Lejeune (1994). Se trata de una corriente de textos en la que se

---

1   El término *autobiografía* aparece en Alemania a finales del XVIII según lo establecido por Georges Gusdorf, quien localiza el neologismo en un texto de Friedrich Schlegel de 1798 (Gusdorf, 1991a: 83).
2   Sam Ferguson ha incidido en el proceso de contagio entre lo ficcional y lo autobiográfico experimentado por el diario personal desde su nacimiento (Ferguson, 2018).

inscriben aquellas narraciones cuya estructura depende del desarrollo de un Yo que es al mismo tiempo personaje literario y referencial, por lo que se constituye como una de las vetas más ilustrativas a la hora de entender el papel del Yo en la literatura contemporánea.

Partiendo de este contexto, este libro está dedicado al estudio del diario personal, que es uno de los géneros autobiográficos por excelencia y cuya estructura presenta un desarrollo del Yo narrativo sin parangón en otras modalidades. A semejanza de lo que ocurre con la autobiografía, el origen del diario personal es documental; el diario se conforma ante todo como una estructura textual, mediante la cual el diarista escribe sobre su día a día acerca de los asuntos más diversos. Como se analizará más adelante, se escriben diarios desde los siglos XIV y XV, cuando su función es generalmente cronística y contable; se trata de diarios que carecen de un carácter individual. A medida que se desarrolla la clase social burguesa y se configura el moderno concepto de sujeto, el diario empieza a ser empleado por individuos que registran en él aspectos de su personalidad. En ese momento nace el diario personal, cuyo desarrollo tiene lugar principalmente en los siglos XVII y XVIII, cuando se generaliza su uso —tratándose de una actividad privada y en muchas ocasiones secreta— y empieza a protagonizar la estructura algunas novelas, lo que arroja luz sobre sus posibilidades literarias. Ya en los siglos XIX y XX se publican multitud de diarios personales y novelas diarísticas en casi todos los países europeos y occidentales, y aproximadamente desde mitad del siglo pasado hasta la actualidad se multiplican los estudios sobre el diario personal como género literario. Según la perspectiva que se va a sostener en este trabajo, esta evolución demuestra el asentamiento del texto diarístico de carácter autobiográfico —y por lo tanto diferenciado de la novela-diario o del diario autoficcional— en el sistema literario, lo que daría como resultado la existencia del diario literario, género que evidencia la evolución experimentada por esta práctica en su paso de documento personal y privado a obra pública y literaria. La evolución de este proceso es lenta y progresiva, lo que no impide que en la actualidad se trate de una de las formas narrativas que con mayor claridad capitaliza la importancia del Yo como personaje literario.

El estudio está dividido en tres partes. En la primera se establece un acercamiento historiográfico al diario personal como práctica privada y su evolución hasta constituirse como manifestación literaria a partir del siglo XIX; en la segunda parte se analiza desde un punto de vista teórico-literario el diario personal como texto literario con el objetivo de edificar una poética de lo que se va a denominar *diario literario*; y en la tercera parte se estudia el *Salón de pasos perdidos*, diario de Andrés Trapiello, como paradigma de este género en la literatura española. Esta estructura permite exponer el proceso experimentado por el diario personal hasta constituirse como uno de los géneros más novedosos del actual sistema literario. En este sentido, se considera el diario literario como una modalidad narrativa que muestra los derroteros tomados por la literatura occidental contemporánea, dado que, como sostiene Andrés Trapiello, «seguramente el diario literario sea el género de la modernidad, el que le es más característico, aquel que no existía antes de ella y que puede representarla mejor que ningún otro» (Trapiello, 1998a: 15). Con el advenimiento del diario literario nace un nuevo tipo de autor en la literatura occidental: el diarista que escribe con la conciencia de publicar su texto para ubicarlo en los confines del sistema literario. Un tipo de autor que apenas ha sido tratado en el contexto de los estudios literarios hispánicos, lo que arroja luz sobre la relevancia del presente trabajo.

Introducción

El diario personal en el sistema literario. Nociones generales

El diario personal ha experimentado un complejo encaje en el sistema literario. Las particularidades de la obra diarística como texto derivado de la práctica cotidiana de llevar un diario, actividad mantenida con frecuencia en el espacio privado, ha limitado en muchas ocasiones a la crítica, cuyo interés se ha visto reducido a una interpretación psicologista del formato. El texto diarístico, en su origen aparecido póstumamente, se ha concebido desde esta perspectiva como un texto no destinado a la publicación, interpretación que conllevaría una amputación de su carácter comunicativo y su inserción dentro de la pragmática literaria. El caso más ilustrativo está representado por un artículo de Hans Rudolf Picard (1981), quien, como se discutirá más adelante, le otorga especial importancia al origen del diario como práctica privada, no destinada a su publicación y cuyo texto derivado se conformaría como un ente, según su terminología, funcionalmente a-literario.

A esta primera circunstancia se le han sumado los inconvenientes propios de las modalidades textuales autobiográficas, que se pueden dividir en dos grandes obstáculos: por un lado, su carácter histórico y referencial, que lo enfrentaría según la poética tradicional al carácter ficcional de lo literario; por otro lado, y en menor medida, un desprestigio sistematizado de lo autobiográfico que Philippe Lejeune ha calificado como el *proceso* (Lejeune, 1997) y que estaría basado en la minusvaloración, por parte de la crítica literaria, de la escritura de vida frente a una escritura imaginativa de verdadero valor. Este desprestigio resulta especialmente acusado en España, en donde además se ha forjado una suerte de creencia basada en la supuesta incompatibilidad entre el carácter español y lo autobiográfico; Ortega y Gasset, con su declaración sobre la antipatía del español hacia las modalidades autobiográficas,[3] divulgaba en 1927 una idea que ya estaba

---

3   Es célebre el enunciado. En un artículo sobre las memorias de la marquesa de La Tour-du-Pin, Ortega y Gasset compara la producción autobiográfica francesa y española, y achaca la diferencia de resultados al carácter de los ciudadanos de sendos países: «Las Memorias son el resultado de una *delectatio morosa* en el gran pecado de vivir. No es, pues, sorprendente que en Francia superabunden las Memorias. (…) El temple de la raza española, estrictamente inverso. ¡No puede extrañar la escasez de Memorias y novelas si se repara que el español siente la vida como un universal dolor de muelas!» (Ortega y Gasset, 1927: 172–173).

en autores foráneos como Philarète Chasles (Durán López, 2005: 16) y que se extrapola a la práctica del diario: Eusebio García-Luengo, en las páginas de un ABC de 1955, va a señalar que «es raro suponer en un escritor español la disciplina, la minuciosidad y, en cierto modo, la cicatería que se precisan para llevar un diario» (García-Luengo, 1955).

Lo anterior ha redundado en la lenta y tardía inserción del diario en el sistema literario. Esta puede considerarse posterior a la de la autobiografía, que despertó un interés, en autores como Lejeune y en la escuela teórica deconstruccionista, a partir del cual se catapultó el género en las décadas de 1970 y 1980. La atención generalizada hacia el diario, en cambio, no ha llegado hasta finales del siglo XX y comienzos del XXI, cuando en Francia (Simonet-Tenat, 2004; Braud, 2006; Lejeune, 2016), en Alemania (Wuthenow, 1990; Dusini, 2005) y en el contexto anglosajón (Blythe, 1989; Langford; West, 1999; Podnieks, 2000; Lejeune, 2009; Jackson, 2010; Heehs, 2013; Ferguson, 2018) se multiplican los acercamientos, y en España aparecen el primer ensayo teórico (Trapiello, 1998a) y la primera monografía (Caballé, 2015a). En 1984, Juan Carlos Rodríguez va a vaticinar este interés cuando señala que el diario condensa toda «la problemática de la literatura moderna» (Rodríguez, 1984: 254), y Harold Bloom, en uno de los textos con más proyección de la teoría literaria actual como es *El canon occidental* (Bloom, 1995), incide en esta idea al incorporar, junto a las obras más emblemáticas de Dante, Montaigne, Shakespeare o Cervantes, varios diarios personales.[4]

Pese a esta normalización crítico-literaria, el diario todavía ocupa un lugar marginal como objeto de estudio y, sobre todo en algunos contextos como el hispánico, escasean las aportaciones que vengan a analizar su papel concreto como texto literario. Esto explica la dificultad para clasificar las diferentes manifestaciones de una forma moldeable y engañosa como el diario, así como la vacilación constante en el uso de las etiquetas; para referirse al diario como una manifestación literaria, en el contexto hispánico se han empleado indistintamente los sintagmas de diario íntimo, diario de escritor, dietario o diario literario, lo que evidencia la ausencia de concreción de su espacio en el sistema literario y la necesidad de análisis que aclaren la definición y función de lo que se va a considerar, al final de esta investigación, como un nuevo género literario.

No obstante, ante la indefinición genérica que se deduce de lo anterior, hay que aclarar que la relación entre diario y literatura se muestra de forma patente

---

4   En la tradición anglosajona destaca los diarios de Ralph Waldo Emerson, en la francesa los de André Gide, en la alemana los de Franz Kafka y en la portuguesa cita el *Libro del desasosiego*, el diario de Fernando Pessoa.

en diversas aproximaciones teóricas a lo diarístico desde fechas relativamente tempranas. Si bien hasta la segunda mitad del siglo XX no aparecen los estudios más importantes sobre el diario como género literario, entre los que cabría destacar el de Alain Girard publicado en 1963 (Girard, 1986) —con los matices pertinentes, al analizar el diario como diario íntimo—, puede rescatarse una concepción del diario como expresión literaria que ya late en los pensadores de las escuelas formalistas rusas de la primera mitad de siglo. Viktor Shklovski, fundador de la *Opojaz*, considera así el diario «como un hecho literario de un género particular», para señalar que «los diarios juveniles de Tolstói son no solo huellas de su vida interior, sino también experiencias literarias» (Shklovski, 1975: 32), e Iuri Tinianov emplea la forma diarística precisamente para recalcar el carácter convencional de lo literario:

> Una carta de Deryavin a un amigo, por ejemplo, es un hecho de la vida social; en la época de Karamzin y de Pushkin la misma carta fue un hecho literario. Lo testimonia el carácter literario de memorias y de diarios en un sistema literario y de su carácter extraliterario en otro (Tinianov, 2005: 78).

De las declaraciones de dos teóricos de tal relevancia, en sendas intervenciones de las que pocos autores de la teoría autobiográfica se han hecho eco, se puede extraer una concepción del diario como género ya asentado en el sistema literario, lo que arroja luz sobre las posibilidades literarias que la forma diarística, a pesar de la falta de investigaciones que expliquen su papel en tal contexto, sugiere desde su origen.

A propósito de la escasez de estudios sobre el diario como género literario, cabe destacarse en último lugar una ausencia aún mayor: la falta de una teoría del diario relevante. En este sentido, lo que ha diferenciado a la autobiografía del diario, y lo que afecta por extensión a sus diferentes trayectorias en el sistema literario, es la atención teórica que ha recibido la primera y que aún tiene que dedicarse a la segunda; no ha habido, hasta el momento, una poética que explique el papel cada vez más notorio del diario en la literatura hispánica.[5]

Partiendo de este vacío, e intentando ocupar parte del mismo, este trabajo presenta una reflexión sobre el diario personal entendido como género y el papel que este mantiene en el actual sistema literario. La perspectiva es, por tanto, teórica, pero ante todo está construida para plantear un objetivo concreto: esclarecer

---

5 De parecida opinión es Jordi Gracia cuando analiza la recepción del diario en España, que según su perspectiva «aún espera un buen análisis extenso de conjunto» (Gracia, 2018: 37).

el papel del diario como forma autobiográfica en la literatura hasta llegar a conformarse como lo que, en última instancia, se denominará *diario literario*.

Los condicionantes del diario, obra fronteriza

Situar el diario personal en los confines de la literatura implica aclarar algunos aspectos de perspectiva. El primero de ellos se relaciona con su origen derivado de la práctica privada de llevar un diario, a partir del cual se ha especulado frecuentemente sobre las posibilidades de un texto aparentemente no concebido, en su origen y durante los primeros siglos en los que se documenta esta práctica, para la publicación. Esta intención primigenia del diarista, según la cual este evitaría la publicidad de su texto, es destacada por Picard para alertar de la falta de espacio comunicativo en lo que él denomina «el auténtico diario» (Picard, 1981: 15). Tal teoría no presenta mayores problemas, pues en seguida Picard llega al punto culminante de su planteamiento: la publicación del diario, a partir del siglo XIX y de la aparición del interés por lo diarístico, habilita su constitución como género y acaba con toda la problemática anterior. Sin embargo, este deja en su análisis algunos rastros que muestran una cierta idealización del documento previo; así la utilización del adjetivo «auténtico» o la consideración del texto diarístico concebido para la publicación como una obra totalmente diferente al texto llevado a cabo antes de la divulgación del diario como género. Aunque algunas hipótesis de su planteamiento tienen mucho valor, como las referidas a las diferentes cualidades y estrategias retóricas que el diario va adquiriendo a medida que accede al sistema literario —una de las bases del presente trabajo—, en general su análisis, tal y como señala Miguel Hierro, está preso de «la fascinación por el accidente de la no publicación» (Hierro, 1999: 104). En este sentido, y como ya he sostenido en otro lugar (Luque Amo, 2016), pueden hallarse las mismas características literarias en textos diarísticos como los diarios de Samuel Pepys y los de Amiel, concebidos en una época en la que el diario era percibido, al menos aparentemente, como mero documento. El momento de escritura, si bien fundamental para entender las diferentes manifestaciones diarísticas, así como para determinar la constitución de una obra que aparentemente no nació para ser *opus*, obra cerrada, no determina exactamente la naturaleza del diario, a la manera en que ocurre con otras formas literarias —ciertos poemas o novelas no se conciben para su divulgación pública y, sin embargo, terminan funcionando como tales— y como será expuesto en este trabajo.

Más relevante, desde un punto de vista teórico, es su condición de texto interdisciplinar. Tratándose de un texto autobiográfico, el análisis del diario tiene que afrontar los grandes desafíos de lo que Darío Villanueva define como «la paradoja» de esta manifestación discursiva (Villanueva, 1993); a saber, en la terminología aristotélica, su naturaleza histórica y poética a partes iguales, lo que sitúa el diario en una zona fronteriza —destacada por Manuel Alberca a propósito de la autobiografía (Alberca, 1999) y que Shapiro definía como «continente oscuro de la literatura» (Shapiro, 1968)— entre dos tipos de aproximaciones teóricas: por un lado, las que ubican el texto en las inmediaciones de lo histórico, en cuyo espacio el diario tendría ante todo un interés documental; y, por otro, las que destacan su carácter literario. Estas dos perspectivas, a priori, no son incompatibles entre sí, pero para afrontar el problema teórico en toda su complejidad hay que añadir los matices aportados por algunos acercamientos al texto autobiográfico, los cuales sitúan este en uno de los dos espacios sin posibilidad de diálogo. En el caso de aquellos teóricos que interpretan lo autobiográfico como escritura exclusivamente referencial, si bien el número es escaso, habría que destacar la tradición autobiográfica francesa encabezada por Philippe Lejeune, y que en ocasiones ha obviado las posibilidades narrativas y ficcionales del diario: en *El pacto autobiográfico*, Lejeune destacaba el carácter de la autobiografía opuesto «a todas las formas de ficción» y emparentado con «el discurso científico e histórico» (Lejeune, 1994: 76); si bien trataba el texto autobiográfico como texto literario, y más adelante se desdecía de una primera postura tan radical (Lejeune, 1994: 132), su oposición a la poética ficcional plantea numerosos problemas.[6] Ha sido más relevante para la construcción de tal polémica la perspectiva opuesta, encabezada por los autores escépticos del pacto autobiográfico y representada en el texto de Paul de Man: «La autobiografía como desfiguración» (De Man, 1991). Desde esta perspectiva, carecería de sentido interpretar el texto diarístico como un texto histórico, toda vez que su idiosincrasia, como la de todos los textos literarios, sería puramente ficcional; y en esta línea hay que interpretar el nuevo concepto de autoficción, etiqueta que algunos autores han utilizado para definir la naturaleza del diario personal en la literatura.

Volviendo a la paradoja de Villanueva, y entre estas dos perspectivas, el planteamiento de este trabajo apuesta por ahondar en la naturaleza contradictoria del diario personal en la literatura: desde este posicionamiento, el texto resultante posee una condición referencial y ficcional, y ninguna de estas dos es insoslayable. Por el contrario, hay que encontrar las virtudes del diario precisamente en su carácter fronterizo; el diario es un texto con carácter referencial, que tiene un

---

6   Lejeune ha vuelto a hacer patente su postura en un texto más reciente en donde acuña el concepto de *antificción* (Lejeune, 2007), que además, como se verá más adelante, aplica al diario.

interés histórico y que, como asevera Carlos Pujol, se lee y será leído «por lo que tiene de autorretrato, más que por los juicios y testimonios que contenga» (Pujol, 1994: 107); esto es, por lo que tiene de literatura.

A su vez, y de modo inevitable, el análisis del diario en la literatura conducirá a una reflexión sobre la definición del hecho literario en el sistema literario contemporáneo: decidir dónde se sitúa lo diarístico y lo autobiográfico implica, de modo inverso, definir qué es la literatura en la actualidad. Al analizar qué ha sido y qué es lo diarístico en lo literario, y por extensión lo autobiográfico, rápidamente se llega a una concepción de la literatura como hecho convencional, ajustado a los parámetros impuestos por los códigos sociales y culturales de una determinada época. Se veía de forma muy clara en la cita recogida de Iuri Tinianov, en donde precisamente una forma como el diario le servía para explicar el carácter cambiante del sistema literario. Se parte así de una concepción de lo literario que, siguiendo a Bobes Naves, subraya «el alto grado de fluctuación que presentan las obras literarias» (Bobes Naves, 2008a: 58), dado que «los límites de la literatura y la subliteratura se han visto alterados en ocasiones; los de la literatura y la historia igualmente han oscilado en el tiempo» (Bobes Naves, 2008a: 39).

En estrecha relación con lo anterior, se acudirá con regularidad a cuestiones afines a la teoría de los géneros literarios. Ya Tzvetan Todorov, a partir del lema «no ha habido nunca literatura sin géneros» (Todorov, 1988: 34), destacaba la relación consustancial entre literatura y género, para lo que además empleaba, en su discusión con Blanchot, una forma como la del diario, que trataba sin dudarlo como un género (Todorov, 1988: 33); se puede deducir entonces que un estudio del diario necesitará un marco teórico sobre el género que explique el paso de práctica cotidiana convencionalmente no literaria a su constitución como forma literaria pública. En el caso del diario, entendido habitualmente en conexión con otras formas autobiográficas, se añadirá su relación con la existencia de un macrogénero autobiográfico al que se ha aludido de diferentes formas: literatura autobiográfica, escrituras autobiográficas o literatura del yo, entre muchas denominaciones. En este trabajo se utiliza la denominación de Literatura del Yo, que autores como Jordi Gracia (1993),[7] Darío Villanueva (1995) o Anna Caballé (1995: 17) así emplean.

---

7   Es muy clarificadora la definición que aporta Jordi Gracia: «La literatura del yo (en su acepción más reducida y también problemática: las memorias y autobiografías) no sería tanto un cuerpo de reglas como una manera de contar y revelar una verdad (la experiencia exterior y/o interior del yo), basada en la fiabilidad histórica y documental

En último lugar, caben ser destacados los inconvenientes que implica la heterogeneidad de los nombres utilizados para referirse al diario en el contexto literario. Si bien en la tradición francesa se populariza el término *diario íntimo* desde la publicación del diario de Amiel, y en España tiene cierta proyección por contagio, en el resto de literaturas europeas apenas hay ejemplos de utilización de tal nombre (Lejeune y Bogaert, 2006: 23). Este, además, tiende a identificar el diario con las nociones de privacidad y realza su posible carácter secreto, lo que, desde nuestro punto de vista, induce a confusión teórica. Otro término que en los últimos años ha tenido cierto éxito, sobre todo en la bibliografía hispánica, es *diario de escritor*; este nombre, utilizado por Jordi Gracia (2018) y por Alberto Giordano (2011) entre otros, opera erróneamente en varias direcciones: con su carácter redundante, limita el texto al prestigio del diarista al mismo tiempo que imposibilita la existencia de un género que subordine, y no al contrario, la figura del autor —los diarios de Iñaki Uriarte no son unos diarios de escritor; por el contrario, Uriarte sí es conocido debido a su faceta de diarista y no por otra faceta—. Frente a los anteriores, es preferible utilizar el término *diario literario*; este, de corto recorrido en España, es bastante frecuente en Alemania desde la publicación de Albert Gräser en 1955 (Gräser, 1955). Amelia Cano Calderón (1987), Andrés Trapiello (1998a), Manuel Alberca (2000) y Romera Castillo (2000) fueron los primeros que lo emplearon en España, y en 2016 lo he recuperado en un trabajo que es preámbulo de esta tesis (Luque Amo, 2016). Este término engloba las diferentes manifestaciones diarísticas que pueden relacionarse con la literatura y no induce a error frente a las formas autoficcionales —diarios novelados o, si se quiere, novelas-diario—. Una autora de prestigio en los estudios autobiográficos como Anna Caballé vuelve a emplearlo recientemente (Caballé, 2017) para referirse a una forma similar a la que se va a describir aquí, de tal manera que muestra la consolidación del término.

Andrés Trapiello, diarista

Puede afirmarse que, en su papel de herramienta canónica, la *Historia y crítica de la literatura española* dirigida por Francisco Rico introduce el diario en el sistema literario español, conformándose como la primera historia literaria que incluye esta nueva modalidad narrativa. En el tomo coordinado por Jordi Gracia y publicado en el año 2000, el propio Gracia escribe junto a José-Carlos Mainer

---

que el lector confía al texto» (Gracia, 1993: 26). En esta definición está todo: literatura y, al mismo tiempo, pacto autobiográfico basado en la confianza del lector.

un capítulo denominado «Diario de escritor» (Gracia y Mainer, 2000) en el que analiza la llegada del diario a las letras españolas, con especial incidencia en la época posterior a la Transición. En ese capítulo, para empezar, Gracia reconoce una de las bases de este trabajo, que es la constitución del autor del diario como escritor: «el diarista español de las últimas décadas se reconoce como escritor y lo es en todos los medios posibles» (Gracia y Mainer, 2000: 449). Para Gracia, en el contexto español es a partir de los años 80 cuando se puede hablar de la aparición de un autor que por primera vez es considerado como diarista; si bien su etiqueta, la de «diario de escritor», tiende a confundir el objeto de estudio según nuestra perspectiva,[8] lo interesante es el reconocimiento de una nueva figura autorial en el sistema literario. En este mismo capítulo, además, se incluye un texto de mayor relevancia ahora; se trata de un análisis que José-Carlos Mainer lleva a cabo a propósito de los diarios de Andrés Trapiello. Aunque por esa fecha —el texto originario es de 1997 (Mainer, 1997)— Trapiello solo había publicado cinco tomos de su diario, el *Salón de pasos perdidos*, la obra del escritor ya es canonizada y situada por Mainer «entre las obras definitivas de la literatura de los últimos veinticinco años españoles» (Gracia; Mainer, 2000: 460).

Con cierta unanimidad, Andrés Trapiello ha sido considerado el diarista español más importante de las últimas décadas. El mismo Jordi Gracia lo ha confirmado recientemente al señalar que sus diarios se han conformado como «el símbolo de la aclimatación completa del diario de autor en nuestra sociedad literaria» (Gracia, 2018: 43), opinión que comparten Félix de Azúa al calificar el proyecto diarístico de Trapiello de «documento literario único en un país tradicionalmente roñoso en literatura memorialista» (Azúa, 2012) y «uno de los monumentos en la literatura española de dos siglos» (Azúa, 2013); así como Juan Bonilla al definirlo como el diario «más colosal de la literatura en español, no solo por su extensión —alcanza las 10000 páginas— sino también por la calidad» (Bonilla, 2016); y Félix Ovejero cuando lo cataloga como un producto «único en nuestra tradición literaria» (Ovejero, 2017), entre otros autores de relevancia. El *Salón de pasos perdidos*, título que engloba los actuales veintidós tomos de

---

8   El análisis de Jordi Gracia introduce además otro elemento problemático, como es la frecuente utilización del término *dietarista* para referirse al escritor de dietarios. Este último término, de origen catalán, es empleado por Jordi Gracia y otros autores para referirse a una forma abierta, externa, del diario, enfrentada a la puramente privada del diario íntimo. Este trabajo, sin embargo, y como se desarrollará más adelante, opta por emplear el sintagma *diario literario*, que supera la oposición entre los diarios que construyen un espacio íntimo y los que, en la terminología de Unamuno (Unamuno, 1958: 96), se podrían denominar *éxtimos*.

la obra diarística de Trapiello desde 1990 hasta 2019, es, en suma, el diario más relevante del panorama diarístico español; no solamente por su magnitud —que en 2019 supera las 11000 páginas— sino también por su calidad literaria, en los términos en los que se ha manifestado Bonilla y que expresan un pensamiento generalizado en la crítica española. Su relevancia en el sistema literario español actual, por tanto, determina el primer elemento de interés para su análisis en el presente trabajo: si un diario es capaz de entrar en el canon literario con tal consistencia, su estudio facilitará el análisis de esta forma como texto literario.

A esta relevancia se le suma la particularidad específica del *Salón de pasos perdidos* como texto, la cual problematiza los elementos más importantes del diario en su relación con lo literario. Hay muchas características que destacan una voluntad de pergeñar una poética diarística diferente: el diario se compone de entradas sin fechar; el contenido parte del Yo, pero está compuesto de materiales tan heterogéneos y perspectivas tan dispares como los de cualquier novela contemporánea; Trapiello transforma el documento diarístico original hasta dar a la imprenta un texto muy diferente, ya literaturizado, y el propio autor ha incorporado a la saga el subtítulo de *novela en marcha*, con todo lo que ello implica. A partir de esta poética, Trapiello ha llevado al extremo las posibilidades literarias del diario como forma autobiográfica, hasta el punto de concebir su texto, como señala Jordi Gracia, como «un laboratorio literario en marcha» que ha producido «una intensiva y obsesiva reelaboración de estrategias para entregar la experiencia vivida o imaginada trabada a un eje muy potente —un yo literario, un personaje—, dispuesto a subirse a todas las naves y géneros posibles» (Gracia, 2018: 42). El resultado final es un texto nuevo, que no tiene antecedentes en la literatura hispánica y que crea una forma diferente de entender el diario, por medio de la cual Gracia ha definido a Trapiello como «el diarista más original y menos conformista con la práctica escolástica del género» (Gracia, 2018: 43).

Este último argumento repercute en dos aspectos esenciales para nuestro propósito: en primer lugar, el *Salón de pasos perdidos* es un texto extraordinariamente rico desde un punto de vista teórico; el diario de Trapiello no solo presenta una propuesta narrativa diferente sino que además incorpora una poética explícita representada por las numerosas reflexiones genéricas que el autor lleva a cabo en el texto y también en el paratexto, en donde puede incorporarse todas las ideas expuestas en entrevistas y otros medios, así como en su ensayo *El escritor de diarios* (Trapiello, 1998a). En segundo lugar, el texto entra en relación con gran parte de los diarios de su época y, lo que resulta más interesante, con la crítica. No son escasos, en este sentido, los reproches que la crítica le ha brindado al proyecto de Trapiello desde el principio; desde autores especialistas en la literatura autobiográfica opuestos a la poética rupturista de Trapiello hasta los críticos que no encuentran en el diario síntomas de literariedad, pasando por las personas damnificadas a causa de los comentarios personales vertidos en estas páginas. Dado que Trapiello responde desde las propias páginas del diario con un tono claro y valiente, regalando algunos de los episodios más polémicos de esta obra, se produce un diálogo entre autor y recepción del texto que en última instancia enriquece el debate teórico e ilumina aspectos de interpretación.

Tanto las críticas del proyecto, que pueden entenderse como el peaje que Trapiello paga por proponer una nueva poética en la narrativa española actual, como la inevitable metateoría sobre el diario que el *Salón de pasos perdidos* incorpora, son síntomas en definitiva del ismo genérico que representa el proyecto de Trapiello en el sistema literario, lo que no es sino un reto para su recepción. José María Micó, en el prólogo a su reciente edición de la *Comedia* de Dante, señala, sobre «los grandes autores y textos clásicos que constituyen lo que suele llamarse el canon literario», que «no los define su representatividad y están ahí porque no se parecen a sus contemporáneos, porque transgredieron las normas, superaron las teorías e hicieron algo que nadie más hizo» (Micó, 2018: 7). Si bien el grado y valor de la aportación literaria de Trapiello están aún por determinar, hay muchas similitudes entre la definición de Micó y el estatus del *Salón de pasos perdidos* en el sistema literario; así, en su calidad de obra rupturista con el canon y al mismo tiempo prolongadora del mismo, no hay un texto más genuino y a la vez más representativo de las posibilidades del diario en la literatura contemporánea. Trapiello, en otra de sus empresas cervantinas, decide romper un género y crearlo a partes iguales, para situar el diario en el centro del sistema literario, lo que hace del *Salón* un texto idóneo para los objetivos teóricos de este trabajo.

Los estudios sobre el diario personal

El estado de la teoría sobre escritura diarística y el diario personal como texto literario puede colegirse de lo adelantado en el primer punto de la introducción: en las últimas décadas se han sucedido los acercamientos, desde el ámbito de los estudios literarios, a una modalidad que había estado marginada hasta fechas muy recientes. En la valoración de estos trabajos habría que diferenciar entre la atención recibida por el diario personal en el ámbito internacional y la cosechada en el específico de la crítica española, contexto en el que se sitúa el presente trabajo.

En el plano internacional, las investigaciones sobre el diario personal surgen de forma generalizada a mitad del siglo XX. En Francia, el diario se analiza en el contexto de las escrituras autobiográficas en el primer trabajo que dedica un apartado concreto a la forma diarística, *La découverte de soi*, de Georges Gusdorf, publicado en 1948. En este trabajo, el interés se centra en la capacidad del diario para registrar la formación del sujeto. Cuatro años después, Michèle Leleu emplea también una perspectiva psicologista en el primer monográfico dedicado al diario personal en Francia: *Les journaux intimes* (Leleu, 1952). Tanto Gusdorf como Leleu emplean la forma *journal intime*, que va a ser la predominante hasta los estudios del siglo XXI. El uso de esta denominación se acompaña, además, de una perspectiva amplia del diario personal; se tomará como una forma discursiva de interés histórico y psicológico, y la perspectiva literaria será secundaria. De forma similar ocurre con la primera publicación de relevancia en el ámbito francés, *Le journal intime* (1963), de Alain Girard. Aunque el trabajo de Girard posee un gran valor para la definición y la periodización del objeto de estudio, el punto de vista es sobre todo de carácter sociológico y, si bien caracteriza el diario personal —diario íntimo, según su terminología— como un nuevo género literario, el análisis teórico-literario del diario es escaso, como le reprocha Philippe Lejeune (1997: 66). Habrá que esperar a 1976, fecha en la que Béatrice Didier publica *Le journal intime*, para encontrar el primer estudio que analiza el diario personal como texto literario y muestra consciencia de ello (Didier, 1976: 139). Se puede señalar que el citado texto inaugura la teoría literaria sobre el diario personal en Francia, para adelantarse a las publicaciones que, ya en el siglo XXI, se suceden cada cierto número de años.[9] Entre estas últimas, destacan a comienzos de siglo los trabajos de Françoise Simonet-Tenant (2004) y de Michel Braud (2006), que ya ofrecen, tras analizar su surgimiento y evolución como práctica personal, una poética del diario personal en calidad de género literario. En el caso del segundo, es el primer monográfico de estas características que denomina a la forma diarística como *diario personal*, lo que resulta de gran interés, porque problematiza por primera vez el término *diario íntimo* y, a su vez, lidera una nueva corriente de estudios que prefiere emplear la etiqueta *diario personal*, como es el caso de Philippe Lejeune, quien, después de publicar en 2006 *Le journal intime. Histoire et antologie* (Lejeune y Bogaert: 2006), manda a la imprenta en 2016 *Aux origines*

---

9   Justo en esta época, además, se celebra en Grenoble el coloquio «Le journal intime et ses formes litteraires», organizado por Victor del Litto y cuyo volumen publicado no supone un avance en la problemática del diario en el sistema literario, pero testimonia ya cierta asunción por parte de la crítica de los rasgos literarios de esa forma de escritura y de la confirmación del género en una zona aledaña al canon. Del Litto se propone en este volumen «analizar los problemas múltiples puestos por este nuevo género que es el diario íntimo», si bien añade «si género hay» (Del Litto, 1978: VII).

du journal personnel (Lejeune, 2016).[10] Los textos de Simonet-Tenant y Braud, frente a los de Lejeune, de carácter historiográfico, favorecen una perspectiva teórico-literaria sobre el diario. En la misma línea, cabe destacar en último lugar el trabajo de Catherine Rannoux, quien en 2004 publica *Les fictions du journal littéraire: Paul Léautaud, Jean Malaquais, Renaud Camus* (Rannoux, 2004), el primer monográfico que emplea la denominación *diario literario* en Francia para mostrar el asentamiento de la teoría y crítica aplicadas al diario personal como texto literario.

En el caso anglosajón y alemán, las fechas registradas para la aparición de las primeras aproximaciones al diario personal son similares. En Estados Unidos de América aparece la bibliografía de William Matthews en el año 1950 (Matthews, 1984); aunque el enfoque es referencial y en ningún momento se problematiza el estatus literario del diario personal, el corpus historiográfico es de una relevancia extraordinaria. En el contexto británico destaca la aparición del texto de Fothergill, *Private Chronicles,* en 1974 (Fothergill, 1974), en la medida en que se conforma como la primera obra anglosajona en plantear un estudio del diarista como autor literario. A partir de la publicación de este texto, los acercamientos se van a suceder, teniendo especial importancia los estudios de Blythe (1989), Simons (1990), Langford y West (1999), Jackson (2010), Heehs (2013), Ferguson (2018), así como los de Merry (1979) y Podnieks (2000), que emplean el término *diary literary* por primera vez; especialmente importante es el de Bruce Merry, que analiza la forma del diario literario como género específico para conformarse como un preámbulo del presente trabajo. En Alemania, Albert Gräser publica en 1955 *Das literarische Tagebuch. Studien über Elemente des Tagebuchs als Kunstform*, que es destacable toda vez que relaciona diario personal y literatura mucho antes que los demás textos internacionales. En las décadas posteriores, los textos de Boerner (1969), Wuthenow (1990) y Dusini (2005) confirman el asentamiento del diario personal en la teoría literaria alemana.

En lo que respecta a España, por otra parte, no se registra una verdadera atención al diario personal hasta la década de 1990, cuando se produce la primera ola de estudios críticos. Décadas antes, en 1962, Manuel Granell y Antonio Dorta dan a la imprenta el primer texto que afronta la forma del diario personal: una

---

10 El propio Lejeune ya había empleado este término en una fecha muy temprana para titular dos libros que, sin embargo, solo recogían y analizaban los resultados de una serie de encuestas que el autor llevó a cabo para obtener información acerca de la práctica privada de llevar un diario personal: *La pratique du journal personnel: enquête* (1990) y «*Cher cahier…*»: *témoignages sur le journal personnel* (1990). No se trataba, en ningún caso, de analizar esta modalidad en el sistema literario.

antología que intenta recopilar los ejemplos de lo que estos autores denominan, por influencia francesa, *diario íntimo*. La antología de Granell y Dorta es muy amplia, con bastante recorrido internacional, y se conforma como una gran novedad en la hasta entonces desierta bibliografía española, pero apenas ofrece interés desde un punto de vista teórico-literario más allá de algunas ideas que los autores —que no eran especialistas en literatura, conviene apuntar— desarrollan en la introducción. En 1970, Guillermo de Torre dedica tres páginas de su *Doctrina y estética literarias* al diario personal (Torre, 1970: 605–607), pero expresa una opinión negativa acerca del diario personal como género literario: «Por mi parte me sumo a quien ve en todo diario íntimo un cementerio de artículos abortados» (Torre, 1970: 606). En 1981, José Romera Castillo dedica una breve parte (Romera Castillo, 1981: 46–49) de su texto «La literatura, signo autobiográfico» al estudio del diario personal, en donde realiza un amplio registro de diarios personales publicados y algunas menciones, a partir de Lejeune y Guillermo de Torre, al diario como género literario. Romera Castillo, en el primer texto de estas características, se adelanta varios años a la generalización de los trabajos en forma de artículo, producida a finales de los años 80 y principios de los 90. En 1984, Juan Carlos Rodríguez analiza en un pequeño capítulo de *La norma literaria* el diario personal y sus vínculos con la poesía —el pasaje posee interés por su valor teórico, así como por su análisis de la relación de Unamuno con la escritura diarística— (Rodríguez, 1984: 252–258), y ya en 1987 Amelia Cano Calderón dedica un breve artículo al estudio del diario personal en exclusiva, a propósito de sus diferentes denominaciones (Cano Calderón, 1987). En 1995 Anna Caballé publica el primer monográfico de relevancia que se acerca a las escrituras autobiográficas para incluir lo que denomina *diario íntimo*; la inclusión no supone una parte importante del libro (Caballé, 1995: 51–57), pero ya anticipa el interés creciente por esta nueva forma discursiva.[11] En ese mismo año, Laura Freixas publica un artículo dedicado al diario íntimo en España (Freixas, 1995) y en 1996 dirige un número en *Revista de Occidente* que supone la definitiva confirmación del diario personal en los estudios crítico-literarios españoles (Freixas *et alii*, 1996). Estos trabajos apenas profundizan en el carácter literario del diario; Caballé, por ejemplo, define el diario como a-literatura, siguiendo las discutibles tesis de Picard (Caballé, 1995: 52). A partir de estas fechas se van a suceder los

---

11 Es destacable la similitud entre la definición que establece Caballé del diario y la ofrecida por Romera Castillo años antes. Si Romera definía el diario como «la quintaesencia de la literatura íntima» (Romera Castillo, 1981: 46), Caballé lo describe como «la quintaesencia de la literatura autobiográfica» (Caballé, 1995: 51).

artículos de diferentes autores: es el caso de Romera Castillo, que en 1992 dedica algunas notas al diario personal que prosiguen su referido interés comenzado en 1981 (Romera Castillo, 1992), y en el año 2000 publica un artículo que analiza los diarios personales publicados en España entre 1993 y 1995 (Romera Castillo, 2000); Jordi Gracia, quien expone un detallado análisis del desarrollo del diario personal en España (Gracia, 1997); Jorge Luna Borge, que dedica un artículo al diario íntimo en 1997 (Luna Borge, 1997); también Manuel Alberca, que en el año 2000 va a publicar el primer monográfico académico dedicado al diario personal, *La escritura invisible. Testimonios sobre el diario íntimo* (Alberca, 2000), si bien se trata de un texto que concibe el diario como una forma meramente referencial e histórica;[12] y finalmente Virgilio Tortosa, que va a dedicar un minucioso artículo (Tortosa, 2000), publicado más tarde como capítulo de su libro *Escrituras ensimismadas: la autobiografía literaria en la democracia española* (Tortosa, 2001), a la escritura del diario personal en España.

En las publicaciones anteriores, la teoría literaria sobre el diario personal es escasa, aunque en muchos de ellos se da por supuesta su capacidad literaria. En 1998, Andrés Trapiello publica *El escritor de diarios*, que, si bien no se trata de un libro académico, supone la primera aproximación teórica de importancia al diario personal en España; aquí Trapiello expone una teoría sobre el diario personal y su relación con la novela que será de interés a lo largo de todo el presente trabajo y, además, pergeña un acercamiento histórico al diario personal en España de importancia para el momento. Las reacciones a la obra van desde la decepción de Freixas (1998) hasta el entusiasmo de Gracia (1998), pero en todo caso se evidencia la importancia de este ensayo, que deviene el primero de la crítica española en intentar construir una poética del nuevo género. Otro diarista, Miguel Sánchez-Ostiz, dedica unas páginas de *El vuelo del escribano* (Sánchez-Ostiz, 1999: 131–144) a teorizar sobre el diario personal y en ese mismo año de 1999 Manuel Hierro publica el primer artículo de gran interés teórico (Hierro, 1999), aunque se ve limitado por su concepción del diario personal como diario íntimo y la problemática que se deriva del debate acerca del carácter privado o público de la forma diarística. Finalmente, en el año 2000, Gracia y Mainer incluyen el mencionado capítulo sobre el diario personal en la *Historia y crítica de la*

---

12 El libro de Alberca es fruto de las entrevistas que lleva a cabo desde años antes y que recoge en diversas publicaciones (Alberca, 1997; 1998). Las entrevistas, en la línea de Lejeune, tienen como objetivo informar acerca de la práctica de llevar un diario personal, de tal manera que se excluye del análisis propuesto la relación del diario personal con el sistema literario.

literatura española dirigida por Francisco Rico (Gracia; Mainer, 2000), lo que consolida la aceptación de esta forma por parte del sistema literario. En este capítulo, Jordi Gracia, que expone su estudio de 1997 (Gracia, 1997), ofrece algunas notas teóricas a propósito del diario personal y, dada la resonancia de una publicación de este calibre, inicia el camino a seguir para otros autores que establecen las primeras aproximaciones teóricas de relevancia, si bien —con excepciones como los trabajos dedicados al diario en las actas publicadas por María Ángeles Hermosilla y Celia Fernández (Hermosilla Álvarez; Fernández Prieto, 2004); el propio ensayo de Jordi Gracia, *Hijos de la razón* (Gracia, 2001), en el que amplía someramente las perspectivas de interpretación; algún artículo breve como el de García Martín (2007); o el libro misceláneo llevado a cabo por Luisa Rodríguez y David Pérez Chico (Rodríguez *et alii*, 2011)— esto no va a ocurrir hasta fechas recientes. En 2014, Martí Monterde publica un artículo sobre el diario personal (Martí Monterde, 2014) y va a ser un año después, en 2015, cuando Caballé publique la investigación más completa de España acerca del diario; en *Pasé la mañana escribiendo* (Caballé, 2015a), lleva a cabo una amplia antología —con notables excepciones, sin embargo—[13] que acompaña de una introducción teórica de relevancia, las cuales se citarán regularmente a lo largo de todo este trabajo. En ese mismo año, Celia Fernández Prieto publica otro artículo de interés teórico para establecer las relaciones entre diario e intimidad (Fernández Prieto, 2015), y, en general, se confirma el asentamiento de esta forma en los estudios literarios españoles. También en 2015 *Letras Libres* presenta un nuevo monográfico dedicado al diario (López Mills *et alii*, 2015); y en los años siguientes José Manuel Trabado Cabado (Trabado Cabado, 2017), Jordi Gracia (Gracia, 2018) y Enric Bou (Bou, 2018) publican varios trabajos que redundan en lo anterior.

Cabe hacer referencia, además, a los dos grandes equipos de investigación que han fomentado el análisis de esta forma en España. El primero de ellos, el SELITEN@T,[14] dirigido por José Romera Castillo, ha publicado numerosos trabajos de investigación y organizado todo tipo de congresos relacionados con el ámbito autobiográfico; entre los más destacables, los diferentes volúmenes que se han publicado como compilaciones de los congresos sobre escritura autobiográfica, en donde se le presta atención ocasional al diario, como el de 1993 (Romera

---

13 Por poner un ejemplo, un diarista de gran relevancia en el sistema literario español como Iñaki Uriarte no aparece.

14 Siglas del *Centro de Investigación de Semiótica Literaria, Teatral y Nuevas Tecnologías* de la UNED: https://www2.uned.es/centro-investigacion-SELITEN@T/congreprox. html.

Castillo *et alii*, 1993), así como la publicación de Romera Castillo, *De primera mano. Sobre escritura autobiográfica en España (siglo XX)* (Romera Castillo, 2006). En este grupo son destacables, a su vez, las tesis doctorales de Eusebio Cedena Gallardo (2004) y Juan José González Pozuelo (2008); aunque ambos trabajos presentan un detallado estudio del diario personal, el enfoque teórico que acometen es mínimo y no renuevan lo ya expuesto en publicaciones anteriores. Mayor cercanía al diario personal muestra la labor del segundo gran equipo de investigación, el liderado por Anna Caballé en la Universidad de Barcelona con el nombre de Unidad de Estudios Biográficos. Este núcleo investigador ha publicado regularmente los frutos de su trabajo en diversos números de su boletín, de los cuales ya se han citado algunos trabajos como el de Gracia (1997) o el de Luna Borge (1997). Si bien su proximidad con la forma diarística es mayor, el enfoque tomado por este grupo prima el aspecto referencial del diario personal y, a excepción de artículos como el de Gracia, apenas problematiza su naturaleza literaria. El trabajo de esta unidad ha redundado, no obstante, en el desarrollo de la relevante antología citada de Caballé (2015a).

A estos estudios se les puede unir, en último lugar, los referidos a investigadores de otra nacionalidad o trabajos propios de otros contextos literarios. En esta línea, la tesis que aborda Danielle Corrado sobre el diario personal en España, publicada en el año 2000 (Corrado, 2000), posee un gran valor para la historiografía del diario personal español e incorpora, además, un epílogo teórico de cierta relevancia. Igualmente oportuno es el artículo publicado en inglés por Xavier Pla en una compilación de proyección internacional (Pla, 1999), así como los acercamientos del investigador Alberto Giordano (2011; 2012; 2015) y la profesora Nora Catelli (2006) en el ámbito argentino. En el específico contexto catalán, finalmente, destaca un primer ensayo de Enric Bou sobre escrituras autobiográficas en el que, como Caballé, incorpora un capítulo a la forma del *dietari* —si bien el capítulo es de mayor extensión (Bou, 1993: 87–126)— y entre las publicaciones más recientes cabe destacar el volumen de Anna Esteve (2010), por el alcance de su enfoque.

El repaso anterior confirma el planteamiento inicial: ha sido en los últimos años cuando se han generalizado las aproximaciones al diario personal entendido como forma literaria. A finales del siglo XX y principios del XXI se ha asentado el diario personal como objeto de estudio en los sistemas literarios de las principales tradiciones literarias occidentales. No obstante, en el caso español todavía no existe un trabajo que se acerque a la entidad de las investigaciones históricas y teórico-literarias en otras lenguas. Se han multiplicado los puntos de vista de todo tipo en los últimos años, y trabajos como los de Gracia alcanzan a mostrar el cultivo del diario personal y su constatación como género literario en España, pero todavía no existe una gran investigación histórico y teórico-literaria sobre el diario personal, a semejanza de los textos de Braud (2006) o Simonet-Tenant (2004) en Francia; en este vacío epistemológico este trabajo encuentra su justificación principal.

Este libro

Los principales objetivos de este trabajo se vinculan a los ejes expuestos en el estado de la cuestión: existe un vacío teórico en los estudios literarios españoles al respecto del diario personal que habilita el punto de partida de esta investigación, basada en la necesidad de establecer un análisis del género del diario literario. La hipótesis inicial, por tanto, se fundamenta en la existencia de esta nueva forma genérica, cuya función en el sistema literario tanto internacional como español será objeto del presente estudio.

La perspectiva se desarrolla a partir de la división del presente estudio en tres partes, como se ha resumido en la presentación: en la primera se estudia desde un punto de vista diacrónico la evolución del diario personal como práctica hasta constituirse como texto inserto en el sistema literario; en la segunda se lleva a cabo el análisis teórico-literario del texto resultante de esta evolución, llamado *diario literario*; y en la tercera se examina el *Salón de pasos perdidos* como modelo de este género en España. En la primera parte del trabajo, llevaré a cabo una periodización del diario personal y su asentamiento en el sistema literario; describiré diferentes textos como ejemplos de los contextos internacional y nacional. En la segunda me detendré en la terminología empleada para esta forma y la discusión derivada de ella; analizaré sus componentes literarios y autobiográficos, a partir de los cuales podré establecer algunas aportaciones a una teoría de esta forma; y, en último lugar, relacionaré el diario personal con el concepto de género literario. Finalmente, en la tercera parte, utilizaré los elementos derivados de la caracterización del diario personal para analizar el *Salón de pasos perdidos*: describiré la poética diarística del autor; examinaré el carácter literario y autobiográfico del *Salón*; y en el último punto asociaré este texto al concepto de género literario.

A semejanza de lo que ocurría con los objetivos, los procedimientos metodológicos que deben seguirse en la investigación están condicionados por los requerimientos de la hipótesis y los objetivos planteados: en la primera parte, al afrontar la periodización del diario personal o la ubicación del *Salón de pasos perdidos* en la literatura diarística española actual, predominará una bibliografía relacionada con la historia del diario personal y de la literatura occidental, así como con la literatura comparada, al establecer vínculos entre textos de diferentes tradiciones literarias; en la segunda parte, por cuanto en ella se trata de construir un marco teórico que habilite la descripción del diario personal como forma literaria, se emplean herramientas propias de la teoría centrada en el texto autobiográfico y diarístico, así como la teoría literaria general; la tercera parte estará dominada por una perspectiva crítica al estudiar el *Salón de pasos perdidos*, pero también emplearé herramientas de la teoría literaria. El espacio en el que se ubica este trabajo queda definido por los límites de los estudios literarios: la perspectiva teórica tendrá cierto protagonismo, pero esta operará conjuntamente con el resto de posicionamientos críticos, históricos y comparativos. Al mismo tiempo, tendré en cuenta instrumentalmente recursos propios de otras disciplinas, como la filosofía, en el caso de teorías relacionadas con la ética de la autobiografía, o la psiquiatría, al tratar el estudio de la construcción del sujeto en el texto diarístico. Estas últimas le otorgarán al presente trabajo, en algunos de sus pasajes, una perspectiva interdisciplinar que se relaciona con la propia naturaleza de la teoría literaria (Bobes Naves, 2008a: 48).

Lo expuesto revela la prioridad fundamental de estas páginas: contribuir a la construcción de una teoría del diario personal en los estudios literarios. En ello radica, de hecho, la necesidad y oportunidad del presente trabajo. A diferencia de otras investigaciones llevadas a cabo en las últimas décadas —Cedena Gallardo (2004) o Caballé (2015), entre otros—, este estudio desarrollará la descripción teórico-literaria de los diferentes componentes del diario personal entendido como texto literario, si bien no se renunciará a una perspectiva diacrónica que explique el surgimiento y la evolución de la práctica del diario personal hasta constituirse como una forma literaria, ni tampoco a la descripción de diferentes textos. La perspectiva de este trabajo, en la terminología de Bobes Naves, estará fundamentada en «una actitud teorética», generadora de la poética (Bobes Naves, 2008a: 33). Se asumirá, en esta línea, la existencia de la literatura a partir de la definición que Bobes Naves hace de ella (Bobes Naves, 2008a: 36–38), e interpretada de acuerdo a su condición de sistema literario, en la perspectiva pragmática de Schmidt (1990), bien resumida por Chicharro Chamorro (1995). La literatura es entendida así como manifestación artística de carácter social, inserta en un determinado sistema de relaciones con el medio a partir del cual, y no antes, puede definirse. Como señala Schmidt, las obras literarias y sus propiedades están definidas por el sistema literario, y no al contrario (Schmidt, 1997: 238). Esta perspectiva permitirá afrontar la interpretación del diario personal como texto literario y su inclusión dentro del sistema literario, demostrable, entre otras cosas, a partir de su recepción en crítica y público. Partiendo de ello, y en tanto que escritura autobiográfica, analizaré su inserción en la denominada Literatura del Yo (Gracia, 1993: Villanueva, 1995: Caballé, 1995) y examinaré los principales componentes que, desde un punto de vista teórico, le permiten poder conformarse como género literario. Como representación paradigmática de esta condición literaria, llevaré a cabo una aproximación teórico-narrativa al *Salón de pasos perdidos*. Las páginas del *Salón* servirán como espacio en el que contrastar las ideas teóricas fundamentadas en las dos primeras partes del trabajo; solamente algunos aspectos serán analizados exclusivamente en relación con el diario de Trapiello. Por este motivo, se aprovecharán por mi parte, sin orden ni plan específico más allá de las aclaraciones pertinentes, diversos pasajes del *Salón* que resultan de interés para el presente estudio, así como se compararán con otros textos de interés diarístico del autor, como su ensayo *El escritor de diarios* y sus entrevistas.

Debe señalarse, por otro lado, que esta investigación se relaciona con el proyecto doctoral que he llevado a cabo durante cuatro años (2015–2019) en la Universidad de Granada, en el Departamento de Lingüística General y Teoría de la Literatura, y cuyo resultado es la tesis doctoral titulada *El diario personal en el sistema literario: teoría del diario literario. El* Salón de pasos perdidos *(1990–2018), de Andrés Trapiello*.[15] Esta tesis, publicada en formato electrónico (Luque Amo, 2020), se relaciona con el presente trabajo, que es una adaptación parcial, corregida y ampliada, de la anterior. A esta publicación debe añadírsele, además, varios artículos científicos publicados en revistas de impacto reconocido,[16] lo que en definitiva viene a avalar los resultados expuestos en estas páginas.

Al respecto de las traducciones, en último lugar, se ha optado por dejar en su versión original todas las citas extraídas de textos escritos en lenguas extranjeras que no están traducidos al español. Con el objetivo de facilitar la lectura, se ha añadido en nota a pie de página la traducción de estas citas, acompañada de unas iniciales que explican nuestra autoría: N. T. —«nuestra traducción».

---

15 Los datos de esta tesis doctoral se recogen en el repositorio institucional de la Universidad de Granada: http://hdl.handle.net/10481/59332

16 Algunos de estos artículos, vinculados a determinados —y señalizados— epígrafes de este trabajo, se recogen en las referencias bibliográficas.

Parte I. El diario personal y el sistema literario: aproximación histórica

Si bien el título de este libro antepone el término *poética* al de *historia*, y ello se debe a la importancia concedida a la perspectiva teórica —que condiciona todo el análisis—, la primera parte del estudio se va a basar en un acercamiento diacrónico a la constitución del diario personal como práctica, por un lado, y como texto literario, por otro, de tal manera que la evolución histórica de esta forma permita explicar después sus componentes narrativos. El objetivo principal de las siguientes páginas, por tanto, es establecer una historia del diario personal en la literatura; se trata de exponer su desarrollo desde su nacimiento como práctica privada, derivada de antecedentes cronísticos, hasta conformarse como un texto literario a partir de las primeras publicaciones de diarios personales en el siglo XIX. Para la ejemplificación de esta trayectoria se recurrirá a textos de diferentes tradiciones, con especial incidencia en los contextos más propicios para la generalización de la práctica diarística, como Francia e Inglaterra, y en el ámbito español.

Como se deduce de lo explicado hasta ahora, tal y como asume Bobes Naves a propósito de la investigación teórico-literaria (Bobes Naves, 2008a: 25), este trabajo parte de la existencia previa de varios elementos, la literatura o los géneros literarios entre ellos, lo que afectará a la consideración del diario personal dentro del sistema literario. Se seguirá para ello una definición de literatura amplia, en la línea de la establecida por Bobes Naves (2008a: 36–38). Esta última circunstancia no será óbice, sin embargo, para sostener al mismo tiempo una consideración pragmática de la literatura: aunque el texto literario tiene unos elementos que pueden aclarar su definición general, en última instancia serán quienes conforman el sistema literario los que argumenten acerca de su carácter literario, tal y como lo entiende Schmidt (1997: 238). A partir de esta concepción de la literatura, a lo largo de esta primera parte se desarrolla la aparición de una nueva forma en el sistema literario occidental: el diario literario.

A su vez, hay que realizar una última aclaración sobre la nomenclatura del diario personal. En este sentido, la terminología empleada para referirse al diario personal, que ha sido causante de confusión en los estudios sobre esta forma, estará basada en la propuesta en el punto II.1. de este trabajo, en el contexto del acercamiento teórico llevado a cabo en la segunda parte. A grandes rasgos, y por aclarar el criterio usado en las siguientes páginas, se va a emplear el término *diario personal* para referirse al texto derivado de la práctica individual y normalmente privada de llevar un diario, mientras que el sintagma *diario literario* se utilizará para aludir al diario personal interpretado como texto literario. Partiendo de estas dos etiquetas, se diferenciará entre el diario personal y el diario a secas, que puede ser el diario entendido como crónica contable; a su vez, se dejarán al margen formas como *diario íntimo* o *dietario*, por tratarse de voces propias de otros ámbitos que realmente no conllevan ningún aporte semántico respecto a las anteriores —el de *diario íntimo*, como se verá, es un marbete propio de la tradición diarística gala, en la que se utiliza indistintamente como diario personal y como diario literario—. Esta es una primera diferenciación que arroja luz sobre el objeto de estudio.

I. 1. Antecedentes del diario personal

El diario personal posee, para el estudioso y por expresarlo de modo figurado, una forma fantasmal. Tradicionalmente concebido como texto privado, en el siglo XIX la progresiva publicación de algunos diarios póstumos le otorga una nueva entidad que repercute en su evolución de práctica privada a obra pública. Cuando esto sucede, la tarea cotidiana de llevar un diario se encuentra generalizada en la sociedad decimonónica, lo que ofrece una idea de la dificultad para establecer su periodización; se puede pensar, a su vez, en la cantidad de textos que se han podido perder o permanecen ignorados hasta el asentamiento de una modalidad reconocible. Existe, pese a lo anterior, cierto consenso entre los especialistas en proponer como fecha para el nacimiento de esta práctica los siglos XVII y XVIII (Freixas, 1996a: 5; Braud, 2012a: 11; Lejeune, 2016: 7) y su asentamiento en el XIX (Girard, 1986: 57), dado que, con el nacimiento de una nueva clase social como la burguesa, tener y llevar un diario personal deviene ejercicio común. En el siglo XIX, la publicación masiva de los primeros diarios testimonia la expansión de la práctica y anticipa una nueva forma literaria desarrollada a finales de siglo y sobre todo en el siglo XX.[17]

A propósito de su origen, y dada la aludida dificultad, es posible registrar una serie de antecedentes que explica su carácter y adivina su desarrollo posterior. Estos antecedentes se relacionan con algunas modalidades de la literatura clásica que atestiguan el nacimiento de la conducta autobiográfica[18] y perfilan formas que preceden al diario personal. Michel Foucault señala precisamente la

---

17 Como aclaración general, cuando en este trabajo se describe el asentamiento del diario personal se hace en el contexto del ámbito occidental. Existen, no obstante, algunas manifestaciones muy anteriores en el contexto asiático; concretamente, en Japón el género de los *nikki bungaku* —diarios literarios— se remonta a los siglos IX y X d. C., lo que da idea de esta diferencia temporal. Existe, incluso, un diario poético muy conocido escrito en el año 935 por un anónimo y atibuido a Ki no Tsurayuki: el *Tosa nikki*. El análisis de otras tradiciones no occidentales excedería, sin embargo, los límites formales del presente trabajo. Para una introducción a esta cuestión destaca el texto de Peter Heehs (2013), en el que dedica un apartado al diario en Japón (Heehs, 2013: 9–12).

18 La consideración del diario personal como escritura autobiográfica, tal y como sostienen los principales teóricos de la autobiografía y el diario (Lejeune, 1994; Braud, 2006), será una de las constantes metodológicas de este trabajo y se desarrollará más tarde a propósito de su análisis teórico.

necesidad de retroceder a los textos clásicos para entender la idiosincrasia de las diferentes manifestaciones autobiográficas modernas:

> En mi opinión, la denominada literatura del yo —diarios privados, narrativas del yo, etcétera— no puede ser entendida sino conformando el marco general, y muy rico, de las prácticas del yo. Se ha estado escribiendo sobre uno mismo durante dos mil años, pero no siempre de la misma manera. Tengo la impresión —puedo estar equivocado— de que existe cierta tendencia a presentar la relación entre la escritura y la narrativa del yo como un fenómeno propio de la modernidad europea. Por supuesto, no voy a negar que es moderna, pero fue uno de los primeros usos de la escritura (Foucault, 2003: 81).

Este primer capítulo va a partir de coordenadas similares a las formuladas por Foucault para ofrecer una breve panorámica de algunas formas de la época clásica, y más tarde de la época moderna, que preludian la aparición de la práctica diarística individual y marcan la transición entre el diario como texto de uso contable y el moderno diario personal.

I. 1. 1. Los orígenes de la escritura autobiográfica: María Zambrano, Mijaíl Bajtín y las tecnologías de Michel Foucault[19]

Al profundizar en los orígenes del diario personal, y asumida su relación con la escritura autobiográfica, se debe hacer referencia al contexto en el que surgen las primeras escrituras autobiográficas. Algunos autores que parten de esta intención relacionan el nacimiento de la autobiografía con la implantación del cristianismo y la aparición de las *Confesiones* de san Agustín; es el caso de Bravo Castillo, quien a partir de san Agustín destaca las prácticas religiosas de meditación y oración que habilitarán el «surgimiento histórico de diversas modalidades pre-autobiográficas, sobre todo las vinculadas con el modelo confesional» (Bravo Castillo, 2003: 284). Si bien la interpretación del texto de san Agustín como la primera autobiografía ha sido puesta en cuestión,[20] lo cierto es que su modelo confesional anticipa muchos de los elementos narrativos que desarrollará la

---

19 Parte del presente análisis se ha expuesto en Luque Amo (2017).

20 Francisco Javier Hernández Rodríguez resume un pensamiento generalizado en muchos autores cuando señala que en autobiografías de carácter religioso, como la de san Agustín o posteriormente la de santa Teresa de Jesús, «lo personal queda exclusivamente circunscrito al ámbito piadoso, siendo su único objetivo el de dar testimonio de una creencia religiosa y de las experiencias que de ella se derivan. El discurso íntimo se convierte en un medio de perfección espiritual y la autobiografía en un libro edificante» (Hernández Rodríguez, 1993: 18).

autobiografía moderna. El propio Rousseau es consciente de ello cuando titula su texto autobiográfico, sí considerado por antonomasia la primera autobiografía moderna (Goulemot, 1979: 59; Lejeune, 2012), con el nombre de *Confesiones*, y una autora como María Zambrano teoriza sobre la aparición del género confesional a partir de la obra de san Agustín.

El ensayo de María Zambrano, *La confesión: género literario*,[21] resulta de gran interés para este trabajo en tanto que parte de una concepción de los géneros parecida a la desarrollada por Todorov (Todorov, 1988): «Lo que diferencia a los géneros literarios unos de otros, es la necesidad de la vida que les ha dado origen» (Zambrano, 2004[22]: 25). En esa consideración de los géneros de tintes orteguianos (Maillard, 2016: 63), Zambrano encuentra el origen de la confesión en la necesidad de revelar la vida por parte de un sujeto que empieza a considerarse a sí mismo como tal. Este primer sujeto no es otro que san Agustín, que según Zambrano «inauguró el género» en la medida en que «es el hombre viejo desamparado y ofendido, tanto como pueda estarlo el moderno, que al fin, se amiga con la verdad» (Zambrano, 2004: 24). A partir de san Agustín se desarrolla un género que define como «un acto en el que el sujeto se revela a sí mismo, por horror de su ser a medias y en confusión» (Zambrano, 2004: 29) y construye una consideración de lo confesional como género puro que conecta a san Agustín con Rousseau, si bien a partir de este último, y su invención de lo que Zambrano denomina «vida literaria» (Zambrano, 2004: 83), el género toma dos direcciones: una que termina en la aparición de la «literatura de semiconfesión, (…) en que la secreta vida del corazón se ofrece para ser bebida, consumida por una avidez cada vez mayor» (Zambrano, 2004: 88); y otra que estará representada por la poesía pura, más próxima «a esa disciplina íntima en que la vida anímica alcanza su transmutación» (Zambrano, 2004: 89). Estas tesis serán de utilidad en el posterior análisis teórico del diario como escritura autobiográfica, pero lo interesante en este capítulo es que encuentra en el contexto cristiano la primera semilla de lo que más tarde con la modernidad se denominará confesión o autobiografía.

Otra perspectiva mueve a dos nombres de importancia en la teoría literaria y la filosofía: Mijaíl Bajtín y Michel Foucault, quienes se remontan unos siglos

---

21 Aunque se va a utilizar la edición reciente de Siruela (Zambrano, 2004), la primera edición de esta obra apareció en México en el año 1943 (Luminar, 1943).

22 La primera edición de esta obra de Zambrano apareció en México en el año 1943: *La confesión: género literario*, México D. F., Luminar, 1943.

respecto a Zambrano para destacar algunas prácticas precristianas que anticipan la literatura autobiográfica.

En el caso de Mijaíl Bajtín, el posformalista ruso dedica algunas páginas de su *Teoría y estética de la novela* a retroceder a la Antigua Grecia, período que según su perspectiva «ha elaborado una serie de formas autobiográficas (…) que han ejercido una enorme influencia (…) en el desarrollo de la biografía y autobiografía modernas» (Bajtín, 1989: 283).[23] Su punto de partida se basa en la diferenciación entre dos tipos de autobiografía en la Grecia clásica, la de tipo platónico y la de tipo retórico, pero lo más interesante de su tesis radica en la transición que plantea de la consideración del «hombre biográfico» en esta sociedad griega hasta la que va a existir en la sociedad romana: en el hombre de la primera «no había (…) nada íntimo o privado, personal-secreto, vuelto a sí mismo» sino que «todo él estaba en el exterior» (Bajtín, 1989: 285); algo que cambia en la cultura del hombre propiamente romano, en donde Bajtín, apoyándose en autores como Tácito, encuentra la idea de autoglorificación, precedente del espacio autobiográfico entendido desde un punto de vista moderno. A partir de aquí, llega a «las formas autobiográficas en las que se manifiesta ya la descomposición de esa exterioridad pública del hombre, en las que empieza a abrirse camino la conciencia privada del individuo solo y aislado» (Bajtín, 1989: 295) y establece un acercamiento a formas que se parecen ya a la escritura privada del diario personal: entre sus alusiones, las obras autobiográficas de tipo estoico, las cartas de Séneca, las *Meditaciones* de Marco Aurelio y finalmente las *Confesiones* de san Agustín. En estos textos, en los que no obstante la dimensión pública de su escritura sigue siendo relevante, encuentra Bajtín una construcción de lo personal y lo íntimo, así como una construcción del sujeto (Bajtín, 1989: 297), que ya se relacionan con la escritura autobiográfica moderna.

Durante los años en que Bajtín está escribiendo su obra, publicada en 1975, Michel Foucault está a punto de comenzar la última parte de su empresa genealógica, esta vez centrada en establecer una hermenéutica del sujeto.[24] En este contexto, analiza las diferentes formas en las que el hombre se ha constituido a sí mismo en el texto desde la época clásica, las denominadas «tecnologías del Yo»

---

23 Se emplea la edición española de 1989 (Bajtín, 1989), aunque la publicación original de Bajtín es de 1975: *Voprosi literaturi i estetiki*, Moscú, Judozhestvennaya literatura, 1975.

24 A partir de su curso de 1979 en el Collège de France, en el que desarrolla el concepto de *biopolítica*, Foucault se acerca al origen de la constitución del sujeto en la época clásica, tema al que dedica los cursos siguientes (de 1980 a 1984), llegando a establecer una auténtica genealogía del concepto de sujeto. En este trabajo se van a desarrollar algunas ideas foucaultianas a propósito de su consideración de las *escrituras de sí*.

(Foucault, 1990), y llega a formas muy similares a las destacadas por Bajtín: Foucault se centra así en la producción grecorromana de los siglos I y II d.C. para referirse a autores como Marco Aurelio, Séneca o san Agustín, y destacar en especial dos géneros que van a ser analizados como precedentes directos de la escritura diarística: los *hypomnemata* y las epístolas morales.

I. 1. 1. 1. Los *hypomnemata*

¿Qué son los *hypomnemata*? Foucault los define como cuadernos de anotaciones personales. En un sentido técnico, «podían ser libros de contabilidad, registros públicos, cuadernos individuales que servían de ayuda-memoria» (Foucault, 1999: 292).[25] Los *hypomnemata*, sin embargo, no recogen solamente anotaciones que huyen del olvido, sino que, como señala Foucault, y esto es lo que le resulta interesante, constituyen «un marco para ejercicios que hay que efectuar con frecuencia: leer, releer, meditar, conversar consigo mismo» (Foucault, 1999: 293). Su uso como libros de vida se generaliza entre las clases cultas, y aparecen *hypomnemata* en donde se ingresan citas, fragmentos de libros, reflexiones sobre las acciones y los pensamientos cotidianos, hasta representar, en última instancia, una forma de subjetivación del discurso. Los *hypomnemata*, en este sentido, se convierten en un medio excelente para el establecimiento de la relación de uno consigo mismo. Ahora bien, el desarrollo de estos textos implica una paradoja que Foucault se plantea y a la que intenta dar respuesta: si los *hypomnemata* se construyen a partir de discursos aparentemente atemporales e inconexos —no hay que olvidar que son anotaciones personales sin un plan establecido—, ¿cómo se constituyen en medios de reproducción del sujeto, en tecnologías del Yo? (Foucault, 1999: 294). Para responder, Foucault desarrolla su naturaleza narrativa. Si bien asume la dispersión natural de los *hypomnemata*, encuentra otros elementos que homogeneizan el discurso: su escritura se conforma como práctica regulada de la disparidad a partir de la elección de elementos heterogéneos, en lo que encuentra un «arte de la verdad inconexa» (Foucault, 1999: 295). Por tanto, el carácter inconexo de los discursos no excluye necesariamente la unificación; esta no se efectúa a partir de la composición de un conjunto sino que, según argumenta, se produce como resultado de dos acciones: escribir las anotaciones de los *hypomnemata*, por un lado, y consultar estas anotaciones —y por tanto su lectura y relectura—, por otro. En la conjunción de estas

---

25 El texto de Foucault más utilizado en este punto es «La escritura de sí», citado en su versión española (Foucault, 1999) pero cuya referencia es de 1983: «L'écriture de soi», *Corps écrit*, 5, págs. 3–23.

dos actividades, Foucault cree que el autor de los *hypomnemata* constituye un cuerpo y cita a Séneca para demostrarlo:[26] «quicquid lectione collectum est, stilus redigat in corpus» (Foucault, 1999: 296). Se trata, entonces, de que «el escritor constituya su propia identidad a través de esta recolección de cosas dichas» (Foucault, 1999: 296).

Los *hypomnemata*, por tanto, entre los que Foucault cita los de Séneca o Flavio Arrano, guardan una gran semejanza con la práctica del moderno diario personal, aunque las diferencias resultan claras. El propio Foucault señala que no deben ser considerados diarios exactamente en tanto que no construyen un relato de sí mismo ni tienen como objetivo recoger las confesiones del autor; por el contrario, el movimiento es el opuesto: no se trata de decir lo no dicho sino «captar lo ya dicho; reunir lo que se ha podido oír o leer, y con un fin, que es nada menos que la constitución de sí» (Foucault, 1999: 293). Se puede matizar a este respecto que muchos de los diaristas modernos —como sucede con Julien Green, quien no le encuentra otra explicación a su cotidiana tarea de llevar un diario que la de rescatar la memoria de su presente (Green, 1975: 82)— llevan sus diarios para registrar lo sucedido en el día, en una lucha permanente contra el olvido. A nuestro juicio, la diferencia entre los *hypomnemata* y el diario personal moderno habría que encontrarla más bien en las posibilidades literarias del segundo, en la medida en que se escribe en un medio en donde puede ser publicado, y en la construcción de unos elementos —relato, como señala Foucault, pero también, por ejemplo, construcción de la intimidad— narrativos. Pese a esto, debe reconocerse en última instancia que son prácticas que guardan un parentesco entre ellas y que los *hypomnemata* se conforman, si se tiene en cuenta

---

26   Pierre Hadot matiza el pensamiento de Foucault respecto a los *hypomnemata*. Sin desarrollar su posición, quiero mostrar su argumento: «Eso que Foucault denomina las 'prácticas del yo' de los estoicos y también de los platónicos corresponde ciertamente a un proceso de conversión del yo: uno se despoja de toda exterioridad, del apego pasional a los objetos exteriores y a los placeres que éstos pueden proporcionar, se observa a sí mismo para ver si está progresando en este ejercicio, intenta ser dueño y señor de sí mismo, poseerse a sí mismo, encontrar la felicidad en la libertad e independencia interior. Estoy de acuerdo con todos estos puntos. Pero pienso que tal proceso de interiorización está inseparablemente unido a otro proceso gracias al cual uno se eleva a un nivel psíquico superior en el que encuentra otro tipo de exteriorización, otro tipo de relación con el exterior, una nueva manera de ser-en el- mundo consistente en la toma de consciencia de uno mismo como parte de la Naturaleza, como parte de la Razón universal. Deja entonces de vivir en el mundo humano convencional y habitual para hacerlo en el mundo de la Naturaleza» (Hadot, 2006: 271–272).

que los primeros diarios personales modernos no se localizan hasta los siglos XVI y XVII, como un precedente bastante cercano formalmente a pesar de la lejanía temporal.

I. 1. 1. 2. **Las epístolas clásicas**

La epístola, segunda tecnología en la que Foucault se detiene, guarda muchas semejanzas con los *hypomnemata*. Para empezar, el envío de la epístola implica una práctica, un entrenamiento de la escritura cotidiana. El autor desarrolla los pensamientos y las reflexiones diarias y, sobre todo, da cuenta de lo sucedido en un periodo temporal determinado. Como sucede con los *hypomnemata*, el autor se construye en el texto mediante una práctica regida por la inquietud de sí. Ahora bien, la correspondencia no debe ser considerada solo como simple prolongación de la práctica de los *hypomnemata*: en la medida en que el autor de la epístola se dirige a alguien determinado, un receptor individualizado y concreto, Foucault señala que el primero se hace presente ante el segundo; no solo por las informaciones que le da sobre su vida, sino «presente con una especie de presencia inmediata y casi física» (Foucault, 1999: 299). A diferencia de los *hypomnemata*, la introspección que el autor efectúa no tiene una naturaleza autorreferencial, sino de apertura al otro. Esto, sin embargo, no impide que, como señala Foucault, «los primeros desarrollos históricos del relato de sí se pueden encontrar del lado de la correspondencia» (Foucault, 1999: 301), antes que en los *hypomnemata*. Así, en las cartas de Séneca a Lucilio o en las de Marco Aurelio a Frontón se descubre un relato en el que prima la relación del autor consigo mismo. En *Tecnologías del yo*, Foucault (1990: 63) escoge una carta de Marco Aurelio a Marco Cornelio Frontón:

> Saludos, mi más dulce maestro: Estamos bien. Me desperté algo tarde debido a un leve resfriado que ahora parece haber disminuido. Desde las cinco de la madrugada hasta las nueve me dediqué, en parte, a leer algo de la Agricultura de Catón, y, en parte, a escribir, gracias al cielo, un poco menos miserablemente que ayer. (…) Después de haberme calmado la garganta fui a ver a mi padre y le ayudé en el sacrificio. A continuación fuimos a almorzar. ¿Qué crees que comí? Un poquitín de pan, a pesar de ver a otros devorar habichuelas, cebollas y arenques llenos de huevas. (…) Después de las seis de la tarde volvimos a casa. Trabajé poco y, además, sin rumbo alguno. Luego tuve una larga conversación con mi madre mientras ella estaba sentada en la cama. (…) Así, cenamos tras habernos bañado en el lagar. No quiero decir que nos bañáramos en el lagar, sino que una vez que nos hubimos bañado, cenamos allí y disfrutamos escuchando bromear a los patanes. Al volver, y antes de darme la vuelta para empezar a roncar, cumplo mi tarea y le doy a mi maestro más querido un relato de lo que he hecho durante el día, y aunque pudiera echarlo de menos, no podría sufrir más por desperdiciar sus enseñanzas.

Como puede comprobarse, a pesar de tratarse de un escrito epistolar, el tono con el que Marco Aurelio se dirige a Marco Frontón es el propio de un diario personal. El autor repasa el día vivido y reflexiona acerca de sus acciones a lo largo del mismo. Es una clara muestra de un relato de sí mucho más completo que el que se puede encontrar en los *hypomnemata*. En las relaciones entre autobiografía, diario personal y carta, además, no debe olvidarse que las *Confesiones* de san Agustín tienen una naturaleza epistolar, en la medida en que están dirigidas a un emisor identificado con Dios, y que en diarios de carácter más moderno como el *Diario para Stella*, de Jonathan Swift, o en partes del *Diario* de Ana Frank, el texto toma la estructura formal de la epístola, hecho que desvela la proximidad entre ambos modos de escritura. Se observa en la fórmula empleada para iniciar el diario convencionalmente, «Querido diario», que se trata de una estructura de raigambre epistolar. En definitiva, pueden encontrarse numerosos ejemplos en las cartas de estos siglos I y II d. C. que inducen a pensar en la epístola, en tanto que plataforma para la autoconstitución del sujeto, como tecnología del Yo.

I. 1. 2. Los antecedentes directos del diario personal

Los orígenes del diario personal en el contexto occidental, tal y como señalan Philippe Lejeune y Catherine Bogaert (2006: 40), se relacionan con los inicios del comercio y la administración. El diario se emplea como soporte contable para el registro de los diversos sucesos que, de un modo pragmático, le interesan al diarista, que en ningún caso tiene que identificarse con una persona. En palabras de estos dos autores (Lejeune y Bogaert, 2006: 41), hasta el siglo XVI el diario tiene esencialmente un carácter colectivo, de tal manera que la personalidad queda excluida de sus páginas. El diario se desarrolla como un texto contable en el que se anotan los diversos asuntos que se quieren registrar con una intención claramente documental. En este contexto, aparecen formas como el diario de navegación o cuaderno de bitácora y el diario de viajes —que será visto a propósito de Montaigne en el apartado 1.3 del presente estudio—, el diario de cuentas o el diario que funciona como crónica histórica, antecedentes directos del diario personal y textos que explican la transición de la antigua práctica documental a la moderna concepción del diario como texto personal.

Andrés Trapiello, en *El escritor de diarios*, se acerca a los diarios de navegación para analizar su naturaleza como textos que recogían la crónica del viaje marítimo y en los que, evidentemente, estaba excluida la intimidad, «pues es la intimidad algo que repele a la ciencia» (Trapiello, 1998a: 33). La intención del diario de navegación, por lo tanto, no era otra que la de ofrecer un testimonio del viaje y registrar los sucesos fundamentales del día a día. Con estas características lo interpreta igualmente Lejeune cuando señala que esta escritura evoca el respeto a lo cronológico (Lejeune y Bogaert, 2006: 56) y destaca un diario de navegación perteneciente a la tradición española como es el *Diario de a bordo* de Cristóbal Colón. Este diario, transcrito y dejado a la posteridad por Fray Bartolomé de las Casas —cuya relación con el diario es polémica; se ha discutido en varios estudios (Zamora, 1989; Ruhstaller, 1992) hasta qué punto De las Casas intervino en el texto original de Colón, lo que contribuye a su consideración mítica y literaria—, describe los hechos acaecidos en el primer viaje de Colón a las Indias. Si bien es claramente un diario que respeta las fechas y documenta lo vivido día a día (Colón, 1991), está muy alejado de lo personal, e incluso en ocasiones se conforma como un relato en el que el narrador trata a Colón en tercera persona, a la manera de una crónica de la época. Diario, por lo tanto, testimonial, este texto proporciona una idea de los diarios de navegación, que estaban lejos de desarrollar la idea de un Yo personaje.

El diario entendido como crónica histórica de la época, por otro lado, es una constante desde la aparición en el siglo XV del *Diario de un burgués en París*, que es un documento anónimo que, entre 1405 y 1449, narra los acontecimientos más señalados del París de la Guerra de los Cien Años. Aunque sus entradas están fechadas y evolucionan de acuerdo al orden de un diario, el contenido es una crónica pura y la figura del diarista no aparece en ningún momento en esas páginas.[27] Algo muy parecido ocurre en la tradición de la prosa catalana con la aparición de la crónica/diario de Miquel Parets. James S. Amelang descubre así (Amelang, 2003: 2) un texto del siglo XVII que, a través de la fórmula del diario, recoge la crónica de los sucesos acontecidos en la sociedad catalana. Este tipo de texto se emparenta con otros escritos diarísticos de la época, como es el ejemplo del *Diari* de Frederic Despalau, el *Dietari* de Francesc Puig o el de Francesc Ferrer.[28] Libros en donde lo personal tiene poca cabida, pero que reflejan el asentamiento total de una práctica e incluso la evolución de una escena autobiográfica a lo largo del siglo XVII.

En lo que respecta a la tradición anglosajona, pueden encontrarse muchos diarios que testimonian, como decía Lejeune, que es el siglo XVI en el que aparecen

---

27 En una de esas páginas, el autor anónimo describe lo siguiente: «El año mil cuatrocientos nueve, día quince de agosto, hubo tal tormenta, entre las cinco y las seis de la mañana, que una imagen de Nuestra Señora, que se hallaba en la iglesia de Saint-Ladre, de piedra recia y completamente nueva, fue derribada y rota en dos y lanzada lejos de allí» (Anónimo, 1963: 1).

28 Todos estos documentos están registrados en el artículo «Memorias y diarios personales de la Cataluña moderna», de Simón Tarrés (1988).

los primeros documentos diarísticos firmados por una persona y que prefiguran, de modo muy parcial todavía, algunas de las características de los diarios personales modernos, ya desarrollados en el XVII. Existe un catálogo bibliográfico muy completo de los diarios ingleses fechados entre 1442 y 1942, elaborado por William Matthews (1984), entre los que, además muchos textos diarísticos de carácter público, se pueden destacar varios diarios que demuestran lo anterior: es el caso de los diarios de Lady Gracia Mildmay, llevados a cabo entre 1570 y 1617 y de carácter privado; el de John Penry, que escribió un breve diario privado entre 1592 y 1593; o los de John Dee, conocido matemático y astrólogo que llevó un diario entre 1577 y 1600. Son diarios —se ve sobre todo en los de John Dee (Dee, 1842)— en los que prima la anotación breve, de uso pragmático, y en donde, a pesar de su carácter personal, el espacio privado apenas es sugerido. Si bien se podría hablar de diarios personales, en la medida en que están firmados, no tienen la entidad personal e introspectiva de los diarios ingleses posteriores; la diferencia radicaría, sobre todo, en las desemejanzas respecto a la elaboración narrativa, prácticamente inexistente en estos textos del XVI.

Otro caso estaría representado por los llamados diarios espirituales, que a lo largo de los siglos XVI, XVII y XVIII se cultivaron con bastante frecuencia. Uno de los diarios espirituales más conocidos es el de Ignacio de Loyola, escrito entre 1544 y 1545, en donde el fundador de la Compañía de Jesús registra los momentos de su comunión con Dios. Estas narraciones, si bien se pueden calificar como diarios personales en la medida en que están firmados, no reflejan otros aspectos del diarista que no sean los referidos al hecho religioso, para comportarse como textos en los que se construye una suerte de contabilidad espiritual y religiosa.

El origen del diario entendido como libro de cuentas, también llamados libros de razón, ha sido señalado por diversos teóricos (Lejeune, 2006: 63; Caballé, 2015a: 64) y es, tal vez, el antecedente más directo del moderno diario personal. El libro de cuentas se manifiesta como un registro de propiedad en el que se acumulan todos los sucesos que conciernen a la contabilidad económica de la familia. En el libro de cuentas cabe todo lo referido a la compra semanal, los gastos y beneficios de las cosechas o el registro diario del ganado. Isabelle Luciani le dedica un interesante artículo (Luciani, 2013) al libro de cuenta y razón en la Provenza de los siglos XVI y XVII. En él define el libro de cuenta y razón como un texto con asuntos domésticos muy diversos cuyo punto de intersección es el escritor y expone cómo, a diferencia de lo que sucedía con el diario de navegación, su escritura es ampliamente autorreferencial, ya que el escritor escribe para él y para los suyos, sin preocuparse de un lector externo (Luciani, 2013: 174). Hasta tal punto es así, que en muchas ocasiones este libro conduce a la redacción de otro tipo de textos. Es el caso del jurista aviñonés Richard de Cambis, citado por Luciani (2013: 172), quien a principios del siglo XVII escribe lo siguiente:

> Todas las mañanas escribiré todo lo que haya sucedido el día anterior que me haya concernido u otras cosas dignas de mención. En otro cuaderno de este libro o en otro libro serán apuntadas las adquisiciones de mis bienes, deudas, activos y pasivos (Cambis, *apud* Luciani, 2013: 172).

El registro de todo lo sucedido el día anterior desde un punto de vista personal —pues lo que concierne al registro notarial parece confiarlo a otro cuaderno— coincide claramente con la voluntad del diario personal. Este hecho, sin embargo, no debe resultar extraño; a lo largo de todo el siglo XVII los grandes diaristas ingleses escriben diarios personales de gran entidad e incluso Samuel Pepys lleva a cabo el que muchos han denominado primer diario moderno. El libro de cuenta y razón, además, puede llegar incluso a registrar un uso literario del lenguaje, toda vez que utilizan su potencial para restituir lo más exactamente posible las experiencias que han vivido (Luciani, 2013: 192). Es el siglo XVII, en definitiva, el momento en que el diario entendido como conjunto de anotaciones contables empieza a considerarse poco a poco como un texto en el que se puede registrar la personalidad de un individuo, marcando la transición entre el documento contable de carácter público y el texto personal de naturaleza privada.

I. 1. 3. Un precedente en la construcción textual de lo íntimo: Michel de Montaigne

Diferente a todos los anteriores, finalmente, es el ejemplo de MONTAIGNE (1533–1592), al que algunos investigadores consideran precursor del moderno diarismo (Martí Monterde, 2014: 73) y a quien alguien como Borges denominó «padre de la intimidad» (Borges, 2007: 521). En sus *Ensayos*,[29] Montaigne explicita su intención: «Quiero que me vean en mi manera de ser simple, natural y común, sin estudio ni artificio. Porque me pinto a mí mismo» (Montaigne, 2016: 5). A lo largo de estas páginas, que poseen una naturaleza ensayística, al modo de las meditaciones clásicas y con un desarrollo histórico, aparece cada cierto tiempo el Yo de Montaigne para descubrir situaciones cotidianas como la siguiente: «Acabo de ver en mi casa a un hombrecillo originario de Nantes,

---

29 Se emplea la edición española de Acantilado (Montaigne, 2016), pero hay que recordar que los dos primeros tomos de los *Essais* se publican en el año 1580, a los que se añade la publicación de un tercero en 1588: *Essais, livres I et II*, Burdeos, Simon Millanges, 1580; *Essais, livres I, II et III*, París, Abel L'Angelier, 1588.

nacido sin brazos, que ha adaptado tan bien los pies al servicio que le debían las manos, que estas en verdad han olvidado a medias su función natural» (Montaigne, 2016: 131). Como puede intuirse, el registro de este tipo de anécdotas va más allá de la mera crónica histórica que se observaba en el resto de documentos diarísticos comentados anteriormente. El tono de este Yo, además, no es en la mayoría de casos el propio de la autobiografía, sino que habla desde el presente con la intención de registrar su cotidianidad:

> Yo, tan desvergonzado de lengua, estoy, sin embargo, aquejado por temperamento de este pudor. Si no es muy instigado por la necesidad o por el placer, casi nunca muestro a la vista de nadie los miembros y las acciones que nuestra costumbre ordena esconder. Me resulta todavía más penoso porque no lo considero conveniente en un hombre, y sobre todo en un hombre de mi profesión (Montaigne, 2016: 25).

En los *Ensayos*, si bien estos están lejos de constituirse como un diario personal, no es difícil contemplar la cercanía del tono de Montaigne con la escritura diarística moderna. En este sentido, es muy relevante un hecho que el propio Montaigne narra en sus *Ensayos*: su padre ya poseía, además del libro de cuentas familiar, un diario que narraba los acontecimientos más importantes del día:

> En el gobierno de la casa mi padre seguía un método que yo sé enaltecer, pero en absoluto imitar. Además del registro de los asuntos domésticos donde se incluyen las cuentas menores, los pagos o los tratos que no requieren la mano del notario, registro del que se encarga un contable, ordenaba al criado que le servía para escribir que llevara un diario para compilar todos los acontecimientos de cierta relevancia, y las memorias día a día de la historia de su casa —muy agradable de ver cuando el tiempo empieza a borrar el recuerdo, y muy oportuno con frecuencia para librarnos de dudas—: ¿cuándo se empezó tal obra?, ¿cuándo se acabó?, ¿qué comitivas han pasado por ella?, ¿cuánto tiempo han permanecido?, nuestros viajes, nuestras ausencias, matrimonios, muertes, la llegada de noticias felices o desdichadas, el cambio de los sirvientes principales, ese tipo de materias. Es un uso antiguo que encuentro digno de ser recuperado, cada uno en su dominio. Y me considero necio por no haberlo hecho (Montaigne, 2016: 305–306).

Mediante el análisis del método de su padre, Montaigne está describiendo la actitud del diarista moderno, que pretende recoger los sucesos cotidianos para reconstruir su identidad en el texto. Montaigne se lamenta por carecer de esta costumbre, pero a pesar de ello incorpora esa actitud en sus *Ensayos*, en donde en ocasiones aparece este ánimo. Es esta actitud la que lo conduce a escribir uno de los textos más cercanos al diario personal que se pueden encontrar en el siglo XVI: su *Diario de viaje a Italia*.[30] Este texto, que narra el viaje a Italia, Alemania

---

30 Que, como se verá a continuación, se publica póstumamente en 1774.

y Francia efectuado por Montaigne entre 1580 y 1581, tiene un carácter misceláneo, pues la primera parte del mismo está narrado por un presunto secretario que escribe en primera persona. A partir de febrero de 1581, empieza a escribir el propio Montaigne, y en el registro de los hechos diarios del viaje se hallan entradas que pueden formar parte de cualquier diario moderno:

> El 17 tuve un cólico durante cinco o seis horas, soportable, y expulsé poco después una piedra del tamaño y la forma de un piñón grande. En Roma teníamos rosas y alcachofas; pero yo no notaba ningún calor extraordinario, estaba vestido y cubierto como en mi casa (Montaigne, 2010: 233).

El texto, en general, demuestra la cercanía entre ciertos diarios de esta época, como sucedía con los libros de cuenta y razón, y la moderna concepción del diario personal; en el *Diario de viaje a Italia* de Montaigne se produce en todo momento la construcción de un tono privado y el desarrollo del Yo. No obstante, parte de sus *Ensayos* está basada en textos como este diario, lo que arroja luz acerca de la naturaleza autobiográfica de toda la prosa de Montaigne y su capacidad para anticipar lo que más tarde se constituirá como el diario personal moderno.

I. 2. El nacimiento del diario personal

En el anterior epígrafe se mantenía que el diario personal es una forma fantasmal. Esto dificulta la cronología de su aparición y además plantea a los estudiosos de esta modalidad una paradoja, dado que el diario personal escrito en un momento dado puede tardar años, décadas e incluso siglos en publicarse, y siempre deben tenerse en cuenta dos periodizaciones: por un lado, la que valora el momento histórico en que estos textos fueron escritos; por otro, la que analiza la época de publicación de los mismos, lo que implica el estudio de la producción y la recepción de estos textos. Esto provoca cierta confusión añadida, pues durante los primeros siglos en los que se registró esta práctica apenas se publicaron obras diarísticas. Por ejemplo, de los antecedentes del diario personal que se han mencionado en el anterior apartado, solo los *Ensayos* de Montaigne fueron publicados en una fecha cercana a su aparición, e incluso su *Diario de viaje* no se publicó hasta 1774. Teniendo en cuenta esta circunstancia, debe decirse que hasta ahora se ha seguido en este trabajo una periodización del primer tipo, que tiene en cuenta el momento en que se gestan estas formas textuales, pues se ha pretendido destacar modalidades que explican la aparición de la práctica del diario personal.

El estudio genealógico del diario personal moderno seguirá necesitando esta doble perspectiva de estudio e interpretación: el diario personal puede entenderse como una forma que nace en los siglos XVII y XVIII, pero su introducción en el sistema literario no tiene lugar hasta el siglo XIX, cuando se producen las primeras publicaciones y aparecen con regularidad los primeros textos póstumos de carácter diarístico. De acuerdo a la perspectiva que valora el contexto en el que estas obras surgen, habría que detectar la primera ola de diarios personales en el contexto inglés. Como se ve en el catálogo citado de William Matthews (1984), o en el libro de Elisabeth Bourcier (1976), en la Inglaterra del siglo XVII el desarrollo del diario personal es ya manifiesto y en ese contexto nace el que generalmente se ha considerado el primer diario susceptible de ser convencionalmente leído como literario: los *Diarios* de Samuel Pepys. Todas estas obras, sin embargo, son publicadas en el siglo XIX, lo que muestra un desfase importante entre la aparición de estas formas y su consolidación en el mercado editorial. En el siglo XIX, además, la práctica de llevar un diario personal ya se ha democratizado en muchos países europeos, y Francia pasa a convertirse en el escenario más importante para el diario, pues es en el contexto francófono en donde aparecen los primeros diarios de gran recorrido y el que puede considerarse el diario personal más ambicioso del siglo XIX: el diario del suizo Henri-Frederic Amiel.

Fruto de lo anterior, el contenido de este epígrafe estará centrado en estudiar la aparición del diario personal en las tradiciones anglosajona y francesa —para pasar brevemente al resto de tradiciones—, pues a partir de estos dos ámbitos se puede comprender el surgimiento de determinadas obras que, partiendo del texto derivado de la práctica de llevar un diario personal, terminan conformándose como diarios poseedores de un estatus literario.

I. 2. 1. El ámbito inglés: Pepys y Byron

En la primera antología de diarios personales aparecida en el mundo hispánico, Antonio Dorta menciona la atención que se le prestó en Inglaterra a este tipo de escritura (Granell; Dorta, 1963: XXXI); el análisis de Dorta es profundo y señala cómo es en el siglo XVII, y no antes, cuando aparece la moderna forma del diario personal. Es este, además, un periodo de florecimiento para el diario en el contexto inglés; Dorta denomina el siglo XVII como «el siglo de oro del diarismo inglés» (Granell; Dorta, 1963: XXII). Las causas para este florecimiento especial han sido muchas: el nacimiento de la burguesía moderna en el país que, según Steve Pincus (2013), va a protagonizar la primera revolución moderna y el nacimiento de la democracia; o la influencia de la religión protestante a la hora de divulgar un examen libre de conciencia extraño a la restrictiva moral católica —circunstancia que, según algunos autores, podría explicar el tardío desarrollo del diario personal en países de raigambre católica como España (Ribeyro, 2018)—, entre ellas. La afirmación de Dorta se ve corroborada además por su análisis de los diarios de Samuel Pepys, texto a partir del cual, según Dorta, «el diario íntimo entra aquí en su plenitud» (Granell; Dorta, 1963: XXII), pues en este diario «el interés está centrado en él mismo, en lo que piensa, en lo que hace: su diario es un espejo animado donde no solo vemos al escritor sino a todo lo que lo rodea» (Granell; Dorta, 1963: XXII). El análisis tan temprano de Dorta demuestra una gran intuición a la hora de valorar la construcción del sujeto y su mundo personal en un diario como el de Pepys.

Samuel Pepys (1633–1703), nacido en Londres en 1633, llegó a ser uno de los políticos más influyentes de su época, y en esa trayectoria profesional se acompañó de un diario que llevó de 1659 a 1669. En estas páginas se asiste a la construcción de un Yo moderno que describe regularmente su cotidianidad. El tono privado y al mismo tiempo universal —dado que su vida cotidiana se representa como la de otros hombres a lo largo de la historia— puede encontrarse en muchas de sus entradas:

> Diciembre, 19. Esta mañana mi mujer se puso su mejor vestido para ir al bautismo del hijo de Mrs. Hunt. En el camino sostuvimos una violenta discusión porque lucía cintas de dos colores que no armonizaban. Llegué pronto a las palabras gruesas, y en mi estúpida ira, la llamé p…, de lo cual me arrepentí inmediatamente (Pepys, 2014: 120).[31]

El diario de Pepys cumple con todas las condiciones del diario personal moderno: está escrito con regularidad, recoge el espacio privado del autor y desarrolla el Yo de tal modo que habilita lecturas diferentes a las meramente referenciales. Este tipo de reflexiones que construyen el Yo diarístico aparecen a lo largo de todas las entradas del diario. Además, se trata del primer diario en que se construye un espacio íntimo. Hay varios sucesos que narra y que son sintomáticos: el 9 de abril de 1661, estando casado, reconoce intentar besar a cinco damas haciendo uso en tono jocoso de su posición laboral (Pepys, 2014: 95); un día después, confiesa besar a una de esas damas, Rebeca Allen, «bastantes veces» (Pepys, 2014: 96). Actos que en una sociedad como la inglesa de su tiempo hubiesen comportado el desprestigio de un hombre como Pepys y que, en definitiva, evidencian el espacio privado de su diario. Otra característica se relaciona con esta construcción privada de las páginas de Pepys; el texto original de su diario estaba escrito con un lenguaje cifrado para que solo el autor tuviera acceso al mismo. Este mecanismo taquigráfico es descrito minuciosamente por Lejeune (2006: 70) y evidencia el deseo de Pepys por mantener oculto su diario.

Un último elemento que sobresale en la confección de estos diarios es el estilo. Los diarios de Pepys pueden concebirse como algo más que un diario personal porque están bien escritos, con un estilo cuidado que favorece la lectura externa. Es el elemento que precisamente alguien como Lejeune destaca en su análisis; si el francés describe los diarios de Pepys como un monumento (Lejeune y Bogaert, 2006: 68) es porque su diario «séduit»[32] gracias a que «sa plume enchaîne d'un même élan ce qui est du domaine public, privé, intime»[33] (Lejeune y Bogaert, 2006: 69). Como señala Claire Tomalin, quien ha publicado la biografía más completa sobre el autor, esta forma de escribir se debe, entre otras cosas, a que fue un gran lector y un hombre preocupado por su forma de escribir, hasta

---

31 Los primeros extractos del diario de Pepys son publicados en 1825 por Richard Griffin Braybrook y John Smith en: *Memoirs of Samuel Pepys*, Londres, Henry Colburn.

32 «Seduce», (N. T.).

33 «Su pluma une bajo el mismo impulso aquello que es de dominio público, privado, íntimo», (N. T.).

el punto de haber intentado escribir alguna novela antes del diario (Tomalin, 2002: 81). Pepys logra aderezar con su estilo una obra diarística que, finalmente, prevalece por el modo en que está escrita y por el personaje que construye, no por los acontecimientos que cuenta. Paul Morand lo explica a la perfección:

> Los *Diarios* de Pepys son en primer lugar un documento humano. Los grandes acontecimientos aquí relatados, sirven sobre todo para realzar y establecer los planos. (…) Lo importante aquí no es el general, sino Pepys y su botella plantada en pleno realismo pero sin engañifa, en medio de una naturaleza muerta; la escena histórica solo tiene valor decorativo: es la pintura de una pintura (Morand, 2014: 8).

En la línea de lo que Carlos Pujol señalaba en la introducción, los diarios de Pepys cumplen con lo esencial para soportar una posible lectura literaria: sus páginas son relevantes por la forma en la que están escritas y por la construcción moderna de un Yo que es consciente de las capacidades del diario personal como texto. Así lo entiende José Luis de Juan en una reseña cuando señala, sobre el diario de Pepys, que «su retrato humano pervive gracias a la frescura de los detalles y las cualidades hipnóticas de su prosa» (Juan, 2014). El diario de Pepys, como adelantaba Dorta, es el primer gran diario personal, pero, además —y como se explicará más tarde a propósito de su definición—, podría definirse como el primer diario susceptible de ser interpretado como un texto literario.

En la tradición británica hay otros diarios destacables en los siglos XVII y XVIII; entre ellos, el diario de John Evelyn, quien lo escribe desde 1640 hasta 1706. El *Diario* de Evelyn, que era amigo personal de Pepys, tiene un carácter más notarial que el del anterior; tampoco alcanza el nivel de desarrollo del Yo del diario moderno y sus cualidades son más documentales que literarias. Más relevante, por la modernidad de su estructura, es el *Diario londinense* de James Boswell, que es un diario que llevó el conocido biógrafo de Samuel Johnson en su primera estancia en Londres entre 1762 y 1763. El diario, cuyo contenido está ya literaturizado, muestra las andanzas del joven Boswell en la clase alta de la sociedad londinense. Como señala Trapiello, «Boswell es un hombre que goza de la sociedad, ama la conversación, el tráfico por las mansiones principales y los amores con mujeres venales» (Trapiello, 1998a: 151). El diario desarrolla una fuerte vertiente confesional —Boswell se recrea en los detalles sexuales, como cuando señala, con tono jocoso, la necesidad lujuriosa que una noche le hace dirigirse a Saint Jame's Park y mantener relaciones sexuales con una prostituta (Boswell, 1950: 255)—, pero en general está lejos de construir un Yo diarístico con la entidad del que aparece en los diarios de Samuel Pepys; sí son destacables las posibilidades retóricas y literarias del diario, pero carece de la construcción de un mundo personal propia de la obra de Pepys o del posterior diarismo francés. También resulta de interés el diario de viaje que mantuvo Boswell en su viaje a las Islas Hébridas, en compañía de Samuel Johnson, en el año 1773. Fruto de ese viaje es su *Diario de un viaje a las Hébridas con Samuel Johnson*, texto que mezcla el diario de viajes con la biografía, pues en todo momento Boswell centra su punto de vista en describir a Johnson. Dada la calidad literaria de la obra, sin embargo, es una buena muestra del asentamiento de la estructura diarística en el sistema literario; del mismo modo, en el siglo XVIII un autor como Daniel Defoe, con su *Diario del año de la peste* publicado en 1722, había empleado ya la estructura narrativa del diario para armar una novela, lo que, junto a la obra diarística de Boswell, demuestra la asunción del diario como posible forma literaria en la Gran Bretaña del siglo XVIII.[34]

Ya en el siglo XIX destacan los *Diarios* de Walter Scott y, sobre todo, los de Lord Byron (1788–1824). Este último escribe varios diarios a lo largo de su vida, ninguno de gran envergadura, pero en la unión de todos ellos, desde 1813 a 1821, se muestra una obra diarística madura, de un autor que ya entiende el diario personal como algo más que un cuaderno de anotaciones. En el «Diario de Londres», por ejemplo, Byron desnuda sus reflexiones con frecuencia:

> Estoy *ennuyé* más allá del tiempo que suelo emplear para este verbo bostezante, el cual siempre estoy conjugando, y no veo que la sociedad sirva de mucho para arreglar el asunto. Soy demasiado vago como para pegarme un tiro, y algo así enfadaría a Augusta y tal vez a; pero sería un buen apaño para George, por otro lado, y no tan malo para mí. Pero no me dejaré tentar (Byron, 2018: 129).[35]

Byron construye un espacio personal en sus diarios; si bien la dispersión y el fragmentarismo de su obra dificultan una interpretación que exceda su naturaleza referencial, la construcción del Yo en los diarios de Byron posee tanta solidez que en todo momento se tiene la impresión de estar ante un texto con cualidades

---

34 Antes de pasar al siglo XIX inglés, es necesario aludir a la temprana aparición de un diario moderno en la tradición polaca: el diario de Jan Chryzostom Pasek (1636–1701). Publicado en 1821, se trata de una crónica de las guerras de su tiempo en las que participó como noble de la época. Aunque el estilo es habitualmente referencial e historiográfico, en las páginas de ese diario —*Pamietniki*— Pasek a veces desarrolla un espacio personal en el que aborda con humor temas de su cotidianidad, sobre todo en la última parte del diario. Confirma, en definitiva, que la práctica de llevar un diario personal era frecuente en toda la Europa de los siglos XVII y XVIII.

35 En este trabajo se emplea la edición española de Galaxia Gutemberg de 2018, pero los primeros pasajes del diario de Byron se publican en 1830, gracias a la antología de sus escritos diarísticos y epistolares llevada a cabo por Thomas Moore: (1830), *Letters and Journals of Lord Byron: with Notices of His Life*, Londres, John Murray.

literarias. El propio Byron es consciente de las posibilidades literarias del diario cuando, en una de estas entradas, señala lo siguiente: «Esta tarde he quemado las escenas de una comedia que acababa de empezar. Se me ha pasado por la cabeza expectorar una novela, o mejor un cuento en prosa. Pero qué novela podría igualar a la realidad» (Byron, 2018: 92). En las dispersas páginas que nutren su obra diarística, Byron construye un diario personal con propiedades literarias que prefigura el moderno diario literario.

I. 2. 2. El contexto francófono: Stendhal y Amiel

En la tradición francesa, por otro lado, se han producido quizás los textos más importantes para la comprensión del hecho diarístico como fenómeno literario, aunque es necesario esperar más de un siglo para encontrar algún ejemplar que sea comparable a los *Diarios* de Samuel Pepys. Es el caso del *Journal* de Stendhal (1783–1842), posiblemente el primer gran diario de las letras francesas. Aunque no se trata de un todo homogéneo, el diario abarca un periodo de diecisiete años (1801–1818) en el que Stendhal narra numerosos viajes y anota todos los sucesos que conciernen a su vida privada con el elegante estilo que caracterizará a sus novelas años después. El propósito de Stendhal, además, queda claro desde la primera página escrita el 18 de abril de 1801: «Me propongo escribir la historia de mi vida día por día. No sé si tendré fuerzas para llevar a cabo este proyecto, ya iniciado en París» (Stendhal, 1955: 15). Si bien no ha quedado para la posteridad esa historia de su vida, pues son solo diecisiete años y no relatados de manera homogénea, en el *Journal* de Stendhal se presencia una configuración del Yo que permite encontrar en el texto diarístico un personaje narrativo. En sus páginas abundan anotaciones como la siguiente: «Lluvia de verano a las cuatro. Como en la calle de La Loi, frente a una tabla que hace de puente; las personas que pasan me divierten mucho por los rasgos de carácter. La lluvia me dispone a esa divina ternura que me invadía en Italia» (Stendhal, 1963: 172).[36] O esta, en la que describe un flirteo con una dama: «me he encontrado al lado de una mujer que he tomado por amante de uno de los ayudantes del general Hulin…, su cara, bastante bonita, expresa la dulzura. He tenido placer en hacerle la corte» (Stendhal, 1955: 95).

La interioridad de Stendhal está perfectamente construida en el texto y, lo que resulta más eficaz, mediante el estilo que lo hace constituirse como uno de

---

36 La primera edición del diario de Stendhal se publica en 1888 y está referenciada en la bibliografía de este trabajo (Stendhal, 1888).

los grandes narradores de la literatura universal. Como sucedía con Pepys, y en menor medida con Lord Byron, en las páginas de este diario ya puede encontrarse una construcción literaria del Yo. Así lo corrobora Antonio Muñoz Molina:

> La naturalidad en la escritura moderna es probablemente una invención de Stendhal. (…) Stendhal ya es como nosotros. Sus diarios de hace dos siglos justos se leen como si acabaran de escribirse. O más exactamente: como si se estuvieran escribiendo ahora mismo, delante de nosotros (Muñoz Molina, 2012).

Siguiendo el razonamiento de Muñoz Molina, en Stendhal se encuentra el primer diarista francés cuya obra todavía puede leerse por lo que es, no por su contenido histórico o su capacidad para reconstruir la vida del autor. El diario de Stendhal posee un valor literario por sí mismo. Sucede de igual modo en el tono empleado cuando el Yo diarístico centra su mirada en asuntos de la vida literaria (Stendhal, 1963: 172); en los viajes que acomete por diferentes lugares de Europa como Italia o Ginebra (Stendhal, 1963: 173); o al reflexionar sobre cuestiones de todo tipo, como la siguiente:

> Yo me había formado una idea bastante falsa de la palabra amigo. Quería solo un amigo, pero que fuese todo para mí, como yo todo para él. El hombre no es bastante perfecto para eso. Tengo que limitarme a ver repartidas entre todos mis amigos las cualidades que quisiera ver reunir en uno solo (Stendhal, 1963: 167).

La libertad y el cuidado con los que Stendhal escribe su diario lo convierten, en definitiva, en la primera voz diarística de la tradición francófona que aspira a modelar una —gran— obra literaria.

Otro diario de renombre en este contexto es el de Benjamin Constant, quien, si bien nacido en Suiza, está vinculado por su familia a Francia. Los diarios de Constant abarcan los años de 1804 a 1816 y destacan, como los de Stendhal, por su voluminoso tamaño, así como por la construcción de un espacio privado en el que se sincera constantemente. La última edición francesa de Gallimard (Constant, 2017) divide el texto en tres diarios, de los cuales poseen un mayor interés los primeros, pues en los otros dos diarios predomina la entrada breve, con interés meramente documental. En los primeros, que registran los sucesos desde el 22 de enero de 1804 al 8 de mayo de 1805, Constant logra construir un Yo similar al de Stendhal, aunque sin la capacidad y el desarrollo literario del primero; el desarrollo narrativo se produce solamente en algunas entradas, y entre los temas destacan por su interés los referidos a su relación amorosa con Madame de Stäel, llamada Minette, o el desarrollo de su melancolía e inestabilidad sentimental, como destaca Michel Braud (2012: 107).

Escrito en francés, aunque surgido de la pluma de un suizo,[37] se halla el que ha sido concebido generalmente como el diario personal por antonomasia: el *Diario íntimo* de Amiel. Profesor mediocre, como adjetiva Braud (2012: 74), de la Universidad de Ginebra, Henri-Frederic Amiel (1821–1881) llevó una vida insustancial que, sin embargo, dejó el diario más ambicioso que se ha escrito hasta la fecha, con un total de 16900 páginas; sin familia, sin aficiones importantes ni contactos relevantes dentro de la ciudad suiza, Amiel se volcó en su diario, del que se podría decir que fue adicto. El suizo se convierte así en el primer diarista que vive para reflejar esos acontecimientos en su obra, y por ello es materia de estudio de muchos autores —Bourget (1920); Marañón (1962)— que consideraron el de Amiel como un caso excepcional. En el diario de Amiel, como indica Laura Freixas (1996b), está contenido *todo* Amiel, y por eso es el diario personal más importante del siglo XIX.

Como señala Braud (2012: 275), Amiel comienza a llevar su diario en 1839, pero las anotaciones no empiezan a ser regulares hasta diciembre de 1847. A partir de esa fecha va a escribir a diario durante más de treinta años, hasta su muerte en 1881. En ese pantagruélico desarrollo de la cotidianidad, Amiel va a hacer de su diario, en el que deposita toda su vida, una suerte de hogar. No es de extrañar que los teóricos del diario entendido como documento privado, que aluden a este generalmente como *diario íntimo*, cifren en Amiel el paradigma de esa construcción textual. En palabras de Laura Freixas, estas páginas «son una introspección a tumba abierta» (Freixas, 1996c: 51), y ello se puede deducir de cualquiera de sus entradas: «Esta noche he sentido el vacío en mi derredor. El porvenir, la soledad, el deber; todas las ideas solemnes o apremiantes, han venido a visitarme. Me he recogido, en mí mismo, cosa necesaria contra la dispersión y la distracción que traen consigo los días y los pormenores» (Amiel, 1980: 31).[38]

Amiel construye el espacio íntimo más sólido del diarismo moderno, y por este motivo su diario es el diario personal por excelencia. Esto repercute además en la construcción de un personaje: el Yo de Amiel se desarrolla fragmentariamente,

---

37 Es interesante, de hecho, esta doble cultura; Amiel era un protestante y, según señalan autores como Bourget (1920: 279), este es un detalle muy importante para entender su labor tenaz como diarista. Ya se ha sugerido a propósito de Pepys cómo algunos autores vinculan el desarrollo de la moral protestante en la burguesía europea con el nacimiento de la práctica del diario personal; el otro gran ejemplo sería Gide, quien además le va a servir a Barthes para alertar de esta relación entre cultura protestante y diario en su primer acercamiento a la cuestión (Barthes, 2002a: 33).

38 La primera edición del diario de Amiel aparece en 1883, en la edición *Fragments d'un journal intime*, como atestigua Braud (2012: 555).

entrada a entrada, hasta constituirse como una forma similar a la del personaje de ficción. Esto último se produce mediante un efecto sencillo; a pesar de su carácter referencial e histórico, en las páginas del diario de Amiel se levanta la construcción de una personalidad que, como asevera Paul Bourget (1920: 258), es representativa de otras personalidades. Amiel, en otras palabras, construye un personaje universal a partir de sí mismo, como el propio Marañón asegura:

> En esto estriba el valor incomparable del Diario de Amiel: es la ventana anónima de la calle estrecha que nos enseña un interior mediocre, pero lleno de sentido profundamente humano, de glorias y bostezos de calibre vulgar, y, por tanto, iguales a los nuestros (Marañón, 1962: 17).

Esta universalidad del personaje de Amiel lo hace constituirse como un personaje también literario.[39] Además, Amiel es capaz de incorporar una escritura cuidada y estilosa que hace del diario una obra con interés literario. El tono lírico de su prosa puede localizarse en gran parte de las entradas:

> A 7 de septiembre de 1851. Son las diez de la noche. Un rayo extraño y discreto de la luna, una brisa fresca y un cielo donde flotan algunas nubes hace de nuestra terraza un sitio encantador en esta hora. Estos rayos pálidos y suaves dejan caer del cenit una paz resignada que penetra; son como la alegría tranquila o la sonrisa pensativa de la experiencia, pintados con cierto matiz estoico (Amiel, 1980: 24).

El paisaje está descrito por medio de un tono lírico que apuntala el carácter literario otorgado por la construcción narrativa del Yo. El diario de Amiel, desde esta perspectiva, se conforma como el diario personal e introspectivo por excelencia que posee, además, manifiestas propiedades literarias.

Grandes escritores escriben diarios en Francia durante la época de Amiel: es el caso de Charles Baudelaire o Paul Valéry, pero ninguno de sus diarios, centrados en aspectos más intelectuales que personales, logran alcanzar la relevancia del primero. Por su vasta información sobre la escena literaria de la época, es llamativo el diario de los hermanos Goncourt, llevado a cabo entre 1851 y 1870 y en donde se pueden encontrar retratos de los personajes más célebres de la época, como Sainte-Beuve (Goncourt, 2017: 219) o Gustave Flaubert (Goncourt, 2017: 99), pero está lejos de poder considerarse un diario personal, pues se trata de una crónica del momento literario. Ya en el siglo XX destaca la aparición del diario de André Gide, cuya publicación, como se verá al final de este epígrafe, supone la confirmación del diario como manifestación literaria.

---

39 Similar línea de interpretación seguía Aristóteles al adjetivar la *poiesis* con un carácter universal enfrentado a la naturaleza concreta de lo histórico (Aristóteles, 1974: 157–158).

I. 2. 3. Otras tradiciones: Kafka, Tolstói, Leopardi y Thoreau

Durante el siglo XIX, la práctica del diario personal se observa generalmente asentada en los países europeos. Si bien no hay ninguna tradición tan robusta como la francesa y la inglesa, en las grandes literaturas europeas aparecen ejemplos de diario personal y frecuentemente en obras de escritores de renombre.

En la tradición germana destaca por su publicación temprana la obra de otro suizo, Johann Caspar Lavater, titulada *Diario secreto de un observador de sí mismo*. Publicada en 1773, podría ser catalogado como el primer diario personal aparecido en el sistema literario —debido a su temprana publicación—, pero la temática del texto está demasiado apegada a la escritura confesional de carácter religioso, por lo que no podría considerarse un diario moderno a la manera de los diarios publicados en el XIX. Mayor relevancia posee un breve diario que llevó Novalis entre 1797 y 1800, que testimonia la aparición de esta forma en Alemania, y sobre todo los diarios de Franz Kafka (1883–1924). Estos últimos, escritos ya en el siglo XX y desde 1910 a 1923, poseen un carácter moderno, dado que Kafka construye un diario de gran desarrollo a partir de su privacidad. El tono encontrado en estas páginas es cotidiano y sincero: «Ayer hablé francamente con mi jefe; la decisión de hablarle y la promesa de no echarme atrás me facilitaron dos horas de sueño inquieto durante la pasada noche» (Kafka, 1983b: 137). Esto demuestra la actitud de Kafka ante su diario; se siente libre, dispuesto a escribir todos los pensamientos que le perturban, por lo que el texto diarístico funciona como una vía de escape: «16 de diciembre. No volveré a abandonar este diario. Debo mantenerme aferrado a él, porque no puedo aferrarme a otra cosa. Me gustaría explicar el sentimiento de felicidad que, de vez en cuando, siento en mi interior, como ahora, precisamente» (Kafka, 1983a: 24).[40]

A través de la confesión diaria, Kafka se autoconstruye en el texto durante más de una década —en los primeros años dedica más tiempo a sus diarios que en los últimos—, y, en la línea de Amiel, consigue levantar un mundo literario a partir de su intimidad. El diario, además, no era estrictamente secreto, pues en 1921 declara que le ha dado todos los diarios a M. (Kafka, 1983b: 189), quien no es otro que Max Brod, el célebre abogado que salvó la obra kafkiana cuando su autor había preferido su destrucción. Cuando Kafka le da toda su obra literaria a Brod para que este la destruya, e incluye sus diarios, demuestra su conciencia acerca de su valor literario.

---

40 Para consultar las ediciones de los diarios de aquí en adelante, y hasta final de este capítulo, ver punto I. 1. 2. 4.

En la tradición rusa, por otro lado, destacan en el siglo XIX los diarios de Lev Tolstói (1828–1910), quien desde 1847 hasta el final de su vida lleva a cabo con cierta regularidad —si se tiene en cuenta el enorme periodo de tiempo que abarcó su trayectoria vital— la anotación diaria de su vida cotidiana. En sus diarios, Tolstói no escribe como Amiel ni como Kafka, y el desarrollo de su interioridad se limita a anotaciones cortas que registra con afán práctico; apenas hay entradas que superen la media página y el estilo es descuidado, como explica Selma Ancira en el prólogo a la edición española (Ancira, 2002: 10). A pesar de lo anterior, Tolstói suele expresarse con sinceridad e incluso tiende a la confesión personal, características que le otorgan a los diarios un atractivo considerable, así como le permiten construir un Yo personaje con interés literario:

> 4 de julio. Ginebra-Berna. (…) Hermosísima noche de luna; ni los gritos borrachos, ni la multitud, ni el polvo destruyen el encanto; un húmedo claro del bosque, inundado de luna, de donde salen los chillidos de los rascones y de las ranas, y adonde dan ganas de ir, muchas ganas. Y cuando llegas allí sientes ganas de ir más lejos. No es un eco de placer lo que despierta en mi alma la belleza de la naturaleza, sino no sé qué dulce dolor (Tolstói, 2002: 169).

Resulta llamativa, además, la recepción de los diarios en el sistema literario ruso. Como se ha explicado en la introducción, Viktor Shklovski testimonia en sus escritos teóricos la interpretación literaria que se hacía del género diarístico, en concreto a partir de los diarios del joven Tolstói, en la crítica rusa: «Los diarios juveniles de Tolstói son no solo huellas de su vida interior, sino también de experiencias literarias. Son intentos de describir de distintas maneras, de seleccionar de diferentes modos, los rasgos que caracterizan a los personajes» (Shklovski, 1975: 32). Aunque los diarios de la edad madura no le parecen tan interesantes desde un punto de vista literario, Shklovski está constatando, en definitiva, la asunción del diario como una forma literaria a través de Tolstói.[41]

En el contexto italiano destaca Giacomo Leopardi (1798–1837), que en su *Zibaldone* entregó algunas de las páginas intimistas más relevantes del siglo XIX. El *Zibaldone*, comenzado en 1817, es un conglomerado de textos que, a semejanza de los *Ensayos* de Montaigne, deja entrever el pensamiento ensayístico de su autor. Aunque no se puede considerar un diario personal en sentido estricto, entre esos textos hay fragmentos que recuerdan inevitablemente al moderno

---

41 De sumo interés en este contexto son también los diarios de Sofía Tolstói —o Sofía Behrs—, esposa del escritor, que abarcan desde 1862 hasta 1919, año de su muerte, y que en algunas partes de los mismos presentan un mayor desarrollo que los de su marido. Una selección de los mismos se ha publicado en España en 2010 (Tolstói, 2010).

diario. Leopardi, además, es autor de *Recuerdos del primer amor*, una suerte de diario juvenil y autobiográfico. La primera entrada es la siguiente:

> Cuando empecé a sentir la llamada de la belleza, hacía ya más de un año que, como todos, deseaba hablar y conversar con mujeres hermosas, y si por casualidad alguna me dirigía una sonrisa, la cosa me parecía tan rara como maravillosamente dulce y halagadora. Este deseo, en mi forzada soledad, hasta entonces se había demostrado completamente vano. Pero en la tarde del jueves pasado llegó a nuestra casa una señora de Pésaro esperada con gusto por mí, desconocida por supuesto, pero en la que creí ver a alguien capaz de satisfacer mi antiguo deseo: era pariente nuestra más bien lejana, tenía veintiséis años y la acompañaba su marido, un hombre de más de cincuenta, pacífico y rollizo (Leopardi, 2018: 9).

Es un diario absolutamente literaturizado, que quizás no posee la espontaneidad de los textos citados hasta ahora, pero en todo caso construye un espacio íntimo —el de un joven Leopardi impactado por su prima— y en medio centenar de páginas es capaz de modelar un relato diarístico que ya en esa fecha tan temprana demuestra las posibilidades literarias del diario en una tradición relativamente pobre como la italiana.

Otros textos confirman el asentamiento del diario personal en el contexto europeo del XIX: los diarios del danés Søren Kierkegaard, quien además publicó una conocida novela a partir de una estructura diarística ficcional —*Diario de un seductor* (1843)—, son un importante documento para entender el asentamiento de esta forma en los países escandinavos; aunque no tienen un desarrollo del Yo equivalente a los diarios anteriores, Kierkegaard muestra una disciplina diaria constante y son destacables los aforismos recogidos en estas páginas (Kierkegaard, 1958).

Hay, finalmente, una última tradición que, sin ser europea, posee una marcada relación con el viejo continente: la estadounidense. En el siglo XIX, se produjo en el contexto norteamericano uno de los diarios personales más importantes, como es el de Henry D. Thoreau (1817–1862). Thoreau comienza su diario en 1837 inspirado por Ralph Waldo Emerson, quien a su vez va a ser autor de otro diario. El diario de Emerson, al estar compuesto de notas y fragmentos breves, solo tiene interés documental e histórico, pero su influencia permitió que Thoreau creara un diario con verdadera entidad literaria; de hecho, Thoreau le dedica la primera entrada: «¿Qué estás haciendo ahora? —me preguntó. ¿Llevas un diario? Así que hoy escribo mi primera entrada» (Thoreau, 2013: 41). Desde 1837 a 1861, Thoreau describe su cotidianidad en el diario, construyendo un texto que puede compararse a los grandes diarios destacados, como los de Pepys, Amiel o Kafka. Aunque su diario abarca más de veinte años, las entradas de mayor desarrollo narrativo están fechadas a partir de 1850, cuando ya había pasado dos años viviendo en una cabaña en medio del bosque y se había iniciado su relación con el espacio natural, por la que ha destacado en la historia de la literatura tras la publicación de su *Walden*. En las pocas entradas de 1845 deja constancia de su llegada a la casa: «Me vine aquí para encontrarme cara a cara con las realidades de la vida» (Thoreau, 2013: 72). Y a partir de 1850 construye su vida en el diario dando como resultado una de las configuraciones individuales más elaboradas de la historia de la literatura diarística. Thoreau describe con detalle su día a día en la naturaleza, mientras hilvana su relato con breves reflexiones y relatos cotidianos que le otorgan una contrastable naturaleza literaria al diario. Su concepción del diario es, además, clara: «Mi Diario debiera ser el archivo de mi amor. En él, solo debiera escribir sobre las cosas que amo, sobre el afecto que siento hacia algún aspecto del mundo, o sobre aquello sobre lo que me encanta pensar» (Thoreau, 2013: 89). A partir de esa premisa desarrolla un diario que es una verdadera carta de amor a la naturaleza —«la naturaleza me encanta, en parte, porque no es el hombre, sino un refugio frente al hombre» (Thoreau 2013: 244) —, y al mismo tiempo una reconstrucción del Yo de Thoreau como apenas se ha visto antes:

> Hay ventajas en ser el hombre más humilde, más tacaño, y menos solemne del pueblo, al punto de que hasta los niños que trabajan en los establos se mofan de ti. Hay mucho hombre rudo y bienintencionado, que apenas me conoce, pero me habla familiarmente con mi nombre propio. Recibo de ellos todo lo bueno que tienen; y no pierdo nada (Thoreau, 2013: 107).

Exiliado del mundo social, Thoreau se encierra en su diario para hacer de su Yo, a través de las entradas de su día a día, uno de los grandes personajes de la literatura decimonónica norteamericana, lo que evidencia su importancia para el desarrollo del diario personal en el sistema literario.

I. 2. 4. La publicación del diario personal: Gide y la aparición del diario como género literario

Se ha expuesto hasta ahora la cronología del diario personal desde el punto de vista de su gestación, no desde la perspectiva de su publicación. Para seguir ahora una periodización del segundo tipo, hay que partir directamente del siglo XIX, momento en el que tiene lugar la publicación de muchos diarios gestados en siglos anteriores y en la misma época. En 1825 se publica así el diario de Samuel Pepys; en 1818 el de John Evelyn; algunos pasajes del diario de Lord Byron en 1830; el de Walter Scott en 1890; y el *Diario londinense* de James Boswell no lo hace hasta 1950.[42] En la tradición francesa, el diario de Maine de Biran se publica en 1834; en 1888 los de Stendhal; en 1895 el de Benjamin Constant; y una década antes, en 1882, se publican partes de la obra que cambia la forma de entender el diario personal: el *Diario íntimo* de Amiel.[43] Los diarios de Kafka, si bien aparecen fragmentos muy breves de carácter novelístico en revistas de la época, no son publicados de forma íntegra hasta 1948 (Gray, 2005: 264); el diario de Leopardi *Recuerdos del primer amor*, en 1906 (Leopardi, 2018); y para ver la primera selección de los de Thoreau habrá que esperar igualmente a 1906 (Estrella Cózar, 2013: 27). Sí hay una excepción con los diarios de Tolstói, pues se publican dos selecciones relevantes —en Londres en 1901 y en Rusia en 1906 (Ancira, 2002: 9–10) — cuando el autor todavía está vivo; así, si bien los diarios completos no aparecen hasta 1928 (Ancira, 2002: 10), lo anterior demostraría el interés por la publicación de diarios en los albores del siglo XX.

De esta larga enumeración de fechas se puede extraer la siguiente conclusión: aunque se trate de una práctica privada originada siglos antes, el diario personal se establece en el sistema editorial a lo largo del siglo XIX. En este siglo se produce aquello que Alain Girard ha definido como «el paso de la intimidad a la publicación» (1996: 32); lo que Lejeune lleva un paso más allá, al declarar que, a partir de 1887 —y con la publicación de los diarios de los hermanos Goncourt y los de Marie Bashkirtseff, a los que se añaden todos los precedentes citados—, el diario entra en la literatura (Lejeune, 2006: 208). Aunque es posible que Lejeune se precipite y, como se verá más tarde, todavía tengan que transcurrir unas décadas para que el diario sea considerado como un género literario en igualdad de condiciones al resto, la publicidad del diario, otrora texto privado, le otorga un carácter diferente a esta forma textual. Según Girard, los diaristas que escriben durante los siglos XVII y XVIII «no tuvieron otra ambición que la de comprender las operaciones del espíritu, captar las relaciones de lo físico y lo moral, y conocer mejor al hombre» (Girard, 1996: 33), mientras que a partir del siglo XIX, la opción de publicar el diario personal se convierte en una realidad y los autores escriben con ese horizonte último. Para Laura Freixas este cambio es fundamental, puesto que, como llega a sostener en su artículo titulado «La perdida intimidad en el diario íntimo» (1995), piensa que el diario moderno ha perdido la capacidad de construir un espacio íntimo en el texto. Estas apreciaciones,

---

42 Para la cronología de los diarios ingleses, se sigue aquí la bibliografía señalada de William Matthews (1984).

43 Para la cronología de los diarios franceses, se sigue el capítulo final de la antología de Michel Braud (2012: 554–565).

como la de Picard, están imbuidas de lo que en la introducción se ha definido como idealización de la forma privada del diario; en este trabajo se va a mantener que la sustancia literaria del diario no varía a pesar del cambio pragmático que conlleva la publicación. Sí apuntan a una idea acertada cuando anuncian una concepción diferente del diario; la más importante sería sin lugar a dudas aquella según la cual los diaristas que conciben su obra avanzado el siglo XIX y comenzado el XX son ya conscientes de las posibilidades retóricas y literarias de sus textos personales diarísticos. Por tanto, como será tratado, el paso de lo privado a lo público no imposibilita una interpretación de los diarios previos como textos literarios, ni tampoco cabe analizarlos como más íntimos que los posteriores; sí hay que señalar que la progresiva publicación del diario personal conduce a este, en un proceso muy lento, hacia su inserción en el sistema literario, con lo cual también se produce un cambio en la percepción que el diarista tiene de su texto.

Tal cambio, que ya se dejaba intuir en autores como Tolstói o Kafka, cuyos diarios salen a la luz en vida de los mismos, se consolida finalmente por medio de la figura de André Gide (1869–1951). Este publica en 1939 el primer gran diario personal del siglo XX en Francia: su *Journal*. En su obra ficcional, Gide ya había empleado la estructura diarística —*Les Cahiers d'André Walter* (1891), su primera novela, es un diario ficticio— y en 1887 comienza a llevar un diario personal que publica en varias ediciones a partir de 1931 y hasta su edición definitiva en 1939. Para el desarrollo de nuestro trabajo tiene una importancia notable el proceso que conduce a Gide a valorar su producción diarística como una gran obra literaria. En palabras de Martine Sagaert (2012: 347), a comienzos de siglo el autor rechaza la posibilidad de publicar su obra; sin embargo, después de 1925,[44] y tras la publicación de *Les Faux-Monnayeurs* en 1927, que en forma de diario ficticio es su novela más importante, Gide comienza a preparar su diario para la publicación, hasta el punto de desarrollar una estrategia editorial mediante publicaciones en revistas y, en definitiva, la divulgación literaria del diario. En 1939, a sugerencia de Jacques Schiffrin (Simonet-Tenant, 2018: 389), publica su *Journal* desde 1889 a 1939 en la edición de la Pléiade, en Gallimard,

---

44 Simonet-Tenant señala como fecha definitiva para esta decisión el año 1930 (Simonet-Tenant, 2018: 388), cuando Gide ya habría comenzado a valorar seriamente esta posibilidad de publicación. Sin embargo, aunque Simonet-Tenant apunte a esta fecha y Sagaert ponga como fecha 1925, hay una entrada de 1922 en el *Journal* de Paul Léautaud en la que Gide le confiesa a su autor estar pensando en publicar un manuscrito privado un tanto polémico, de tipo confesional, que efectivamente apunta a ser el *Journal* (Léautaud, 2016: 264–265).

que en ese momento es la colección literaria más prestigiosa de Francia. El *Journal* va a aparecer en una colección integrada por todo tipo de obras de la literatura clásica, lo que arroja luz acerca de la importancia de tal decisión. A partir de esa publicación, Gide demanda el valor literario de su obra diarística y permite la consideración literaria del diario personal, lo que va a tener una gran relevancia para su asentamiento en el sistema literario francés.

A finales del siglo XIX, por tanto, los autores van adquiriendo conciencia de la posibilidad de publicar su diario; Tolstói y Kafka lo sacan a la luz en vida y hay que añadir, a este respecto, el interés de Amiel por la publicación póstuma de su obra (Scherer, 1897: VI). En 1939, Gide evidencia con la publicación de su obra lo que ya era una realidad asentada en las primeras décadas del siglo XX: la constatación de que el diario ya puede formar parte de la obra literaria de un autor. Si bien en los siglos precedentes la estructura diarística ya había protagonizado multitud de obras ficcionales —las de Daniel Defoe, Kierkegaard o Azorín, con su *Diario de un enfermo* (1901) —, desde Gide en adelante se asume que el diario personal autobiográfico, que puede tener la misma estructura que el ficcional, también es susceptible de ser leído desde lo literario, lo que le otorga una inequívoca dimensión genérica.

I. 3. El diario personal en la literatura: desarrollo y recepción crítica

Tras la publicación del *Journal* de Gide, a lo largo del siglo XX se confirma la presencia del diario personal en el sistema literario; en las diferentes tradiciones literarias de Occidente, aparecen textos esenciales para comprender el espacio que ocupa el diario como obra literaria. El denominador común de estos textos es de carácter pragmático: los diaristas conocen ya las posibilidades de su publicación e incluso un gran número de ellos escribe pensando en la publicidad de su obra. El mercado literario en el que esto comienza a ocurrir con más frecuencia, con múltiples diaristas publicando su texto con un interés literario, es Francia, país en el que el diario se ha desarrollado con más rapidez. Por él se puede comenzar el comentario de una selección de textos diarísticos franceses que explica el asentamiento del diario personal en el sistema literario. Después de Francia, el diario tiene un claro auge en los países anglosajones y centroeuropeos, y finalmente en los contextos ibérico, italiano e hispanoamericano; un repaso a los principales textos diarísticos que pueden ser interpretados como obras literarias facilitará la configuración de un marco que explique este asentamiento. La selección de diarios, como ocurre en el caso francés, obedecerá a la capacidad de estos para ser interpretados como textos literarios y a su impacto en las respectivas tradiciones literarias, así como a la influencia que han dejado en las obras de otros contextos. Adelanto que las ausencias podrán ser numerosas y la selección, como cualquier otra, cuestionable en algunos aspectos, pero los ejemplos escogidos poseen la virtud de ilustrar sobre la introducción del diario en el sistema literario internacional. En el caso español, el análisis será más exhaustivo, dado el interés que tiene para la tercera parte del presente estudio. En los últimos epígrafes de este punto, me detendré someramente en la recepción crítica y teórico-literaria del diario personal, que terminará de ilustrar el asentamiento del diario personal en el sistema literario y su reconocimiento como género.

I. 3. 1. El diario personal como texto literario: contexto internacional

I. 3. 1. 1. El diario en Francia: Gide, Green, Léautaud y Juliet

André Gide (1869–1951), conocido internacionalmente a partir de su Premio Nobel en 1947, decide publicar —tras los avatares narrados en el I. 2. 4.— su diario en 1939, texto que, además de las consecuencias pragmáticas desarrolladas,

aporta un elemento más importante: André Gide construye el primer Yo diarístico que ya es consciente, desde un momento muy temprano, de estar auto-
construyéndose en la página para un lector que lo observa como un personaje
literario. El personaje protagonista del *Journal*, a pesar de ello, no teme el esca-
parate: Gide desnuda sus pensamientos y construye un espacio privado que
en poco difiere del configurado generalmente en los diarios del XIX. En sus
diferentes diarios[45] aparecen todos los elementos que configuran al Gide hombre: el mundo literario, sus relaciones amorosas o sus crisis existenciales; todo
ello narrado a partir de su cotidianidad, por medio de la entrada diaria en un
registro muy regular a lo largo de más sesenta años, desde 1887 —fecha de sus
primeras notas— hasta 1950, un año antes de su fallecimiento. El mundo literario del que Gide no podía sustraerse en ninguna esfera de su pensamiento se
percibe en la segunda entrada de la primera edición de su diario, que reza: «1890
(Janvier). Visite à Verlaine» (Gide, 1951: 13).[46] Estas páginas van a recibir así las
visitas constantes de las principales figuras literarias de la Francia de la época;
en su papel de editor, Gide muestra en su diario su continua relación con el
sistema literario. En este sentido, el diario de Gide dialoga con el de los hermanos Goncourt, si bien en el primero no deja de asomar en ningún momento la
subjetividad del Yo, que aparece siempre por medio de reflexiones y opiniones.
Otro de los ejes temáticos de su diario va a estar constituido por las relaciones
sentimentales más importantes de la vida de Gide, su polémica relación con su
prima Madeleine, de la que se muestra aparentemente enamorado, y sus escar-
ceos con hombres como Marc: «Amo a Madeleine con toda mi alma; el amor que
siento por Marc no le ha robado nada» (Gide, 2013: 241). En los diarios de Gide,
como sucedía con Amiel, Pepys o Stendhal, está *todo* Gide, y el mundo personal
de ese Yo diarístico es levantado a su vez por una determinada forma de escribir;
en este sentido, si bien el diario tiende en ocasiones a redactar las entradas de
una forma documental, en muchas de ellas Gide despliega todo el potencial de
su prosa, hasta el punto de que los trasvases entre su diario y su obra novelesca
son constantes (Freixas, 2013a: 23). Es una prosa concisa, exacta como la de sus
novelas, pero en la que se reflejan cualidades literarias:

---

45 La publicación de los diferentes diarios es explicada con exactitud por Martine Sagaert
    (2018: 462). En 1939, Gide publica su *Journal*, que abarca desde 1989 hasta 1939. En
    1949 publica la segunda parte de estos diarios, de 1939 hasta 1949, y póstumamente
    van apareciendo reediciones que terminan abarcando todo lo escrito en sus *Journeaux*
    desde 1887 hasta 1950.

46 «1890 (enero). Visita a Verlaine», (N. T.).

> 3 de enero. Me preocupa no saber quién seré; ni siquiera sé quién quiero ser; pero bien sé que hay que elegir. (…) Siento mil identidades posibles en mí; pero no puedo resignarme a no querer ser más que una. Y me asusto, a cada instante, a cada palabra que escribo, a casa gesto que hago, de pensar que es un rasgo más, imborrable, de mi figura, que se fija; una figura dudosa, impersonal; una figura cobarde, puesto que no ha sabido elegir y delimitarla fieramente (Gide, 2013: 92).

En los *Journaux*, además, hay un claro diálogo con la tradición diarística, y ofrece opiniones sobre los clásicos del género: así, mientras que el diario de Tolstói no le produce placer alguno (Gide, 2013: 233), lee con gusto los diarios de Amiel, de los que no obstante detesta el estilo mediante el que están escritos (Gide, 1951: 705). En definitiva, con la publicación de su diario, Gide es consciente de estar haciendo dos cosas a la vez: inscribirse, en primer lugar, en la tradición del diario personal que posee características literarias, ya asentada en las letras francesas desde finales del XIX; en segundo lugar, habilitar un nuevo espacio en el sistema literario para un tipo de autor, el diarista, que concibe su diario como un texto literario más, mediante el que establece una comunicación literaria con el lector. Como señala Laura Freixas,

> Gide fue precisamente uno de los principales artífices, si no el principal, de la sustancial transformación del género. Con él, que lo publica —no enteramente, pero sí en su mayor parte— en vida, el diario íntimo se convierte en un género literario, en un texto concebido como libro, destinado —aunque no sea directamente, sino en última instancia— a los lectores (Freixas, 2013a: 24).

Un año antes de la primera edición del *Journal* de Gide, en 1938, Julien Green publica el primer tomo de sus diarios en la editorial Plon. Green, que a la postre iba a ser conocido sobre todo por su faceta diarística, se adelanta a Gide en la publicación de su obra, pero tanto la entidad de la editorial como la menor repercusión de su diario le proporcionan un impacto diferente.[47] Va a ser en 1975, cuando la Biblioteca de la Pléiade de Gallimard publica una selección del diario

---

47 Antes de Gide y de Green, en Francia ya había habido un autor que había publicado su diario en vida, como es Charles Du Bos, del cual aparece en 1928 una selección de su diario con el título de *Extraits d'un journal 1908–1928*. Este diario, sin embargo, no tiene las cualidades literarias de los de Gide y Green, dado que el tono es sobre todo ensayístico y crítico-literario, y además se publica en una editorial de todavía relativa importancia en la época como es Pléiade, que no sería hasta 1931 Bibliothéque de la Pléiade y que no entraría dentro del catálogo de Gallimard —por medio de André Gide— hasta 1933 (datos extraídos de la web de La Pléiade, http://www.la-pleiade.fr/La-vie-de-la-Pleiade/La-collection), de tal manera que su influencia en el asentamiento del diario personal en el sistema literario es mínima.

dentro de sus obras completas, el momento en que el texto de Green se convierte en un síntoma del asentamiento del diario en el sistema literario francés. Escritos desde 1919 hasta el final de su vida, y publicados en diversos tomos hasta 1998, los diarios de Julien Green son la muestra de constancia introspectiva más reseñable desde Amiel; Green anota con regularidad los hechos de cada jornada y los desarrolla con una conciencia digna del diarista suizo. La primera entrada de esta edición de la Pléiade es ilustrativa: «Cette journée qui me paraît sans intérêt maintenant me paraîtra tout autre, dans un an ou deux, quand je relirai. C'est peut-être la seule raison pour laquelle je veux essayer de tenir un journal»[48] (Green, 1975: 5). Ese deseo de aferrar el tiempo mueve a Green hasta construirse en la página de una forma tenaz, en una elaboración de su esfera privada que lo convierte en uno de los grandes intimistas del diarismo francés, lo que no es óbice para tener, al mismo tiempo, una gran conciencia de las posibilidades literarias del diario, como señala Michèle Raclot (2005: 18). Green pretende decirlo todo, y se lamenta cuando no puede hacerlo —señala: «Imposibilité de tout dire dans ce journal…»[49] (Green, 1975: 770) —, así como se pregunta constantemente por la recepción de su texto:

> Si jamais ce livre tombe entre les mains d'un lecteur de l'an 2000 ou 2020, que pourra-t-il y voir et que me reprochera-t-il de n'avoir pas dit? Entre lui et moi, un dialogue est-il possible? (…) Quan je lis, en effet, un journal écrit autrefois, je regrette toujours que ce qui n'est pas dit occupe une si grand place, que je ne voie pas mieux le décor de la vie quotidienne, que je n'entende pas parler les hommes et les femmes dans les rues… (Green, 1975: 596).[50]

Como puede comprobarse, Green, a semejanza de Amiel, se propone una empresa concreta: mostrar toda su vida en el diario. En la imposibilidad de tal objetivo reside precisamente el carácter literario de su diario, que es siempre la construcción incompleta de un Yo inevitablemente personaje. En un momento de sus diarios, justamente, Green señala que nunca podrá acabar el diario de Gide, puesto que le parece que, con su gran riqueza intelectual, le hiela el corazón

---

48   «Este día que me parece sin interés ahora me parecerá muy diferente, en un año o dos, cuando relea esta página. Es quizás la única razón por la que voy a intentar llevar un diario», (N. T.).

49   «Imposibilidad de decirlo todo en este diario…», (N. T.).

50   «Si alguna vez este libro cae en las manos de un lector del año 2000 o 2020, ¿qué podrá ver y qué podrá reprocharme de lo que no he dicho? ¿Será posible un diálogo entre él y yo? (…) Cuando yo leo, en efecto, un diario escrito en el pasado, siempre lamento que lo omitido ocupe tanto espacio, que no pueda ver mejor el paisaje de la vida cotidiana, que no contemple a hombres y mujeres mientras hablan por la calle… », (N. T.).

(Green, 1975: 1017). Green, a diferencia de un Gide que recurre menos a la introspección, se desnuda para mostrar sus pasiones, su pensamiento, y acabar construyendo, por medio de la literaturización de su intimidad, uno de los personajes diarísticos más interesantes del siglo XX.

Por su parte, la obra diarística de Paul Léautaud (1872–1956) mantiene grandes diferencias con la de los anteriores diaristas nombrados, entre otras cosas porque se trata de una *rara avis* de la literatura occidental. A la sombra de los grandes autores franceses de su época, solamente destacó en vida como crítico y periodista literario a partir de su trabajo en *Mercure*. Léautaud tuvo la temprana intención de publicar su diario entre 1908 y 1922 (Rannoux, 2018: 482), y acabó publicándolo en *Mercure de France*, revista que dirigía, desde 1954 en adelante, cuando las gestiones iniciadas por Marie Duormoy décadas atrás posibilitaron la publicación de su *Journal littéraire*, que ha sido reconocido como uno de los grandes textos del diarismo francés (Lejeune, 2006: 212; Rannoux, 2018: 482) y que supone su consagración como autor literario. Hay que aclarar, además, que en ese *Journal littéraire* no se encuentran recopilados otros textos diarísticos de Léautaud como su *Journal Particulier* o el *Bestiaire*, publicados por Dormoy en paralelo al *Journal littéraire* para cumplir el deseo del autor (Rannoux, 2018: 482).

El *Journal littéraire* es el primer texto diarístico en incorporar el adjetivo *literario* en su título, y esto es especialmente relevante por varias razones. En primer lugar, es el contexto francófono el espacio en el que se inaugura la célebre denominación de *journal intime*, tras la publicación del diario de Amiel en 1883; al no utilizar el adjetivo *intime*, como todavía hacen otros autores, Léautaud manifiesta la naturaleza de su texto, que no se publica como diario exclusivamente privado —aunque no excluye esta temática, desarrollada minuciosamente en el *Journal Particulier*—. En segundo lugar, el adjetivo littéraire le sirve para explicar el contenido, toda vez que en el *Journal* aparece buena parte de la vida literaria de la época; Léautaud, en su condición de crítico teatral y redactor de *Mercure*, va a tener relación con los grandes nombres de la literatura francesa de la época, y en su diario desarrolla la crónica de la escena literaria parisina, a semejanza del diario de los hermanos Goncourt en su *Journal*, por poner un ejemplo parecido. En tercer y último lugar, este adjetivo le sirve para fijar la idiosincrasia literaria de su diario, que ya es un texto que debe ser valorado en igualdad de condiciones a las grandes obras literarias de la época. Estos dos últimos elementos citados son, precisamente, los empleados por Michel Braud para definir el término *diario literario* (Braud, 2009a): por una parte, el diario literario es aquel que refleja la vida literaria de la época como una suerte de crónica periodística; por otra parte, es aquel que posee entidad literaria.

Léautaud es el primer autor que decide hacer de sí mismo un personaje literario mediante la utilización del diario personal; en las páginas del *Journal littéraire*, escritas con un estilo cuidado e inspirado por Stendhal, desfilan los personajes y sucesos literarios de la época que, bajo el filtro del Yo diarístico, se desarrollan como los pilares de una narración que construye un relato literario. En la línea de otros diaristas como André Gide o Julien Green, Léautaud se convierte en un precedente del moderno diario literario y del diarista entendido como autor literario. Ahora bien, a diferencia de Gide y Green, Léautaud crea en su diario un personaje auténticamente literario a partir de sí mismo, en pleno diálogo con el lector. El aspecto más evidente reside en el uso del humor, que se observa en entradas tan tempranas como la siguiente, fechada en 1895: «Llegar a los cuarenta años con un millar de versos cuya belleza me merezca el ridículo, esa es mi única ambición» (Léautaud, 2016: 17). O esta otra, de 1896: «Para vivir bien, hay que pensar a menudo en la muerte, dice, creo, un proverbio. No sé si habré vivido bien, pero nunca puedo conocer a nadie sin que piense enseguida en la actitud que deberé adoptar cuando vaya a su entierro» (Léautaud, 2016: 18). Léauteaud se autoconstruye en el texto mediante una mirada irónica que, entrada a entrada de un voluminoso proyecto —19 tomos—, es configuradora al mismo tiempo de un personaje novelístico. Lo anterior no quiere decir que Léautaud no se desnude: en su diario expone sus ideas suicidas (Léautaud, 2016: 23), sus encuentros con prostitutas (Léautaud, 2016: 73) y todas las impresiones que le ha producido el día con la espontaneidad del que solo sabe mostrarse sincero. La diferencia con los diaristas predecesores es que en Léautaud, al final, todo deriva en la risa silenciosa de carácter sardónico y la mirada amarga de un autor que es consciente de su personaje textual. Lo resume muy bien Adolfo Bioy Casares:

> Léautaud habla preferentemente de sí mismo, de los colegas, de los compañeros de redacción del Mercure, de las mujeres y de los perros y de los gatos que lo rodeaban, de los amores y de las muertes (no ocultaba su afán de mirar cadáveres), de la guerra y del patriotismo, que lo enojaban, de su madre, que lo había renegado, del premio Goncourt (...). Desde luego, la obra abunda en historia menuda, y de la crónica de hechos, de libros y de nombres enterrados con su época se desprende, en ocasiones, un vaho de mortalidad, que en estos volúmenes no acongoja, porque en ellos priman las excelencias del autor: la observación perspicaz, la máxima, comparable con las de La Rochefoucauld, el retrato nítido y asombroso (Bioy Casares, 1978: 25).

Bioy Casares define la naturaleza final del texto de Léautaud; este hace gran literatura a partir de su cotidianidad y de la confección de un mundo personal que solo puede partir de su mirada irónica y, posiblemente, acabar ahí. Él mismo lo deja claro: «Lo noto cada vez más: solo me interesa una cosa: yo, y lo que me pasa, lo que he sido, en lo que me he convertido, mis ideas, mis recuerdos, mis proyectos, mis temores, toda mi vida. Tras esto, pierdo fuelle. Lo demás solo me interesa si tiene relación conmigo» (Léautaud, 2016: 47).

Léautaud construye un diario en el que, por encima de todos los temas y de su interés como crónica de la época literaria, se encuentra él mismo, que a su vez se desarrolla como un personaje dotado de un carácter literario que ningún Yo diarístico había tenido antes en la tradición francesa. La construcción de este personaje se lleva a cabo mediante la narración de encuentros con otros autores, con amigos, familiares y amantes, además de los pensamientos de Léautaud a propósito de ellos y de sí mismo, en la combinación de entradas que trata asuntos superficiales y cotidianos, con entradas en las que desnuda su intimidad: «La tristeza me invade cuando pienso que un día ya no podré tal vez pasearme así, por este París que me es tan querido, y que un día también tendré que dejar este mundo, estas cosas, cesar de vivir, en fin» (Léautaud, 2016: 119). O cuando relata momentos de su vida personal a través de anécdotas: «Al regresar esta tarde a Fontenay, calle La Fontaine, el hijo soldado que llega de improviso, y la madre, en lo alto de la escalera: '¿Eres tú, mi niño?'. He ahí unas palabras que yo nunca oí» (Léautaud, 2016: 250).

Léautaud, en este sentido, bebe directamente de Stendhal, no de Amiel, para convertirse en el diarista francés más importante del siglo XX a la hora de entender las relaciones entre literatura y diario.

A partir de Léautaud, quien confirma la trayectoria iniciada con Gide, puede entenderse la constitución de un nuevo tipo de diarista en el panorama francés: el que concibe su diario como una obra literaria desde su origen. Después del *Diario literario* de Léautaud no es de extrañar la aparición de autores como Charles Juliet, quien va a capitalizar la hornada de nuevos diaristas que conciben su obra diarística como obra literaria desde la primera entrada escrita. Juliet publica su texto en 1978, y según Michel Braud rápidamente va a suponer la vertiente más importante de su obra en prosa (Braud, 2018: 466); en palabras de Braud, este diario puede estar considerado como uno de los primeros diarios publicado por su autor —en vida— como primera obra y no tras haber dado a la luz novelas o poemarios; esto lo hace constituirse como un diario-obra en el pleno sentido del término (Braud, 2002: 76). Los diarios, protagonizados por una aventura interior que Juliet dice acometer, muestran la riqueza que Juliet alcanza al autoanalizarse y desafiar sus tabúes frecuentes: el suicidio, las crisis existenciales y la presencia de la muerte. Si bien estos temas tienen un mayor recorrido en las primeras entregas de su diario, todavía en la publicada en 2017 hay muestras de ello: «Nous sommes ancrés dans notre quotidien, dans des vies étriquées, sans grandeur, souvent assombries par la pensé de la mort» (Juliet, 2017: 72).[51] Más allá del eje temático, que Juliet desarrolla a la manera de Green, a partir de ese desafío interior, lo más relevante en Juliet es su concepción de lo diarístico como espacio en el que desarrollar su estilo; esto lo va a convertir en un diario preparado desde su origen para la participación de un lector y las estrategias retóricas van a ser perceptibles. Así, aunque algunas entradas se dejan llevar por un tono más cercano al propio de la anotación rápida, en general en el diario de Charles Juliet se observa un estilo depurado que lo convierte en un diario puramente moderno, representante de la nueva ola de autores franceses que comparten este nuevo estatus de autor literario y entre los cuales pueden destacarse, entre otros, a los diaristas Renaud Camus o Philippe Muray.

I. 3. 1. 2. El diario en el contexto anglosajón: Woolf, Nin, Plath, Cheever, Lees-Milne y Sontag

En el contexto británico destacan los diarios de Virginia Woolf (1882–1941),[52][53] que deben parte de su resonancia a la fama de su autora. Woolf decidió llevar un diario en 1915, cuando tenía quince años, y no detuvo su escritura hasta 1941, fecha de su suicidio. La obra diarística de Woolf fue gestionada por su marido, el escritor Leonard Woolf, quien dio en primer lugar a la imprenta una suerte de antología del diario con el nombre de *Diario de una escritora*, publicada en 1953. En esta publicación, Leonard Woolf recogió las entradas del diario referidas a la

---

51 «Estamos anclados en nuestra cotidianidad, en vidas encajonadas, sin grandeza, a menudo ensombrecidas por el pensamiento de la muerte», (N. T.).

52 Para elaborar un repaso del diarismo en el contexto inglés es muy útil la monografía de Ronald Blythe: *The Pleasures of Diaries* (Blythe, 1989).

53 En el contexto británico se produce la publicación temprana de un diario personal: *Diario de un hombre decepcionado*, publicado en 1919 por W.N.P. Barbellion. Bruce Fredrick Cummings, oculto bajo las anteriores iniciales, fue un naturalista inglés que adquirió cierta fama gracias a ese diario, en el que relata su vida desde que tenía trece años, en 1903, hasta 1917, cuando lleva años aquejado de una esclerosis múltiple que provoca su muerte en 1919 y que se convierte en uno de los grandes temas del diario. Aunque se trata de un texto diarístico maduro que posee partes referenciales, en general el diario sufre un severo proceso de remodelación, que acerca a la obra final más a una novela diarística que a un diario, en la línea de *El cuaderno gris*, de Josep Pla. H. Porter Abbott sugiere, de hecho, la más que probable adulteración de los años iniciales, en los que encuentra numerosas incoherencias cronológicas (Abbott, 1973). El tono general, además, no es tanto el de un diario cotidiano como el de una autobiografía que Barbellion decide reconstruir mediante una estructura diarística. Todo esto puede observarse en la edición publicada en español por Alba (Barbellion, 2003).

literatura y al proceso creador; se trataría de un cuaderno de apoyo literario de la escritora. Desde 1977 hasta 1984 se publican los diarios íntegros y el terreno literario se amplía hasta abarcar otros aspectos personales de Virginia Woolf, pero en general el tono encontrado en los diarios se corresponde con el de una escritora profesional, que suele construir un Yo relacionado con la vida literaria. La propia Woolf es consciente de este hecho cuando el 19 de febrero de 1923 escribe:

> Me interesaría mucho que este diario llegara a convertirse en un diario de verdad. Pero para eso haría falta que yo hablara del alma, y ¿no me prohibí hablar del alma cuando lo empecé? Lo que sucede es que, como siempre, cuando me dispongo a escribir sobre el alma la vida se interpone (Woolf, 1992: 278).

A pesar de esta falta de introspección, y de la opinión de Woolf, su diario sí es un diario de verdad; incluso en las páginas del *Diario de una escritora* se observa un Yo que plasma en el diario sus preocupaciones sinceras, derivadas de los sucesos cotidianos que anota:

> Ayer conversé con Francis. Se está muriendo, pero no lo toma a la tremenda. Solo que su expresión ha cambiado, ya no tiene esperanza. Me dice que a cada hora pregunta cuánto durará esto, y que anhela el final. (…) El alma merece ser inmortal como dijo L. Regresamos caminando, contentos de estar con vida, en cierto modo entumecidos. Sobre ese tema no puedo usar mi imaginación. ¿Qué podrá sentirse en esa cama, esperando la muerte? Y qué muerte rara y extraña. Escribo a prisa, para ir al concierto de Angélica en este día suave y delicado (Woolf, 1954: 210).

Aunque la construcción del Yo es diferente a la acometida por Amiel o Green en sus diarios, Woolf es capaz de desnudar buena parte de sus emociones en la página, hasta llevar a cabo un discurso narrativo de carácter literario. Los diarios de Woolf tendrían cierta correspondencia con los de Gide; además, por el periodo en que se escriben y finalmente se publican, se conformarían como los primeros diarios de relevancia para entender el asentamiento del diario en el sistema literario inglés. Resulta interesante, a este respecto, el pensamiento de la autora concerniente a los diarios; así, aunque en ocasiones Woolf mostró su intención por no publicarlos, ella misma salvó los diarios de entre los restos de su casa bombardeada en Londres, en 1940. El episodio, como sugiere Rodríguez Palomera, da una idea de la voluntad de la autora: «no tenían más que un coche pequeño y era necesario qué llevarse y qué dejar. Eligió salvarlos junto con algunas piezas de porcelana y la plata» (Rodríguez Palomera, 1997: 169). Woolf, como se puede deducir, ya era consciente de las posibilidades literarias que tenían sus diarios.

En el contexto norteamericano, otras dos autoras destacan por la confección de sus diarios: Anaïs Nin y Sylvia Plath. La primera, de nacionalidad francesa, publica sus diarios en inglés, si bien la tradición del diarismo galo late en sus escritos; el manuscrito de los diarios de Anaïs Nin (1903–1977) consta de más de 35000 páginas (John-Steiner, 1989: 209), en una obra monumental digna de la de Amiel y Léautaud. Anaïs Nin, a diferencia de Woolf y de los otros escritores reseñados en este apartado, adquiere importancia en el sistema literario a partir de la publicación de sus diarios en 1966, once años antes de fallecer en 1977; además, escribe su diario con el mismo ánimo totalizador de los autores franceses citados: Nin quiere dejar registrado todo lo que acontece en su vida y además hacer literatura de la misma. Se ve claramente en sus famosos *Diarios amorosos*, en los que relata la relación que mantuvo con el escritor norteamericano Henry Miller, al que conoció en París. Esos diarios que fueron expurgados de la edición de 1966 para ser sacados a la luz en 1986, póstumamente, describen las escenas sexuales entre Nin y Miller de forma explícita: «Mi complacencia con Henry se pierde tan completamente dentro de su suave humedad que todo lo que sé es mujer y pene, como si estuviéramos dentro del seno materno» (Nin, 2014: 70). A su vez, se recrea en las descripciones sexuales de otros amantes comparados con Miller:

> Pero observé una cosa: su pene, después de toda esta excitación por su parte, después de los latigazos, forcejeos, caricias furiosas y besos en mis senos, seguía estando flácido. Henry ya estaría ardiendo. Allendy empujó mi cabeza hacia su pene, como la primera vez, y luego, con toda la aureola de la pasión, me ensartó y me folló, no mejor que la otra vez. Su pene es pequeño y sin nervio. ¿Voluptuoso? A él se lo pareció. Fingí, hice la comedia. Dijo Allendy que había alcanzado el máximo placer. Jadeante, se tumbó satisfecho. Pensé: Escribiré la verdad absoluta en mi diario, porque la realidad merece que se la describa en los términos más abyectos (Nin, 2014: 151).

El tono exhibicionista de Nin marca la atmósfera de estos diarios, que en última instancia se construyen como un cuaderno de ensayo en el que la autora examina su comportamiento sexual. La autora desarrolla además la historia de incesto sexual que vive con su padre, cuya virilidad le asombra: «estaba asombrada de haber encontrado una fuerza sensual mayor que la de Henry, y verlo todo el día en estado de erección, con su *riquette*, su pene, tan duro» (Nin, 2014: 209). Nin, que escribió relatos eróticos a su llegada a Nueva York, traslada a su diario las estrategias retóricas de la escritura de contenido sexual; ese elemento evidencia el carácter literario de su diario, que combina literatura y escándalo para conformarse como uno de los primeros diarios del siglo XX en el contexto anglosajón susceptibles de ser interpretados como texto literario.

Muy diferentes a los de Nin son los diarios de Sylvia Plath (1932–1963), escritora estadounidense conocida por su temprano suicidio y su tormentosa relación con el poeta Ted Hughes. Este último, precisamente, fue el encargado de editar sus diarios, de los cuales expurgó una parte —integrada finalmente en los diarios completos, al final de la vida de Hughes (Caballé, 2016) —, que ella escribía desde 1950, cuando tenía 18 años. En los diarios de Plath, publicados en 1982, se muestra el carácter de una escritora que deambuló constantemente entre la alegría y estados de ánimo sombríos. La primera entrada de su diario, de tono melancólico, explicita esto: «Tal vez nunca sea feliz, pero esta noche estoy muy satisfecha. Basta una casa vacía, la fatiga difusa y cálida tras pasar el día acodando los estolones de las fresas (…). Ahora sé cómo la gente puede vivir sin libros» (Plath, 2016: 15). Los diarios de Sylvia Plath, frente a los de Nin, destacan por la construcción de esta atmósfera sombría y nostálgica, la belleza de su prosa, la atención al instante cotidiano y el desarrollo de la personalidad de la diarista. En estos diarios se construye un Yo personal e íntimo que es consciente de las posibilidades literarias de lo que escribe; Plath concibe sus entradas como pequeños relatos de lo cotidiano, construidos mediante un estilo y una trama novelescos:

> Tenía que haberlo imaginado. Mi instinto estaba en lo cierto. A las diez y media, ha sonado el timbre. Debería haber respondido. Iba en zapatillas, sin maquillaje, despeinada, cuando Claire ha entrado. (…) Cometí el error de decirle que me interesaría ver su antología de poesía del colegio. Ted y yo la ridiculizamos amablemente. Yo quería ponerme a trabajar. Furiosa porque Ted hubiese invitado a alguien. Había perdido la mañana, eran las once y media, cuando le devolví el libro, y le dije que no me hacía falta quedármelo…, lo cual habría implicado devolvérselo mañana antes de las diez (Plath, 2017: 56–57).

Plath escribe su diario a la manera de otras de sus publicaciones para considerarlo como una modalidad más de su producción literaria. En sus páginas se desarrolla el Yo depresivo, que hace continuas referencias prolépticas al suicidio —«recurro al mero valor sensitivo de estar suicida» (Plath, 2017: 333) — y a la oscuridad de sus estados anímicos; fruto de todos esos elementos, Plath construye en el diario una atmósfera literaria de carácter confesional.

En el dominio estadounidense reciente destacan los diarios de John Cheever (1912–1982), aparecidos tres años después de su muerte, en 1985, tras el descubrimiento por parte de sus hijos de veintinueve cuadernos. Cheever, quien junto a Raymond Carver ha sido considerado el gran cuentista norteamericano del siglo XX, construye unos diarios con idéntica calidad literaria, hasta el punto de que Geoff Dyer (2009) señala que forma parte de la mejor parte de su obra literaria. Si bien su editor solo publicó alrededor de «la vigésima parte del total»

(Muñoz Molina, 2010), en la selección de Robert Gottlieb se puede encontrar una magnífica muestra de la utilización literaria del diario personal. Cheever, en sus *Diarios*, construye un personaje a partir de él mismo que evidencia todos los problemas existenciales que padecía en vida en relación con su familia, pareja, homosexualidad, alcohol, literatura, etcétera. Cheever se desnuda en sus páginas de una forma amarga:

> Soy un borracho solitario. Tomo un trago antes de comer, pero el asunto empieza en serio al atardecer. A las cuatro o cuatro y media, tal vez las cinco, me preparo un Martini mientras pienso que otros hombres que no escriben tan bien como yo estarán sentados ya ante una barra. Al cabo de medio vaso de ginebra pienso que debo divorciarme; a decir verdad, Mary está deprimida, pero puede que mi afición a la ginebra tenga algo que ver con su estado de ánimo. La ginebra fluye generosamente hasta la cena, lo mismo que los recuerdos de los momentos más difíciles de nuestro matrimonio (…). Me sirvo otra copa y trato de leer en italiano, pero estoy tan borracho que avanzo muy poco; dormito un rato en el sofá y después me voy a la cama. Por la mañana tengo náuseas. Me duele la cabeza. Durante la noche una rata ha entrado en la casa y mordisqueado la fruta de la mesa. Como muchos otros días de este año, el de hoy ha amanecido húmedo y nublado (Cheever, 2018: 149).

Cheever construye un Yo desgarrado en el texto y lo hace con total conciencia de las posibilidades literarias de su diario. En este hay más elementos; por él pasan a menudo autores como Saul Bellow, Hemingway o Truman Capote, pero en general la nota predominante está marcada por el desarrollo de un mundo personal a partir del cual Cheever hace literatura. Apenas hay entradas que se reduzcan a la crónica de los hechos cotidianos, ni tampoco abundan las fechas; todo en él es elaboración literaria a partir de la sinceridad y por eso se puede definir el diario de John Cheever como uno de los textos más representativos del diario personal entendido como género literario. Como señala Rodrigo Fresán, los diarios de Cheever «pueden leerse y disfrutarse (…) como el más revelador de los sótanos o áticos en una de esas casas para siempre que son sus ficciones» (Fresán, 2018: 16), o, lo que es lo mismo, como una de las partes más relevantes de su obra literaria.

Dos últimos textos diarísticos, por razones opuestas, tienen trascendencia en el contexto anglosajón de las últimas décadas. El primero es el diario de un autor casi desconocido internacionalmente, el británico James Lees-Milne (1908–1997), quien mantuvo unos voluminosos diarios desde 1942 hasta su muerte en 1997, los cuales se publicaron a partir de 1975 en tomos que muestran la entidad literaria del diario. Como ocurre con los diaristas contemporáneos franceses —Juliet o Renaud Camus— o españoles —Trapiello, García Martín—, Lees-Milne le otorga un título literario a cada tomo, empezando por el primero de ellos, que posee el poético nombre de *Voces ancestrales*. La primera entrada de este diario, publicado en 1975, ya arroja luz sobre la capacidad narrativa de un diario concebido como una novela autobiográfica de la cotidianidad:

> West Wycombe Park is a singularly beautiful eighteenth-century house with one short-coming. Its principal living-rooms face due north. The south front is overshadowed by a long, double colonnade wich induces a total eclipse of the sun from January to December. Consequently we are very cold in the Winter, for the radiators work fitfully these days. Our offices are in the Brown Drawing Room and Johnny Dashwood's small study beyond it. Matheson, the Secretary, miss Paterson, Eardley Knollys and I work in the latter room; Miss Ballachey, a typist and the junior (aged 15) in the bigger room with all the filing cabinets. Matheson, Eardley and I are seldom in the office together. Nearly always one and often two of us are away visiting properties (Lees-Milne, 1975: 3).[54]

El tono y la tensión narrativa; el estilo cuidado; el uso de la descripción similar al de cualquier novela; la construcción de unos personajes y una determinada atmósfera; todos estos elementos inducen a pensar en el diario de John Lees-Milne como un texto literario de gran nivel, en el que posiblemente es el ejemplo más claro de diario literario en el contexto anglosajón. El trabajo de Lees-Milne en la National Trust le condujo a lo largo de su vida a visitar los lugares más extraños de la vieja aristocracia inglesa, y eso le permitió establecer una de las grandes vetas temáticas de su diario, que es la descripción de este tipo de lugares, normalmente edificios extraños con habitantes y vecinos igualmente excéntricos. El interés de este tipo de situaciones, unido a la capacidad literaria de Lees-Milne, hacen de estos diarios, publicados en un total de doce tomos (1975–2005), los diarios más interesantes de la literatura inglesa. En palabras de Félix de Azúa, se trata de «una de las obras maestras de la literatura inglesa del siglo XX, sección *gossip*» (Azúa, 2012).

---

54   «West Wycombe Park es una casa del siglo XVIII de singular belleza con una sola carencia. Sus salones principales están orientados hacia el norte. El frente sur está sombreado por una larga columnata doble que conlleva un eclipse total de sol de enero a diciembre. Por lo tanto, en invierno hace mucho frío, dado que los radiadores funcionan a intervalos durante esta época. Nuestras oficinas se encuentran en el Salón Marrón y el pequeño estudio de Johnny Dashwood está más allá. Matheson, la secretaria, la señorita Paterson, Eardley Knollys y yo trabajamos en esta última sala; la señorita Ballachey, una mecanógrafa y el joven (de 15 años) en la sala más grande con todos los archivadores. Matheson, Eardley y yo rara vez estamos juntos en la oficina. Normalmente uno y a menudo dos de nosotros estamos fuera visitando propiedades», (N. T.).

En contraste con los diarios de Lees-Milne se sitúan los de Susan Sontag (1933–2004), publicados póstumamente en 2008, al tratarse de diarios testimoniales que recogen pensamientos breves de la autora. Sontag escribe con rapidez, por medio de una escritura casi telegráfica, un diario que finalmente es un compendio de notas apresuradas sobre pensamientos y acciones de la protagonista. Si bien el tono es confesional y sincero, no hay construcción narrativa a partir de las anotaciones cotidianas, y los personajes se reducen a meras alusiones que no van más allá de lo referencial. El primer tomo, publicado en 2008 con el título de *Reborn* y que abarca los diarios y cuadernos de anotaciones llevados por Sontag desde el año 1947 a 1963, es una buena muestra de ello. Las páginas de este tomo están repletas de entradas breves como la siguiente:

> I shall, in all probability, look back on this with a great deal of amusement. Just as I was once terrifiedly and neurotically religious and thought I should one day become a Catholic, so now I feel that I have lesbian tendencies (how reluctantly I write this)— (Sontag, 2008: 11).[55]

El diario de Sontag despierta interés por tratarse de las confesiones personales de una autora reconocida en todo el sistema literario internacional, pero carece de la capacidad literaria de diarios como el de John Lees-Milne. En un momento dado, ella misma reconoce lo siguiente: «I read again these notebooks. How dreary and monotonous they are! Can I never escape this interminable mourning for myself?» (Sontag, 2008: 12).[56] Precisamente la comparación mantenida entre los diarios de Sontag y Lees-Milne arroja luz sobre las diferencias entre el diario literario y el diario personal entendido como documento referencial, con solo interés testimonial. El caso de Lees-Milne y sus entradas construidas narrativamente, hasta formar una suerte de novela cotidiana de carácter autobiográfico, contrasta con el recuento casi contable de los pensamientos de Sontag; como se comprobará en los próximos capítulos, es esta misma la distancia que existe entre el diario literario —el de Lees-Milnes— y el diario personal sin interés literario —el de Sontag.

---

55 «Presiento que, con toda probabilidad, miraré hacia atrás con mucha diversión. Así como en su momento yo fui una aterrorizada y neurótica religiosa que pensó que algún día debería convertirme en una monja, ahora siento que tengo tendencias lesbianas (con qué reticencia escribo esto)», (N. T.).

56 «He vuelto a leer estos cuadernos. ¡Qué aburridos y monótonos son! ¿Nunca podré escapar de este interminable luto por mí misma?», (N. T.).

I. 3. 1. 3. El diario en Centroeuropa y Europa del Este: Jünger, Márai y Gombrowicz

En el contexto alemán, posiblemente los diarios más importantes llevados a cabo y publicados en el siglo XX sean los de Ernst Jünger (1895–1998), que escribe con una conciencia moderna acerca de las posibilidades del diario personal como modalidad literaria. Sus primeros diarios, comenzados en 1914 en plena Primera Guerra Mundial, tienen un carácter cronístico y testimonial; Jünger todavía no tiene intención de publicar unos diarios, pero estos catorce cuadernos llevados a cabo en ese periodo son la base de su primera novela, *Tempestades de acero*, publicada en 1920. En estos diarios, publicados luego de forma conjunta, el estilo es sencillo y rápido; Jünger construye una prosa a partir del sentimiento inmediato proporcionado por los acontecimientos, siempre de carácter bélico, de la jornada. Estos textos, que en sí mismos todavía no tienen demasiado interés literario, prefiguran la intención narrativa que Jünger sí va a tener en sus siguientes diarios, esta vez llevados a cabo en la Segunda Guerra Mundial y recopilados en 1949 con el título de *Radiaciones*. En la confección de estos cuadernos, décadas después de la publicación de *Tempestades de acero*, Jünger es ya consciente del diario como texto literario; en las páginas de *Jardines y carreteras*, el primer diario de *Radiaciones*, señala: «hay un hilo literario que recorre el laberinto de estos diarios; ese hilo se funda en mi necesidad de gratitud espiritual, y esa necesidad sentida por mí puede a su vez resultar fecunda para el lector» (Jünger, 2005a: 12). *Radiaciones*, así, está concebido como un libro de diarios que recoge, de todos sus textos diarísticos escritos durante la Segunda Guerra, una suerte de elemento común, resumido en el término físico de la radiación: Jünger parte de una interpretación de la realidad que destaca su multiperspectivismo, definiendo estas radiaciones como «la impresión que en el autor dejan el mundo y sus objetos, el fino enrejado de luz y de sombra formado por ellos», dado que los objetos «son múltiples, a menudo contradictorios, están incluso polarizados» (Jünger, 2005a: 12). Esta poética muestra el modo en que Jünger quiere construir una obra a partir de sus diarios; de hecho, *Jardines y carreteras*, publicado por primera vez en 1942, protagonizó una gran polémica en el contexto del Tercer Reich: las autoridades le obligaron a eliminar un párrafo del diario en 1941 y, al negarse Jünger a hacerlo, le prohibieron la reedición del diario después de 1942 para incluirlo en el índice de libros prohibidos, en donde permaneció hasta después de la Guerra (Rodríguez Suárez, 2011: 124). Jünger, por tanto, escribe en una época muy cercana a Gide con la misma intención de ver publicados sus escritos diarísticos. En *Radiaciones*, Jünger expone los episodios de la Guerra de una forma diferente a sus primeros diarios; si allí su juventud le hacía exaltar los valores positivos del enfrentamiento bélico, en los diarios de la Segunda Guerra desarrolla, a partir de la constante crónica de la campaña bélica, una visión de la guerra protagonizada por el dolor y la muerte, y su oposición al régimen de Hitler es clara. En estos diarios, la carga filosófica, ética y reflexiva es muy importante, y el desarrollo del Yo deja paso más bien a la exposición de un ideario moral concreto:

> Regresa de una reunión celebrada en el Gran Cuartel General el capitán de caballería Adler. También Himmler ha pronunciado allí una conferencia. Es preciso ser duros, ha dicho –contó que hace poco desertó un suboficial, pero fue detenido y devuelto a su batallón, que en esos momentos estaba haciendo la instrucción en el patio del cuartel. Inmediatamente se lo condenó; le hicieron cavar su tumba, lo fusilaron, echaron tierra encima y la aplanaron pisoteando sobre ella. Luego prosiguieron los ejercicios como si nada hubiera ocurrido. Es una de las atrocidades más espantosas que he oído de ese mundo de desolladores (Jünger, 2005b: 279).

Es destacable, no obstante, el relato cotidiano de su vida, con episodios relacionados con su concepción literaria de los diarios; así, en un pasaje de sus diarios retrata un encuentro con Léautaud, a quien describe como «un hombre que sabe perfectamente y con claridad lo que quiere, cosa que hoy es mucho más rara de lo que se piensa» (Jünger, 2005b: 239). A lo largo de su vida, Jünger va a seguir publicando sus diarios, conformando una de las obras diarísticas más sólidas en el espacio europeo. Las continuaciones, que siguen aglutinándose bajo la etiqueta de *Radiaciones*, llegan hasta los últimos años de su vida, en donde Jünger sigue registrando su día a día a partir de la reflexión cotidiana propia de un escritor consagrado en la historia de la literatura occidental: «Tarde o temprano al autor el negocio literario le resulta aburrido, en especial la polémica, aunque esta le beneficie. El tiempo es precioso, hay cosas mejores que hacer» (Jünger, 2015: 11).

En el ámbito alemán, además, destacan los diarios de Robert Musil y los de Thomas Mann. En el primer caso, los diarios de Musil, escritos entre 1899 y 1942 y publicados por primera vez en 1976, poseen un carácter pragmático. Aunque en ocasiones deja espacio al desarrollo de su privacidad y sus pensamientos diarios, e incluso a veces aparecen narraciones de lo cotidiano más o menos largas, en general no hay una elaboración constante y las entradas suelen resumirse a pensamientos difusos que el autor recoge sin orden ni concierto: registra así las notas sobre sus lecturas; los esbozos y borradores de sus novelas y relatos; reflexiones filosóficas propias de la escritura ensayística; pensamientos acerca de su cotidianidad y las personas que lo rodean (Musil, 2009) etc. Si bien es un texto diarístico valioso, y establece una conexión directa con los diarios de autores como Tolstói o Pavese, no se trata de un diario literario al uso, con la capacidad literaria del diario de Kafka, por poner un ejemplo cercano. En el segundo ejemplo expuesto, los diarios de Mann, que salen a la luz en 1975, este pragmatismo es aún más radical y se conforman como una muestra de una forma concreta de llevar diarios que, dada su naturaleza puramente documental, aquí se va a contraponer en capítulos siguientes a la concepción del diario como texto literario.[57]

En la tradición húngara, destacan los diarios de Sándor Márai (1900–1989) por su elaborada configuración. Márai comenzó a publicar sus diarios en el año 1945; el primer tomo abarca el período 1943–1945; el segundo, el periodo 1945–1957, cuando Márai sale de Hungría tras la llegada de los comunistas al poder y se asienta definitivamente en Estados Unidos. Los diarios va a continuarlos hasta el final de sus días y en ellos desarrolla una escritura diarística absolutamente moderna, nacida de un autor que desarrolla su Yo diarístico de forma literaria. Son especialmente relevantes las últimas páginas de su proyecto diarístico, encontradas en el último tomo, que abarca desde 1984 hasta 1989, fecha de su suicidio. El último tomo es una muestra emotiva de lo que supone narrar el envejecimiento en un diario, con la conciencia de la muerte cada vez más cerca para el protagonista de sus páginas y la muerte de su compañera durante sesenta años. Sándor Márai escribe: «No quiero morir, todavía no. Pero he dejado el revólver en el cajón de la mesita de noche para tenerlo a mano si llega el momento en que desee morir. Aunque cabe la posibilidad de que al final ocurra de otra manera. Todo es siempre de otra manera» (Márai, 2008: 146).

El último tomo de estos diarios es así una crónica de la desesperación personal, que no obstante está llena de paradójica belleza. Márai ve morir a todos sus conocidos al mismo tiempo que cae el sistema soviético con el que convivió toda su existencia: «Ya no solo han muerto mis familiares directos, mis compañeros de profesión y de estudios, sino mis enemigos también. Si volviera a Budapest no encontraría a nadie con quien enfadarme» (Márai, 2008: 204). Márai se desnuda en las páginas con la resignación del que ya no tiene nada que perder, y la última entrada, semanas antes de pegarse un tiro, no puede ser más hermosa: «Estoy esperando el llamamiento a filas; no me doy prisa, pero tampoco quiero aplazar nada por culpa de mis dudas. Ha llegado la hora» (Márai, 2008: 209). La

---

57 Desde un punto de vista comercial, en el ámbito alemán destaca a su vez el *Diario de Ana Frank*, célebre testimonio de los horrores de la Segunda Guerra Mundial y *best-seller* universal. Dado el contenido del mismo, que destaca por sus virtudes documentales y testimoniales más que por su calidad literaria, no interesa a los objetivos generales de este trabajo. Otro diario de relevancia en el contexto de la Segunda Guerra Mundial —pues casi se convirtió en una suerte de género de este periodo—, y especialmente en la geografía centroeuropea, es el diario de Petr Ginz, el *Diario de Praga*.

construcción del Yo diarístico no puede estar más relacionada con la vida y con la literatura al mismo tiempo; Márai es Sándor Márai, pero al mismo tiempo es un hombre de ochenta y nueve años que espera la muerte como cualquier otro y que, amenazado por la llegada de la impotencia senil, decide adelantarse a ella en un final elegido. Un diario autobiográfico que se desarrolla a través de la literatura.

En el dominio húngaro, además, es destacable la obra diarística de Imre Kertész, que utilizó la forma del diario para alguna de sus novelas y finalmente para la publicación de un texto misceláneo, *La última posada*, en el que, aunque el autor no lo declara explícitamente, usa la forma del diario autobiográfico en la mayoría de sus pasajes. En este texto, si bien el tono es reflexivo y apenas indaga en el mundo personal del protagonista, en ocasiones emerge el Yo con fuerza:

> Medianoche. Escribo estas líneas en Berlín, Veni, creator spiritus! La vida no creativa es execrable. ¿Era esto lo que yo quería? Esto, efectivamente, pero no así. ¿Para esto escribías? No, en absoluto. ¿Te alegras? En el fondo, sí, pero con reservas. ¿Cuál es entonces el problema? Que no escribo; mi vida carece de contenido, me vivo a mí mismo como un extraño (Kertész, 2016: 101).

En último lugar, uno de los grandes diaristas del siglo XX es el polaco Witold Gombrowicz (1904–1969), que además de su exitosa obra novelística, dio a la luz un diario personal de claro interés literario. En su *Diario*, publicado en diferentes tomos, así como en la prensa, desde 1953 hasta 1966, y publicado finalmente de forma completa tras su muerte en 1969, Gombrowicz construye un Yo personaje que, en magnitud, puede compararse con el Yo de los diarios de Léautaud. Ahora bien, el Yo de Gombrowicz apenas desarrolla su cotidianidad; en todo momento tiende, desde el ego, a la reflexión sobre los asuntos que le preocupan especialmente: ofrecer su visión de la literatura, de la industria literaria, de su estatus como autor, de la literatura polaca, de la política o de Europa. Alguien como Juan José Saer señala que el *Diario* «no es un pretexto para la introspección, sino para el análisis, la reflexión y la polémica» (Saer, 1997: 30). Pese a esta ausencia de vida cotidiana y espontaneidad propia de los grandes diarios, Gombrowicz es consciente en todo momento de las cualidades literarias de su texto diarístico; esto le lleva a plantearse importantes interrogantes relacionados con la teoría del diario:

> Escribo este diario con desgana. Su insinceridad me fatiga. ¿Para quién escribo? Si es para mí mismo, ¿por qué lo mando a la imprenta? Y si es para el lector ¿por qué hago como si hablara conmigo mismo? ¿Hablas de ti mismo de tal manera que te oigan los demás? (…) La falsedad, que está en el mismo principio de mi diario, me vuelve tímido y pido disculpas, ay, pido disculpas… Y, sin embargo, me doy cuenta de que hay que ser

uno mismo en todos los niveles de escritura, es decir, que debería saber expresarme no solo en un poema o en un drama, sino también en una prosa corriente, del mismo modo que la sombra del cóndor se posa sobre la tierra (Gombrowicz, 2011: 61).

El mensaje de Gombrowicz es claro: tiene la intención, por muy difícil que le resulte, de hacer literatura, gran arte, a partir de su vida. Además, el diario incorpora elementos propios de una narración literaria; Anna Caballé, por ejemplo, destaca el uso de la primera y tercera persona «para dar entidad literaria al gran problema al que se enfrenta tanto la esfera del conocimiento como la del arte en el ámbito autobiográfico» (Caballé, 2006: 23) y en general es manifiesta la novelización de muchos de las anécdotas que cuenta a propósito de sus vivencias en Argentina, convirtiendo en personajes a gran parte de los nombres que desfilan por su diario. Bozena Zaboklicka, quien además se detiene en el carácter artificioso de la preparación del diario para la prensa, destaca lo siguiente:

> La extensa obra que se esconde detrás de él no tiene mucho en común con el clásico dietario de escritor en que se anotan los acontecimientos de la vida del autor (…). El *Diario* de Gombrowicz es una obra literaria en el pleno sentido de la palabra y es considerado por muchos expertos como el máximo logro de su autor y una de las obras en prosa más importantes de la literatura polaca (Zaboklicka 2011: 7).

Zaboklicka, exponiendo la distinción que separa el diario meramente documental del diario que puede entenderse dentro del sistema literario, define con gran concreción el espacio de Gombrowicz respecto al diario y la literatura; el suyo es, por definición, un diario literario.

I. 3. 1. 4. El diario en Portugal, Italia e Hispanoamérica: Pessoa, Torga, Pavese, Ribeyro y Levrero

Portugal, a través de Fernando Pessoa (1888–1935), ha dado una de las obras más relevantes para la interpretación del diario en la literatura: el célebre *Libro del desasosiego*, texto misceláneo que se publica por primera vez en 1982. Nacido en 1914 y mantenido hasta la fecha de su muerte en 1935, el *Libro del desasosiego* es un libro problemático por dos razones: Pessoa escribió en él a través de sus alterónimos Vicente Guedes y Bernardo Soares por lo que, al adulterar la identificación entre autor y narrador, se infringen a priori las reglas de lo autobiográfico; a esto se le añade un hándicap estructural, en la medida en que el libro está formado por compilación de los diferentes escritos íntimos que se encontraron después de la muerte del autor. En el primer caso, y como se verá más tarde a propósito del pacto de Lejeune, el juego nominal no conlleva una renuncia al pacto, pues en última instancia todos los nombres se relacionan explícitamente con las vivencias de Pessoa y la intención lúdica de lo autoficcional no va más allá. En el segundo caso, y aunque se trate de una obra póstuma en cuya configuración han tenido mucha relevancia las decisiones de los diferentes editores, el propio Pessoa ya había concebido título y plan para su publicación, e incluso algunos fragmentos habían aparecido en diferentes medios de prensa (Martín del Barrio, 2014). Además, si bien en muchas ocasiones no existen fechas y la estructura tiende en ocasiones a la difuminación del paso de los días, así como al tono reflexivo y ensayístico en mezcolanza con un fuerte lirismo, muchas de las entradas son las propias de un diario personal:

> Me desperté hoy muy temprano, en un repente lleno de confusión, y enseguida me levanté lentamente de la cama, bajo el ahogo de un tedio incomprensible. Ningún sueño lo había causado; ninguna realidad podría haberlo producido. Era un tedio absoluto y completo, pero fundado en algo (Pessoa, 2013: 113).

Gracias a la edición de Jerónimo Pizarro (Martín del Barrio, 2014), se ha podido comprobar cómo existen dos fechas para la concepción de la obra: una primera parte del *Libro del desasosiego*, circunscrita a los años 1913–1918, en los que Pessoa nunca pone fechas y el diario tiene un tono simbolista; y una segunda parte, que se corresponde con los años 1928 y 1934, y en la que todo el texto está fechado y además posee una temática centrada en Lisboa y en lo cotidiano. Más allá de esta diferenciación, en todo el *Libro* se produce la construcción de un Yo personaje —a través de diferentes heterónimos— que deambula por la penuria cotidiana de uno de los escritores introspectivos por excelencia. En las páginas del *Libro del desasosiego* se encuentra ya una concepción diarística moderna, y Pessoa sabe explotar las herramientas de un diario sincero como el suyo para llegar a hacer gran literatura: el estilo, así, está marcado por la finura de la prosa de Pessoa, y las entradas, en muchas ocasiones, combinan los aforismos y reflexiones lúcidas con breves relatos de lo cotidiano. Además, en última instancia, los referentes de Pessoa son claros, y en varias ocasiones alude a Amiel:

> Siempre leí con disgusto en el diario de Amiel las referencias que recuerdan que había publicado libros. La figura se me rompe en ese punto. ¡Qué grande, si no fuera por eso! El diario de Amiel me dolió siempre por mi causa. Cuando llegué a aquel punto en que dice Scherer le describió el fruto del espíritu como si fuera «la conciencia de la conciencia», sentí una directa referencia a mi alma (Pessoa, 2013: 130).

Pessoa se identifica con el Amiel más íntimo, y en esa coincidencia resume la influencia principal de su texto: el *Libro del desasosiego* está escrito en las coordenadas del diario personal entendido como texto introspectivo a partir del que poder desarrollar una verdadera obra literaria basada en la temática de lo cotidiano; interpretado así, el diario de Pessoa es uno de los más destacados del siglo XX.

Además de Pessoa, en el contexto portugués destacan los diarios de Miguel Torga (1907–1995), que encarna la figura del nuevo diarista, a la manera de Renaud Camus y los últimos diaristas franceses. Torga, que vivió entre 1907 y 1995, empezó a publicar estos diarios en 1941, y los siguió publicando en 16 tomos hasta 1993. En su obra, en tanto que escribe directamente para el mercado literario, está ya la nueva concepción del diario; si bien en los primeros años abundan las anotaciones cortas, a medida que publica esos tomos las entradas van ganando en volumen y en desarrollo de su mundo personal. Resulta difícil encontrar, sin embargo, la construcción de un personaje literario como ocurría en diarios como el de Léautaud o el de Cheever. Lo literario, en este sentido, hay que encontrarlo más bien en el tono, lírico y reflexivo, hasta el punto de que Torga incluye poemas en todo momento:

> Coimbra, 5 de Outubro de 1963.
> AQUI
> Aquí, neste país e nesta hora.
> Aquí, junto dos meus,
> Mortos e vivos.
> Aquí, de pés atados,
> Livre como os balões cativos,
> Que pairam, ancorados (Torga, 1968: 9).[58]

A medio camino entre el diario lírico y el cuaderno de pensamiento cotidiano —el primer elemento se ve intensificado en la medida en que Torga se consideraba a sí mismo, ante todo, poeta—, la importancia del diario de Torga reside, sobre todo, en constituirse como el primer gran diario en las letras portuguesas escrito desde muy temprano para ser incluido dentro del sistema literario.

En el contexto italiano, por otra parte, se ha convertido en un clásico el diario de Cesare Pavese (1808–1950): *El oficio de vivir*. Publicado dos años después de su suicidio en 1950, el libro recoge los textos diarísticos que había escrito desde 1935 hasta ese último año de su vida. Pavese había declarado a sus conocidos su intención de que ese diario, del que estaban al tanto autores de relevancia en la literatura italiana como Natalia Ginzburg o Italo Calvino, se publicase después de su muerte; de hecho, los dos autores citados se encargaron de la primera edición (Crespo, 2014: 7). Pavese, por tanto, era consciente del interés literario de su texto, que en unos años se convertiría en un clásico de las letras italianas y en

---

58 Coimbra, 5 de octubre de 1963. «Aquí, en este país y a esta hora. / Aquí, a mi lado, / Muertos y vivos. / Aquí, de pies atados, / Libre como los globos cautivos, / Que flotan, anclados» (N. T.).

el que Susan Sontag se basaría para publicar un detallado texto en el que trata de explicar los motivantes literarios para leer un diario (Sontag, 2014: 59). El diario de Pavese se configura como una obra abierta en la que caben multitud de discursos: el análisis y comentario de su propia obra literaria, la crítica de otras obras, la reflexión filosófica y el aforismo sentencioso o el amargo y denigrante autoanálisis al que se somete el propio autor, que se constituiría como uno de los temas centrales de *El oficio de vivir*. Como sucedía en cierta medida con Torga, el carácter literario del diario se halla en el tono; Pavese escribe sobre todos los asuntos que le inquietan desde cierta amargura lírica que le confiere una unidad temática a su obra diarística. Este tono se hace presente en los comentarios acerca de su obra: «Que alguna de mis últimas poesías sea convincente no le resta importancia al hecho de que las compongo con cada vez mayor indiferencia y repugnancia» (Pavese, 2014: 15); acerca de impresiones generales sobre la mujer: «una mujer que no sea una estúpida, antes o después encuentra un hombre sano y lo reduce a escombros. Lo consigue siempre» (Pavese, 2014: 61); sobre el existencialismo vital: «la recompensa por haber sufrido tanto es que después nos morimos como perros» (Pavese, 2014: 64); sobre la condición del ser humano en general «prueba a hacerle el bien a alguien. Poco después verás cómo odias a esa cara compungida y radiante» (Pavese, 2014: 76); sobre la impotencia sexual, uno de los temas más conocidos del diario: «el hombre que eyacula demasiado rápidamente es mejor que no hubiese nacido. Es un defecto por el que vale la pena matarse» (Pavese, 2014: 61); y finalmente sobre su carácter, respecto al que es despiadado y realista: «no se huye del propio carácter, misógino eras y misógino sigues siendo. ¿Quién lo creería?» (Pavese, 2014: 96). Como se puede ver, el tono amargo acaba construyendo un determinado personaje, el de los diarios de Pavese, que se caracteriza por una mirada ácida, sardónica y oscura de la vida. El punto culminante está marcado por sus ideas acerca del suicidio, que prefiguran su propio suicidio, acometido en 1950 en un hotel de Turín. En el diario, curiosamente, Pavese escribe: «Sé que estoy condenado para siempre al suicidio ante todo obstáculo y dolor. Es esto lo que me aterra: mi principio es el suicidio, nunca consumado, que no consumaré nunca pero que me halaga la sensibilidad» (Pavese, 2014: 42). Texto de muerte y autodestrucción, Pavese concibe su diario como un espacio en el que construirse a sí mismo mediante un determinado tono; aunque en él no se encuentran la cotidianidad, ni la personalidad total del autor, el personaje parcial que construye —como sucedía con Gombrowicz— es suficiente para considerar la riqueza literaria de un diario autobiográfico. Él mismo reflexiona sobre su intención de llevar a cabo, aunque asuma las dificultades de la forma diarística, una verdadera obra literaria:

> El interés de este diario sería el imprevisto repulular de pensamientos, de estados con-
> ceptuales, que de por sí, mecánicamente, indica los grandes filones de tu vida interior.
> (…) Es la originalidad de estas páginas: dejar que la construcción se haga por sí misma,
> y ponerte delante, objetivamente, tu espíritu (…) Es así como se hacen los cancioneros
> (Pavese, 2014: 181).

Para Pavese, en última instancia, el diario es una suerte de poemario que se construye a través de la prosa reflexiva; en este caso, con un tono amargo evidenciado
en las últimas palabras: «Todo esto da asco. No palabras. Un gesto. No escribiré
más» (Pavese, 2014: 403).

En el vasto contexto hispanoamericano, por último, destacan dos autores que
personifican el asentamiento del diario personal en el sistema literario: Julio
Ramón Ribeyro (1929–1994) y Mario Levrero. El primero publica en 1992, dos
años antes de su fallecimiento, un diario que llevaba desde 1950: *La tentación del
fracaso*. En esta obra, Ribeyro construye el primer gran diario en Hispanoamé-
rica a partir de una moderna concepción de la escritura diarística que parte de
los autores franceses: «Mi afición a los diarios íntimos data de muy temprano,
desde que a los catorce o quince años leí el de Amiel, en una edición en dos
volúmenes que encontré en casa. El libro me apasionó y a partir de entonces leí
cuanto diario cayó en mis manos» (Ribeyro, 2003: 1). Como se puede comprobar, Ribeyro es consciente de la tradición diarística que se ha expuesto en estas
páginas y en ella se inscribe desde el primer momento, cuando decide escribir su
primer diario «hacia fines de los cuarenta» (Ribeyro, 2003: 1). Tanta es su afición,
que en 1957 se da cuenta de que, a pesar de haber publicado ya algún relato y
tener relativo éxito por ello, el gran libro que marque su obra tiene que ser de
otra naturaleza:

> En realidad —tengo casi la evidencia— si alguna vez escribo un libro importante, será
> un libro de recuerdos, de evocaciones. Este libro lo compondré no sólo con los frag-
> mentos de mi vida, sino con los fragmentos de mis estilos y de todas mis imposibili-
> dades literarias. Un libro de memorias —en un grado mucho mayor que la novela— es
> un verdadero cajón de sastre. En él caben las anécdotas, las reflexiones abstractas, el
> comentario de los hechos, el análisis de los caracteres, etcétera. Es un libro, además, sin
> problemas de composición (Ribeyro, 2003: 151–152).

Este libro importante, que según Alberto Giordano es el mejor de su producción
(Giordano, 2015: 345), y eso es importante por cuanto se trata de uno de los
narradores más importantes de su generación, es un diario en el que Ribeyro
se desnuda para construir un elaborado personaje que en todo momento es
consciente de las posibilidades literarias del diario. En 1960, señala: «creo haber
encontrado el estilo del diario íntimo: un estilo apretado, expresivo que interesa no solamente como testimonio sino también como literatura» (Ribeyro,

2003: 234). A partir de este estilo —cuya naturaleza es muy interesante para entender las otras obras diarísticas—, Ribeyro construye un libro fragmentario, una obra abierta, en el que se incluyen registros y temas de todo tipo: la reflexión filosófica, la teoría y crítica literaria, el autoanálisis literario, las abundantes reflexiones sobre su carrera literaria y las posibilidades de fracaso inherentes a ella. Una de las claves, como se ve en el propio título, es esta relación entre su diario y el fracaso que en ocasiones vincula con su obra literaria; a ello se le suma el tono decadente heredado de los simbolistas franceses destacado por Giordano (2015: 351). Esto resulta muy interesante en lo que concierne a la construcción de un personaje diarístico. En los diarios, en los que en pocas ocasiones se observa al Ribeyro biográfico, este construye un personaje que escribe sobre su vida con un constante pesimismo:

> Febrero de 1967: Hasta ahora me considero como un hombre que ha sido aplazado en todas las pruebas de la vida. Me acerco a los 40 años sin gloria, sin dinero, sin salud, sin influencias, sin tranquilidad, sin perspectivas. (…) ¿Qué hago lejos de mi país, en una ciudad donde tengo sólo dos o tres amigos, obligando a mi mujer a una vida de encierro, en dos piezas con goteras y cucarachas, desempeñando un trabajo mecánico y subalterno [como redactor de la AFP]? ¿Quién me ha exilado y por qué? ¿Qué busco? ¿Qué aguardo? (Ribeyro, 2003: 329).

Este personaje taciturno es compensado en ciertas ocasiones con una ironía amarga. Ribeyro cita a Léautaud como un autor al que rechaza e idolatra a partes iguales —señala de él que hay que leerlo un poco todas las mañanas (Ribeyro, 2003: 530) —, y es precisamente esta estela la que sigue en algunas ocasiones, con pequeñas reflexiones de carácter humorístico: «Tengo una gran desconfianza por los hombres que no fuman ni prueban un vaso de alcohol. Deben ser terriblemente viciosos» (Ribeyro, 2003: 291). Un último aspecto, ya sugerido, que se puede destacar es la importancia de la reflexión metadiarística en los diarios de Ribeyro; en el prólogo de 1992, como hacía Rousseau a propósito del género autobiográfico, se declara inaugurador de «una forma de expresión literaria nunca utilizada en nuestro medio» (Ribeyro, 2003: 2). Además, a lo largo de su obra ensayística ofrece constantes reflexiones a propósito del diario; entre otros, destaca su artículo «En torno a los diarios íntimos», en el que define el diario como «un género literario específico» (Ribeyro, 2018) para señalar a Amiel como su máximo exponente. Ribeyro, en suma, publica su diario con la conciencia de estar haciendo de su diario una obra literaria, quizás la mejor de su producción.

Diferente a Ribeyro es, en último lugar, el uruguayo Mario Levrero (1940–2004), posiblemente uno de los autores hispanoamericanos más peculiares.

Levrero, que ha sido especialmente conocido en las últimas décadas tras su recuperación en España por parte del crítico Ignacio Echevarría, frecuenta a partir de los años ochenta la escritura diarística y la relaciona directamente con su faceta novelística. En total, se pueden localizar tres textos diarísticos en su producción narrativa: *Diario de un canalla* (1992), *El discurso vacío* (1996) y el «Diario de la beca», dentro de *La novela luminosa* (2005). Tanto el primero como el último son diarios que aparecen relacionados con textos puramente ficcionales: el primero es, originariamente, un cuento de la colección *El portero y el otro*, aparecida en 1992, y que más tarde se publica en solitario; y el segundo representa la parte más importante de la novela póstuma *La novela luminosa*, publicada en 2005, un año después de la muerte de Levrero. A pesar de esta aparente diversidad, los tres textos se pueden considerar parte de una trilogía, como señala el autor en el prólogo a *La novela luminosa* cuando dice, a propósito de *Diario de un canalla* y *El discurso vacío*, que «son también de algún modo continuación de la novela luminosa» (Levrero, 2008: 19). En los diarios de Levrero hay una clara intención de problematizar los límites entre la autobiografía y la novela, hasta el punto de que muchos autores han preferido utilizar el concepto de autoficción para interpretar sus diarios como textos ficcionales de carácter novelístico. Sin embargo, un estudio más profundo revela una poética diarística de corte autobiográfico; aunque Levrero es consciente de estar construyendo una trama narrativa a partir del desarrollo literario de su personaje principal, el Yo de sus diarios, en ningún momento renuncia al carácter referencial de su texto. En *Diario de un canalla*, desarrolla un párrafo que es perfectamente representativo de esto:

> Pero no estoy escribiendo para ningún lector, ni siquiera para leerme yo. Escribo para escribirme yo; es un acto de autoconstrucción. Aquí me estoy recuperando, aquí estoy luchando por rescatar pedazos de mí mismo que han quedado adheridos a mesas de operación (iba a escribir: de disección), a ciertas mujeres, a ciertas ciudades, a las descascaradas y macilentas paredes de mi apartamento montevideano, que ya no volveré a ver, a ciertos paisajes, a ciertas presencias. Sí, lo voy a hacer. Lo voy a lograr. No me fastidien con el estilo ni con la estructura: esto no es una novela, carajo. Me estoy jugando la vida (Levrero, 2013: 25).

Levrero desarrolla su vida cotidiana; las entradas de su diario están protagonizadas por los pequeños momentos del día, que el autor narra detenidamente con un estilo literario y un tono novelístico. El texto más logrado es el «Diario de la beca», en el que recoge todas las obsesiones cotidianas de sus diarios anteriores: el día a día y las enfermedades y dolencias que lo atosigan; la obsesión por darle un sentido a sus sueños; el relato cotidiano salpicado con notas de elementos extraños; su relación enfermiza con el mundo informático; sus vínculos sentimentales con las personas que lo frecuentan; las referencias metaliterarias a otros escritores, como la también diarista Rosa Chacel; o sus pensamientos de corte existencialista, relacionados con acontecimientos aparentemente sobrenaturales con los que Levrero juega en todo momento. Levrero se muestra consciente de las posibilidades literarias de su cotidianidad y las explota; el tono, el estilo, los pequeños relatos cotidianos contenidos en las entradas, tienen el mismo atractivo de su obra novelística:

> Martes 8, 04.54 Seré breve: el día de hoy (ayer y lo que va de hoy, claro; mi jornada) fue largo y penoso, son casi las cinco, ya había apagado la computadora y me acordé de este diario, la volví a encender, mientras siento que me duele la cintura y que el ajo me repite. La mayor parte del tiempo la pasé jugando Golf, créase o no. Me parece haber explicado que es un solitario con barajas. Lo peor del caso es que es un juego bobo, casi de azar absoluto. Se gana promedialmente un solitario de cada cien. Y además hice otras cosas inapropiadas que no quiero relatar acá (entre ellas algunas mejoras a un programa mío reciente en Visual Basic). De modo que sigo escondiendo las llaves, las claves; sigo demorando el enfrentarme con lo que me va a permitir hacer lo que quiero (Levrero, 2008: 35).

La crónica del día es exactamente igual que la de otros diarios, pero el repaso de los asuntos cotidianos aparece filtrado por una mirada irónica y un determinado estilo literario que hacen de los diarios de Levrero un artefacto literario. Uno de los personajes se lo comenta:

> En casa, M aceptó leer el primer capítulo (agosto) de este diario. Yo estaba seguro de que iba a abandonar la lectura a las pocas páginas, pero no; leyó todo, hasta el final, y con mucha atención (…). Dijo que (…), hasta donde era capaz de discriminar, aunque es difícil hacerlo, también había un interés literario. Y me comentó algunos pasajes que la habían entusiasmado, o al menos conmovido. Después me llamó por teléfono desde su casa, para hacer un comentario más: dice que para el lector común, tal vez este diario podría pasar por una novela, con un protagonista y unas situaciones inventadas por mí. Me gustó el comentario. Esto me da impulso para seguir trabajando (Levrero, 2008: 365–366).

El interés que mueve la obra diarística de Levrero se relaciona con sus objetivos literarios; además, la participación de un personaje intranarrativo y su correspondiente consentimiento funciona como una suerte de aprobación autobiobráfica: Levrero narra, aunque matizada por el tono y el estilo, su verdad autobiográfica,[59] y en esas coordenadas trabajan autores como Helena Corbellini,

---

59 Adelantamos un concepto que será ejemplificado más tarde a partir de las teorías de Lejeune. Al usar el término *verdad autobiográfica* se intenta concretar una aplicación del difuso término *verdad* al terreno de la escritura o literatura autobiográfica. Se puede partir de una distinción muy útil, proporcionada por Gustavo Bueno, entre las nociones de verdad impersonal y personal. Las verdades impersonales, «aquellas en

quien ha revelado en un reciente estudio la naturaleza autobiográfica de estos diarios (Corbellini, 2018). Levrero construye, en suma, un diario autobiográfico que posee características literarias y que es una perfecta muestra, quizás en mayor medida que la obra de Ribeyro, de la inserción del diario en el sistema literario hispanoamericano.

I. 3. 2. El diario personal en España

Como se explica en la introducción, en España la aparición del diario personal es posterior al asentamiento de esta modalidad en países como Francia o Gran Bretaña. Si bien algunos autores del XVIII y de primera mitad del XIX llevan diarios —entre los que cabría destacar los de Jovellanos, los de Fernández de Moratín o los de Francisco de Saavedra— y algunos de estos textos pueden ser calificados como diarios personales, lo cierto es que no se puede hablar de diarios personales modernos hasta la aparición de los textos diarísticos de autores relacionados con la Generación del 98.[60] Esta ausencia de diarios se ha vinculado

---

las cuales el sujeto operatorio se encuentra formalmente segregado de las figuras de las identidades que puedan ser probadas como constitutivas de la verdad», se diferencian de las personales, que son aquellas «en las cuales el sujeto operatorio (humano o animal) se mantiene formalmente presente (aunque en distintos grados) en las figuras constitutivas de la verdad» (Bueno, 2000: 280–281). Entre estas últimas, Bueno trata las verdades normativas, en cuyo subgrupo se encuentra la verdad-coherencia, que sería la más cercana al discurso autobiográfico entendiéndolo en las coordenadas de Lejeune. El autobiógrafo se compromete, según el pacto autobiográfico, con la narración de su verdad, la verdad de sus vivencias, que es una verdad personal en la que él se encuentra presente en todo momento y respecto a la que se mantiene coherente —por medio de ese contrato— en lo concerniente al lector. Tal es la verdad autobiográfica.

60 Fernando Durán López ha dedicado unas páginas de su libro sobre la autobiografía en España de los siglos XVIII y XIX a estudiar la aparición de diario personal en el contexto ilustrado. Parte de que «el hombre de letras de la Ilustración (…) no considera que un acto esté concluido hasta que no se redacta testimonio del mismo», de tal manera que los autores de esta época suelen escribir sobre todo lo que le acontece y por ello «transcriben cartas y documentos, reelaboran apuntes de viaje, diarios, memorias y otros escritos que les sirven de base» (Durán López, 2005: 295). En este contexto, cita los diarios de autores como los nombrados más arriba: Jovellanos, los Fernández de Moratín, Francisco de Saavedra, el Padre Sarmiento o Juan Antonio Llorente (Durán López, 2005: 296–299). La existencia de estos diarios testimonia la aparición de la práctica diarística moderna durante esta época en España; sin embargo, como se sostiene arriba, es difícil considerar estos textos como diarios personales, dado que el desarrollo del Yo es casi inexistente y, en muchos casos, el diario se compone de una hilera de anotaciones puramente contables, como ocurre con los diarios de Leandro Fernández

frecuentemente a la incompatibilidad autobiográfica del español medio citada con las palabras de Ortega (1927: 172–173). Más allá del tópico, el retraso español se ha relacionado frecuentemente con el tardío establecimiento de una burguesía como la inglesa y la francesa —como señala Trapiello (1998a: 76) —, así como con una cultura católica que se diferencia, con su moral restrictiva y acaparadora del espacio público, de la moral individualista del libre examen protestante —como sugiere Ribeyro (2018) —. Sin embargo, en relación con este retraso, podría ser más rigurosa una interpretación histórico-literaria: así, al igual que el Romanticismo como movimiento literario se desarrolla muy tarde en España, y con manifestaciones muy particulares, la corriente literaria del Yo autobiográfico aparece un siglo más tarde que en el contexto europeo, y lo hace precisamente por medio de autores que leen a los diaristas clásicos del contexto francófono. En España, por ejemplo, es notable la influencia de Amiel en autores tan relevantes como Unamuno, Azorín o Juan Ramón Jiménez.[61] Esta interpretación aportaría

---

de Moratín (2008). El diario de Francisco de Saavedra, por ejemplo (Saavedra, 2004), ofrece entradas desarrolladas que en cambio están dedicadas en su mayor parte a la crónica de sus viajes marítimos, con lo cual el diario se asemeja más a un diario de navegación que a un diario personal. Esto ocurre de similar forma con el diario de Jovellanos, con la salvedad de que este último es el texto diarístico de mayor envergadura del que se tiene constancia hasta el siglo XX. En un total de catorce cuadernos que abarcan desde 1791 hasta 1810, y que en la edición de sus obras completas del año 2011 ocupa entre 2000 y 3000 páginas, Jovellanos anota regularmente los sucesos de la jornada. La mayor parte del contenido está destinado a reflejar los viajes de Jovellanos, de tal manera que el tono es cronístico y apenas desarrolla lo personal. Existen algunas excepciones: por ejemplo, el cuaderno VII registra una mayor elaboración del espacio privado de Jovellanos; este se trata a sí mismo con comodidad y desvela aspectos de su día a día al quejarse sobre su posible enfermedad de gota (Jovellanos, 2011: 112) o expresar sus sentimientos a propósito de diversos temas como el encuentro con personas de grata conversación (Jovellanos, 2011: 155), la calidad de una comida (Jovellanos, 2011: 26) o el tipo de habitación en el que se hospeda (Jovellanos, 2011: 27). Pero son excepciones propiciadas por el volumen, y no por el tono general, del diario, que difícilmente se puede emparentar con los diarios que ya en esa época se han escrito o están a punto de escribirse en otras tradiciones, como los de Pepys o los de Stendhal. El diario de Jovellanos, además, no se publica hasta 1915, de modo que tampoco puede servir como influencia en otros diaristas posteriores. Todo lo anterior no es óbice, sin embargo, para considerar a Jovellanos como el primer diarista en lengua española que ya siente la necesidad de registrar la mayoría —y he ahí la diferencia con los anteriores diaristas— de los sucesos que describe en un periodo determinado de tiempo.

61 En el caso de Juan Ramón Jiménez, por poner un ejemplo, Soledad González Ródenas da cuenta de su lectura del diario de Amiel a partir de 1911 (González Ródenas, 2005: 107). Unamuno, por otro lado, lo evidencia, entre otros lugares, en su reseña

luz sobre la necesaria vinculación entre diario y literatura; ya que solo en relación con esta última se entiende la progresiva aparición y publicación de diarios personales en el siglo XX.

En lo concerniente a este desarrollo, el primer autor de trascendencia es Miguel de Unamuno, quien a partir de sus lecturas de Kierkegaard y Amiel teoriza sobre lo autobiográfico y sobre el diario en *Cómo se hace una novela* (1927), en donde entre otras cosas advierte sobre los peligros del diario: «El hombre que da en llevar un diario —como Amiel— se hace el hombre del diario, vive para él. Ya no apunta en su diario lo que a diario piensa, sino que lo piensa para apuntarlo» (Unamuno, 1992: 200). El propio Unamuno escribe su *Diario íntimo*, que no se publica hasta 1970 y, aunque la relevancia de su autor le concede valor, no posee el carácter literario de otros diarios. De forma parecida, entre los autores del 98 Azorín destaca por la introducción de la forma diarística en sus escritos; aunque no escribe un diario autobiográfico, emplea esta estructura en obras como *Diario de un enfermo* (1901) o *Charivari, crítica discordante* (1897). Pío Baroja, en la misma línea, publica en 1918 *Las horas solitarias*, que puede entenderse como una suerte de diario misceláneo, compuesto de entradas cronísticas de todo tipo, y poetas cercanos al 98, como Juan Ramón Jiménez y el propio Unamuno, así como otros posteriores como Dámaso Alonso, añaden el término *diario* a sus producciones líricas: como es el caso de *Diario de un poeta recién casado* (Jiménez, 1917), el *Cancionero* (Unamuno, 1953), cuyo subtítulo es «Diario poético», o *Hijos de la ira* (Alonso, 1944), que incorpora el subtítulo «Diario íntimo». Los anteriores son diarios poéticos que, a pesar de su carácter literario, no poseen exactamente la naturaleza del diario literario.

El primer gran diario personal de carácter autobiográfico en España es el de un autor con poca fama literaria hasta fechas recientes, como es Alejandro Sawa. Con la publicación póstuma de *Iluminaciones en la sombra* en 1910, texto firmado por un autor cuya influencia literaria gala era notable, aparece en España lo que más tarde se denominará *diario literario*. Durante la primera mitad del siglo XX, se escriben algunos diarios personales, pero todos ellos salen a la luz décadas más tarde, como es el caso de Emilio Prados (1966) o Manuel Azaña (1967).[62] Va a ser en los años 70 y 80 cuando se generalice la publicación de

---

de 1923 del diario de Amiel (Unamuno, 1958) y en su propio diario, al citarlo en la segunda página (Unamuno, 1970: 14).

62 Los diarios de Azaña se han publicado en varias ediciones desde 1967, que se añaden parcialmente a sus *Obras Completas*, editadas en México por Juan Marichal. Hasta 1997 no aparece la primera edición completa de sus diarios.

diarios literarios de importancia —de autores como César González-Ruano (1970), Max Aub (1971)[63] o Rosa Chacel (1982) — y en los 80 y 90 cuando nazca un nuevo tipo de diarista, que, como se verá, escribe con la conciencia de escribir su diario para un público que lo recibe como texto literario.

I. 3. 2. 1. La introducción del diario personal en el sistema literario: Sawa, Morla Lynch, González-Ruano, Aub, Chacel y Pla

Alejandro Sawa (1862–1909), uno de los autores más representativos de la bohemia finisecular española, no llega a ver publicado en vida un diario que intenta mandar a la imprenta en sucesivas ocasiones; como explica Amelina Correa (2008: 261), va a ser su amigo Valle-Inclán quien, tras su fallecimiento, se encarga de gestionar el manuscrito para su definitiva publicación en 1910 y quien convence a Rubén Darío —enemistado con Sawa años antes— para que lo prologue. El resultado, *Iluminaciones en la sombra*, va a ser un diario que desarrolla por primera vez en el medio español un Yo autobiográfico con entidad literaria. Dada la escasa repercusión del texto, la crítica tarda muchas décadas en reconocerlo como un diario (Mainer, 1981: 28), pero Sawa demuestra su naturaleza diarística tanto en el título previo, *Dietario de un alma* —texto del que ya había publicado alguna muestra en prensa (Zavala, 1977: 65) —, como en la primera entrada de la obra:

> (…) me he puesto a escribir estas hojas de mi dietario. Lo mismo me propongo hacer todos los días; luego repartiré mis jornadas en zonas de acción paralelas, aunque heterogéneas; y digo que paralelas, porque todas han de estar influidas por el mismo pensamiento que me llena por completo: la formación de mi personalidad (Sawa, 2004: 35–36).

La intención de Sawa, por tanto, es registrar en el texto su cotidianidad para desarrollar, a partir de ese Yo diarístico, la formación de su personalidad. Ahora bien, *Iluminaciones* tiene un carácter misceláneo; en su diario Sawa incluye textos de todo tipo para formar un *opus* heterogéneo y abarcador. Se puede dividir la obra según los dos siguientes estilos de escritura, diferenciados entre sí: en el primero, puramente diarístico, se recopilan pasajes autobiográficos y periodísticos; en el segundo, Sawa se inscribe en la tradición de las semblanzas de autores admirados, al modo de un canon personal, tal y como es el caso de Darío

---

63　La primera edición del diario de Max Aub, *La gallina ciega*, se publica en México. La primera edición española es de 1995.

y *Los raros* o Verlaine y *Los poetas malditos*. Este último estilo de escritura se corresponde, de hecho, con los pasajes que el autor encuadró dentro de un ciclo de semblanzas emblemáticas denominado «De mi iconografía». Si bien en la edición original de 1910 (Sawa, 1910) los pasajes diarísticos se entremezclan con las anteriores, en las dos últimas ediciones (Sawa, 2004; 2009) el libro ha sido dividido en dos partes: la primera, denominada como tal «Iluminaciones en la sombra», solo se ocupa del texto diarístico; la segunda, denominada «De mi iconografía», aglutina todos los retratos emblemáticos. Pese a esta naturaleza mezclada, el diario de Alejandro Sawa desarrolla un Yo moderno que es similar al de los grandes diarios escritos en francés, sobre todo Amiel; Sawa construye su interioridad textual en muchas entradas del diario y lo hace a través de un tono sentimental y melancólico:

> Hoy, 18 de junio, reanudo, mejor, reabro esta monótona exposición de horrores. Releyendo lo que antecede, me he creído en una trapería y no en un museo. Cuando las ilusiones se van, el cuerpo humano no es más que un almacén de podre. Niego y niego sistemáticamente, porque soy sincero. Mi vida no me da derecho a afirmar otra cosa sino el dolor. Mi perra prefiere sentarse sobre mi rodilla escuálida, a tomar el sol haciendo la rosca u ofreciendo sus ubres con voluptuosidad a las caricias del azul del cielo. Ella sabe lo que se hace. Yo tengo calor de soles en mi pecho para los que aman, y azul, mucho azul, con enormidades cerúleas, para los ingenuos que me ayudan en mi miseria y acomodan su vida a las mutaciones de mi alma (Sawa, 2004: 54–55).

El tono y el estilo son poéticos, y a través de los mismos Sawa desarrolla todos los temas de su vida cotidiana: el recuerdo melancólico; el sufrimiento desdichado del artista ante su obra; su pesimismo ideológico y político; los asuntos más rutinarios de su vida —«Pasé la tarde de ayer vagando por el campo con mis perros. El día era completamente primaveral» (Sawa, 2004: 65) —; y también los más delicados, como su decadencia económica. A partir de esta construcción de un Yo lírico, el diario posee un carácter literario evidente; Sawa es el personaje de su pequeño drama cotidiano, construido con esa mirada amarga que va a inspirar *Luces de Bohemia*, de Valle-Inclán, cuyo Max Estrella no es sino un trasunto de Sawa. Este último es consciente de que su vida, como pretendía el ideal bohemio, es también literatura, y por ello la desarrolla en estas páginas, en las que además se levanta un poderoso mundo privado:

> Mi padre acaba de morir, hoy 16 de junio de 1905, a las once y diez minutos de la mañana: son las once y media. Mi mano está firme al escribir estas líneas y mis ojos secos. (…) Ahí está, en la alcoba de al lado, el cadáver de mi padre, y yo aquí, ante mi mesa, escribiendo estas líneas. Cuando se lo lleven para siempre, cuando lo pierda materialmente, entonces se asomará el dolor a mi boca y a mis labios. Ahora lo tengo aquí quieto en mi corazón, como una fiera amodorrada (Sawa, 2004: 146).

Iluminaciones en la sombra introduce por primera vez el diario personal en el sistema literario español; Sawa, que era consciente de esto, luchó por publicar esta obra hasta el final de sus días, pero solo casi un siglo después se ha reconocido su originalidad en la literatura española, tal y como Andrés Trapiello declara al describirlo como el «primer gran diario de intimidad literaria de la literatura moderna española» (Trapiello, 2009b: 22),

Tiene que pasar casi medio siglo —puesto que ni *Diario de un estudiante* (1915), de Gaziel, ni *Las horas solitarias* (1918), de Pío Baroja, son exactamente diarios personales; el primero tiene un carácter periodístico y el segundo tiende más a la crónica de viaje— para encontrar la publicación del siguiente diario que posee importancia desde un punto de vista literario. En 1957 sale a la luz una parte del diario que Carlos Morla Lynch (1885–1969) lleva desde 1928 y lo hace con el nombre de *En España con Federico García Lorca. Páginas de un diario íntimo 1928–1936*, texto que se conforma como una selección del diario exclusivamente relacionada con su cercana amistad con Lorca. Aunque no puede definirse como un diario al estilo de Alejandro Sawa, como un moderno diario literario en donde el Yo diarístico se autoconstruye a la manera de un personaje literario, tanto la prosa de Lynch como las características formales del texto diarístico favorecen las cualidades literarias del texto. Como señala el propio autor, el diario está compuesto por «un caudal inmenso de anotaciones espontáneas concernientes a nuestro inolvidable amigo» (Morla Lynch, 1958: 14), Federico García Lorca, de tal manera que el objetivo principal es llevar a cabo un retrato íntimo del Lorca más desconocido. Morla advierte, eso sí, de que el libro carece de cualquier «carácter biográfico» o «sentido analítico», sino que «se trata sencillamente de convivir con el amigo durante la tercera y última etapa de su preciosa existencia, como yo hice» (Morla Lynch, 1958: 15).

A partir de esta premisa, Morla Lynch da a la imprenta un diario cuyo protagonista es Lorca, y el desarrollo de los días lo va configurando, mediante una narración en la que abunda la tercera persona descriptiva, como un personaje literario equiparable al protagonista de cualquier novela: «He pasado una tarde apacible en la intimidad con Federico —escribe Morla—. Me ha hablado nuevamente de la gran ansiedad que lo agobia: la idea de la muerte» (Morla Lynch, 1958: 158). Por este motivo, a priori no se podría catalogar el diario como un diario literario a la manera de un Gide o de un Léautud; sin embargo, si se profundiza en la lectura del diario, también se observa cómo el Yo de Morla, pese a su subordinación, también aparece en ciertas ocasiones en las que el protagonista describe sus propias reflexiones y sentimientos: «Triste, releo esta noche las líneas referentes a mi pobre amigo que me ha enviado Federico desde Granada. Me reconfortan… sin lograr a consolarme. Anoto algunas de ellas, con todas las gracias que encierran» (Morla Lynch, 1958: 74). Como también ocurre en la entrada siguiente:

> Tengo días de profunda depresión en que rememoro con mayor claridad la magnitud de la desgracia que hemos sufrido. Son heridas del alma que no cicatrizan nunca. Federico, que se dio cuenta anoche del estado de abatimiento en que se hallaba mi espíritu, apareció espontáneamente a verme esta mañana, cuando no me encontraba en pie todavía (Morla Lynch, 1958: 38).

El diario de Morla Lynch, si bien centra su punto de vista en la configuración del personaje de Lorca y en ocasiones peca de constituirse como una galería superficial de los nombres más célebres de la época, tales como Ortega, Cernuda o Alberti —circunstancia que lo emparenta con el diario de los Goncourt o el de Léautaud—, es capaz de mostrar la configuración narrativa de un Yo y del espacio íntimo que construye este, para ofrecer uno de los diarios más completos de esta segunda mitad del XX y que prefigura la aparición de los diarios literarios más modernos en las décadas siguientes.

En 1970 se publica en su totalidad el diario que César González-Ruano (1963–1965) había llevado desde 1951 hasta su muerte en 1965, y que había ido apareciendo en prensa en varias entregas (Caballé, 2015a: 191), como él mismo señala (González-Ruano, 1970: 310). El texto, publicado con el nombre de *Diario íntimo*, reproduce el personaje que González-Ruano ya había ensayado en su autobiografía, *Mi medio siglo se confiesa a medias*, publicado en 1951; sin embargo, en el diario se encuentra un Yo más personal, que desarrolla su privacidad en un gran número de entradas. Además, se puede encontrar cierta irregularidad: durante el periodo que comprende los años de 1955 a 1963, el texto se reduce a una anotación contable e incluso llega a carecer de registros en alguna de sus fechas, como ocurre en 1963. En el resto de años, González-Ruano narra su vida cotidiana a semejanza de los grandes diarios franceses:

> Por segunda vez he vuelto a las islas Canarias. Entonces vi Canarias. Ahora las he sentido. No es lo mismo. Porque entonces mi estancia en las islas no pudo ser del todo cómoda sometida como estaba a la responsabilidad de «quedar bien». (…) Hay que luchar en estas circunstancias contra el sueño, contra la abstracción, con lo que pudieran ser nuestras naturales diversiones, contra la inclinación hacia la comodidad y mantener en todo momento un tono brillante, lo mismo que tiene que hacer un torero o un comediante. (…) Dicen que es difícil escribir. Yo no lo creo, pero, sobre todo, ¡qué fácil debe ser, Dios mío, no escribir! En el sofá colgante del patio del Mencey yo mecía mi ocio cunando una voluptuosidad infinita, un quehacer gratísimo y, sobre todo, poco frecuente: el de no tener que hacer nada. (…) Entonces leí lo de los sangrientos sucesos de Casablanca. No podía comprender cómo la Humanidad se podía obstinar en ser tan bestia (González-Ruano, 1970: 299–300).

El modelo, como señala Francisco Umbral (2004: 10), es Gide, de cuyo *Journal* González-Ruano era lector —aunque en ocasiones aprovecha para atizarle: «Gide no nos ha enseñado absolutamente nada» (González-Ruano, 1970: 35) —. Si bien González-Ruano construye otro tipo de intimidad, e incluso evitaba relacionar literatura y diario —al que definía como «la homeopatía de lo cotidiano sin literatura» (González-Ruano, 1970: 310) —, en sus páginas puede encontrarse un Yo diarístico similar al de Gide. Los temas, por ejemplo, son similares: la vida literaria madrileña; sus relaciones con otros escritores; la crítica de otras obras literarias; la crítica y preparación de sus propias obras; o la cotidianidad del escritor consagrado. En el caso de González-Ruano, además, se añade una capacidad para construir un estilo literario que lo hicieron convertirse en uno de los mejores periodistas de su generación y cierto elemento de su personalidad que lo hacía concebir la vida como inseparable de la obra literaria; Ruano intenta construir su personalidad como la de un dandi, una suerte de bohemio decadente, e incluso uno de sus autores de referencia es Sawa:

> Paso la tarde en casa releyendo *Iluminaciones en la sombra*, de Alejandro Sawa. Es un ejemplar de la primera edición que me ha regalado Hernán de Navascués. Lo ha comprado, por las buenas, en una librería de nuevo, y me dice que aún quedaban varios. La edición, a 3,50, es de Renacimiento y tiene como fecha 1910. *Iluminaciones en la sombra*, obra póstuma de Alejandro Sawa, es un gran libro. De él han hecho grandes ponderaciones los escritores más leídos y famosos del noventa y ocho. ¿Qué se pudo tirar entonces, en 1910, de este libro? ¿Mil ejemplares? Angustia pensar que en cuarenta y tres años no se han podido poner de acuerdo mil españoles para agotar esta edición (González-Ruano, 1970: 408).

Como puede colegirse de esta suerte de homenaje, González-Ruano recoge la veta iniciada por Sawa y construye un diario con gran valor literario que recoge una vida también literaria.

Max Aub (1903–1972), quien escribió diarios durante gran parte de su vida, publicó en 1971, en México, un diario que es fruto de las anotaciones que mantuvo en su viaje a España desde junio a noviembre de 1969 y titulado *La gallina ciega. Diario español* (Aub, 2003). El diario, visiblemente reelaborado a partir de las notas —como ha estudiado minuciosamente Manuel Aznar (2003: 10) —, es no obstante el documento diarístico más valioso de Aub desde un punto de vista literario; Aub noveliza su vida a partir de esas notas diarísticas para construir un Yo que Francisco Ayala ya calificó de «protagonista» literario en una temprana crítica (Ayala, 1973: 2). Aub, que asegura no mentir, se adelanta involuntariamente al deseo de diaristas españoles como Andrés Trapiello: el de hacer literatura a partir de la vida real. El diario es así un compendio de las anécdotas surgidas de su estancia en España; si bien es cierto que en algunos pasajes se podría interpretar como un diario de viaje, y en otros la mirada es demasiado externa, en todo el libro existe una voz y un tono que homogeneizan el texto y le aportan un carácter privado, el cual le permite a Aub construir un diario personal. Por él desfilan sus pensamientos a propósito de los escritores con los que se reúne; los viejos sitios que frecuentaba y los recuerdos de una España distinta; la situación política actual de España contrapuesta a la de su época o el recuerdo de la Guerra Civil. Todos estos temas se desarrollan en *La gallina ciega* a partir de un Yo que, fruto de un estilo elaborado, se constituye como uno de los personajes más interesantes del diarismo español contemporáneo y confirma el asentamiento de esa forma en el sistema literario.

En los años ochenta se van a publicar los diarios de autores que escriben su diario desde décadas anteriores, y entre ellos destacan los de Rosa Chacel (1898–1994), preparados para la publicación por su autora en 1982 con el nombre de *Alcancía*. La publicación, que se produjo en dos volúmenes, recoge los diarios escritos desde 1940, tras su forzosa salida de España, hasta 1981. Los dos volúmenes son relativamente cortos para la cantidad de años registrados, lo que denota la irregularidad de su escritura en algunos años y la propia selección de la autora que, no obstante, no se debe a razones vinculadas con la protección de la intimidad. En los diarios de Rosa Chacel, quizás los más importantes de la literatura española, como ha señalado Caballé (2015a: 140), se produce una construcción del Yo sin precedentes en el diarismo español. Chacel, que ya era la escritora más importante del contexto español en 1982, se desnuda en la página de modo ejemplar, construyendo una escritura sobre sí misma basada en la honestidad. El 1 de enero de 1959 escribe:

> (…) no he escrito a Eleni… Imposible explicar por qué. Tendría que decirle, por cansancio, por asco de la situación económica. Me dijo que acaso viniera a Buenos Aires, me preguntó si quería que viniese y no contesté. No contesté porque no podía decirle: «No tengo sábanas ni platos ni cubiertos. No vivo como las personas decentes y, para que no se note, tengo que hacer tales esfuerzos que no resistiría aumentarlos» (Chacel, 1982: 136).

En los diarios está todo el mundo de Chacel: las amargas circunstancias de su vida en el exilio con su marido Timo, el pintor Timoteo Pérez Rubio; la nostalgia de su tierra y la ausencia de su hijo Carlos; la desesperación y la alegría derivados del proceso de escritura de su obra literaria; la crítica literaria y cinematográfica; los viajes por América y también su vida cotidiana; en *Alcancía*, Chacel ofrece un relato completo de sí misma. En la construcción de su propio personaje, como ha estudiado detalladamente Alberto Giordano, se halla la gran virtud literaria de estos diarios: «los diarios de Rosa Chacel», señala Giordano, «llegan a convertirse en un experimento novelesco gracias a la definición del personaje de la diarista como un sobreviviente atravesado por las fuerzas del fracaso y la interrupción» (Giordano, 2012: 147). Los temas citados están atravesados por un tono general que Javier Marías definió como *queja* (Rodríguez Fischer, 2004), y que posee similitudes con el tono pesimista —pero menos amargo en *Alcancía*— de *El oficio de vivir*, de Pavese, y la atmósfera desilusionada de *La tentación del fracaso*, de Ribeyro; Chacel construye sus entradas a partir de un lamento más o menos continuado, voz que homogeneiza todo el relato de sus días y le otorga, según Giordano y a semejanza de lo que ocurría con los diarios citados hasta ahora, un carácter literario. La propia Chacel señala: «en este cuaderno estudiaré los progresos que hace en mí la idea del fracaso: cada día estoy más familiarizada con ella» (Chacel, 2004: 23).

Debe destacarse, a su vez, su vertiente metadiarística. En la primera edición de *Alcancía*, Chacel añade un prólogo en el que define esa publicación de su obra —utiliza el calificativo de «diarios íntimos»— como «un acto de impaciencia» (Chacel, 2004: 17); además, justifica el uso del término alcancía para «mitigar su rudeza», pues están «exentos de todo adobo literario» (Chacel, 2004: 19). Sin embargo, a lo largo del texto se encuentran muestras de lo contrario; en primer lugar, asume el elemento inevitable de elaboración que hay en todo diario:

> Hasta aquí llegué antes de ayer, al volver del teatro, pero demasiado tarde y no resistí mucho tiempo. Esto me hace dudar de la autenticidad de todos los diarios. Las emociones se producen, generalmente, en momentos inoportunos. (…) Ahora voy a tratar de recordar un poco, pero no sé si lograré apuntalarlo sin ninguna elaboración, tal como brotó (Chacel, 2004: 28).

Chacel es consciente de estar haciendo literatura de estos diarios; lo muestran las alusiones a Gide (Chacel, 2004: 67) y su confirmación en la última parte de *Alcancía* —aparecida póstumamente en 2004 como parte de sus obras completas y con el nombre de *Alcancía. Estación termini*— cuando declara: «La consideración de lo malos que son los diarios… Malos como diarios; gustan mucho a todos como literatura, pero como datos sobre los hechos no son nada; todo está escamoteado» (Chacel, 2004: 756). Introducidas generalmente mediante cierto tono humilde propio de la autocrítica constante de Chacel, sus declaraciones, así como la publicación de sus diarios, confirman la conciencia de la autora sobre el carácter literario de los mismos. A esto se le añade un último elemento, sustentado en la determinada construcción de un estilo; en el citado «Diario de la beca», de Mario Levrero, este utilizaba *Alcancía* como guía en la construcción de su propio diario y señalaba de él: «noté que ese diario me inspiraba, me hacía venir ganas de escribir» (Levrero, 2008: 25). Lo que extrae Levrero de *Alcancía* se relaciona con el estilo de escritura; Chacel, que destacó en su obra novelística por la elaboración de un *grand style*, lleva a cabo esta misma modelización en las entradas que desarrollan su cotidianidad, y es ese estilo, junto a la formación de ese tono y la construcción del personaje, el elemento que la define como texto literario y como la gran obra del diarismo español en el siglo XX.

En el contexto catalán, por último, destaca la figura de Josep Pla (1897–1981), el que tal vez ha sido el diarista más conocido de la tradición española. El diario que le dio fama, *El cuaderno gris*, publicado en 1966, es sin embargo un diario falso; sus páginas registran aparentemente la vida de Pla desde 1918, pero las fechas están inventadas y el contenido es más bien un relato autobiográfico que Pla desarrolla desde el momento en el que escribe, décadas después. Como señala Xavier Pla, *El cuaderno gris* es un diario ficticio en la medida en que «las fechas son pues ficticias, los anacronismos frecuentes, las incongruencias evidentes» (Pla Barbero, 1996: 1232). Esto, además, lo diferencia de *La gallina ciega*, de Aub, que reelabora desde un momento cercano notas y episodios de su diario; Aub no inventa y, sobre todo, no lleva a cabo la novela de su vida, como sí ocurre con *El cuaderno gris*. El elemento más importante radica en la diferencia de discursos: Pla no desarrolla su vida cotidiana, sencillamente utiliza el registro diarístico para construir la autobiografía de su vida, circunstancia que lo emparenta más con el Azorín de *Diario de un enfermo* que con el Gide del *Journal*. Pese a lo anterior, Josep Pla escribe otro proyecto que tiene cierto carácter diarístico: se trata de unas notas que, como señala Casajuana (2008: XIV), se escriben desde 1919 a 1960 y que se publican bajo el nombre de *Notas dispersas* en 1969, solo tres años después de *El cuaderno gris*, y a las que se añaden otras obras de carácter diarístico como las publicadas en *Notas y dietarios* (Pla, 2008) y *La vida lenta. Notas para tres diarios (1956, 1957 y 1964)* (Pla, 2014). Esas notas tienen la naturaleza de los *carnets* franceses —otra modalidad diarística que será expuesta en el siguiente capítulo—, pero muestran la voluntad diarística de Pla; no obstante, Caballé señala que este mantenía «diarios mucho más personales, cotidianos, sin vuelo literario, pero muy interesantes para conocer la verdadera naturaleza diarística» (Caballé, 2015a: 247). Estas notas, que se leen de forma parecida al *Libro de desasosiego* —aunque sin el desarrollo del Yo encontrado en el texto de Pessoa—, demuestran esta voluntad y ofrecen una muestra de la calidad literaria de Pla, quien, bebiendo directamente de Montaigne y Léautaud,[64] construyó en

---

64 Josep Pla va a ser uno de los primeros lectores en España del *Journal Littéraire* de Léautaud, como cuenta él mismo en una entrada de 1956 recogida en *La vida lenta* (Pla, 2014: 112–113). Las opiniones que Pla emite sobre el *Journal* van a revelar su rápida fascinación; aunque en varias ocasiones expresa su antipatía por el diario, que

sus obras diarísticas uno de los estilos literarios más elegantes de la España del pasado siglo.

I. 3. 2. 2. El nacimiento de un nuevo autor, el diarista: los casos de Sánchez-Ostiz, Trapiello, García Martín, Freixas y Uriarte

En los años ochenta, cuando ya se han producido las publicaciones de todos los diarios anteriores, surge por primera vez en España —aunque ya se había entrevisto en autores como González-Ruano o Chacel— la figura del diarista que establece una relación más cercana entre el diario y la publicación: el nuevo autor escribe para sacar a la luz un diario que publica pocos años después de concebirlo y por el que, además, es reconocido públicamente —a veces, incluso, más que por la obra literaria restante—. Son los diaristas que pueden interpretarse como diaristas profesionales y que escriben en un contexto en el cual ya se ha asumido el diario como una forma con valor literario. Jordi Gracia ha publicado recientemente un artículo en el que ofrece una panorámica amplia de estos autores (Gracia, 2018), por lo que estas páginas solamente van a ofrecer un ligero repaso por varios diaristas cuya obra explica el asentamiento de esta forma en el nuevo sistema literario.

Aunque existen diaristas previos de cierto interés, como José Jiménez Lozano, se puede afirmar que el primer autor en construir un diario personal moderno en el nuevo contexto literario es Miguel Sánchez-Ostiz (1950), que en 1986 publica *La negra provincia de Flaubert*. En este texto, Sánchez-Ostiz construye lo que él denomina un «diario literario» (Sánchez-Ostiz, 1994: 37) a partir de entradas en las que desarrolla su vida en una ciudad de provincias, espacio que se convierte en el marco de toda la obra. En estas entradas, Sánchez-Ostiz funde un tono ensayístico con una atmósfera personal a partir de los que revela detalles de su cotidianidad mezclados con reflexiones de todo tipo, principalmente literarias. En la conjunción de estas dos técnicas, circunstancia que además lo diferencia de los diarios comentados, se ve por primera vez la voluntad de construir una obra cerrada, definitiva. Esto se deduce de algunos elementos: entradas sin fechas que

---

le parece «limitado y pobre» (Pla, 2014: 142) y «anodino» (Pla, 2014: 135), en todo momento reconoce que «no se puede dejar» (Pla, 2014: 135), dado que es «escuálido, pero apasionante» (Pla, 2014: 139) e «interesante y desvergonzado» (Pla, 2014: 134). Josep Pla lee todo el *Journal* de Léautaud —en 1964 anuncia que se compra el decimosexto tomo (Pla, 2014: 274)— para establecer una suerte de relación amor-odio con el autor francés. Es muy posible, por tanto, que la lectura del diario de Léautaud influyera en la redacción de algunos de los escritos diarísticos de Pla.

favorecen la construcción narrativa; temas que se repiten constantemente y con cierto cálculo, como los referidos a la ciudad; un personaje inventado, Julián Cienfuegos, posible alter-ego del autor; y aspectos formales como el carácter sentencioso de muchas de las entradas o la construcción de un estilo literario. Como explica Caballé (2015: 262), en este primer diario todavía no hay una exposición completa de la personalidad, ni por tanto un desarrollo del Yo como personaje, pero sí están ya las características que prefiguran la presencia del diario personal en el sistema literario español. En *La casa del rojo* (1996), a diferencia del anterior, sí se puede encontrar, como señala Caballé, «la comunicabilidad de una vida privada» (2015: 262). En esta última obra se encuentran momentos de reflexión mediante los que el autor construye su interioridad:

> La misma voz que el otro día me dijo que a ver si había venido aquí a quitarles el euskera, como los maestros de antes, aclara hoy mirando para otra parte: «Yo no felicito a españoles». Nada importante. Eso también se aprende. Cada cual con sus cosas, me digo, como me digo que tampoco tiene uno que ofenderse por eso (Sánchez-Ostiz, 2001: 380).

En *Liquidación por derribo* (2004), Sánchez-Ostiz incorpora, a propósito de su estancia en Madrid, un elemento recurrente en los diarios contemporáneos: el mentidero literario, en donde habla constantemente de otros autores camuflados bajo el uso de siglas. Este elemento va a ser fundamental para entender la naturaleza de muchos diarios actuales, en los que el autor ofrece su propia perspectiva del mundo literario, como ocurría con Léautaud. La publicación de los últimos diarios en progresivas ediciones le otorga al diario, además, la condición de diario en marcha, algo que, como sucede en Francia desde Renaud Camus, ayuda a comprender el nuevo contexto diarístico.

Cuatro años después de la publicación de *La negra provincia de Flaubert*, Andrés Trapiello (1953) publica *El gato encerrado* (1990), el primer diario del que ha sido definido en la introducción, por Mainer, como el gran proyecto diarístico de las últimas letras españolas: el *Salón de pasos perdidos*. Como ya se ha tratado esta cuestión en la introducción y será objeto de atención de la tercera parte de este trabajo, carece de sentido adelantar ahora aspectos relativos a características del diario de Andrés Trapiello, así como a su impacto. Solamente señalaré que, a partir de su obra, se produce en el ámbito español la consolidación de un tipo de diario que tiene características predominantes en el diarismo español de las últimas décadas: el diario se concibe para la publicación y se prepara como una obra literaria cerrada; en ocasiones se produce la publicación en marcha del mismo y el autor del diario es reconocido como diarista —no sencillamente como un autor literario que, además, posee un diario—. Todo lo anterior, como se verá más tarde, confirma en España la presencia de un nuevo género literario.

José Luis García Martín (1950) es otro autor que, como Sánchez-Ostiz y Trapiello, publica progresivamente su diario desde 1999, en tomos que a partir del año 2004 mantienen una cercana correspondencia al momento de escritura; existe una diferencia de uno a tres años entre la fecha de gestación y la de publicación del diario. En estos diarios García Martín construye un Yo personaje de una forma parecida a Sánchez-Ostiz y Trapiello; aunque Caballé echa de menos cierto desarrollo de la intimidad del autor (Caballé, 2015a: 181), existe un gran elaboración de su vida cotidiana, y a partir de ella una construcción irónica de su privacidad:

> A mi edad, todos mis amigos se han casado ya tres veces o más veces. Y yo casi ninguna. A veces hasta me da un poco de vergüenza… Pero soy demasiado viejo para cambiar. Nada de parejas estables. Tendré que seguir conformándome con lo que encuentre al paso, con apaños de lo más inestables (García Martín, 2017: 63).

El tono irónico abunda en toda la obra de García Martín: la voz sentenciosa pasea por los intereses de un autor que habla, piensa y razona literatura, porque ese es el medio en el que ha elegido vivir. En sus diarios, García Martín, quien además es un conocido crítico de poesía, expone sus gustos sobre gran parte de la literatura contemporánea y, como señala Alberca, convierte estas páginas en una «plataforma de expresión personal, magisterio y control del gremio que le admira y teme» (Alberca, 2019). Es este posiblemente el espacio más destacado en los diarios de García Martín, quien, como Sánchez-Ostiz y Trapiello, dedica muchas entradas al comentario valorativo sobre todo tipo de autores:

> Sospecho que Vicente Luis Mora sabe tanto de poesía como de matemáticas y que su alusión a la estratigrafía y a la topología y a Gödel es solo un recurso retórico para sorprender a los lectores más ingenuos (lo mismo que el aparente cientificismo de Prat, un engañabobos para lectores desatentos: a Gimferrer creo que le entusiasmaba) (García Martín, 2017: 54).

El diario se convierte en un texto protagonizado por un Yo construido a partir de esa mirada irónica de la cotidianidad de su autor; un texto que, en palabras de Caballé, rebosa de «literatura y vida literaria» (Caballé, 2015a: 180).

Otro tipo de autores ha publicado su obra diarística en los últimos años de manera regular, pero no exactamente con la continuidad de los anteriores. Son los casos de Laura Freixas, que ha publicado recientemente sus diarios llevados desde 1991 hasta 1996 en dos tomos, e Iñaki Uriarte, que desde 2010 publica en tres tomos sus diarios mantenidos de 1999 a 2015. Laura Freixas (1958), que tiene una trayectoria novelística relativamente consolidada, es una de las figuras más reconocidas en el panorama diarístico español; aunque es autora de solo dos diarios, sus aportaciones a la teoría del diario han sido pioneras en nuestro país. Como ejemplo de ello pueden destacarse el número que dirigió en 1996 en *Revista de Occidente* y sus artículos sobre este dominio de estudio. En su libro *Una vida subterránea*, publicado en 2013, Freixas recopila sus diarios producidos desde 1991 a 1994, y en todo momento deja constancia del carácter originalmente privado de estos cuadernos no concebidos para la publicación. Señala en el prólogo: «En su momento, yo escribí estas páginas sin ninguna certeza de que algún día saldrían a la luz» (Freixas, 2013b: 12). Esta condición, a pesar del reconocimiento de la propia autora de haber suprimido más de un quince por ciento del contenido, se relaciona con una construcción del espacio íntimo con equivalencia en muy pocos diarios españoles. Freixas, consciente de la tradición inaugurada por autores como Amiel, Constant y Gide, se somete a un riguroso proceso de autorreflexión y en muchas ocasiones participa de la confesión desgarrada y sincera:

> Voy a intentar definir los sentimientos que me atacan estos días (al haber sido rechazada por la editorial a la que la había enviado). Son los mismos que hace tres años (tras sufrir otro rechazo), pero amortiguados, mellados. Infinito, definitivo, irreversible fracaso. Humillación, ridículo, incluso. Pérdida del interés, de la vitalidad, como si las cosas se vaciaran de todo posible placer o atractivo. Postración (Freixas, 2013b: 186).

Las entradas del diario de Freixas, de larga extensión y todas fechadas, presentan un Yo que es capaz de desarrollar esa vida subterránea de la autora proclamándose protagonista central de un diario que busca insistentemente el decir veraz. Así lo expresa Manuel Alberca cuando señala: «Este diario (…) no confunde, no engaña ni promete nada más que lo que es capaz de dar: autenticidad y verdad» (Alberca, 2013). Algo parecido ocurre en su último diario, que además expone un título sintomático: *Todos llevan máscara*. Esta alusión, dirigida a todos los diaristas españoles que según su opinión no construyen un verdadero texto íntimo, se relaciona con una de sus hipótesis teóricas: según Freixas, en el diarismo español no ha habido diarios verdaderamente íntimos, algo que se ve especialmente en los autores más recientes (Freixas, 1995). Uno de los principales damnificados es Trapiello, quien aparece pronto en estas páginas:

> Ayer fui a ver a Trapiello a su casa. Está claro que no nos tenemos demasiada simpatía. No me quejo, es culpa mía: aquel día en que me traicionó mi vanidad, mis celos, aquella conferencia en la Biblioteca Nacional a la que yo le había invitado diciéndole que hablaría de su diario; no le vi en el público, y lo que dije sobre su diario fueron algunas frases sibilinas y desdeñosas, comparándolo con el artículo semanal de Gala (Freixas, 2018: 14).

Freixas demuestra honradez al definir, dos páginas después, el diario de Trapiello como «realmente espléndido» (Freixas, 2018: 16), pero lo cierto es que arrastra desde hace tiempo cierta antipatía por los diaristas contemporáneos que no construyen lo que ella considera —junto a otros como Caballé y Alberca— la verdadera personalidad del diarista; de ahí el uso recurrente del término *máscara*. Si bien este trabajo tratará de refutar tal hipótesis, el diario de Freixas tiene un lugar en el diarismo español precisamente por tratar de ocupar esa ausencia que la autora denuncia; a partir de esa intención, ofrece una escritura confesional que encuentra en el diario una forma perfecta para construir un personaje basado verídicamente en las experiencias reales del autor, un personaje que lucha, entrada a entrada, por desarrollar sus fracasos y sus fobias cotidianas para hacer, en última instancia, literatura.

Los diarios de Iñaki Uriarte (1946), por último, han supuesto un fenómeno editorial sin muchos precedentes en las letras españolas; el primer tomo, publicado en 2010 y que recoge los diarios llevados entre 1999 y 2003, llamó la atención de autores como Antonio Muñoz Molina (2015). Uriarte, que antes de publicar estos diarios solo participaba de la vida literaria pública como periodista y crítico cultural, cultiva en las páginas de sus diarios la entrada breve, la anécdota de dos párrafos, el diálogo certero. Abunda la ocurrencia humorística: «Me cruzo con el padre de M. por la calle. Nos saludamos, creo que con especial cordialidad. Los dos somos personajes importantes en el libro de cuentos que acaba de publicar su hijo. Los dos quedamos fatal» (Uriarte, 2015: 90). En estos diarios, Uriarte suele recurrir además a la cita de otros autores; entre ellos suelen predominar los clásicos como Montaigne o Borges, autores canónicos que sustentan a su vez el propio canon de Uriarte y, además, le permiten construir un discurso literario a partir del material previo. La mayoría de citas incitan a la reflexión del Yo diarístico, que cabalga sobre los pensamientos de los grandes autores para construir los suyos:

> Ya en el hospital, Cioran le dijo a Clément Rosset que el suicidio no le parecía elegante. Es un buen argumento. Pero a ver qué más elegante que estas palabras de Séneca: «La cosa mejor que ha hecho la ley eterna es que, habiéndonos dado una sola entrada a la vida, nos ha procurado miles de salidas (…) Si te place, vive; si no te place, estás perfectamente autorizado para volverte al lugar de done viniste». Tal vez tendríamos que volver a vestir con toga (Uriarte, 2015: 35).

Las entradas de Uriarte, por tanto, suelen abundar en reflexiones crítico-literarias, si bien en muchas ocasiones deja paso a la confesión autobiográfica, a la revelación de pequeños datos que construyen la figura del Yo protagonista. A diferencia de Trapiello y a semejanza de García Martín, Uriarte no dedica muchas líneas a sus seres más cercanos; entre ellos, destaca su madre —Ama—; su pareja, María; su gato, Borges; y algunos de sus familiares, que revelan el origen burgués de su familia. Los espacios más representativos suelen ser San Sebastián y su vivienda en Benidorm, pero sobre todo hay una recreación de espacios pretéritos. Estas revelan un Yo diarístico que no parece haber evolucionado tanto desde los años estudiantiles; no tiene hijos, ni familia establecida, mantiene que prefiere vivir en una estancia diferente de la de su pareja y detesta el estilo de vida convencional en casi todas sus manifestaciones. Una de las características que mejor definen a este Yo, de hecho, es el desprecio sistemático por el trabajo y el esfuerzo, como si se tratase de un Oblomov de origen vasco que hace ostentación de su capacidad para esquivar todo tipo de labor: «Trabajar es como estar enfermo. En cuanto se te pasa, te pones contento» (Uriarte, 2010: 97); «Llaman vago a algún futbolista y lo convierten de inmediato en mi ídolo. Admirable. ¿Cómo se puede hacer el vago ante 40000 espectadores?» (Uriarte, 2010: 105).

Este canto a la vida ociosa es posiblemente uno de los temas principales del diario; perfila, además, la personalidad de un escritor que cultiva cierta pose de *enfant terrible* y que, pese al tópico, no resulta forzada. Muy al contrario, la sencillez vital de Uriarte parece concordar con la sencillez formal de sus diarios y su capacidad de condensar las ideas en un espacio muy reducido. Sobre esta capacidad suele teorizar a lo largo de estas páginas, algo que resulta de interés para la propia teoría del diario personal. Señala así Uriarte:

> Miguel me ha dicho que debería «asear» la presentación de estas notas. Lo he hecho, y me he puesto contento. (…) Pero hay algo que me molesta en lo del «aseo» y las estrellitas. Creo que este conjunto de notas pierde un poco de lo que en el Renacimiento llamaban en italiano *sprezzatura*. Es decir, ese efecto de aparente desatención, ausencia de esfuerzo, escasa preocupación por las apariencias e incluso casi desdén al escribirlas, que quiero darles. Esa «naturalidad» algo desaliñada que en el fondo también es puro artificio, y tal vez el mayor de todos (Uriarte, 2010: 184).

Este párrafo define la poética diarística de Uriarte: el artificio disimulado de la escritura aparentemente sencilla es el efecto que pretende conseguir para su diario; un efecto que ya perseguía Montaigne (Burke, 2008). El «aseo» de estas notas remite además a un aspecto fundamental de estas páginas: su elaboración llevada a cabo en aras de la publicación final, lo que evidencia su naturaleza artificiosa.

I. 3. 2. 3. Los diarios póstumos de Gil de Biedma y Bernier. El asentamiento del diario personal en el sistema literario español

En la confirmación del asentamiento del diario personal en el sistema literario español interviene, además de los factores mencionados, la publicación en las últimas décadas de diarios escritos tiempo atrás y que han adquirido cierta notoriedad por el estatus literario de sus autores, así como por la propia calidad de las obras.

El ejemplo más conocido está representado por los diarios de Jaime Gil de Biedma (1929–1990), recopilados en una edición de Andreu Jaume en 2015 con el título de *Diarios 1956–1985* (Gil de Biedma, 2015). Desde un punto de vista formal, lo más destacable de esta antología es el hecho de que por primera vez se reúne un corpus disperso que explica, en su desarrollo editorial, el asentamiento del diario personal en el sistema literario español. Gil de Biedma es autor, así, de uno de los primeros diarios publicados en vida en la literatura española: *Diario de un artista seriamente enfermo*, publicado en 1974. En esta obra, aunque se trata de un diario personal al uso y posee un gran nivel literario, el Yo diarístico todavía no muestra el desarrollo narrativo que va a exhibir en la reedición de esta obra, en 1991, tras la muerte del autor y con el título de *Retrato del artista en 1956*. Si bien para la temprana fecha en la que se publica, en 1974, es un diario personal de gran relevancia, la capacidad narrativa de la reedición, en la que Gil de Biedma había trabajado a conciencia, le otorga una nueva categoría. Como señala Andreu Jaume:

> Mucho más que la simple restauración del *Diario de un artista seriamente enfermo* (1974), las tres partes que componen *Retrato del artista en 1956* (1991) suponen una minuciosa y muy meditada transformación de un texto juvenil en una obra literaria, compleja y ambigua, llena de señales y síntomas que invitan a considerarla el origen de su trayectoria intelectual (Jaume, 2015: 9).

Ese paso de texto juvenil a obra literaria es precisamente el que ilustra acerca de la consideración de este diario como un diario literario moderno. A esta reedición, además, se le suman los diarios añadidos en la edición definitiva de 2015, escritos en tres fases —de 1959 a 1965; en 1978 y en 1985— y que en definitiva terminan de conformar los *Diarios 1956–1985* como uno de los diarios literarios más importantes del contexto español.

En ellos destaca, para empezar, una portentosa construcción del Yo diarístico, de difícil parangón —con las contadas excepciones de los diarios de Chacel, Trapiello o Uriarte— en el diarismo español. El personaje que construye Gil de Biedma en sus diarios podría pasar por el protagonista de una gran novela de la literatura contemporánea. A ello contribuye, sobre todo, la utilización de un estilo literario que le hizo convertirse en uno de los grandes poetas españoles del siglo XX y que en el diario aparece en toda su expresión, pues Gil de Biedma apuesta por su escritura diarística como una prolongación de su obra literaria. A partir de este estilo, y en torno de sí, el Yo diarístico construye una novela de los días con los materiales propios de su vida. Gil de Biedma narra, principalmente, sus estancias en Manila, en donde trabajaba para la Compañía General de Tabacos de Filipinas, y allí relata sus encuentros con diplomáticos españoles y personajes de la burguesía local; sus juergas y correrías nocturnas; el encuentro regular con amantes y prostitutos etc. Entre los grandes temas del diario destacan las escenas, hoy tildadas de pederastas, en las que Gil de Biedma contrata el servicio sexual de menores de edad filipinos. Sus diarios están poblados de descripciones como la siguiente:

> El chiquillo que se ocupó conmigo (dicho sea en jerga de burdel barcelonesa) tenía doce o trece años. Ya no recuerdo su cara. Sólo sus calzoncillos lacios, color ala de mosca y desgarrados en la cintura; eran lo único que llevaba encima cuando me volví hacia él, después de haber cerrado la puerta. Me desnudé. Lo único turbulento en la habitación ha sido el ventilador en marcha, demasiado cerca de la cama, y no creo haber durado allí mucho más de cinco minutos. No me dejaba besarle, no me dejaba hacer nada. Nada de nada (Gil de Biedma, 2015: 98).

Pese a que poco más adelante reconoce que «los chiquillos no me gustan» (Gil de Biedma, 2015: 98), lo cierto es que en el diario alude frecuentemente al encuentro sexual con menores, lo que ha sido reprochado por autores como Andrés Trapiello[65] y que desde un punto de vista ético empaña la figura de Gil de Biedma.

Los otros escenarios más recurrentes son Barcelona y la casa de verano familiar en Nava de la Asunción (Segovia), en donde pasa mucho tiempo con sus familiares y describe las relaciones con sus padres (Gil de Biedma, 2015: 278–279), pero hay otros temas que Gil de Biedma desarrolla con mayor profundidad, como su afición poética y sus reflexiones continuas acerca del proceso de creación, a menudo infructuoso: «Mente en blanco: imposible fijar la atención en nada. Renuncio a trabajar en el poema. Tras media hora de esfuerzo, renuncio también a la lectura de Pound» (Gil de Biedma, 2015: 112). O también sus pensamientos continuos acerca de la vida literaria española, que protagoniza en primera persona; así abunda en comentarios sobre los grandes autores de la generación de los 50, a la que pertenece, como Carlos Barral (Gil de Biedma, 2015: 269), José Agustín Goytisolo o Blas de Otero (Gil de Biedma, 2015: 325).

---

65 Trapiello protagonizó en 1998 una disputa con Pere Gimferrer precisamente por esta cuestión, que acabó con sendas cartas enviadas al periódico *El País*, en las que ambos autores emplean a Gil de Biedma para atacar a su interlocutor. Trapiello llega a señalar, por ejemplo, lo siguiente: «Lo único que tiene que aclararnos ahora Gimferrer, a quien siempre veremos del lado de los poderosos, es si le parece bien que se prostituya a los niños porque 'sólo' son de Filipinas, o bien porque quien lo hace es nada menos que de Barcelona» (Trapiello, 1998b).

Si bien la edición de 2015 presenta una notable irregularidad, dado que se combinan diarios como el de 1956 —que por sí solo forma un diario— con periodos de sequía como los de 1959–1965 y otros de mayor fecundidad como el «Diario de 1978», la *summa* completa de estos diarios funciona como un gran diario literario que permite hablar de uno de los mejores exponentes para entender el asentamiento del diario personal en el sistema literario español. Como señala Alberto Olmos, el diario de Gil de Biedma «ya es historia de nuestra literatura» (Olmos, 2015).

Similitudes con el texto de Gil de Biedma mantiene el *Diario* de Juan Bernier (1911–1989), uno de los componentes más célebres del grupo de poetas cordobeses Cántico. Si Gil de Biedma reconoce en ocasiones su pederastia, el diario de Bernier se conforma como un espacio confesional puro en el que el Yo diarístico comenta constantemente sus encuentros con jóvenes de todas las edades. El *Diario* de Bernier es el compendio de cuadernos diarísticos que lleva a cabo su nieto, el también poeta Juan Antonio Bernier, en el año 2011, veintidós años después de la muerte del autor en 1989, para publicar una recopilación de escritos autobiográficos y diarístico bajo el nombre de *diario*.

La obra publicada es, para empezar, un ejemplo muy ilustrativo sobre el funcionamiento de algunos diarios en el proceso de publicación. Como señala Juan Antonio Bernier, «en la escritura del *Diario* intervienen dos fases: una de anotación diaria, desde 1937 hasta 1947, y otra de transcripción, revisión y corrección de las anotaciones, que finaliza repentinamente en 1989: una de elaboración, y otra de reelaboración» (Bernier, 2004: 290). Esta doble forma de escribir, que convierte el texto de Juan Bernier en una reelaboración narrativa, evidencia el trabajo de preparación al que se ven sometidos muchos de los textos diarísticos originales. En este proceso Juan Antonio Bernier encuentra que el interés del autor no se basa «tanto en la espontaneidad de la primera redacción como el resultado final», afirmación que respalda con las siguientes pruebas:

> (…) no deja de ser significativo que las variaciones atiendan tanto a la forma como al contenido. A lo largo de los estadios sucesivos de transcripción y corrección, el autor añade fragmentos, continúa frases, suprime párrafos y oraciones, mejora el estilo, corrige los errores de transcripción cometidos por los distintos copistas, e introduce variaciones que afectan a la organización del texto (Bernier, 2004: 290).

La empresa que acomete Bernier, en definitiva, es un proceso de reelaboración literaria del material diarístico original, que a su vez muestra «la voluntad de presentar al lector el fruto de un proceso de elaboración artística consciente» (Bernier, 2011: 10). Esto incide a su vez en el texto, el cual, dividido en secciones con diferentes títulos, no presenta un tono uniforme; por el contrario, las entradas encontradas desde 1918 a 1937 no se desarrollan exactamente como un diario, sino que responden a una reelaboración autobiográfica que Bernier lleva a cabo —seguramente, matiza Juan Antonio Bernier (2004: 291)— al término de la Guerra Civil y que da resultado una suerte de autobiografía breve que en algunos momentos posee forma diarística, a la manera de la reconstrucción autobiográfica de Josep Pla en *El cuaderno gris*.

El diario propiamente dicho, pues, no comienza hasta las entradas que el autor dedica a la Guerra Civil en la que participa, a partir de la sección titulada «Hacia el combate». Desde esa sección y hasta 1939 el diario se conforma como una crónica de la guerra que Bernier vive como parte del bando nacional; las entradas poseen por primera vez un carácter testimonial —sin renunciar al desarrollo narrativo— y muestran la condición autobiográfica de ese diario:

> 21 de abril. Este ajetreo continuo lo calmo un poco, en sus consecuencias, con un baño solitario, mientras un avión enemigo revolotea como un mosquito molesto. Muy cerca de mí una ametralladora antiaérea le dirige ráfagas inútiles. El enemigo nos hace retroceder. Solo entre los carrascales, creo un milagro no recibir un balazo de los soldados de García Hernández, al que yo en el 36 había saludado en Córdoba y ahora nos hace retirarnos en Villarquemado. Este coronel rojo es hermano del fusilado en Jaca (Bernier, 2011: 100).

La urgencia del momento, como se ve, no le impide al Yo diarístico mantener un pulso narrativo, a lo que contribuye posiblemente la reelaboración posterior. Esta capacidad de construir un relato diarístico va a ser todavía más pronunciada en las entradas del periodo 1940–1947, cuando Bernier vuelve a Córdoba y se entrega a la voluptuosidad —palabra que se repite a lo largo de todo el diario— del sexo con jóvenes de todo tipo, que va a ser uno de los temas más recurrentes y polémicos del diario. Muchas de las entradas protagonizan estos encuentros, así como la expresión del deseo sexual por parte del Yo diarístico:

> 15 noviembre 1940. En sombras hacia donde la ocasión de los placeres de la carne se muestra fácil, oscuro y sucio rincón en el que sólo llegar y un muchacho busca lo suyo, mitad el placer, mitad las monedas. Trabaja como metalúrgico y ese día festivo se ha perdido, conscientemente, en esos escenarios. Sus dieciséis años le muestran deseable. Hay en él la emoción de lo nuevo, la indiferencia de las formas, la búsqueda de la felicidad. Su petición de unas monedas me parece máscara de lo que se desea y no hay atrevimiento para claramente pedirlo… (Bernier, 2011: 234).

Prieto de Paula ya detecta esta veta principal de un diario que define como «vertebrado alrededor de la homosexualidad del autor, su efebofilia y la conciencia dolorosa de su singularidad» (Paula, 2011). Muchos de estas crónicas nocturnas del Yo diarístico hoy serían catalogadas como propias de un ser enfermo y depravado —y parte de esta condena se deduce de la crítica de un autor como Paula, por ejemplo—, aunque para otros autores, como Luis Antonio de Villena entre ellos, Bernier «es una persona culta y honesta, que tiene el sentir sexual que tiene, pero que no pretende hacer daño a nadie» (Villena, 2011).

Más allá de lo anterior, el diario posee otros temas de desarrollo, como por ejemplo la crítica literaria, que Bernier practica con frecuencia —a propósito de autores como Luciano de Samósata (Bernier, 2011: 215) o Emily Brontë (Bernier, 2011: 375) entre otros escritores de un amplio y heterogéneo repertorio— y que Juan Antonio Bernier ha relacionado recientemente con sus influencias literarias (Bernier, 2016); sus reflexiones filosóficas o las descripciones en sus paseos por Córdoba; pero, sobre todo, el *Diario* de Bernier destaca ante todo por sus cualidades literarias. Juan Bernier es posiblemente uno de los diaristas que mayor conciencia del estilo muestra; todas sus entradas destacan por una escritura cuidada y que destila un tono lírico evidente. A este uso del estilo, además, se le suma una construcción del espacio íntimo que convierte a su *Diario* en uno de los grandes textos confesionales de la literatura española y que, en definitiva, valida las palabras de Juan Antonio Bernier cuando señala que su principal valor reside «en la singularidad formal y temática» y «en su autonomía como obra de arte» (Bernier, 2004: 296). El *Diario* de Bernier es, pues, uno de los grandes diarios literarios del diarismo español contemporáneo.

Tanto el diario de Gil de Biedma (2015) como el de Bernier (2011) se publican en esta última década, y por su tipología y altura literaria suponen —junto al surgimiento del nuevo diarista y la recuperación de diarios históricos como el de Sawa— la confirmación de la idea desarrollada en el repaso histórico que se ha llevado a cabo hasta ahora: el diario personal interpretado como texto literario no se asienta en España hasta finales del siglo XX y principios del XXI. El propio diario personal, y la publicación de este tipo de texto, no se consolida en el mercado editorial hasta la década de 1970, más de un siglo después de lo que ocurre en países como Inglaterra o Francia.

Lo anterior tiene como consecuencia que los primeros diarios personales aparezcan en un contexto en el que el diario ya es susceptible de ser publicado, lo que, según autores como Freixas, condiciona la naturaleza de estos textos, que ya no construyen su intimidad como lo hacían los grandes diarios franceses, ejemplo que estos autores suelen citar. Freixas, apoyándose en las teorías más puristas de Girard sobre lo que denominan *diario íntimo*, sostiene así que «la literatura española ha llegado al diario íntimo en un momento en el que el concepto de intimidad, y el género literario que supuestamente la encarna, han sido desnaturalizados» (Freixas, 1996a: 14). Aunque en este trabajo se matizará esta tesis, es innegable que en España el diario tiene un arraigo tardío, y esta circunstancia condicionará la naturaleza de los principales diarios personales del contexto español en muchos sentidos; son diarios que aprovechan las estrategias retóricas de la obra literaria, o el diálogo con el lector, y que construyen un artefacto cuidado en su elaboración, con todas las características de una obra cerrada. Además, se produce otra circunstancia; la publicación de los diarios que se escriben en las primeras décadas del XX, como puede ser el caso del diario de Emilio Prados (1966) o los de Manuel Azaña (1967), no se produce hasta fechas muy cercanas a la, por decirlo así, explosión del diario personal como manifestación literaria, ya en la década de los ochenta. Incluso otros textos diarísticos de gran interés, como los de Carlos Barral o los de Juan Bernier, no se publican hasta fechas en las que la aparición de viejos diarios se combina con la vigencia de las series diarísticas de los nuevos autores de diarios, lo que redunda en un nuevo contexto en el que todos los diarios se publican dentro del sistema literario, e incluso se consideran como género literario concreto, como se verá a propósito del análisis de la crítica literaria sobre el diario en España.

En los puntos anteriores se ha establecido un canon de diarios que explica, de acuerdo a las fechas de publicación, el desarrollo del diario personal como forma literaria en España y la aparición de las nuevas series diarísticas que conllevan la existencia de un nuevo tipo de autor. Evidentemente, hay ausencias notables; por ejemplo, no se ha citado el *Dietari* de Pere Gimferrer, ni tampoco el *Diario de un genio* de Salvador Dalí, o los *Cuadernos de La Romana* de Torrente Ballester; todos estos textos tienen interés literario, pero no son exactamente diarios personales, tal como los tratamos de conceptuar aquí, por lo que más bien servirán en los siguientes capítulos como contrapunto de los diarios personales con efectiva capacidad literaria. Hay otras ausencias referidas a los diarios literarios modernos, tales como los de José Carlos Llop, Salvador Pániker e Ignacio Carrión, por citar solo tres, dado que en este trabajo no pretendemos abarcar todo el ámbito historiográfico sino, sencillamente, aportar una muestra de los autores que concretan el asentamiento del diario personal dentro del sistema literario, lo que se consigue citando los cinco diarios del I. 3. 2. 3. y los dos del I. 3.2.4. Algo a lo que también contribuirá el siguiente análisis de la crítica literaria y sus consideraciones sobre el diario en los contextos francés y español.

I. 3. 3. El diario personal: la crítica literaria y su reconocimiento como género literario

Tal y como se ha sugerido a propósito del contexto español, todo el repaso anterior incide en la idea de que el diario personal ha pasado a formar parte del sistema literario a lo largo del siglo XX. Esta idea puede apreciarse con facilidad si se tiene en cuenta la evolución de la crítica literaria, tanto en el ámbito internacional como en el español, en relación con el diario personal, como se explicaba en la introducción y en el estado de la cuestión del presente trabajo.[66]

I. 3. 3. 1. La crítica literaria francesa: Roland Barthes

En el contexto francés, por ejemplo, es destacable la evolución experimentada por la crítica desde el siglo XIX y primera mitad del XX, hasta los acercamientos registrados en la segunda mitad del siglo XX.[67] En 1888, Ferdinand de Brunetière escribe un artículo titulado «La littérature personnelle» para hacer una crítica, como explica Lejeune (1990: 134), de los diarios de los Goncourt y Marie Bashkirtseff, y allí señala que los diarios como género le parecen de una total insignificancia (Brunetière, 1888: 440). De parecida opinión es Paul Valéry, quien en 1944 da a entender que llevar un diario le parece tiempo perdido (Valéry, *apud* Berne-Joffroy, 1944: 3–4), y también Maurice Blanchot, quien resume una de las características principales del diario en su «doble nulidad», dado que «aquel que no hace nada en su vida escribe que no hace nada y, de ese modo, no obstante, hace algo», de tal modo que «aquel que se deja apartar de la escritura por las futilidades del día, vuelve a esas inutilidades para contarlas, denunciarlas o complacerse en ellas, y he aquí un día repleto» (Blanchot, 2005: 221). Frente a estas opiniones que forman parte de lo que Lejeune calificaba como el *proceso* (Lejeune, 1997), en la segunda mitad del siglo XX la aparición de los estudios expuestos se combina con la proliferante publicación de diarios conocidos y la aceptación final de la crítica, que da lugar a las modernas monografías.

Por centrar todo lo anterior en una figura, resulta de interés la obra de Roland Barthes, quien se acercó al diario en tres ocasiones: las mencionadas «Notes sur le *Journal* de Gide» (1942), la reseña que en 1966 hace del *Journal intime* de Alain Girard y el texto más importante: su «Déliberation» (1979). Si bien en el primer artículo explica la imposibilidad de considerar el diario como obra literaria independiente (Barthes, 2002a: 42), en el segundo reconoce que se ha constituido como género literario, aunque sea en forma de *desafío* a lo literario (Barthes, 2002b: 806). Va a ser en el último artículo en donde Barthes desarrolla una suerte

---

66 Algunas de estas ideas aparecen ampliadas en un artículo de próxima publicación: Luque Amo, Álvaro; Braud, Michel (en prensa), «El establecimiento del diario personal en el sistema literario: el diario literario en Francia y España», *Revista de Literatura*.

67 En el caso francés, Michel Braud establece un minucioso repaso por esta recepción crítica (Braud, 2006: 260–271), en el cual también parte de Brunetière.

de teoría diarística para concluir la dificultad de considerar el diario como literatura, dada su falta de ritmo narrativo entre otras cosas (Barthes, 2002c: 681). En estos textos, como le recuerda más tarde Genette en otro texto de gran relevancia como «Le journal, l'antijournal» (Genette, 1999: 343), Barthes muestra un contradictorio discurso en el que cuestiona las posibilidades literarias del diario al tiempo que lo sitúa en el contexto literario. Esta contradicción se vuelve palpable, precisamente, en su *Diario de duelo*, que Barthes escribe a la muerte de su madre, en donde señala, a propósito de ese tema: «No quiero hablar de esto por temor a hacer literatura —o sin estar seguro de que eso no lo sería— aunque de hecho la literatura se origine en estas verdades» (Barthes, 2009: 27). Barthes asume la capacidad literaria que tiene el diario una vez que este es desarrollado como narración; premisa de la que parte Genette en su ensayo cuando señala el valor literario y estético del diario como una más de sus posibles virtudes (Genette, 1999: 340). En definitiva, en estos dos autores se contempla la evolución producida en la segunda mitad del siglo XX a propósito del pensamiento literario sobre el diario personal, que da paso, a partir del surgimiento de toda la bibliografía citada —Rannoux (2004), Simonet Tenant (2004) o Braud (2006), entre otros—, a su inserción en el sistema literario.

I. 3. 3. 2. E. R. Curtius y el diario de Charles Du Bos

En 1950, uno de los autores más importantes de la crítica romanística, Ernest Robert Curtius, publica *Ensayos críticos acerca de la literatura europea*, obra que viene a resumir gran parte de su trayectoria investigadora y que confirma su relevante estatus dentro de la literatura comparada. En este ensayo, junto al análisis de las grandes obras y autores más importantes de la literatura europea del siglo XX, Curtius incorpora el estudio del diario de Charles du Bos, y el modo en que lo hace supone una ratificación del espacio que empieza a ocupar el diario personal en la literatura.

En el capítulo de este libro dedicado a Charles du Bos, Curtius construye en pocas pinceladas la biografía vital y literaria del autor francés, y a partir de esos comentarios llega al diario, que según su opinión «vino a convertirse en la razón de ser de la existencia de Charlie: reflejo de su personalidad y al propio tiempo instrumento de su perfeccionamiento» (Curtius, 1989: 204). Du Bos, a semejanza de otros autores como Amiel, «vivía para su diario» y además lo concebía «como depósito de materiales y preparación para una autobiografía» (Curtius, 1989: 204). Esta autobiografía, sin embargo, no terminó de consolidarse como proyecto, lo que según Curtius es un acierto dado que el legado diarístico es «mucho más estimable que el intento de aportar una nueva contribución al cúmulo de confesiones, autobiografías y autoestilizaciones de la literatura universal» (Curtius, 1989: 205). En 1928, y todavía en vida del autor, apareció la primera compilación de estos diarios, *Extraits d'un Journal*, que supone una selección de los diarios desde los años 1906 a 1928, y ya a partir de 1946 se van a publicar en sucesivos tomos los diarios completos.

En su lectura del diario, Curtius destaca la forma en que Du Bos lleva a cabo el registro de las entradas, las cuales dicta y para lo que emplea a una secretaria que anota sus sentencias. El análisis de Curtius tiende al psicologismo, pues valora constantemente el carácter de Du Bos a la hora de reflejar o no su intimidad en el diario y su estudio le sirve sobre todo para establecer unas notas biográficas del autor. Pese a todo, y por ello merece la pena reseñarlo aquí, de sus comentarios se deduce una interpretación crítico-literaria del diario personal, como cuando por ejemplo señala que los diarios manuscritos poseen «mayor calidad literaria» o comenta el «encanto de la modulación con que se pronunciaban aquellos selectos pensamientos» (Curtius, 1989: 206). A su vez, describe pormenorizadamente la relación entre Du Bos y André Gide, autor muy cercano en los años veinte, lo que arroja luz sobre el contexto en el que ambos empiezan a publicar sus diarios, cuando este tipo de escritura empieza a asentarse como realidad editorial en el sistema literario francés.

En este último sentido, y aunque el diario de Du Bos no se puede definir como un gran diario literario —Alberto Giordano, por ejemplo, destaca su valor ensayístico y crítico-literario, pero también apunta a su escasez de interés personal, dado que en el diario se refleja «menos la privacidad de su vida personal, que la del ejercicio de escritura y pensamiento a través del que ejerce su oficio» (Giordano, 2011: 52)—, el análisis del texto diarístico llevado a cabo por Curtius, entre otras cosas por la importancia del texto para la historia de la literatura comparada, contribuye a entender el progresivo asentamiento del diario personal como objeto de interés crítico-literario acontecido a comienzos de la segunda mitad del siglo XX en el contexto euripeo.

I. 3. 3. 3. La crítica literaria española y los estudios literarios

Aunque con cierto desfase cronológico previo, el asentamiento del diario personal en el sistema literario español contemporáneo tiene una evolución similar a la acontecida en el resto de tradiciones literarias, como se ha desarrollado en el estado de la cuestión. Así, si Guillermo de Torre señala todavía en 1970 que se suma «a quien ve en todo diario íntimo un cementerio de artículos abortados» (Torre, 1970: 606), dos décadas después se van a producir los acercamientos citados que evidencian el interés crítico-literario pujante en la España de los años noventa hacia el diario personal como texto literario. En 1990, Ángel Basanta alerta de la buena salud del género autobiográfico, señalando que «memorias, diarios, autobiografías y otros escritos semejantes (…) han recuperado su lugar editorial en los últimos lustros» (Basanta, 1990). En este sentido, aparecen editoriales como Pre-Textos o Renacimiento que dedican cada vez más espacio a los diarios en colecciones literarias —años más tarde otras se sumarán a esta labor, como Acantilado o Alba—, y el nombre de ciertos diaristas, como Andrés Trapiello, Miguel Sánchez-Ostiz o José Luis García Martín, empieza a aparecer con frecuencia en las selecciones de novedades literarias, evidenciando el asentamiento del diario personal en el sistema literario. A esto último se le suma toda la producción teórica y crítica de carácter académico acontecida en las últimas dos décadas y resumidas ya: Mainer (1997), Gracia (1997), Gracia y Ródenas (2010), Caballé (2015) y Gracia (2018), entre otros.

Este asentamiento se muestra con claridad en el contexto de los estudios literarios, en donde se ha convertido en norma general asociar los conceptos de diario personal y género literario. Si en 1953 Julio Ramón Ribeyro (2018) se preguntaba si el diario íntimo era susceptible de ser concebido como género literario para afirmarlo tímidamente, en 1963 Alain Girard (1986: VII) lo catalogaba rotundamente como un nuevo género literario; a partir de ahí, gran parte de la crítica en los estudios autobiográficos ha seguido la línea de Girard. En 1996, Laura Freixas, define el diario íntimo como «género literario» para señalar que se trata del único género «verdaderamente nuevo desde Aristóteles» (Freixas, 1996c: 47); en 2010, en un espacio tan representativo como el manual historiográfico de la literatura española dirigido por José-Carlos Mainer, Jordi Gracia define el dietario como un «género posmoderno» (Gracia; Ródenas de Moya, 2010: 933); y en 2015 Caballé señala lo siguiente: «En todo caso, está claro que en las últimas décadas se ha producido una 'apropiación literaria' de un género que siempre ha ido más allá de la literatura para inscribirse como una práctica exenta de expectativas públicas» (Caballé, 2015a: 41).

En el ámbito internacional ocurre algo parecido: tanto Simonet-Tenant (2004: 88) como Michel Braud (2006: 282) y Philippe Lejeune (2016: 459) definen el diario personal como género literario, y en el contexto anglosajón Susan Sontag va a definirlo en 1962 como «un género moderno literario por excelencia» (Sontag, 2014: 62), así como se producen estudios, como los citados de Bruce Merry (1979) o Podnieks (2000), que evidencian esta concepción. En resumen, se aprecia en estos acercamientos la idea generalizada según la cual el diario personal se desarrolla como una manifestación concreta dentro del sistema literario; derivado de esta posición, el diario ha adquirido, en la segunda mitad del siglo XX y en el nuevo siglo, el apelativo de *género*.

Pese a este consenso teórico-crítico, sin embargo, pocos análisis han incidido en la relación del diario personal con el sistema de géneros literarios. En el último epígrafe de la segunda parte (II. 4) se llevará a cabo este estudio apoyado en la teoría de los géneros literarios. Además, existe un inconveniente mayor: como se ha podido deducir de lo anterior, la heterogeneidad a la hora de denominar esta forma —diario, diario íntimo o dietario entre ellas—oscurece la interpretación del diario personal como texto literario. En el siguiente epígrafe se abordará esta inconcreción con el objetivo de aclarar el espacio del diario en el sistema literario y explicar la denominación elegida.

Parte II.   El diario literario: una poética

Al emplear el nombre *poética* se mantiene en la segunda parte de este trabajo una concepción amplia del término, equivalente según esta perspectiva a teoría de la literatura, pues puede detectarse una trayectoria relacionada con este significado desde su uso en Aristóteles (Bobes Naves, 2008a: 21) que se generaliza en los estudios literarios actuales (Lázaro Carreter, 1986: 17). El objetivo principal de las siguientes páginas, derivado de lo anterior, es establecer una teoría del diario personal en la literatura, para lo que se va a realizar una descripción de sus principales componentes narrativos con el objetivo de definir su naturaleza en el seno del sistema literario y en interacción con otras prácticas presentes en el mismo. Dado que se tratarán cuestiones relacionadas con las teorías sobre literatura autobiográfica y los vínculos existentes entre estas modalidades y el diario personal, tendrá más importancia que en las páginas anteriores una concepción de la literatura sostenida en la definición citada de Bobes Naves (2008a: 36–38) y las hipótesis de Schmidt (1997: 238). A estos dos planteamientos se les añadirá, además, la valoración del componente ficcional que la poética tradicional, desde Aristóteles, relaciona con el hecho literario.

En la elaboración del análisis serán de relevancia las conclusiones extraídas del repaso histórico realizado en la primera parte acerca del diario personal y su asentamiento dentro del sistema literario. En este sentido, la división en dos partes se debe únicamente a razones de claridad formal, puesto que tanto la primera como la segunda se desarrollan de forma conjugada; no es posible periodizar la evolución del diario personal en el sistema literario sin atender a sus características textuales, ni tampoco entender estas últimas sin tener en cuenta sus variaciones históricas. Esta circunstancia propicia que en las páginas siguientes se aluda constantemente a ejemplos expuestos antes; sin emplear ningún tipo de sistema, se citarán con frecuencia todo tipo de diarios personales que explican su constitución como diarios literarios y que permiten ilustrar todos los componentes narrativos de estos últimos, para exponer en última instancia su naturaleza como género literario.

II. 1. Sobre la conceptualización del diario personal en los estudios literarios

El lento asentamiento del diario personal en el sistema literario ha repercutido en las aproximaciones teóricas que lo toman por objeto de estudio. Estas, dispersas y asistemáticas, evidencian una constante vacilación en el uso de las etiquetas para referirse al diario, provocada en cierta medida por la compleja idiosincrasia de este tipo de texto. La del diario es realmente una estructura textual, basada en la entrada diaria, que puede ser aplicada a muchos discursos: el diario de navegación, la crónica histórica, el periódico o la novela con estructura diarística, entre ellas. El diario es el producto del registro cotidiano, normalmente fechado, de cualquier asunto. Como se ha visto, es en los siglos XVI, XVII y XVIII cuando empieza a utilizarse como una etiqueta diferente: a partir de ese momento, el diario pasa a ser una forma de uso individual en la que el sujeto registra sus quehaceres cotidianos; nace el diario personal, que no se hace visible hasta el siglo XIX, momento en el que se publica y evoluciona hasta formar parte del sistema literario. La trayectoria diversa que el diario personal experimenta en las diferentes tradiciones literarias, como señala Lejeune (2006: 23), hace que la obra resultante posea diferentes denominaciones: en Francia aparece el sintagma *journal intime*, que tiene un impacto inmediato en los estudios literarios y que en este contexto se utiliza como etiqueta general en muchos de los acercamientos del siglo XX y XXI (Girard, 1963; Didier, 1976; Lejeune, 2006); en el ámbito anglosajón se denomina indistintamente a esta forma como *journal* y como *diary*; en Alemania como *tagebuch* y en Italia y Portugal como *diario*; finalmente, en España existe una ambivalencia entre los términos *diario* y *diario íntimo*, dado que este último se importa del contexto francés —términos a los que se suma la voz *dietari*, del espacio catalán—. En el siglo XX las progresivas publicaciones de diarios convierten el diario personal en una forma literaria más, por medio de la cual muchos autores levantan textos literarios a partir de su día a día, en un discurso verdadero[68] que se aleja de la novela ficcional. En este último contexto, los términos anteriores se mezclan con voces que intentan explicar esta nueva forma literaria; surgen, entre otros, los sintagmas *diario de escritor* y *diario literario*, los

---

68 Remitimos a la nota 59, en la que se explica el concepto de *verdad autobiográfica*, a partir del cual, y como se desarrollará en el siguiente capítulo, se utiliza este adjetivo.

cuales tienen diferentes acogidas en cada tradición, y en los casos de España y Francia siguen compitiendo con el término *diario íntimo*.

Todo lo anterior evidencia la variedad terminológica que existe, en los acercamientos teórico-críticos, a la hora de referirse al diario personal como texto literario. El presente epígrafe pretende describir las denominaciones más importantes que se le han asignado —otorgándole una especial atención al contexto español— con el objetivo de analizar, en último lugar, el término elegido en este trabajo para el diario personal en la literatura, el nombre *diario literario*.

II. 1. 1. Diario

La utilización del término *diario* para aludir a un documento que registra los acontecimientos cotidianos posee un origen anterior a su aparición dentro de las formas *diario personal*, *diario íntimo* o *diario literario*. Durante los siglos previos al siglo XVII, el texto denominado *diario* exhibe una naturaleza cronística y una utilidad histórica, toda vez que refiere lo acaecido en diversos contextos: desde la crónica histórica de una ciudad o una batalla, hasta la relación de los días en una nave marítima o la contabilidad de una casa, económica o de cualquier otro tipo. Como se ha explicado en el primer capítulo de este trabajo, en los siglos XV y XVI destaca la confección de textos como el *Diario de un burgués en París*, el *Diario de a bordo*, de Cristóbal Colón, o el *Diario espiritual*, de Ignacio de Loyola, conformados como manifestaciones documentales que pretenden establecer una crónica fechada de los hechos diarios. Igualmente ocurre con los citados dietarios de origen catalán que se aplicaban a la contabilidad de la economía familiar. En todos estos casos la definición de diario coincide con la proporcionada por el *Diccionario de Autoridades*, de 1732, que define *diario* como «la relación histórica de lo que ha ido sucediendo por días o de día en día, en una expedición, viage, &c.». Ya en este siglo XVIII el término diario se relaciona con el nacimiento de la prensa. Los primeros periódicos españoles, como el *Diario de los Literatos* (1737) o el *Diario de Madrid* (1753), incorporan el término para hacer mención a su carácter cronístico y confirman la naturaleza pública de la palabra. Esto sucede de igual forma, como se ha visto, en el terreno novelístico, en donde autores como Daniel Defoe emplean la denominación de *diario* para aludir a la crónica externa de los acontecimientos públicos.

Todo lo anterior confirma el empleo de *diario* durante estos siglos previos al XVII, e incluso todavía a lo largo del XVIII, como un término referido a textos alejados de la idiosincrasia individual del diario personal moderno.

II. 1. 2. Diario personal

Es en los siglos XVI y XVII cuando el término *diario* empieza a utilizarse para denominar al documento empleado por alguien para registrar su cotidianidad; nace, entonces, el diario personal. Aunque es difícil delimitar su periodización, por ciertos diarios como los de John Dee o los que Montaigne atribuye a su padre se localiza el surgimiento de esta práctica a finales del siglo XVI, que no obstante no va a popularizarse hasta décadas después. En Inglaterra, como testimonian los trabajos de Judy Simons (1990) y un diario tan moderno como el de Samuel Pepys, esto sucede en el siglo XVII; en Francia, no va a ser hasta el siglo XVIII cuando se puede hablar de un verdadero asentamiento de esta práctica. En el caso francófono, Braud (2012b: 27) destaca un pasaje de *Julie ou la Nouvelle Héloïse*, novela de Rousseau publicada en 1761, que testimonia la generalización en la Suiza de la época de la práctica cotidiana de llevar un diario.

Las enumeración de fechas confirma la evolución experimentada por el diario concebido como crónica externa de los hechos hasta convertirse en práctica individual y privada en los siglos XVI y XVII. La incorporación del adjetivo *personal* incide en la idea de individualismo, que adquiere sentido con el surgimiento de la nueva clase social burguesa, como Juan Carlos Rodríguez apunta al afirmar que el diario reproduce la ideología burguesa del sujeto (Rodríguez, 1984: 217). No es arbitraria a este respecto la relación entre el desarrollo de esta práctica y el advenimiento de la nueva sociedad burguesa e ilustrada en los siglos XVII y XVIII, así como el previo asentamiento en el contexto inglés, espacio que lidera las revoluciones burguesas del ámbito europeo. La consolidación del diario personal, en consonancia con el asentamiento de esta clase burguesa, tiene lugar en el siglo XIX, al producirse las primeras publicaciones en gran parte de las tradiciones europeas, con especial incidencia en Francia y Gran Bretaña.

II. 1. 3. Diario íntimo

En 1883 se publica parcialmente el diario de Amiel, recogido en *Fragments d'un journal intime*. El de Amiel es considerado frecuentemente el diario personal más importante del XIX y su influencia en los diaristas posteriores es fundamental para el asentamiento de esta forma de escritura, pero, además, tiene especial relevancia en tanto que, como señala Picard (1981: 118), se trata del primer diario publicado en incorporar el adjetivo *íntimo*. Aunque difundido antes —en una entrada de 1847, Amiel ya utiliza la expresión en su propio diario (Amiel, 1927: 1)—, es a partir de esa publicación cuando el término es empleado por otros editores como *Mes Inscripcions: Journal intime de Restif de la Bretonne*

(1889), de Restif de la Bretonne, el *Journal intime* de Benjamin Constant (1895), el *Journal intime* de Fontaney (1925), el *Journal intime* de George Sand (1926) o el *Journal intime* de Maine de Biran (1927). Esta etiqueta no solo adquiere importancia como simple apelativo del diario personal en el ámbito comercial de la literatura; tras los estudios de Alain Girard (1963) o Béatrice Didier (1976), también cobra importancia en el espacio académico, hasta el punto de que en el contexto francés ha sido considerada generalmente como la forma para referirse al diario personal dentro de la literatura. Esta etiqueta, sin embargo y como ha quedado dicho, no tiene equivalencias en otro contexto que no sea el español, en donde se ha importado para algunas publicaciones —como los títulos de los diarios de Emilio Prados (1966), Unamuno (1970) o César González-Ruano (1970)—, incluidas varias de las más importantes del ámbito académico.

Los inconvenientes asociados a este término se relacionan con el fenómeno de la publicación; en muchas ocasiones, se ha intentado aludir al diario íntimo como aquel que no nace para ser publicado, y que lo hace, preferentemente, de forma póstuma. Según esta hipótesis, sostenida por teóricos como Freixas (1996a) o Girard —quien habla del diario decimonónico como verdaderamente íntimo (Girard, 1986: 597)—, no podría haber diarios íntimos que hayan sido concebidos para ser publicados. Cuando el diario pasa a formar parte del sistema literario en el proceso que Girard ha denominado la transición de lo íntimo a lo público (Girard, 1996: 32), los diaristas contemporáneos empiezan a tener otra relación con su diario, lo que repercute según estos estudiosos en otra construcción de intimidad. Este diario ya no podría ser íntimo a la manera de los diarios decimonónicos, muestra paradigmática de este tipo de diarismo íntimo, y en la medida en que algunos diaristas titulan sus diarios con la etiqueta *íntimo* incluso cuando estos se publican en vida —como ocurre con el *Diario íntimo* de César González-Ruano, publicado previamente en prensa— esta se conformaría como una etiqueta sencillamente retórica. Esto, como puede deducirse, conlleva numerosos problemas; según estas hipótesis, un diario debería contener cierto grado de privacidad o intimidad para ser considerado íntimo, lo que se revela, si se tiene en cuenta que lo íntimo es indemostrable (Castilla del Pino, 1989: 29), como un criterio peregrino. A esta circunstancia se le añade la paradoja de que es precisamente el término *íntimo* el que se asocia con la inserción del diario personal en el sistema literario y que, por si fuera poco, el diario íntimo por antonomasia, el de Amiel, estaba concebido para la publicación según declaraba su principal editor: Scherer (1897: VI).

En general, como se puede apreciar, la denominación *diario íntimo*, heredada de Amiel y el contexto diarístico francés, comporta una serie de problemas que enturbian el objeto de estudio. Por este motivo, en este trabajo se ha prescindido de esta etiqueta y se ha preferido distinguir entre el diario personal y el resto de formas con el objetivo de elegir otro nombre para las relaciones entre diario personal y literatura: el de *diario literario*. En el contexto francés, además, algunas de las últimas publicaciones más relevantes, como la monografía de Braud (2006) o el diccionario de la escritura autobiográfica dirigido por Simonet-Tenant (2018), prefieren partir del término *journal personnel*, de tal manera que se aprecia cierto abandono de la utilización de la etiqueta *diario íntimo*. En la misma línea puede interpretarse la ausencia de diarios recientes que incorporen el adjetivo *íntimo* en su publicación.

II. 1. 4. Diario personal: forma abierta

El diario personal, por tanto, es aquel texto que posee una estructura diarística a partir de la que se cuenta, mediante una narración autobiográfica, aspectos de la vida del autor; esta estructura se basa en la proliferación de entradas —normalmente fechadas, pero no necesariamente— que se corresponden con días concretos y construyen la personalidad de un Yo diarístico que justifica el apelativo de *personal*. A partir de esta definición, el diario puede sumar todo tipo de contenido, lo que lo convierte, como lo define Béatrice Didier (1996), en una «forma abierta». Así, según Didier, el diario personal se construye a partir de la conciliación de dos fuerzas aparentemente contradictorias: por una parte, la cárcel formal de la entrada cotidiana, el cerco que impone la fecha; por otra parte, dado que este tipo de escritura no parece responder a una determinada preceptiva, el diario puede integrar en su estructura textos de todo tipo, como puede ser el caso de facturas de la lavandería, recortes de periódico, fragmentos o borradores de texto en gestación (Didier, 1996: 39). Esta última condición hace del diario personal una forma abierta.

Esta propiedad, importante para la definición del diario literario que se ofrecerá más adelante, alude además a la única estructura formal que condiciona el diario personal; algo a lo que Maurice Blanchot denomina la cláusula del calendario.[69] El diarista escribe supuestamente condicionado por la fecha del día, que representa el aspecto temporal del texto diarístico, esté o no marcada en la

---

69   Blanchot indica lo siguiente: «El diario íntimo, que parece tan liberado de las formas, tan dócil a los movimientos de la vida y tan capaz de todas las libertades, puesto que pensamientos, sueños, ficciones, comentarios de sí mismo, acontecimientos importantes, insignificantes, todo le conviene, en el orden y el desorden que se quiera, está sometido a una cláusula aparentemente ligera pero temible: debe respetar el calendario. Este es el pacto que firma» (Blanchot, 2005: 219).

página.[70] Siguiendo a Gérard Genette, el diario podría definirse como una narración intercalada, en la medida en que combina, a priori, dos espacios temporales: el del pasado reciente que el diarista evoca para recoger los sucesos del día recién concluido —«Hoy me ha ocurrido lo siguiente»— con la simultaneidad en la exposición de los pensamientos —«Ahora pienso lo siguiente»— (Genette, 1989: 275). Esta coexistencia provoca, según Genette, un efecto de roce, que tiene como resultado un sutil desdoblamiento del narrador, aspecto en el que insistiré más adelante.

Ahora bien, si es cierto que el diarista clásico emplea y combina en apariencia estos dos posicionamientos temporales, no son pocas las entradas de cualquier diario que pueden comenzar, incluso a pesar de la fecha, narrando los sucesos del día anterior, de tal modo que del antepresente —he hecho— se pasa al pretérito —hice— o al copretérito —hacía—. En otras entradas, el diarista tiende al relato autobiográfico, e incluso es capaz de incluir varios días en una entrada, lo que evidencia la absoluta libertad del diario. Esta propicia que la única cláusula posible no sea la temporal, como Blanchot anticipaba, sino la estructura fragmentaria del diario basada en la entrada. Se trata, más bien, de una cláusula formal: el diarista desarrolla su texto en sucesivas anotaciones, fechadas o no, que se desarrollan a través del cauce estructural que impone la entrada.

La estructura de la entrada, no obstante, sí le otorga al texto diarístico una temporalidad fragmentaria. En este sentido, Enric Bou define el diario como una especie de *collage* que mantiene una desorganización aparente para conformarse como un libro de bosquejos (Bou, 1996: 126). Esta fragmentariedad dota al texto además de cierto ritmo y cadencia que, anotación a anotación, entrada a entrada, logra formar un todo. Jordi Gracia destaca así la musicalidad del fragmento (Gracia, 2004a: 230) y Françoise Simonet-Tenant destaca una impresión de eterno retorno en el texto, toda vez que este suele repetir parecidas acciones, parecidos pensamientos, que surgen todos ellos de la rutina del diarista (Simonet-Tenant, 2004: 107). El diarista puede dejar, de esta forma, un espacio de varios meses entre anotación y anotación y sin embargo seguir construyendo un ritmo; el ritmo que paradójicamente conlleva lo fragmentario, la estructura de la entrada. Cercado solamente por esta última, el diario personal se desarrolla, por lo demás, en total libertad, deviniendo así forma abierta, que es una condición esencial para leer este texto desde lo literario.

---

70 La cuestión de la fecha, que ha sembrado alguna suspicacia en la crítica, es sin embargo formal y menor. No importa tanto que el diario esté o no fechado como que se escriba día a día.

II. 1. 5. El diario en la literatura: denominaciones

Recogiendo todo lo anterior, y para establecer una diferenciación entre las denominaciones que explique el estatus del diario en el sistema literario, se puede decir que *diario* es una forma empleada para el texto fechado diariamente, cuyo contenido puede redundar en cualquier tipo de asunto; *diario personal* es aquel texto resultante de la práctica personal e individual de llevar un diario, de tal manera que englobaría a todos esos textos que desarrollan la esfera personal del diarista; y *diario íntimo* es la denominación que, si bien en algunas ocasiones ha podido sustituir al de diario personal, se constituiría más bien como una modalidad temática del diario personal: dentro de este podría haber diarios personales de carácter público —a veces llamados en España, como se verá, *dietarios*— o diarios personales que desarrollan su privacidad —dentro de los cuales se encontrarían los íntimos.

A partir del siglo XX, como se ha visto en el punto 3, el diario personal entra en el sistema literario y las formas anteriores empiezan a dialogar con otras —lo cual no quiere decir que las anteriores, como ocurre con el término *diario íntimo*, no puedan considerarse dentro del sistema literario—, que intentan resumir el estatus del diario como texto literario. Se van a exponer aquí diferentes términos que arrojan luz sobre esta recepción literaria del diario personal. Entre ellos, se encuentra el elegido para interpretar el diario personal en la literatura a lo largo de este trabajo.

II. 1. 5. 1. El diario personal como estructura: la novela-diario, el diario lírico y los *carnets*

Curiosamente, y tal y como se especificaba en la presentación de este trabajo, el diario personal accede al sistema literario como una forma ficcional; la estructura del diario se utiliza en muchas novelas desde la publicación de *Diario del año de la peste* (1722) de Daniel Defoe y se comprueba su capacidad para funcionar como una narración literaria desde este temprano siglo XVIII. El diario personal propiamente dicho no se observa hasta la inclusión de un diario ficcional en la novela *Pamela, o la virtud recompensada* (1740), de Samuel Richardson, pero a partir de ahí son muchos los ejemplos que pueden enumerarse. Este tipo de novela, que se explota en el siglo XIX, ha sido calificada en un exhaustivo artículo de Luis Beltrán Almería como novela-diario (Beltrán Almería, 2011). En este trabajo, Beltrán Almería retrocede a la vinculación de este tipo de novela con la novela epistolar, muy popular en el contexto anglosajón del XVIII, y a partir de ahí describe las propiedades de lo que sin duda es todavía una modalidad frecuente en la literatura contemporánea —se pueden citar *Diario de Foe*, de Coetzee o *Diario de un hombre humillado*, de Félix de Azúa, entre otros—. La presencia de esta forma revela su interés para este trabajo, sobre todo, por la oposición que plantea entre el diario ficcional neto y el diario personal con estatus literario, texto que interesa a estas páginas. En este sentido, se revelan las posibilidades que tiene la estructura diarística como marco narrativo y al mismo tiempo se incide en la importancia del carácter autobiográfico del diario para que funcione como un diario personal sincero. Esto se verá aún más claro cuando se contrapongan diario personal y diario autoficcional, una variante nueva de esta novela-diario que problematiza el estatuto autobiográfico de lo que se llamará más tarde *diario literario*.

Por otro lado, el marco diarístico ha tenido un efecto inverso en la poesía; muchos poemarios aprovechan, en vez del carácter narrativo que puede llegar a tener la crónica diaria de carácter personal, el fragmentarismo proporcionado por la entrada cotidiana. Se veía a propósito de la aparición del diario personal en España: uno de los diarios personales más conocidos de la literatura española es el *Diario de un poeta recién casado*, titulado en una nueva edición *Diario de poeta y mar*, de Juan Ramón Jiménez, publicado en 1917 como probable resultado del influjo que habían tenido sobre el poeta onubense diaristas como Amiel. Esta obra de Juan Ramón Jiménez es un poemario antes que un diario personal, pero en todo momento sus textos se caracterizan por el registro poético de la vida cotidiana y el marcado carácter autobiográfico del contenido, dado que se trata de textos escritos en su viaje de 1916 a Nueva York junto con su esposa Zenobia Camprubí. Juan Ramón utiliza el diario para el registro poético de sus días, y aunque la ausencia de un carácter narrativo dificulta su interpretación como diario literario, es evidente que, tal y como estudia Sanz Manzano (2003), se trata de un diario autobiográfico que explota la cotidianidad del Yo lírico. Este marco se va a repetir en otros poetas, como el subtítulo de *Hijos de la ira. Diario íntimo*, de Dámaso Alonso, o el de *Cancionero. Diario poético*, de Miguel Unamuno, otro gran lector de los diaristas franceses. Esta modalidad diarística, que podría denominarse diario poético, no forma parte del diario literario, pero sin duda ilustra, como ocurría con la novela-diario, acerca de las posibilidades literarias de la estructura diarística.

En último lugar, un género extraño en el contexto español destaca a lo largo del siglo XX en Francia: los *carnets*. Estos podrían definirse como colecciones de notas breves que el escritor lleva a cabo sin tener en cuenta ningún tipo de estructura temporal o formal; en ocasiones pueden mantener cierto aire de familia con el diario personal, pero en ellos apenas hay desarrollo del Yo y prima el carácter pragmático de la anotación rápida. Danielle Constantin señala su parecido con los cuadernos de escritor y destaca su carácter nómada, dado que su estructura es más libre que la del diario (Constantin, 2018: 162), y Alain Girard le dedica un minucioso análisis en su monografía (Girard, 1986: 20–29). El ejemplo paradigmático estaría representado por los *Carnets* de Albert Camus, en Francia, mientras que en España un texto interesante sería *Notas dispersas*, de Josep Pla —analizado en el punto I. 3. 2. 1. de este trabajo—. Dada la ausencia de una construcción narrativa, y el desarrollo de unos elementos susceptibles de interpretación literaturológica, se trataría de obras sustancialmente diferentes al diario literario.

II. 1. 5. 2. Dietario

A propósito del diario personal en la literatura, se ha extendido entre nosotros otro término que, según algunos autores, se contrapondría a la noción de diario personal: se trata del término *dietario*. En apariencia, las definiciones arrojadas por algunos autores establecerían unas diferencias muy claras entre el diario —o diario íntimo— y el dietario: el primero construiría un espacio más apegado a lo personal, y el segundo se desarrollaría externamente, a partir de un texto en el que el Yo se mostraría ausente. En palabras de Laura Freixas, que sigue a Girard en la distinción, la diferencia estribaría en el carácter afectivo y cotidiano del primero, frente al carácter pretendidamente intelectual del segundo; el diario íntimo mostraría la privacidad del autor, mientras que el Yo del dietario no desnudaría su interioridad en el texto (Freixas, 1996a: 12–13). En este sentido, y como aclara Anna Caballé, el término dietario, que procede etimológicamente de *diaeta* —manera de vivir o régimen de vida—, se aplicaría en nuestra tradición al libro de contabilidad (Caballé, 2015a: 63), que como se ha visto es uno de los precedentes del diario personal, y esto conllevaría una tradición diferenciada de la del diario íntimo, en la que el dietario tendría una mayor elaboración retórica y menor presencia de lo personal. De forma parecida opina Jordi Gracia, que establece la misma diferencia entre diario y dietario en su último análisis del diario en España (Gracia, 2018).

A este debate, sin embargo, hay que añadir una circunstancia relevante: *dietario* es una voz de origen catalán[71] que tiene especial recorrido en esta tradición peninsular; con excepción de Alejandro Sawa y el título originario de

---

71 Como registra Corominas en el *Breve diccionario etimológico de la lengua castellana*, en donde señala la influencia de la forma catalana *dietari* en el término castellano *dietario* (Corominas, 1987: 214).

Iluminaciones en la sombra, así como los últimos diarios de Miguel Sánchez-Ostiz,[72] no hay dietarios publicados por autores que no escriban en catalán o pertenezcan a tal tradición.[73] De tal manera, esta distinción deja de tener un componente formal para adquirir un carácter contextual. Además, algunos de estos dietarios, como el de Marià Manent, son textos que pueden interpretarse como diarios íntimos según la anterior división, de tal manera que la distinción entre diario íntimo y dietario queda obsoleta. A esto ayuda, incluso, el paso a la publicación del diario íntimo, que como se ha visto en el anterior apartado invalida la naturaleza de este y posibilitaría una confusión definitiva entre diario íntimo y dietario, en tanto que el primero adquiriría cualidades del segundo. De hecho, existe cierto consenso a la hora de aceptar esta confusión entre términos.

Más allá de todo lo anterior, y desde la perspectiva que anima este trabajo, el dietario, como el supuesto diario íntimo, solo cabe ser definido como un diario personal —de hecho, esta es la segunda acepción que tiene la palabra *dietario* en el DLE—, pues es un texto que, ya posea un contenido íntimo o *éxtimo* —en terminología unamuniana (Unamuno, 1958: 96) —, mantiene la estructura de un diario y está firmado por un individuo. Dentro de su caracterización como diario personal, cabría preguntarse si este texto puede leerse desde lo literario, lo que en principio sería difícil dada la incapacidad para desarrollar una serie de elementos que puedan interpretarse a partir de la ficción, como la misma construcción del Yo de la que supuestamente carece. Si, por el contrario, el dietario presentase un desarrollo del Yo o una construcción literaria de lo íntimo, podría hablarse de *diario literario*. Por ello, la distinción no sería, en definitiva, entre diario íntimo y dietario, sino entre diario personal —categoría que englobaría a las dos anteriores— y diario literario.

II. 1. 5. 3. Diario de escritor

Más relevante en el contexto internacional es la etiqueta *diario de escritor*, que ha tenido relativo éxito a lo largo del siglo XX. Susan Sontag la emplea en su ensayo de 1962 (Sontag, 2014) y en el contexto anglosajón se ha usado en varios

---

72 Andrés Trapiello señala irónicamente en su diario que no conoce el motivo por el cual Miguel Sánchez-Ostiz ha denominado los últimos tomos de su obra diarística como dietarios (Trapiello, 2007: 669).

73 Es el caso de Enrique Vila-Matas, Marià Manent o Josep Pla. Lo mismo ocurre con la aparición de los libros de cuentas en la Cataluña de los siglos XVI y XVII, cuyos autores publicaban sus cuadernos con el nombre de *dietari*, como por ejemplo ha estudiado James S. Amelang (2003).

acercamientos desde el título del diario de Virginia Woolf, *Diario de una escritora*, publicado en 1953. Michel Braud define en un artículo detallado su asentamiento en el contexto francés, y Jordi Gracia se ha encargado, en sucesivas publicaciones (Gracia, 2000; 2010; 2018), de incorporarla al contexto español. Esta etiqueta, como describe Braud, define el diario que es llevado por un escritor reconocido como tal, ya tenga más o menos relevancia, por lo que desde un principio destaca el papel subalterno del diario como cuaderno del escritor literario (Braud, 2009a: 28). El tema central de este tipo de diario, según Braud (2009a: 28), es la creación literaria, y el texto tiene en muchas ocasiones una función de cuaderno de notas y de prácticas del autor literario; este registra ideas y pequeños proyectos que prefiguran obras literarias futuras. Braud (2009a: 28) destaca además el carácter literario del tono empleado por el diarista. Si bien esta categoría define un amplio rango de diarios que abarca desde el diario de Pavese hasta el de Ribeyro, es difícil incluir dentro de ella todos esos diarios que se publicaron y tuvieron éxito incluso siendo escritos por autores que no eran conocidos en otros ámbitos de la literatura. El caso paradigmático es Amiel, pero también se podría hablar de Pepys, político, como un caso de diarista muy alejado del mundo literario y cuyo diario, sin embargo, puede leerse desde una perspectiva literaria. Esa categoría, además, no tendría sentido a lo largo del siglo XX, cuando muchos diarios han encumbrado a sus autores —como Iñaki Uriarte o Anaïs Nin—, y no al contrario. De hecho, muchos de estos diarios citados no explotan algunas de las características desarrolladas por Braud; aunque Uriarte habla de literatura, su diario está lejos de convertirse en un taller literario; entre otras cosas, porque no escribe textos literarios más allá del diario.

Desde una perspectiva más amplia, podría entenderse esta etiqueta como la que pretende realzar la faceta de escritor literario del diarista, aunque este no sea reconocido previamente como tal. Sería la interpretación más redundante de esta denominación –dado que todo diarista sería, por definición, un escritor–, pero, como el propio Braud justifica, habilitaría un espacio en el que pretende realzarse el carácter literario de este tipo de diario personal. Ese es precisamente el significado que le dan autores como Jordi Gracia (2018) cuando integran dentro de esta etiqueta a diaristas como el citado Iñaki Uriarte. A nuestro juicio, sin embargo, carece de sentido emplear una etiqueta que resulta confusa cuando puede emplearse el término de diario literario, mucho más ilustrativo.

II. 1. 5. 4. Diario literario

La de *diario literario* es una etiqueta que adquiere todo su esplendor cuando Paul Léautaud empieza a publicar su diario bajo este nombre, en la revista *Mercure*, a partir de 1954. Tras esta publicación, el término tiene un humilde recorrido en Francia, como atestigua Braud (2009a: 23), pero a partir de los años noventa empieza a aparecer en el contexto académico hasta establecerse como una forma más o menos frecuente, tal y como se puede ver en la publicación de Catherine Rannoux (2004): *Les fictions du journal littéraire: Paul Léautaud, Jean Malaquais, Renaud Camus*. En el contexto anglosajón, por otro lado, Bruce Merry lo utiliza tempranamente en 1979, en un artículo muy elocuente: «The Literary Diary as a genre». Y va a ser en el año 2000 cuando Elisabeth Podnieks publique la primera monografía con ese término: *Daily Modernism: The Literary Diaries of Virginia Woolf, Antonia White, Elizabeth Smart and Anaïs Nin*. En Alemania, por otro lado, la expresión es recurrente desde la temprana publicación de Albert Gräser en 1955. Como señala Braud (2009a: 24), en ocasiones esta etiqueta se ha empleado para aludir al diario que desarrolla en su interior un contenido relacionado con la vida literaria en sus diferentes formas; el ejemplo paradigmático sería el diario de los hermanos Goncourt, y el diario de Léautaud toma rasgos de este tipo de diarios, en la medida en que reproduce buena parte de la vida literaria de la época. Los rasgos que adquieren este tipo de diarios se puede ver muy bien en el diarismo español reciente: los diarios de Sánchez-Ostiz, Trapiello y García Martín funcionan en buena parte de su contenido como, por decirlo expresivamente, radiografías textuales de la escena literaria española de los últimos treinta años. Sin embargo, hay una segunda acepción para este término, que es la que se va a emplear aquí y que Braud describe bien en su artículo tomándola de Catherine Rannoux: el diario literario es la voz que alude al diario como obra cerrada, que aspira a leerse, tras los vaivenes que el diario experimenta a lo largo del siglo XX para evolucionar de práctica privada a forma pública, como texto inserto en el sistema literario (Braud, 2009a: 25). Rannoux (2004: 28) emplea además un sustantivo que es relevante: este diario literario que puede entenderse así a partir de Léautaud se corresponde con una totalidad diarística que posee una identidad literaria. Esta es la acepción que pretende emplearse en estas páginas: a partir de ella, el diario literario se interpreta como el diario personal que se lee como obra literaria.

En el ámbito académico español, el término aparece de forma aislada en 1987, en el citado artículo de Cano Calderón (1987), y se generaliza en el año 2000, a partir de los trabajos de Romera Castillo (2000) y Manuel Alberca (2000). Ninguno de estos tres autores —Alberca, por ejemplo, solamente contrapone estos diarios, en una sola mención, a los diarios personales escritos por «personas normales» (Alberca, 2000: 34) que no acceden a la imprenta— desarrolla su definición, pero testimonian la aparición de este concepto. En el año 2016 hemos establecido por nuestra parte un breve acercamiento teórico en un artículo

(Luque Amo, 2016), y en el año 2017 Anna Caballé confirma la presencia de esta forma en una publicación periodística en la que describe los diarios literarios como «aquellos que desde el principio se conciben como un proyecto de libro y por tanto se ajustan a una poética literaria» (Caballé, 2017). Jordi Gracia, quien utiliza frecuentemente los términos de *dietario* y *dietario de escritor*, emplea en una ocasión en su último trabajo el término de «diarios literarios» (Gracia, 2018: 43), de tal manera que se confirma el asentamiento del término. Entre los diaristas españoles, por otro lado, Sánchez-Ostiz lo utiliza en una fecha temprana —1986— en su primer texto diarístico (1994: 37); Andrés Trapiello define esta forma en *El escritor de diarios* al señalar que «seguramente el diario literario sea el género de la modernidad» (Trapiello, 1998a: 15); y José Luis García Martín (2007) cita este término en un artículo sobre el diario en la literatura.

A medida que avanza el siglo XXI, en definitiva, el término *diario literario* se ha ido asentando en los estudios críticos como la forma que define el diario personal interpretado, dentro del sistema literario, como una obra literaria. Esta circunstancia, unida a la ausencia de inconvenientes encontrados en los otros términos, justifica su empleo en este trabajo.

II. 1. 5. 5. El diario personal y su contenido: otras definiciones

Como se ha visto a propósito de las etiquetas anteriores, a veces la crítica establece una diferenciación entre diarios basada en su temática, lo que en última instancia dificulta su verdadera naturaleza si no se ha definido previamente el contenido abarcado por los términos. Amelia Cano Calderón, en «El diario en la literatura: estudio de su tipología» (1987), diferencia entre cinco tipos de diarios —se supone que diarios personales— atendiendo a su punto de vista: según el carácter sedentario o itinerante del autor; según la profesión del anterior —literatos frente a no-literatos—; según el carácter científico del contenido del diario; según atienda el diario al entorno de la vida del autor, más que a su propia vida; y, en último lugar, según el carácter autobiográfico del diario. Las ideas que la autora expone, a nuestro juicio, son simplificadoras. De la misma manera que se establece esa clasificación, se podría establecer un número infinito de ellas, dado que los criterios son tan generales como débiles desde un punto de vista teórico. La autora, de hecho, trata en un momento el concepto de *diario literario*, pero apenas se detiene en su descripción y solo se centra en el aspecto pragmático, de tal manera que no define un diario literario frente a uno no-literario.

Una especialista como Anna Caballé, por otro lado, ha reconocido (Caballé, 2015b) la dificultad de definir el diario por su contenido y prefiere tipificar el diario personal en relación con el carácter que el propio autor le concede al texto: habla así del modelo espiritual de Ignacio de Loyola y Teresa de Ávila; del libertino de Moratín, el ilustrado de Jovellanos, el político de Azaña o el literario de Andrés Trapiello. La clasificación por la vía *contenidista* podría aceptarse con matizaciones previas, pero lo interesante sería explicar por qué textos como el de Ignacio de Loyola no han sido leídos desde coordenadas literarias, como sí se puede leer el de Trapiello, algo que la autora no hace. Las dos clasificaciones citadas demuestran, en definitiva, que los intentos por categorizar el diario personal desde el punto de vista de su contenido son infructuosos si no se ha definido con antelación su naturaleza formal.

II. 1. 6. El diario personal en la literatura: el diario literario

De lo expuesto hasta ahora puede colegirse la idoneidad, según la perspectiva de este trabajo, del uso del sintagma *diario literario* para definir el diario personal como forma literaria o —tal y como se interpretará al final de esta primera parte— género literario. Este término es capaz de superar los inconvenientes de términos como diario íntimo y diario de escritor. Así, la capacidad del diario personal para ser interpretado desde la literatura no puede obedecer a las cuestiones pragmáticas de su publicación, que se refieren a la intencionalidad o no del autor por publicar su obra diarística, ni tampoco a la cantidad de privacidad expuesta en sus páginas. En la misma línea, no puede valorarse esta capacidad a partir del estatuto del escritor del diario; los diarios de Leandro Fernández de Moratín, producto de un literato de talento contrastado en el panorama español, difícilmente pueden leerse como textos literarios, tal y como se verá más adelante. Para valorar el diario personal en el contexto literario, en suma, es necesario tener en cuenta su capacidad o no para desarrollar una narración que, interpretable desde coordenadas ficcionales, produzca un relato literario derivado de la configuración de un Yo diarístico como personaje protagonista. Además, es necesario que los participantes en el sistema literario acepten desde un punto de vista pragmático su inclusión; circunstancia crucial que se ha ido produciendo a lo largo del siglo XX.

Si bien se ha analizado de manera diacrónica el asentamiento del diario personal en el contexto literario en las diferentes tradiciones occidentales, todavía no se ha tratado de manera específica su naturaleza como texto literario. En los siguientes puntos se estudiarán los diferentes componentes del diario personal a partir de los cuales puede establecerse una interpretación literaria del mismo, para confirmar, en última instancia, la existencia del género del diario literario.

II. 2. Ficción y autobiografía en el diario literario: el pacto diarístico[74]

Un análisis del diario personal en la literatura, tal y como se indicaba en la introducción, conlleva un cuestionamiento de la definición de literatura y los dominios de esta. En este sentido, no se puede ahondar en los componentes literarios del diario personal sin antes establecer una definición de lo literario que justifique tal análisis. El elemento fundamental para entender la especial circunstancia del diario personal en el sistema literario es su naturaleza autobiográfica; como señalaba Philippe Lejeune en su citado texto sobre la autobiografía, el diario puede entenderse como un género vecino de la anterior (Lejeune, 1994: 51) y, por este motivo, participar del llamado *espacio autobiográfico*. Esto lo conduce a experimentar la misma problemática en su posible consideración literaria; si se tiene en cuenta que la preceptiva tradicional ha asociado los conceptos de literatura y ficción, será necesario explicar la relación básica del diario personal con lo ficcional.

La delimitación de lo literario, que se ha configurado paradójicamente como una de las cuestiones más controvertidas de los estudios literarios —motivo esencial de las poéticas formalistas, con frecuencia en las últimas décadas se ha preferido sortear el problema en pos de la diversidad de perspectivas—, se ha vinculado tradicionalmente a la obra de Aristóteles. En su *Poética*, Aristóteles habla del «arte que imita sólo con el lenguaje, en prosa o en verso, y, en este caso, con versos diferentes combinados entre sí o con un solo género de ellos» (Aristóteles, 1974: 128). El Estagirita hace hincapié así en la imitación —una imitación creadora, por medio de la *poiesis*, de una nueva realidad, la ficcional (Chicharro Chamorro, 2013: 7) —, y establece una teoría de la mímesis que ha llegado hasta los estudios actuales. Las poéticas clasicistas del Renacimiento y del siglo XVIII —entre las que resultan de importancia la de Minturno, la de López Pinciano o la de Ignacio de Luzán— estuvieron limitadas por la interpretación aristotélica de lo literario, y no es hasta el siglo XIX y el pensamiento surgido del movimiento romántico cuando lo literario es contemplado desde otra perspectiva. Bobes Naves señala así que hasta el romanticismo se consideró que el principio generador del arte era la mímesis —entendida esta como imitación referencial—, tesis que, con los respectivos matices, se mantuvo en el conjunto

---

74 Algunas ideas de este capítulo se han expuesto en Luque Amo (2016).

de las poéticas clásicas, neoclásicas y barrocas (Bobes Naves 2008b: 372). A partir de Kant, la dialéctica sujeto-objeto, que es la que sustentaba la teoría aristotélica, y la perspectiva del arte como imitador de un mundo externo, en el que por tanto domina la naturaleza sobre el sujeto, cambian para destacar la importancia de este último sobre el objeto. El artista es así el creador de un mundo que está por encima del real, un mundo que solo puede interpretarse desde el idealismo kantiano. Esto repercute en el cambio del relato sobre sí mismo, que Sontag explica así:

> En la tradición aristotélica del arte como imitación, el escritor era el medio o el vehículo para describir la verdad de algo que estaba fuera de él. Con la tradición moderna (en líneas generales, desde Rousseau) del arte en cuanto expresión, el artista dice la verdad sobre sí mismo (Sontag, 2014: 67).

Las teorías literarias del siglo XX desplazan la importancia de lo mimético a la hora de definir lo literario para centrar su perspectiva en el texto. En el caso de los estructuralistas y los formalistas, el lenguaje literario sería así capaz de diferenciarse del lenguaje convencional y la literatura sería identificable en aquellas obras escritas por medio del primero; idea que resulta ampliamente discutida en las década sesenta y setenta, al paso de lo que ha sido llamado por autores como Pozuelo Yvancos (1983: 61) y Garrido Gallardo (1987) como «crisis de la literariedad». Otras teorías posteriores tampoco han arrojado luz sobre la cuestión; ni la estética de la recepción, ni tampoco las teorías posestructuralistas y deconstruccionistas, han aportado definiciones de la literatura que trasciendan sus propios ámbitos. Hay otros autores que han preferido destacar el mal enfoque de las cuestiones que se preguntan por la sustancia de lo literario para concluir que «antes que disiparse en una teoría general de los textos, la tarea de la poética es formular descripciones que se ajusten a esta intuición», como indica Benjamin Harshaw (1997: 141). Sí se intuye, sin embargo, que la cuestión de la mímesis, y por tanto de la ficción, sigue siendo de vital relevancia para lo literario. Varias definiciones de lo literario que pueden considerarse de importancia se basan en el componente ficcional: es el caso de Paul Ricoeur, quien condiciona el carácter de lo literario a la mímesis aristotélica (Ricoeur, 2004; 2008; 2009); Todorov, el cual afirma que «la literatura es una ficción» y que esa es «su primera definición estructural» (Todorov, 1987: 12); Pozuelo Yvancos, quien señala que la ficción es posiblemente la «característica pragmática más definitoria y específica» de la literatura (Pozuelo Yvancos, 1989: 82); y finalmente el propio Benjamín Harshaw (1997), cuya teoría se desarrollará más adelante. En estas coordenadas, como se ha dicho, sería necesario explicar la naturaleza del texto autobiográfico, que puede ser catalogado como texto histórico, para incluirlo dentro del sistema literario.

Otros autores han preferido apostar por la existencia de géneros no ficcionales que podrían ser incluidos igualmente dentro del sistema literario: es el caso de Käte Hamburger (1995: 227), quien separa la lírica de los géneros ficcionales, Gérard Genette (1993), quien diferencia entre relatos ficcionales y relatos factuales, o finalmente el propio Lejeune, quien teoriza en todo momento a la contra de lo ficcional. Aunque estas perspectivas son útiles para entender las diferencias entre lo ficcional específico y lo autobiográfico, sobre todo en el caso de Genette, resultan improductivas al no profundizar en las posibilidades ficcionales de lo autobiográfico. Al valorar el papel del texto autobiográfico, y por tanto del diario personal, en la literatura, habría que situarse más bien junto a Ricoeur y sus hipótesis provocadoras al respecto de la construcción de la historia como «artificio literario» (Ricoeur, 2004: 269) para entender, en este terreno, cuáles son las características de lo autobiográfico que lo asemejan a un texto ficcional puro y que permiten —al margen de la interpretación pragmática que dependa del sistema literario *per se*— su lectura literaria. Algo que se pretende llevar a cabo en los siguientes epígrafes. En este sentido, no se trataría tanto de anteponer la definición de lo literario como texto ficcional, como de explicar por qué, incluso aun tomando esta perspectiva, podrían considerarse la autobiografía y el diario personal como textos literarios. Lo que redundaría, en última instancia, en la doble capacidad, autobiográfica y ficcional, del diario personal interpretado como forma literaria.

II. 2. 1. Las teorías clásicas de la escritura autobiográfica

La definición aristotélica de ficción, que ha condicionado la historia de la teoría literaria, tiene como base la célebre distinción de Aristóteles entre el historiador y el poeta, según la cual el primero relataría lo que ha sucedido y el segundo lo que podría suceder (Aristóteles, 1974: 156). En lo que respecta a los estudios sobre la escritura autobiográfica, esta distinción es fundamental, toda vez que en muchas ocasiones se ha asociado el espacio autobiográfico a la interpretación aristotélica de lo histórico para desterrar así a la autobiografía de los géneros literarios y entenderla como una forma cultural, o para incluirla, por aquellos que no consideran lo ficcional como requisito de lo literario, como una forma no-ficcional.

Muchos de los autores que se han posicionado en las cercanías de la teoría de Philippe Lejeune, que es la central en los estudios autobiográficos, han mantenido una concepción que destaca el carácter exclusivamente referencial de la escritura autobiográfica y que por tanto la define como una escritura documental (Cohn, 1999: 30). Esta corriente de pensamiento sustenta sus teorías en lo que Lejeune

(1975)[75] ha denominado, con importante aceptación crítica, el pacto autobiográfico, que resume desde una perspectiva pragmática el pacto entre autor y lector a la hora de narrar y asumir respectivamente la verdad de los hechos contenidos en la obra autobiográfica. En pocas palabras, la tesis de Lejeune se podría resumir en un célebre aserto: la autobiografía no se produce cuando alguien narra la verdad de su vida, sino cuando anuncia que la narra (Lejeune, 1998: 234). Como se puede comprobar, este análisis está cercano a la interpretación que del lenguaje hicieron los filósofos analíticos.[76] Lejeune asume, en la medida en que en ambas se produce una identificación entre autor, narrador y personaje, la imposibilidad de diferenciar entre una novela autobiográfica, lo que él considera texto ficcional, de la autobiografía, que considera texto no-ficcional (Lejeune, 1994: 64), salvo la intención de esta última de contar la verdad autobiográfica y referencial,[77] que se sella con la firma del autor en la portada, interpretada por el lector como un compromiso formal. En lo que respecta a su pertenencia a lo literario, Lejeune da por hecho que la autobiografía es una escritura literaria —habla incluso de géneros de literatura íntima (Lejeune, 1994: 51–52) —, pero no desarrolla su relación con la literatura, considerando así que lo autobiográfico, sin ser ficcional, pertenece a lo literario.[78]

En una posición contraria a la tesis del pacto autobiográfico se sitúan Paul de Man y los seguidores de Jacques Derrida, quienes efectúan una lectura de lo

---

75 Se emplea en este trabajo la traducción española (Lejeune, 1994), pero hay que recordar que la publicación original es de 1975: Lejeune, Philippe (1975), *Le pacte autobiographique*, París, Seuil.

76 En las coordenadas de Lejeune, Gérard Genette va a definir su relato factual, distinto del relato ficcional, como «aquel que, en los términos de Searle, el autor asume la plena responsabilidad de las aserciones de su relato y, por consiguiente, no concede autonomía alguna a narrador alguno» (Genette, 1993: 65). En esta línea, puede destacarse el análisis llevado a cabo décadas antes por Elizabeth Bruss, que relaciona la escritura autobiográfica con la teoría de los actos de habla de Austin (Bruss, 1976). Si bien el ensayo de Bruss es muy completo, y enriquece la postura pragmática de Lejeune, los resultados no alcanzan a explicar la escritura autobiográfica en toda su dimensión, en la medida en que centra todo el análisis en el aspecto textual de la autobiografía, omitiendo al resto de actores —recepción, historia de lo autobiográfico, etcétera.

77 Remitimos a la nota 43 del presente trabajo para la utilización del concepto *verdad autobiográfica* de aquí en adelante.

78 Los autores que se posicionan en las proximidades de Lejeune se caracterizan, generalmente, por no profundizar en las relaciones entre literatura y autobiografía.

autobiográfico desde posiciones deconstruccionistas. En su texto más conocido (1979),[79] De Man compara la naturaleza del texto autobiográfico con el de una figura retórica que, al desarrollarse en el texto, construye un Yo figurado que solo puede entenderse desde una perspectiva ficcional, sin encontrarse ningún tipo de correspondencia con la realidad. Para Paul de Man, por tanto, no hay atisbo de lo que Lejeune definía como referencialidad, e incluso habla de una «ilusión referencial» que el texto autobiográfico desarrolla. De esta forma, la posibilidad de un pacto entre un lector y un autor queda descartada, porque es imposible diferenciar entre ficción y autobiografía y el texto no puede encontrar una correspondencia con el plano real. Tan radical es la postura de Paul de Man, que, a diferencia de Lejeune, priva a la autobiografía de la consideración de género, en la medida en que la define como una figura de lectura que se da, hasta cierto punto, en todo texto (De Man, 1991: 114). Una figura que, además, le concede al texto autobiográfico la cualidad de ficticio[80] y lo inserta de tal modo en la amplia definición deconstruccionista de literatura.

Las anteriores son las dos posiciones hegemónicas en los estudios sobre autobiografía, desde las que puede interpretarse, como forma autobiográfica, la escritura diarística —toda vez que comparte la identidad de nombre entre narrador, autor y personaje, como se verá después—. Dos posicionamientos teóricos que se construyen a instancias de la interpretación aristotélica de literatura: en el caso de Lejeune, interpretando el binomio realidad (historia) / ficción (poesía) para situar su concepción de la autobiografía en el primer apartado —y para esquivar al Estagirita, sin desarrollar sus tesis, partiendo del concepto de *literatura de no-ficción*—; en el caso de Paul de Man, modelando una teoría que permite

---

79   Se emplea la edición española del artículo, publicada en Antrhopos (De Man, 1991), pero es recomendable destacar la publicación original de 1979: Man, Paul de (1979), «Autobiography as De-facement», *Comparative Literature*, 94.5, págs. 919–930.

80   Paul de Man lo interpreta así cuando se pregunta: «¿No será que la ilusión referencial proviene de la estructura de la figura, es decir, que no hay clara y simplemente un referente en absoluto, sino algo similar a una ficción, la cual, sin embargo, adquiere a su vez cierto grado de productividad referencial?» (De Man, 1991: 113). Como puede comprobarse, incluso Man deja un espacio de duda para la posible «productividad referencial» de lo autobiográfico; así, aunque su texto promueve la anulación de las características que hacen de lo autobiográfico un género literario, es capaz de reconocer la capacidad referencial de toda forma autobiográfica, algo que también advierte Pozuelo empleando otro texto menos conocido de Paul de Man (Pozuelo Yvancos, 2004).

voltear el concepto de referencia en Lejeune y leer la mímesis de lo autobiográfico en un sentido figurativo.[81]

II. 2. 2. Nuevas teorías sobre la escritura autobiográfica

La división que establece este debate entre Lejeune y Paul de Man ha sido recogida por casi todos los estudios sobre escritura autobiográfica publicados en los últimos tiempos, y se suceden los autores que se adscriben a una u otra vía. Otros autores como Pozuelo Yvancos (2004) han intentado, sin embargo, conciliar los dos posicionamientos teóricos para desarrollar una teoría que comprenda los dos polos de la cuestión. Pozuelo Yvancos habla del doble carácter del texto autobiográfico, referencial y performativo al mismo tiempo,[82] en la medida en que el texto autobiográfico es capaz de desarrollar un Yo que guarda una correspondencia con la realidad y a su vez desarrolla un Yo textual.[83] Pozuelo, eso sí, centra su discurso en el efecto pragmático que produce el acto de lenguaje del autobiógrafo, que declara contar su vida al lector; algo que desde nuestro punto de vista resulta interesante en la relación proclamada por Lejeune como pacto autobiográfico, pero no define la naturaleza total del texto autobiográfico. Algo similar ocurre con Loureiro (2001), que modela su teoría en relación con lo que

---

81 Se pregunta Paul de Man: «Y, puesto que la mímesis que se asume como operante en la autobiografía es un modo de figuración entre otros, ¿es el referente quien determina la figura o al revés?» (De Man, 1991: 113).

82 Pozuelo Yvancos resume su posición así: «Mi propuesta es que ese doble estatuto, el referencial, que De Man llama cognitivo, y el performativo son inseparables en todos los textos autobiográficos, (…) porque en rigor es indecible en toda autobiografía la medida en que una narración no sea simultánea e indivisiblemente una justificación, una petición pública de 'excusa', y por tanto, la retoricidad de la autobiografía no tendría que resolverse solamente (ni principalmente) en el estatuto textual (que la habría podido llevar a ser antropológica) sino que tiene que resolverse también en el estatuto del 'acto de lenguaje' frente al destinatario, y por tanto como acto ilocutivo (petición de excusa) con consecuencias performativas (autojustificación y justificación frente a los otros)» (Pozuelo Yvancos, 2004: 177).

83 La terminología de Pozuelo se relaciona con el citado ensayo de Bruss (1976) y las hipótesis analíticas de Austin, quien a partir de su célebre teoría de los actos de habla distingue entre enunciados constatativos, aquí emparentados con los referenciales, y enunciados realizativos, aquí representados en los performativos —que precisamente es la palabra que emplea Austin para definirlos: «performative utterances»— (Austin, 1982: 43–52). La aplicación de Austin a las teorías sobre escritura autobiográfica es, como se ve, fructífera, pero en este trabajo se parte de su previa asimilación para enfrentar directamente las dos posturas hegemónicas, la de Lejeune y la de De Man.

él denomina, siguiendo a Lévinas, la ética de la autobiografía, concepto que concebiría la autoescritura como una escritura destinada al otro y que se desarrollará más adelante, pero que, en nuestra opinión, tampoco resuelve el problema de la interpretación del texto autobiográfico como texto literario.

Darío Villanueva, desde una posición conciliadora, destaca la naturaleza *poiética* de la escritura autobiográfica por encima de su carácter mimético, de tal manera que funciona como un instrumento centrado no en la reproducción, sino en la construcción del Yo (Villanueva, 1990: 108). Además, para alejarse de la posición deconstruccionista que implicaría esa modelación de la identidad del Yo ajena a lo referencial, matiza su postura: el texto autobiográfico, según Villanueva, deviene ficción cuando se considera desde una perspectiva genética, pues el autor no pretende reproducir, sino crear su Yo, pero el mismo texto resulta verdad autobiográfica para el lector, que hace de él una lectura intencionalmente verídica (Villanueva, 1993: 28). Esta perspectiva, en la medida en que parte de la capacidad del texto autobiográfico para desarrollar la textualidad del Yo y que este sea leído al mismo tiempo como real, va a ser fundamental para entender la tesis de este trabajo.

Paul Ricoeur, por otro lado, ha matizado esta distinción a la que se acogía Villanueva entre la mímesis y la *poiesis* aristotélicas. En *La metáfora viva* (2001), Ricoeur efectúa una relectura de Aristóteles para concluir que la mímesis no debe ser entendida solo en términos de imitación, ni tampoco como una sencilla construcción referencial del texto basada en la realidad; según Ricoeur, no cabe mímesis más que donde hay un *hacer* (Ricoeur, 2001: 58), de tal manera que, si la mimesis implica una referencia inicial a lo real, este movimiento de referencia es inseparable de la dimensión creadora (Ricoeur, 2001: 58). En esta línea, la mímesis sería a la vez una representación de lo humano y una composición original; una restauración y al mismo tiempo un desplazamiento hacia lo alto, entendiendo esto último como la superación textual de lo inicialmente referencial. Solo así puede entenderse la concepción aristotélica de la poesía; el poeta imita, pero en la imitación hay espacio para la creación, *poiesis* —así cabría entender la definición de literatura como poesía, arte del *hacer*—, lo que habilitaría la descripción de lo que puede suceder, tarea del poeta, en contraposición a lo sucedido, tarea del historiador.[84]

---

84 Esta distinción entre poesía e historia, no obstante, no es tajante en Aristóteles. Él mismo confiesa en su *Poética* que si el poeta adopta un tema de la historia real, no por eso es menos poeta, «pues nada impide que algunos sucesos sean tales que se ajusten a lo verosímil y a lo posible, que es el sentido en que los trata el poeta» (Aristóteles, 1974: 160).

Siguiendo a Darío Villanueva, cuyos argumentos se refuerzan con la matización de Ricoeur, este trabajo intenta condensar las dos posturas hegemónicas en la teoría sobre escritura autobiográfica para explicar su naturaleza mixta: el Yo de la obra autobiográfica, toda vez que se autoconfigura en el texto y supera lo referencial, puede ser leído como personaje literario; al mismo tiempo, en la medida en que respeta lo que Lejeune denomina el pacto autobiográfico, puede ser interpretado como personaje referencial. Esta tesis se desarrollará en las páginas siguientes a propósito del diario literario.

II. 2. 3. Algunas teorías sobre ficción literaria: Harshaw, Toro y Eagleton

La perspectiva de la que parte este trabajo, como se ha dicho, relaciona el concepto de literatura con el concepto de ficción, sin hacer depender al primero del segundo, sino más bien intentando arrojar luz sobre esta perspectiva tan recurrente en las poéticas de diversos autores. Ahora bien, si es cierto que las teorías expuestas tienen como referencia las tesis de Aristóteles al respecto de la mímesis, a partir de ellas cabe entender la ampliación del concepto de ficción contemplado en estas páginas. El concepto de ficción verbal, con el que se nombra la especificidad de la literatura, tiene que explicar no solo el estatus de los textos desarrollados a través de lo que Aristóteles denominó fábula, sino también el de los textos líricos, precisamente los que están ausentes de la *Poética*. Para ello, es necesario ampliar el rango de la categoría aristotélica, algo que persigue Pozuelo Yvancos en su texto «Lírica y ficción» (Pozuelo Yvancos, 1997). A semejanza de lo que ocurre con la actual poesía, la autobiografía puede ser leída desde una concepción más abarcadora de lo ficcional, como intentará demostrarse a partir del planteamiento de Benjamin Harshaw.

Harshaw desarrolla la teoría de los campos de referencia, según la cual «los textos literarios construyen su propio *Campo de Referencia Interno* al mismo tiempo que se refieren a él» (Harshaw, 1997: 130). Intentando resolver la paradoja, Harshaw resume su postura: una obra literaria tiene la capacidad de construir su propia realidad al mismo tiempo que la describe simultáneamente (Harshaw, 1997: 130). A partir de este posicionamiento, Harshaw explica que la ficcionalidad no se reduce así a una cuestión de invención: en estas coordenadas, *ficción* no se opone a *hecho*, lo que explicaría que las obras que él denomina *fictivas* pueden a su vez estar basadas en experiencias verídicas y que, por el contrario, obras que pretenden describir lo real (entre las que incluye las autobiografías) «pueden tener una gran cantidad de información sesgada» (Harshaw, 1997: 137). Como se deduce de lo anterior, Harshaw establece una distinción entre las obras que él incluye dentro de lo literario, y que por tanto tienen un CRI (campo de referencia interno), y las no literarias, que desarrollarían campos de referencia externos (CRE), definidos como aquellos campos de referencia exteriores a un texto dado (Harshaw, 1997: 147): el mundo real en el tiempo y el espacio o una teoría filosófica, por ejemplo.

Esta hipótesis, que en principio alejaría los escritos autobiográficos de lo ficcional, y por lo tanto de lo literario, tiene una falla, admitida por el propio Harshaw en su discurso, en tanto que existen casos fronterizos como algunos libros de reportajes, textos de viajes o de carácter histórico, que pueden leerse como obras de literatura (Harshaw, 1997: 140). En ese caso, el lector parece desgajar las referencias al CRE y «los valores de verdad de sus proposiciones específicas fuera del CRI pierden su importancia» o, como especifica Harshaw, «quedan en suspenso para primar una lectura representativa» (Harshaw, 1997: 140). Estos textos, en definitiva, contarían con un CRI que tendría una autonomía independiente de cualquier estudio histórico, a la que se añadiría una relación de representación con el mundo externo (Harshaw, 1997: 140). Dentro de este tipo de textos se encontraría el texto autobiográfico.

A partir de lo que resulta una excepción en la teoría ficcional de Harshaw, se puede entender la especial consideración de la escritura autobiográfica, que tiene una naturaleza referencial y performativa al mismo tiempo, como se colegía en el punto anterior de las tesis de Villanueva. El texto autobiográfico contaría con un campo referencial interno en tanto que construye su propia realidad al mismo tiempo que la describe —y aquí tendría sentido la consideración autofigurativa del Yo autobiográfico de Paul de Man—, y a su vez se construiría en relación a un campo referencial externo, lo que daría sentido al pacto autobiográfico de Lejeune en la medida en que la narración autobiográfica mantendría una correspondencia referencial con el espacio exterior al texto.

Vera Toro, por otro lado, elabora una valiosa teoría autoficcional en *Soy simultáneo: el concepto poetológico de la autoficción en la narrativa hispánica* (Toro, 2017). De ella interesa ahora la perspectiva que adopta respecto al carácter ficcional de la autobiografía. Toro intenta matizar las diferencias, en terminología genettiana (Genette, 1993), entre lo factual —dominio de lo autobiográfico— y lo ficcional —dominio de la novela—; para ello, parte de las posiciones teóricas de Werner Wolf y distingue entre la *fictio* y el *fictum*: la primera se refiere al «aspecto de la ficción que enfoca su carácter de artefacto —de constructo— en contraste con la realidad naturalmente dada» (Toro, 2017: 52); la segunda al «aspecto que enfoca la 'irrealidad', la falta de referencia a algo realmente existente en el mundo extratextual» (Toro, 2017: 52). A partir de ahí, esboza la siguiente conclusión: el texto factual y autobiográfico cuenta con «el carácter de constructo y la artificialidad» de la *fictio*, pero no con la falta de referencia del *fictum*; el texto ficcional, a diferencia del factual, cuenta con las dos (Toro, 2017: 52).

Partiendo de las teorías de Toro, puede comprobarse cómo el texto autobiográfico sí desarrolla un tipo de ficción que no es necesariamente la del texto ficcional puro —novelístico o fabulado—, por decirlo así; mientras que este último posee la doble naturaleza de la *fictio* y el *fictum*, el primero, toda vez que se trata de un artefacto textual y también referencial, solo posee el *fictum*. Esto facilita la interpretación del diario personal como un texto con un determinado carácter ficcional, que a su vez permite explicar su naturaleza narrativa y finalmente literaria.

Por último, Terry Eagleton, en un capítulo de libro que desarrolla y supera las teorías de los actos de habla, como es «La naturaleza de la ficción» —dentro de *El acontecimiento de la literatura* (Eagleton, 2013) —, señala que «un texto puede ser al mismo tiempo real y ficcional», entendiendo real en este caso como sinónimo de verdad autobiográfica. Esto es debido, señala Eagleton, a que «imaginar algo que se sabe que es cierto no difiere sustancialmente de imaginar algo que uno sabe que es falso» (Eagleton, 2013: 153), lo que conduce a que un autor «puede 'ficcionalizar' una descripción de hechos cierta revistiéndola de forma dramática, creando personajes memorables, amoldándola a una narración absorbente y estructurando sus elementos para resaltar determinados temas» (Eagleton, 2013: 153).

Esto aproxima a Eagleton a las teorías de Vera Toro, toda vez que valida una lectura ficcional de textos referenciales y confirma las posibilidades del texto autobiográfico como portador de la denominada *fictio*. Eagleton es más explícito cuando añade: «También es posible adoptar una posición ficcional hacia una obra concebida como puramente de hechos o pragmática. Se puede tratar a una obra pragmática de forma no pragmática» (Eagleton, 2013: 153). Para lo que se apoya en última instancia en la declaración de Peter McCormick, quien piensa que «se puede leer la *Autobiografía* de Stuart Mill (…) ficcionalmente» (Eagleton, 2013: 153) aun cuando esta obra no anticipe esta lectura. Eagleton, además, se sitúa con Schmidt y sus teorías pragmáticas al reforzar una de las bases de este trabajo, según la cual es el sistema literario el que sanciona lo literario: «Con el transcurso del tiempo —señala Eagleton—, las obras pueden pasar de la condición de ficcional a la de no ficcional, o viceversa» (Eagleton, 2013: 154).

II. 2. 4. Ficción y diario

Los planteamientos expuestos a propósito de la autobiografía pueden aplicarse al diario personal. El diario personal, que comparte la identidad propuesta por

Lejeune entre autor, narrador y personaje, desarrolla un Yo que adquiere una identidad textual propia y al mismo tiempo mantiene una manifiesta correspondencia con lo *real*. Este tipo de diario, que tendría notorias diferencias formales con la autobiografía, presenta a través de la escritura autobiográfica a un Yo que se autoconfigura en el texto, lo que capacitaría al texto diarístico para leerse desde la teoría entrevista en los anteriores apartados, como ya han puesto de manifiesto autores como Michel Braud (2006: 248).

Según esta teoría, el diario personal interpretado como literario tendría un doble estatuto, referencial y performativo, que le permitiría ser leído como real y ficcional al mismo tiempo, y que por lo tanto justificaría su lectura desde la literatura según las hipótesis que vinculan literatura y ficción. Siguiendo a Harshaw, por tanto, el diario personal es capaz, en algunas ocasiones —y solo en estas ocasiones cabría hablar de lo que a continuación se definirá como *diario literario*—, de construir un campo de referencia interno al mismo tiempo que se refiere a lo real. El modo en que se construye este CRI, por tanto, variaría de los textos autobiográficos a los textos ficcionales,[85] pues estos últimos no tendrían —o solo aludirían a él de manera secundaria— un CRE, mientras que en los primeros habría siempre una correspondencia con lo real, una alusión constante al campo de referencia externo, si bien esa correspondencia es leída en términos representativos, y en esto último radica la especial consideración de lo autobiográfico. El diario personal leído desde la literatura, como ejemplo concreto de lo anterior, tendría numerosos elementos capaces de construir este CRI: el Yo diarístico que se desarrolla en el texto hasta adquirir la potencialidad de un personaje; los personajes restantes, descritos a través del Yo y que poseen la capacidad de construirse como personajes narrativos propios de una ficción; un espacio propio como es el espacio privado, también llamado íntimo, y que devendría en lo que más tarde se denominará la construcción del espacio íntimo. En resumidas cuentas, el diario personal tendría la capacidad para desarrollar una estructura narrativa similar a la de una novela; así, como destaca Philippe Forest,[86] «lo vivido no se

---

85 Los textos construidos a partir del pacto ficcional.

86 La postura de Philippe Forest es muy útil para entender esta perspectiva: «Cierta doxa crítica actual opone literatura testimonial y literatura de ficción: a un lado, la confesión; al otro, la fabulación. En este combate pausado, cada uno escoge cómodamente su campo. Pero *lo vivido* no se distingue en absoluto de *lo ficticio* cuando se enuncia según las reglas de un mismo modelo narrativo. No es más que la forma cómplice de *lo virtual* cuya vertiginosa hegemonía mental celebra la profecía posmoderna. Porque *vivido* y

distingue de lo ficticio cuando se enuncia según las reglas de un mismo modelo narrativo»[87] (Forest, 2012: 221).

La construcción del CRI en este tipo de diario personal, cuyos elementos se desarrollarán en los puntos siguientes —a partir del análisis del Yo o del espacio íntimo—, le proporciona un carácter ambivalente que sin embargo no todos los diarios poseen. No son pocos los diarios personales que, desde el asentamiento de esta forma en el siglo XX, se publican por simple interés documental, como puede ser el caso de los diarios de Leandro Fernández de Moratín (2008). Son textos en los que prima la anotación escueta, puramente testimonial, y en los que no se desarrolla la figura de un Yo, ni tampoco un espacio íntimo. Siguiendo a Harshaw, se podría decir que estos textos carecen de CRI; por tanto, solamente pueden leerse como documento, nunca como literatura. En el caso de Alfonso Reyes, por ejemplo, Huchín Sosa estudia su diario para concluir que no se trata de «un diario para leer sino para hacer esporádicas consultas» (Huchín Sosa, 2015a: 61).[88] Esto es lo que diferenciaría el diario literario del diario personal sin desarrollo narrativo: el primero desarrolla una narración que puede interpretarse como texto referencial y ficcional, y por tanto literario, y el segundo se conformaría como un texto que solo puede ser leído como documento histórico.

A conclusiones parecidas conduce el análisis del diario personal desde las teorías ficcionales de Vera Toro; según estas, el diario personal con capacidad literaria desarrollaría un texto a partir del *fictum*, que conllevaría una suerte de artificio retórico derivado de la narración diarística. Aunque es cierto que Vera

---

virtual descansan sobre la misma conjura ficcional de ese *real* donde lo imposible invita al sujeto literario a vislumbrar una forma posible de existencia» (Forest, 2012: 221). Esta identidad en el modelo narrativo, no obstante, tendrá que ser demostrada en el caso de la escritura diarística, como ocurrirá a lo largo de este trabajo.

87   Esto lo han mantenido muchos autores. Otra reflexión de Schmidt, si bien él emplea el término equívoco de *no ficción*, puede arrojar luz: «Adoptemos por el momento la práctica anglosajona de identificar literatura y ficción, y así sobre la base de las conclusiones anteriores podemos decir que: no hay razón para pensar que las estrategias lingüísticas o estilísticas que utilizamos para construir la realidad dentro de la *ficción* son distintas de las estrategias que utilizamos para construir la realidad dentro de la no ficción» (1997: 227).

88   El texto de Alfonso Reyes, por ejemplo, está constituido por notas como la siguiente: Martes: «Trabajando desde las 5 a. m. en mis capítulos de historia de la literatura española.» Miércoles: «Antes de las 4 a. m. me levanto a trabajar en mis Capítulos. [...] Trabajo nocturno: Literatura española.» Lunes siguiente: «Trabajé en libro de Capítulos de literatura española hasta cuatro y media madrugada» (Huchín Sosa, 2015b).

Toro parte de la naturaleza concreta de la autobiografía, y centra sus hipótesis en la idiosincrasia de esta como construcción memorialística, este *fictum* también puede encontrarse en determinados diarios personales que, como se verá a partir de Genette y Braud —I. 6. 3. —, construyen una narración intercalada a partir de las entradas diarias. Este *fictum* explica la utilización del diario personal como herramienta narrativa en muchas novelas desde los siglos XVIII y XIX. Además, como ocurría con las teorías de Harshaw, existe una excepción en aquellos diarios cuya estructura documental imposibilita la existencia de una narración y del desarrollo de elementos que equiparan texto referencial y texto ficcional; de este modo, en el texto de Alfonso Reyes apenas sería posible encontrar *fictum*, a diferencia de lo que ocurre en el diario de Paul Léautaud, que sería el ejemplo paradigmático de construcción narrativa de carácter diarístico. El diario de Léautaud se conformaría como el ejemplo más exacto de diario literario; el de Alfonso Reyes, por el contrario —y como se observa en la nota 88—, como aquel diario personal que no puede interpretarse desde coordenadas teórico-literarias.

II. 2. 5. El diario literario

Esta dialéctica —diario personal con posibilidades literarias / diario personal exclusivamente documental— conduce a la última cuestión que explica la consideración especial del texto autobiográfico y, en concreto, del diario literario.

Se ha empleado hasta el momento un concepto de verdad autobiográfica derivado de la dualidad aristotélica de historia (verdad) / poesía (fábula). A partir de esta dualidad, lo autobiográfico y el diario personal, al describir hechos que han sucedido, se situarían en el primer campo; teoría que comparte Lejeune al comparar el texto autobiográfico con los textos biográficos e históricos.[89] Esta hipótesis de Aristóteles, que operaba con textos fechados hace más de dos milenios, no explica, como tampoco la de Lejeune, por qué en la actualidad gran número de autobiografías y lo que aquí se denomina como diario literario son leídos e interpretados como literatura. En esta línea, el término de no-ficción, tan popular en los estudios y crítica anglosajones,[90] no resulta suficiente en este

---

89 Señala Lejeune: «Por oposición a todas las formas de la ficción, la biografía y la autobiografía son textos referenciales: de la misma manera que el discurso científico o histórico, pretenden aportar una información sobre una *realidad* exterior al texto» (Lejeune, 1994: 76).

90 Si bien esta distinción está muy bien representada en la dicotomía factual / ficcional de Genette (1993), el autor que con mayor claridad aborda tal diferenciación es Kendall L. Walton, quien en *Mimesis as mask-believe* (Walton, 1990) establece una amplia descripción de los aspectos que definen los conceptos de *fiction* y *nonfiction*.

trabajo para entender este fenómeno discursivo: priva a la literatura de su posible relación exclusiva con lo ficcional y al mismo tiempo cae en la identificación entre autobiografía y texto histórico. Más completa que esta perspectiva es la hipótesis que se ha desarrollado a partir de las teorías ficcionales de Harshaw y Toro: existe un tipo de diario personal, de carácter sincero y autobiográfico, que puede interpretarse como texto con potencialidad ficcional; lo que Toro entendería como *fictio* y Harshaw como campo referencial interno —asumiendo los matices que diferencian ambas propuestas.

Otra dualidad aristotélica puede arrojar luz sobre la naturaleza de lo autobiográfico y el diario personal en este contexto: se trata de la diferencia que describe Aristóteles entre lo universal y lo concreto, que marcaría la distancia de lo literario —terreno de lo posible— respecto a lo histórico —terreno de lo pasado— (Aristóteles, 1974: 157–158). La autobiografía, espacio de lo subjetivo, puede asociarse con la reconstrucción de los hechos a partir de sucesos biográficos, lo que denotaría su naturaleza histórica y referencial; sin embargo, desde una perspectiva más amplia, puede comprobarse cómo en muchos textos los personajes autobiográficos se construyen como personajes universales, con rasgos que provocan la superación de su identidad concreta en favor de una caracterización que representa no solo a un humano, sino también a un tipo humano. Esta es la línea de interpretación que sigue María Zambrano cuando señala que «cuando leemos una Confesión auténtica sentimos repetirse aquello en nosotros mismos, y si no lo repetimos no logramos la meta de su secreto» (Zambrano, 2004: 30). En el diario personal entendido como texto literario, el caso paradigmático estaría representado por el diario de Amiel, del que Gregorio Marañón destacaba la construcción de un personaje cuyos sentimientos eran «iguales a los nuestros» (Marañón, 1962: 17). En la línea de esta obra, otros diarios como los de Léautaud o los de Ribeyro eran capaces de construir personajes que superaban sus condiciones históricas concretas para elevarse como personajes prototípicos semejantes a los de cualquier narración novelística; en esta consideración universalista de ciertos tipos de diarios reside su carácter literario.

Esto permite extender la diferenciación entre el diario personal que puede ser leído desde lo literario y el diario personal entendido como documento. El diario literario se constituiría así como aquel texto con capacidad para desarrollar un personaje que puede ser interpretado como personaje universal frente al diario personal puramente testimonial, formado por hechos y acontecimientos que solo pueden leerse desde lo concreto aristotélico.

En las notas de diarios como el de Alfonso Reyes[91] o el de Leandro Fernández de Moratín[92] no hay desarrollo del Yo, así como tampoco hay una narración; se trata de una exposición y registro de los acontecimientos que le otorga al texto un carácter histórico y notarial. La ausencia de la construcción de un personaje provoca que este tipo de textos deba leerse desde el ámbito histórico, dado que, en términos aristotélicos, su espacio es el de lo concreto. Esto lo diferencia de los diarios personales comentados en el punto I. 3. de este trabajo; estos poseen la capacidad de desarrollar un Yo que puede interpretarse como un personaje literario y a partir del cual se puede construir un campo referencial interno que justificaría una lectura ficcional. Esta diferencia culmina la definición del diario literario.

II. 2. 6. El pacto diarístico

En el diario literario, según lo expuesto, el Yo puede superar su estatus referencial para adquirir cierta autonomía respecto al espacio real. Ahora bien, no se puede afirmar que exista una independencia absoluta, pues el carácter referencial del diario literario es indiscutible en tanto que representación de vida y, sobre todo, compromiso con esta representación. Volviendo a las ideas de Lejeune, este último es el elemento esencial de su teoría sobre el pacto autobiográfico. El autobiógrafo establece un compromiso con el lector, voluntario o no,[93] al titular su obra con el nombre de autobiografía —o sugerir este concepto en los paratextos— y establecer una identificación entre autor, narrador y personaje. Este Yo que desarrolla en el texto puede leerse como un Yo literario, tal y como se tratará en el siguiente epígrafe, pero su capacidad de aludir a una realidad externa al texto —a un CRE, en términos de Harshaw— nunca se verá mermada.

Partiendo de esta base, y como señala Michel Braud (2006: 248), las teorías sobre el pacto autobiográfico de Lejeune son aplicables al diario literario. En el diario literario, como en la autobiografía, existe una identificación entre autor, narrador y protagonista, a partir de la cual el diarista narra sucesos personales mediante los que establece un pacto de verdad autobiográfica con el lector. Con

---

91 Nota 88.

92 Nota 125.

93 El autobiógrafo no tiene por qué conocer el concepto de pacto autobiográfico, ni debe rendir cuentas ante nadie, pero titulando la obra de esa forma se inscribe en una determinada tradición según la cual su texto mantiene una correspondencia con lo real, del mismo modo en que el novelista, consciente o no, se inscribe en la tradición del pacto ficcional.

el objetivo de explicar la naturaleza de este pacto, que aquí se llama diarístico, se analizarán a continuación los diferentes componentes del contrato lejeuniano. Para ello debe comenzarse por la idea de *opus*, de obra cerrada, puesto que este pacto solo puede entenderse en la medida en que el diario, a partir del proceso de publicación, se configura como libro. Este hecho, que tanta polémica ha generado en relación con el diario personal por cuanto es un texto destinado aparentemente al propio autor, determina el diálogo del diarista con el público y le otorga al diario personal un carácter literario.

II. 2. 6. 1. El diario personal como obra

Hans Rudolf Picard resume el problema del diario como obra de la siguiente forma:

> Las peculiaridades constitutivas del diario, es decir, su fragmentarismo, la incoherencia a nivel textual, su referencia a una situación vital concreta, lo abreviado de la información, no se avienen con el concepto de totalidad de la obra literaria, del *opus* (Picard, 1981: 16).

Desde una posición similar escribe Celia Fernández cuando define el diario como «una práctica de escritura que registra en una secuencia temporal datada y más o menos continuada, un conjunto de anotaciones relacionadas con la vida cotidiana (…) de quien lo escribe» para dejar clara su condición: «No es un libro» (Fernández, 2015: 49). Tanto Picard como Celia Fernández se refieren al diario como cuaderno individual que posee la función de recoger los testimonios privados del autor; esto es, como diario personal sin publicar. Este trabajo, sin embargo, parte de una perspectiva teórico-literaria a la que no le interesa el fenómeno diarístico en calidad de práctica de escritura; por el contrario, el interés empieza cuando el diario se publica, momento en el que se constituye como libro y pasa a formar parte del sistema literario. Desde esta perspectiva, el diario personal que no accede al sistema de publicación debe considerarse, al igual que el resto de textos pertenecientes a otras modalidades genéricas que no salen a la luz, como manuscritos inéditos que, en cuanto tales, no puede constituirse en objeto de estudio para la teoría de la literatura hasta que no se publican —más allá de servir como fuente para el análisis de otros textos publicados—. En lo que respecta a las características que menciona Picard, son las propias que pueden afectar a todos los manuscritos antes de su publicación. Ninguna de estas características presupone, en sí, una ausencia de literariedad en la obra diarística; de hecho, alguno de estos rasgos son utilizados por formas como la novela para otorgarle veracidad al relato diarístico —puede pensarse en el caso mencionado de Azorín—. Por tanto, carece de sentido en estas páginas analizar el diario desde la ausencia de publicación o pre-publicación.

Cuando el diario se publica, este se analiza generalmente como una obra, como *opus* cerrado. En el ejercicio de publicación pueden valorarse diferentes condicionantes: si se trata de un texto póstumo, como ocurría generalmente en el siglo XIX y en buena parte del XX, debe tenerse en cuenta la labor del editor, que, como sucedía en el caso de Amiel con Edmund Scherer (Monnier, 1981), tiene un papel importante en el resultado final de la obra; si, en cambio, el escritor todavía está vivo cuando se publica el diario, se trata del propio autor el que prepara y dispone la obra —para un público— como un producto cerrado, corregido, meditado. Esta última es la circunstancia más común en el contexto actual, en donde el diarista suele publicar su diario en vida o, en el caso de que no sea así, escribe frecuentemente para ello en la medida en que tiene en cuenta la posibilidad de su publicación.

El ejercicio de la publicación incide en otro aspecto relevante, que es el destinatario del diario personal. Esta cuestión se ha afrontado generalmente en relación con el origen privado de la práctica diarística; el aparente destinatario del diario personal, señalan autores como Simonet-Tenant (2004: 132) o Rousset (1983), es el mismo diarista que lo escribe, lo que conduce al citado Picard a señalar que esta autodestinación exclusiva priva al diario del carácter comunicativo de todo texto literario. Este trabajo, sin embargo, rechaza las hipótesis de Picard en la medida en que, como señala Sartre en su célebre *¿Qué es la literatura?*, no puede concebirse escritura para uno mismo:

> No es verdad, pues, que se escriba para sí mismo: sería el mayor de los fracasos; al proyectar las emociones sobre el papel, apenas se lograría procurarles una lánguida prolongación. El acto creador no es más que un momento incompleto y abstracto de la producción de una obra; si el autor fuera el único hombre existente, por mucho que escribiera, jamás su obra vería la luz como objeto; no habría más remedio que dejar la pluma o desesperarse. Pero la operación de escribir supone la de leer como su correlativo dialéctico y estos dos actos conexos necesitan dos agentes distintos. Lo que hará surgir ese objeto concreto e imaginario, que es la obra del espíritu, será el esfuerzo conjugado del autor y del lector. Sólo hay arte por y para los demás (Sartre, 1990: 70–71).

Esta condición de la escritura diarística pasa a ser una evidencia cuando el diario comienza a publicarse. La publicación establece un diálogo obligado entre texto y lector y, aunque el texto posea una apariencia de autodestinación, de desdoblamiento del autor, se concibe sin dudarlo de cara a un *otro*, que de lector privilegiado y privado pasa a lector corriente y público.

En este contexto, y esto es lo que resulta interesante para la teoría del pacto diarístico, se puede afirmar que el diario ha entrado dentro del sistema literario. Si se analiza el mercado editorial español de los últimos años —expuesto en el punto I. 3. — se comprueba cómo el diario es una forma que se publica como literatura. Recordemos diaristas ya nombrados como Andrés Trapiello, Iñaki Uriarte, Miguel Sánchez-Ostiz, Laura Freixas o José Luis García Martín. Todos ellos escriben con conciencia de estar dentro del sistema literario; sus obras se venden en las librerías como literarias; los lectores leen tales libros como literatura e incluso la bibliografía sobre escritura diarística desde los estudios literarios ha crecido exponencialmente en los últimos años. Al mismo tiempo, todos estos actores están de acuerdo en considerar el diario como una forma textual cuyo contenido tiene una correspondencia directa con la realidad y que, en los términos establecidos, posee una escritura referencial. Por este mismo motivo, se puede afirmar que el pacto diarístico existe, y lo hace a partir de sus dos principales componentes: autor y lector.

II. 2. 6. 2. El pacto diarístico: el autor

En el pacto autobiográfico, la primera responsabilidad recae en el emisor del contrato: el autor. La etiqueta de autor, como señala Lejeune, no se refiere a una persona, sino a una persona que publica algo (Lejeune, 1994: 61). Para el lector, que no tiene por qué conocer a la persona real, el autor se define como la persona capaz de producir un discurso y, sobre todo, asumir su autoría (1994: 61). El autor ya es, por tanto, una figura que media entre lo textual y lo extratextual: un nombre de persona que asume la autoridad de un texto que firma. Esta firma, que en principio tiene la categoría de todas las firmas literarias, adquiere con el título de *autobiografía* una consideración diferente, en la medida en que se está comprometiendo a narrar unos hechos biográficos protagonizados por el autor. Este es el término clave de la poética autobiográfica lejeuniana: el compromiso. El autor no *dice* la verdad autobiográfica, sino que, por medio de una firma, *dice que la dice* (Lejeune 1998: 234), y en este pequeño juego verbal reside la idiosincrasia de lo autobiográfico.

A partir de este argumento, Lejeune describe el elemento *sine qua non* del pacto: la identificación entre autor, narrador y personaje (Lejeune, 1994: 52). En un acercamiento sin demasiada profundidad filosófica a la cuestión de la identidad,[94] Lejeune resume la identificación autobiográfica de la siguiente forma: el narrador y el personaje son las figuras a las cuales remite, dentro del texto, el sujeto de la enunciación y el sujeto del enunciado (Lejeune, 1994: 75); el autor, representado por un nombre —un nombre que además suele aparecer en el

---

94 Para entender las teorías de Lejeune, puede ser de interés la definición de Gustavo Bueno sobre la identidad, que define como «la relación del sujeto con alguna clase del entorno» (Bueno en http://www.fgbueno.es/med/tes/t016.htm, 20/09/2019).

texto—, es referido por sujeto de la enunciación, lo que determina que sujeto de la enunciación, del enunciado y el autor se correspondan, en última instancia, con la misma identidad. Esto ubica el texto dentro de lo que Lejeune bautizó como el «espacio autobiográfico» (Lejeune, 1994: 81).

En el caso del diario literario, el pacto autobiográfico se cumple en las mismas circunstancias. El diarista firma con su nombre una obra que además titula con el apelativo de *diario*. En ese momento, el diarista se sitúa dentro del espacio autobiográfico: el Yo diarístico se corresponde con el narrador diarístico y al mismo tiempo con el autor, en esta trinidad autobiográfica que resume el llamado pacto diarístico entre autor y lector. En el diario, sin embargo, hay un problema añadido que ya se ha anticipado —II. 2. 6. 1.—: el diario parece estar dirigido al propio autor que lo escribe, en un proceso de desdoblamiento que respecto al pacto autobiográfico implicaría una cuadratura del círculo por cuanto se produciría una identificación entre autor, narrador, personaje y lector. Esto conllevaría la eliminación del pacto, puesto que el autor no necesitaría pactar consigo mismo. Tras la publicación del texto diarístico, en cambio, esta concepción de desdoblamiento deja de tener relevancia en un sentido pragmático —sí la mantendrá en un plano semiótico y retórico, como se verá después—, y el lector de diarios pasa a tener la misma condición que el lector de autobiografías.

Hay, sin embargo, algunas cuestiones que deben matizarse. En lo que respecta a los cuadernos inéditos de naturaleza diarística que el editor publica bajo el nombre *diarios*, este último encarna el papel del autor, puesto que se responsabiliza, y esto es lo importante, en nombre de este. De parecida forma ocurre cuando el diarista decide firmar con un pseudónimo —y este es el caso de los diarios de Ricardo Piglia que publica con el seudónimo de Emilio Renzi (Piglia, 2015)—,[95] en la medida en que el seudónimo no es exactamente un nombre falso, como señala Lejeune, sino un nombre *de autor*: el pseudónimo o heterónimo es simplemente un desdoblamiento del nombre que no modifica el proceso de identificación (Lejeune, 1994: 62).

El pacto diarístico, a tenor de los ejemplos anteriores y dada su naturaleza pragmática, requiere en último lugar del análisis de las circunstancias individuales de cada diario literario, en la medida en que cada uno de estos textos propone un pacto concreto, cuyas condiciones están siempre mediadas por el paratexto.

---

95 Si bien en el caso de Piglia se trata de su segundo nombre y su segundo apellido, por lo que se trata de un nombre con mayor cercanía al nombre original del autor —mejor: a su firma literaria habitual, su marca comercial— que un pseudónimo.

II. 2. 6. 3. **El pacto diarístico: el lector**

La segunda parte de este pacto está protagonizada por el lector del diario literario, que se configura como la entidad contratante del pacto y por tanto como la más importante, dado que es el lector quien va a recibir el texto como discurso referencial. De hecho, la teoría de Lejeune está concebida desde un posicionamiento muy cercano a la estética de la recepción y solo a partir del lector y los patrones de lectura puede interpretarse la paradójica naturaleza del texto autobiográfico. El propio Lejeune lo confirma al señalar que «no se trata ni de partir de la interioridad de un autor, ni de establecer los cánones de un género literario», sino de analizar la situación del lector para captar «con más claridad el funcionamiento de los textos» (Lejeune, 1994: 50).

Este lector del diario literario, como el lector de la autobiografía, asume desde el primer momento el carácter referencial del texto en tanto que acepta la palabra del autor, quien le ofrece su compromiso. Si este compromiso se revelara falso —y es el caso de textos autobiográficos como las memorias de Rigoberta Menchú, según ha podido descubrir el antropólogo norteamericano David Stoll (Beverley; Achugar, 2002: 9) —, se verán decepcionadas las expectativas textuales del lector, lo que vuelve a remitir a la estética de la recepción y al «horizonte de expectativas» de Jauss (1987: 71). Para el acuerdo entre lector y autor, por tanto, resulta de especial relevancia el paratexto; en este sentido, ya se han señalado en el anterior punto algunas dificultades que pueden presentarse en determinados casos para el establecimiento del pacto diarístico. Lejeune, por ejemplo, señala dos formas que tendría el lector para detectar la identificación entre autor, narrador y personaje: una patente, en la que portada y texto coinciden; y otra implícita, en la que el autor se compromete con el lector en la sección inicial del texto o con el empleo de títulos que, aunque no se produzca la identificación explícita en el texto, den fe del tipo de relato que se va a narrar: títulos como autobiografía o diario (Lejeune, 1994: 65).

Hay textos diarísticos, por tanto, que facilitan el inmediato reconocimiento del lector, como puede ser el caso de los diarios que explicitan su título en la portada, como los de Iñaki Uriarte y el de César González-Ruano, o los que lo explicitan en el prólogo, como *La tentación del fracaso*, de Ribeyro (2003: 2) o *Alcancía*, de Rosa Chacel (1982: 7); y otros que solicitan una suerte de colaboración.[96] En el caso de estos últimos, en la tercera parte de este trabajo se comprobará cómo Andrés Trapiello —que se opone desde un primer momento a

---

96 Las referencias se pueden ligar de muchos modos a la estética de la recepción. En este caso, la teoría de los vacíos textuales de Wolfgang Iser (1987: 182).

esta concepción lejeuniana— ha declarado en numerosas ocasiones que concibe sus diarios como una novela y que, en todo caso, tienen más de novela que de diario. Los lectores de estos libros, sin embargo, saben desde el comienzo de su publicación en 1990 que estos textos son diarios autobiográficos y que el propio Trapiello los ha tratado en numerosas ocasiones como tales. Además, reconocen en el empleo de la AT. una firma explícita del propio nombre de Andrés Trapiello y se acercan al texto como lo que verdaderamente es: la construcción textual de un personaje que mantiene una correspondencia con una persona real: Andrés Trapiello. Circunstancia que valida la naturaleza referencial del diario literario y confirma el estatus del lector como parte esencial del contrato autobiográfico.

II. 2. 6. 4. Pacto diarístico y ficción

El pacto diarístico evidencia la condición referencial del diario literario, pero no niega en ningún caso la lectura literaria del mismo, como vengo argumentando a lo largo de estas páginas. El diario literario posee una naturaleza paradójica según la cual la figura del Yo diarístico mantiene una correspondencia referencial con el autor al tiempo que adquiere independencia textual sobre este, de tal manera que se puede leer como un personaje literario. En este sentido, hay que reprocharle al primer Lejeune su consideración del texto autobiográfico como texto emparentado con el discurso científico.[97] Desde nuestra posición, el texto autobiográfico, en tanto que subjetivo, está muy alejado de las pretensiones de

---

97 Señalaba Lejeune: «Por oposición a todas las formas de la ficción, la biografía y la autobiografía son textos referenciales: de la misma manera que el discurso científico o histórico, pretenden aportar una información sobre una 'realidad' exterior al texto, y se someten, por lo tanto, a una prueba de verificación» (Lejeune, 1994: 76). Si es cierto que el texto autobiográfico se somete a un pacto, y por tanto puede defraudar al receptor en la medida en que incumpla ese pacto, el pacto no exige una prueba de verificación, e incluso en la mayoría de lo casos, al tratarse de obras subjetivas, no existe tal posibilidad de verificación, como sucede en la construcción del espacio íntimo del diarista —como recordaba Castilla del Pino, lo íntimo no es observable ni por lo tanto verificable (Castilla del Pino, 1989: 29)—. Por tanto, esa prueba de verificación, de existir, es tan débil como el famoso *Basado en hechos reales* de las producciones cinematográficas en las que el espectador solo espera encontrar una referencia a la realidad, una verdad autobiográfica, y no una búsqueda objetiva de la verdad. En ese sentido, eso es lo que diferencia a los textos literarios de los científicos o históricos, y por ello se puede decir, sin reservas, que lo autobiográfico está más cerca de los primeros que de los segundos. Remitimos a la distinción propuesta por Ingarden, en la siguiente cita, entre texto científico y texto literario.

verdad de un texto científico.[98] El mismo Lejeune se corrige a sí mismo en el segundo volumen que dedica a su pacto autobiográfico, hasta el punto de que censura su actitud «jansenista» (Lejeune, 1994: 132) de la publicación de 1975.

En 2007, sin embargo, Lejeune vuelve a mostrar una faceta más radical precisamente a propósito del diario personal. En su artículo «Le journal comme 'antifiction'» (Lejeune, 2007), acuña el concepto de *antificción* para referirse al diario personal como un texto que, por su forma de construirse, repele toda posibilidad de ficcionalización. A diferencia del autobiógrafo, expone Lejeune, el diarista reproduce los acontecimientos en el diario con una gran cercanía temporal respecto al momento en que sucedieron; el diarista narra su día a día, de forma continua, de tal manera que no le es posible incurrir en fallos involuntarios de memoria o en la remodelación novelística del pasado personal. Esto provoca que el diario, según Lejeune, se mantenga alejado de cualquier tipo de ficción (Lejeune, 2007). Su acercamiento, como se ve, transita por la vertiente más radical del pacto autobiográfico, y se opone a lo establecido en este trabajo sobre diario y ficción, dado que se han demostrado las posibilidades ficcionales del diario. En su reflexión, no obstante, Lejeune reconoce que se trata de un acercamiento algo «simple» y que todo texto referencial está «contaminado» en la medida en que «tiene ficción en su sangre» (Lejeune, 2007: 10). Su objetivo estriba más bien en encontrar la resistencia autobiográfica que, dadas las peculiaridades formales señaladas —a saber: el diarista no sabe lo que va a ocurrir en su narración; la forma es fragmentaria; no hay temas elaborados—, posee un diario personal. De hecho, aclara que el diario personal solo puede interpretarse como un texto literario de forma secundaria, de tal manera que evidencia la diferencia de su análisis con el planteamiento de este trabajo. Lo más interesante sería, por tanto, ese reconocimiento de que, incluso desde la perspectiva más radical del pacto, el diario tiene una potencialidad ficcional.

En el contexto español, Manuel Alberca va a ampliar este enfoque de Lejeune en su ensayo *La máscara o la vida*. Allí retoma el concepto de antificción para destacar aquellos textos que poseen «la predisposición literaria a contar la verdad y solo la verdad, que excluye radicalmente la libertad o tentación de inventar» (Alberca, 2017: 322). Más allá del corsé lejeuniano respecto a lo autobiográfico, el elemento más interesante radicaría en la selección de textos de Alberca, que incluye obras exclusivamente ficcionales como las novelas de Javier Marías. Alberca demuestra que el pacto autobiográfico puede ir más allá

---

98   Esto lo acerca, además, a su estatus de texto literario. Roman Ingarden ha expuesto con claridad las diferencias entre texto científico y texto literario (Ingarden, 2005: 183–184).

de la potencialidad ficcional del texto —en donde se situarían los, por decirlo así, pecados formalistas del primer Lejeune— para destacar la actitud del autor que se compromete. En la línea de la última etapa de la obra filosófica de Michel Foucault,[99] el autobiógrafo sería reconocido como tal por llevar a cabo una empresa basada en el *coraje de la verdad* foucaultiano (Foucault, 2010a). Así cabría interpretar un razonamiento de Alberca como el siguiente: «Con sus verdades y mentiras, con sus buenas intenciones y sus trampas, (…) los relatos autobiográficos auténticos son observatorios privilegiados para entender, con fundamento real, las complejas y contradictorias razones del ser humano» (Alberca, 2017: 333). Para Alberca, el relato autobiográfico no tiene por qué demostrar una escrupulosidad cientificista en su construcción narrativa de la verdad; más bien se trataría de una suerte de ética del autobiógrafo que tiene que mostrar su moral ante el lector y, sobre todo, ante sí mismo.

En esta última línea, Ángel G. Loureiro construye una teoría sobre el texto autobiográfico que se centra en las nociones de compromiso y de otredad; para Loureiro, el Yo autobiográfico «se constituye como respuesta al otro y como responsabilidad hacia ese otro» (Loureiro, 2001: 136). Basado en la concepción ética de Lévinas, Loureiro destaca una suerte de compromiso ético del autobiógrafo hacia el lector, en la medida en que se construye para él. Señala así que, aunque la autobiografía fracasa como empresa cognoscitiva a la manera de Lejeune, triunfa como acto dirigido al otro (Loureiro, 2001: 148). Si bien cabría reprocharle a Loureiro su incapacidad para explicar el carácter referencial de lo autobiográfico, sí resulta de interés su proposición de anular la propiedad cognoscitiva de lo autobiográfico a la que se aferra Lejeune y centrarse, más bien, en su naturaleza paradójica, que va más allá de lo exclusivamente referencial o lo meramente ficcional.

Desde la perspectiva de este trabajo, como puede colegirse de todo lo anterior, se concibe un pacto diarístico que no impide una lectura ficcional del diario literario: el diarista desarrolla un Yo que tiene una correspondencia con lo real y el lector del diario literario acepta esta correspondencia para tenerla presente

---

99 Se ha estudiado esta etapa en sendos acercamientos (Luque Amo, 2017; Luque Amo, 2018a) a la obra foucaultiana relacionada con la construcción del Yo textual en la época grecolatina. Foucault localiza en este periodo algunos textos que emplean técnicas de construcción del Yo narrativo. Entre otras ideas, Foucault desarrolla el concepto de parresia, que define como «la transmisión desnuda de la verdad misma» (Foucault, 2005: 358). El parresiastés, así, es el que se atreve a decir libremente su verdad, lo que lo convierte en una figura muy parecida al autobiógrafo que buscan tanto Lejeune como Alberca.

en el acto de lectura; sin embargo, su lectura no solo se reduce a eso, sino que se amplía con la posible construcción literaria del personaje diarístico. Como llega a reconocer Lejeune, el diario se halla contaminado por la ficción, pero esta contaminación no tiene por qué contradecir el pacto; por el contrario, dota de un estatus doble al texto diarístico de carácter autobiográfico que puede interpretarse desde la literatura, lo que multiplica sus virtudes. La naturaleza del pacto, entendido en la línea de Alberca y Loureiro, se debería poner en diálogo con la responsabilidad moral del autor; circunstancia que puede entenderse mejor a propósito del concepto de autoficción.

II. 2. 6. 5. Pacto diarístico y autoficción

Acuñado por Serge Doubrovsky en 1977, e introducido y desarrollado en España por Manuel Alberca (2007) y Ana Casas (2012), el término *autoficción* intenta englobar aquellas formas novelísticas que se construyen a partir de una identidad entre autor, narrador y personaje. Doubrovsky crea el concepto a propósito de su novela *Fils*, que precisamente escribe, como le confiesa a Lejeune en una carta (Lejeune, 1994: 178), para contradecir un rasgo de las hipótesis de este. En *El pacto autobiográfico*, Lejeune confecciona un cuadro para interpretar las distintas posibilidades de identificación de acuerdo a los géneros narrativos (Lejeune, 1994: 67); en el caso de la novela en la que se produce una identificación entre autor, narrador y personaje, Lejeune deja un hueco para afirmar que no ha encontrado ningún caso en lo que se cumpla lo anterior. Años después Lejeune reconoce con humor su escandaloso fallo (Lejeune, 1994: 143), dado que esa combinación puede encontrarse en muchas ocasiones en la literatura occidental e incluso es el caso de grandes obras canónicas como *La divina comedia*, pero va a ser Doubrovsky quien intente rellenar esa casilla con su novela, estableciendo la primera obra en la que se produce esta identificación con el objetivo de subvertir conscientemente el pacto autobiográfico.

A partir de Doubrovsky, se ha tendido a la utilización aleatoria de este concepto, que se ha convertido en una especie de cajón de sastre. Ana Casas ofrece así varias modalidades en las que se ha empleado, como las autobiografías que utilizan formas poco habituales —como el uso de la tercera persona— o aquellas que incluyen formas paródicas; los textos autobiográficos en donde no hay identificación expresa, sino solo referida, entre autor y personaje; aquellos que presentan una voz narradora propensa a la digresión o al comentario fácilmente atribuible al autor; o incluso los relatos de autor ficcionalizado en donde se incluyen las suficientes rupturas de la verosimilitud realista como para considerarlo novela (Casas, 2012: 10–11). La autoficción es, en definitiva, un término abarcador y confuso que ha conducido a la clasificación azarosa de textos situados en coordenadas difusas entre lo ficcional y lo autobiográfico.

Si los textos mencionados por Casas se analizan y se comprueban las opiniones aportadas por otros expertos en la materia —Colonna (2012); Gasparini (2012) —, se llega a una rápida conclusión: lo que caracteriza a los textos autoficcionales frente a los autobiográficos es que incumplen el pacto autobiográfico de Lejeune en la medida en que no se comprometen a narrar acontecimientos reales. Alicia Molero detecta esta circunstancia: «La autoficción surge de la intención de abrir dudas en el lector por parte de un escritor poéticamente interesado en hacer caer las barreras entre discurso histórico y ficticio» (Molero de la Iglesia, 2006). Una de las novelas más importantes de la narrativa española de las dos últimas décadas, como es *Soldados de Salamina* (2001), de Javier Cercas, es una autoficción precisamente porque el autor, en tanto que los hechos que narra no tienen una correspondencia con el espacio histórico, no puede ofrecer un compromiso referencial. Las obras autoficcionales serían entonces aquellas que, a pesar de contar con una identidad entre autor, narrador y personaje, no podrían construirse a partir del llamado pacto autobiográfico, pues no tendrían, por su falta de compromiso, pacto que ofrecer.

En contraposición al concepto de autoficción, las tesis de Lejeune y de Alberca abogan por el compromiso de la antificción. Aunque ya se ha discutido ese concepto para aclarar las posibilidades ficcionales del diario, al respecto de la autoficción es necesario incidir en las cualidades del pacto diarístico. En estas coordenadas, el diario literario se diferenciaría entonces de lo autoficcional por su respeto al pacto autobiográfico; el autor del diario literario no fabula, ni elabora el juego de lo autoficcional. Por el contrario, se compromete de alguna manera a narrar unos hechos acontecidos fuera del texto. La posible interpretación ficcional del diario, en este sentido, no tiene por qué ser considerada propia de la autoficción. Así, Vera Toro ha establecido la definición de autoficción más idónea para entender esta diferencia:[100]

> (…) la autoficción, según mi concepto (y el de Colonna), no se ubica en una rara zona fronteriza entre textos que por su apariencia podrían pasar por factuales (en estos casos y solo en ellos serviría de algo fijarse en indicios de ficción). Más bien se ubica en la zona de textos extremadamente ficcionales; su ficcionalidad se remata ya de por sí a través de recursos narrativos múltiples paradójicos, metaficcionales y antilusorios cuyo empleo se ubica genuinamente y necesariamente en textos ficcionales. En otras palabras: lo

---

100 No obstante se asume, en la línea de lo explicado por Martina Wagner-Egelhaalf (2019: 4), que la de autoficción no es una noción unívoca.

que abunda en una autoficción son indicios (explícitos o implícitos) de su ficcionalidad (Toro, 2017: 37).

Si el espacio autoficcional evidencia su ficcionalidad, el diario literario carece del *fictum*, que era el rasgo propio de la ficción pura. En el diario literario solo se puede hablar de rasgos ficcionales en la medida en que sus elementos poseen la proyección de lo ficcional —como *fictio*—. El diario literario se opone a lo auto-ficcional, entendido este —en la línea de Toro— como evidencia de lo exclusiva-mente ficcional. El diario literario no sacrifica la referencialidad de su texto, así como tampoco pierde su carácter literario porque los hechos que narra tengan una correspondencia con el plano real; se ubica, sencillamente, en un terreno intermedio que posibilita tanto una lectura como otra.

El autor del diario personal interpretado como texto literario, se puede con-cluir, respeta el pacto autobiográfico al mismo tiempo que, a través de la narra-ción, escapa de él, movido por la libertad de lo literario. Se trataría de un pacto de sinceridad y de verosimilitud a partes iguales, lo que le haría ocupar un espacio paradójico que, más allá de limitarlo, acaba definiendo el diario literario como forma ambivalente. Ese será su espacio como género y el lugar desde donde ten-drá que seguir creciendo para adquirir una identidad y una independencia en el canon. Nunca deberá permitirse una lectura sesgada —referencial o ficcio-nal— del diario literario; esta forma, por el contrario, se alimenta de la aparente contradicción para hacer de ella su seña de identidad.

II. 3. Teoría del diario literario: el diario personal como narración

El doble estatus del diario literario no se desarrolla, pese a todo, por igual. Su dimensión referencial puede ser explicada mediante el pacto autobiográfico, pero la lectura ficcional del diario personal requiere la presencia de unos componentes narrativos que justifiquen su comparación con otros géneros como el cuento o la novela. Tal comparación, como señalaba Philippe Forest, es perfectamente posible, dado que «lo vivido no se distingue de lo ficticio cuando se enuncia según las reglas de un mismo modelo narrativo» (Forest, 2012: 221). Lo que es necesario interpretar, pues, son las reglas de ese modelo narrativo que el diario literario, según nuestra hipótesis, presenta.

En este punto se van a analizar desde una perspectiva teórico-literaria los diferentes componentes del diario literario que fundamentan su consideración como un texto literario de carácter narrativo. Erigido como motor del diario personal, el análisis del Yo diarístico revelará en primer lugar la capacidad del protagonista del texto para constituirse como personaje literario y desarrollar, a partir de sí, el resto de elementos narrativos: espacio, tiempo, personajes. En segundo lugar, se establecerá una aproximación teórica al espacio íntimo, que protagoniza una de las cuestiones más recurrentes en el acercamiento al diario personal: la constitución de la intimidad en el texto diarístico. Mediante este análisis, se desvelará el carácter de constructo narrativo de tal espacio, que fundamenta el cronotopo del diario y que, junto al desarrollo del Yo, habilita la existencia de la narración diarística, en la cual se descubre el resto de componentes propios de todo relato narrativo.

Este análisis permitirá ofrecer, en último lugar, una propuesta de definición que condense el carácter referencial y ficcional del diario literario para anticipar su naturaleza como género.

II. 3. 1. El Yo del diario literario[101]

El Yo es el elemento textual que condiciona toda la estructura autobiográfica. Si al principio de sus *Ensayos*, Montaigne evidenciaba que el motor de su obra era el Yo, «materia de mi libro» (Montaigne, 2016: 6), en el diario personal se trata del primer elemento de relevancia en un texto construido precisamente a tráves de

---

101 Parte del presente análisis se ha expuesto en Luque Amo (2018b).

ese personaje principal, cuyo desarrollo resulta de enorme interés para el estudio de los materiales ficcionales. En uno de los primeros acercamientos registrados a lo autobiográfico, Wilhelm Dilthey adopta la perspectiva hermenéutica para hablar de la autobiografía como el método perfecto en la comprensión del sí mismo (Dilthey, 2000). El diario personal, como se ha visto a propósito de su origen en los *hypomnemata*, es una herramienta que emplea el diarista para establecer una comprensión cotidiana de su vida. Alejandro Sawa explica al comienzo de su diario que escribe motivado por una empresa concreta: registrar la formación de su personalidad (Sawa, 1910: 22); Julien Green, en la misma línea, escribía su diario para rescatar la memoria de su presente (Green, 1975: 82). Este deseo de autoconocimiento conduce al diarista a desarrollar su Yo en la página y a convertirlo en el protagonista principal del relato; así, el diarista sujeto narra el diarista objeto. Como señala Gusdorf al respecto de la autobiografía (Gusdorf, 1991b: 11), en el diario el sujeto se convierte en objeto a partir de un proceso de desdoblamiento. En esta dialéctica, Mijaíl Bajtín admite que el sujeto puede conceptualizarse a sí mismo como objeto, pero en este caso de autoobjetivación el sujeto evocado, en forma de Yo, no coincidiría en su totalidad con el sujeto empírico:

> Un caso muy especial de la visión del aspecto exterior de uno mismo representa el verse en el espejo. Por lo que parece, en este caso nos estamos viendo directamente. Sin embargo, no es así; permanecemos dentro de nosotros mismos y vemos tan solo un reflejo nuestro que no puede llegar a ser un momento directo de nuestra visión y vivencia del mundo: vemos un reflejo de nuestra apariencia, pero no a nosotros mismos en medio de esta apariencia (…); el espejo solo puede ofrecer un material para la objetivación propia, y ni siquiera en su forma pura (Bajtín, 1999: 36).

El mito de Narciso y el espejo como objeto han sido utilizados en numerosas ocasiones para explicar este fenómeno:[102] en esta metáfora de Bajtín solo hay que cambiar espejo por signo o por texto para descubrir que el texto funciona como un material que ofrece la objetivación del sujeto, no al sujeto en sí. En este mismo sentido se expresaba Ricoeur cuando argumentaba que algo muy sencillo separa a la vida y a la narración: la primera se vive, la segunda se escribe (Ricoeur, 2006: 15). En el ámbito de la segunda, la primera cambia, y es en este espacio en donde hay que ubicar el desarrollo del Yo autobiográfico. Este Yo, como se analizará a continuación, es el mismo que se configura en el diario personal.

---

102 Por ejemplo, uno de los libros más relevantes en la teoría sobre escritura autobiográfica en España, *Narcisos de tinta*, de Anna Caballé (1995), utiliza esta referencia mitológica en el propio título de la obra.

II. 3. 1. 1. La identidad narrativa y lo autobiográfico: una lectura de Ricoeur[103]

Paul Ricoeur ha estudiado con gran profundidad y alcance la construcción de la identidad en el texto narrativo. A lo largo de toda su obra, Ricoeur elabora una teoría de la identidad narrativa basada en una tesis que resume así: «Una vida no es más que un fenómeno biológico en tanto la vida no sea interpretada. Y en la interpretación, la ficción desempeña un papel mediador considerable» (Ricoeur, 2006: 17). Para entender esta teoría de la vida narrada, se puede retroceder a su célebre hipótesis sobre la mímesis aristotélica. Ricoeur se detiene en la *Poética* de Aristóteles y efectúa una lectura del texto que lo conduce a reinterpretar el concepto de mímesis y concluir que esta no debe ser entendida solo en términos de imitación, ni tampoco como una sencilla construcción referencial del texto basada en la realidad. Según Ricoeur, no cabe mímesis más que donde hay un *hacer* (Ricoeur, 2001: 58), de tal manera que si la mímesis implica una referencia inicial a lo real, este movimiento de referencia es inseparable de la dimensión creadora (Ricoeur, 2001: 58). Con el objetivo de desarrollar esta idea, el teórico francés elabora en *Tiempo y narración* una interpretación del concepto aristotélico para dividirlo en tres tipos de mímesis (Ricoeur, 2004: 129–140): la mímesis I, que sería la imitación o representación de la acción —para la cual hay que tener, según argumenta, una idea previa del mundo imitado—; la mímesis II, que desarrolla el concepto del *como si* y que se conforma como la mediación entre el *antes* —imitación— y el *después* de la operación de configuración; y finalmente la mímesis III, que marca la intersección del mundo del texto y del mundo del oyente o del lector: intersección, pues, del mundo configurado por el poema y del mundo en el que la acción efectiva se despliega. El elemento que posibilita esta configuración, mediante la participación de las tres mímesis, es la trama,[104] el *mythos*, a partir de cuya naturaleza temporal se construye la interpretación de la vida. Ricoeur entiende la trama como el elemento mediador entre la idea que

---

103 Se emplean las traducciones españolas para citar la obra de Ricoeur, pero hay que recordar que las ediciones originales son anteriores: *La métaphore vive*, París, Le Seuil, 1975; *Temps et récit*, París, Le Seuil, 1983–1985.

104 Sostiene Ricoeur que la trama es mediadora, al menos, por tres razones: en primer lugar, media entre acontecimientos o incidentes individuales y una historia tomada como un todo; en segundo lugar, la construcción de la trama integra juntos factores tan heterogéneos como agentes, fines, medios, interacciones, circunstancias, resultados inesperados, etcétera; y en tercer lugar, la trama es mediadora gracias a sus caracteres temporales propios, que autorizan a llamar a la trama la síntesis de lo heterogéneo (Ricoeur, 2004: 131–132).

el autor tiene de lo que imita y la imitación final; una suerte de pegamento que culmina el proceso de la mímesis.

Desde esta perspectiva se puede acudir a la escritura autobiográfica para destacar el carácter de constructo que tiene lo textual y las diferencias que surgen cuando lo vivido pasa a ser narrado. Es el caso de Darío Villanueva, quien, desde coordenadas similares —lo que distinguiría a Villanueva es esa distinción entre *poiesis* y mímesis, mientras que en Ricoeur las dos son una—, destacaba así la naturaleza *poiética* de la escritura autobiográfica por encima de su carácter mimético, de modo que funciona como un instrumento no centrado en la reproducción, sino en la construcción de la identidad del Yo (Villanueva, 1993: 108).

Volviendo a Ricoeur, este llega a la construcción de la identidad narrativa a partir de la concepción aristotélica explicada, que puede resumirse en la siguiente declaración: «la relación más irónica del arte respecto a la realidad sería incomprensible si el arte no des-ordenara y re-ordenara nuestra relación con lo real» (Ricoeur, 2000: 195). En lo que respecta a la escritura autobiográfica, la teoría de Ricoeur puede situarse en las inmediaciones de lo que Villanueva adelantaba en el párrafo anterior. El sujeto construye su vida en el texto autobiográfico y, al hacerlo, reconfigura la vida narrada. Es una tesis que, en apariencia, tiene mucho que ver con la teoría de Paul de Man (1991), según la cual el texto autobiográfico no tiene una correspondencia con la realidad —y por tanto el Yo tampoco con el sujeto—, y se muestra contraria a la de Philippe Lejeune (1994), que concibe el sujeto como un ente inamovible situado fuera del texto. Sin embargo, y aunque reconoce que el acto configurador es una operación de la imaginación creadora, Ricoeur distingue entre los relatos históricos y los de ficción,[105] y considera el relato autobiográfico entre los primeros, puesto que lo que está en juego, según sus palabras, es la pretensión de verdad. Esta circunstancia lo haría más cercano a la postura de Lejeune y, en definitiva, lo situaría como paradigma de este trabajo, al respetar los dos fundamentos de esta identidad autobiográfica: configuración narrativa y fidelidad al pacto de verdad que la autobiografía pone en marcha. Esto resulta notorio en la construcción de la teoría más importante de Ricoeur, relacionada con la identidad del sujeto que se narra a sí mismo: Ricoeur

---

105 Señala Ricoeur: «(…) doy al término ficción una extensión menor de la que adoptan numerosos autores, que la consideran sinónimo de configuración narrativa. Tal identificación entre configuración narrativa y ficción no carece de fundamento, dado que el acto configurador es, como hemos defendido nosotros mismos, una operación de la imaginación creadora, en el sentido kantiano del término. Reservo, sin embargo, el término de ficción para aquellas creaciones literarias que ignoran la pretensión de verdad inherente al relato histórico» (Ricoeur, 2008: 377).

afirma que lo que entendemos por la identidad del sujeto no existe como un ente previo al narrar; por el contrario, se constituye a semejanza de una identidad narrativa, lo que favorece una interpretación de la vida como relato y por tanto valida la naturaleza narrativa de la autobiografía (Ricoeur, 2006: 17).

A partir de Ricoeur, se puede afirmar el estatuto histórico del Yo autobiográfico y diarístico; este estatuto, sin embargo, no es óbice para considerar la naturaleza configuradora del relato diarístico, constructor de una identidad narrativa que adquiere cierta independencia sobre la identidad del sujeto, de tal manera que se podría confirmar la independencia textual del Yo anticipada por Bajtín en el punto anterior. Esto se terminará de comprender cuando se desarrollen los conceptos de autor, sujeto y Yo textual en los siguientes apartados.

II. 3. 1. 2. El sujeto autor y las teorías de la literatura autobiográfica

La perspectiva de Ricoeur sobre el sujeto tiene su correlato en la consideraciones filosóficas del sujeto autor de las corrientes posestructuralistas. Los autores de estas corrientes, que beben directamente de Nietzsche, intentan cercar al sujeto y certificar su muerte, cuya representación en lo literario es la muerte del autor. Han sido ampliamente difundidos los posicionamientos teóricos de Roland Barthes y Michel Foucault: desde una perspectiva posestructuralista, el texto devoraba al autor dentro de su estructura lingüística, pues el único propósito de la escritura era, según Foucault, crear un espacio en el cual el sujeto desapareciera sin tregua.[106] En lo que concierne a los estudios sobre literatura autobiográfica, esta corriente posestructuralista se ve representada en la tesis explicada de Paul de Man (1991: 113), inspirada en la perspectiva deconstruccionista de Derrida, según la cual el texto autobiográfico no podría tener una correspondencia con la realidad, como mucho una «ilusión referencial» (De Man, 1991: 13), toda vez que el Yo se constituiría como metáfora en el texto. Como se ve, en De Man la importancia recae en el texto, en perjuicio de un autor que solo puede diluirse en su estructura.

En estas páginas, sin embargo, no nos interesa la posición deconstruccionista según la cual no existe una correspondencia entre realidad y texto. Si bien es cierto que el Yo textual es capaz de adquirir cierta independencia sobre el sujeto

---

106 Explica Foucault: «En la escritura, la cuestión no es manifestar o exaltar el acto mismo de escribir, no es tampoco apresar al sujeto dentro del lenguaje; se trata, más bien, de crear un espacio en el cual el sujeto que escribe está desapareciendo sin tregua» (Foucault, 2010b: 231).

que está afuera, esta postura no explica el aspecto pragmático de lo autobiográfico, como el mismo Ricoeur reconocía.

Superadas las décadas de mayor presencia posestructuralista, en la actualidad los estudios literarios le han devuelto al autor su hegemonía perdida: el autor existe y forma parte esencial del sistema literario.[107] En este sentido puede entenderse la vigencia de las teorías de Lejeune. Para elaborar el pacto autobiográfico entre autor que dice la verdad y lector que la acepta, Lejeune partía de una concepción del sujeto como sujeto empírico; se centra en el concepto de autor y entiende este no como una persona, sino como una persona que publica algo (Lejeune, 1994: 61). Para el lector, en principio, el autor se define como la persona capaz de producir un discurso y, sobre todo, asumir su autoría, su firma (Lejeune, 1994: 61). Esta firma adquiere con el título de *autobiografía* una consideración diferente, en la medida en que se está comprometiendo a narrar unos hechos biográficos protagonizados por el autor empírico. Ahora bien, en la teoría de Lejeune hay un elemento que debe matizarse para dejar paso a lo que antes proponía el mismo Ricoeur. Lejeune omite la capacidad del representante textual del sujeto, el Yo autobiográfico, para desarrollarse en el texto hasta llegar a un espacio que posibilite una lectura según la cual los conceptos de verdad y mentira carezcan de sentido, como señala César Nicolás.[108] En el diario, por ejemplo, este espacio está representado por el cronotopo de lo íntimo, cuyas claves escapan a la lógica de lo verídico, en la medida en que no es comprobable (Castilla del Pino, 1989: 29). Se puede deducir que el texto autobiográfico desarrolla una identidad narrativa, representada en el Yo, que adquiere una independencia sobre el sujeto empírico, porque, como sostenía Bajtín más arriba, la subjetivación de este se ve modificada por su objetivación. El texto autobiográfico no debería analizarse solo desde las coordenadas del texto histórico, como propone Lejeune, porque supondría mutilar el componente literario que tiene esta forma. El texto autobiográfico, y con ello el diario literario, desarrolla una ambivalencia que permite que el Yo sea leído como una verdad autobiográfica, en la medida en que un pacto de compromiso, y como literatura, porque se construye a través de materiales textuales —no debe olvidarse la etimología de *literatura* y, en este sentido, su vinculación con las letras—, primero, y ficcionales, después. Para

---

107　Arnaud Schmitt resume estas variaciones epistemológicas al incidir, entre otras cosas, en la vuelta de una suerte de neobiografismo, mucho más sofisticado que el del siglo XIX, a lo largo de las últimas décadas (Schmitt, 2017: 5).

108　Sostiene César Nicolás que «la semántica de lo autobiográfico responde a la ficción literaria, donde lo leído no es ni verdadero ni falso, sino que ingresa en otra categoría» (Nicolás, 2004: 510).

entender esto es necesario profundizar, a partir de lo establecido por Lejeune, en los conceptos de sujeto y Yo.

II. 3. 1. 3. El sujeto como sistema: definición del Yo diarístico

Desde el materialismo filosófico, Gustavo Bueno concibe una definición de sujeto no como un ente simple, sino múltiple, inmerso en una red de relaciones. Esto lo lleva a definir la identidad como «la relación del sujeto con alguna clase del entorno» (Bueno), lo que conduce a una conceptualización del sujeto como ente dinámico y permite entender la perspectiva de Carlos Castilla del Pino desde la teoría psicoanalítica.[109]

Castilla del Pino define el sujeto como aquel «sistema del organismo mediante el que se construyen yoes adecuados para una serie de actuaciones en la realidad» (Castilla del Pino, 1999: 123). El sujeto se entendería como un sistema que construye y engloba un conjunto de yoes; para explicarlo, Castilla utiliza un símil computacional: el sujeto es un directorio y los yoes módulos o archivos incluidos en él (Castilla del Pino, 1999: 124). Este sujeto construye esta serie de yoes en atención a un contexto concreto y de acuerdo a una hipótesis pragmática sobre la realidad. A partir de lo anterior, define el Yo como una imagen instrumental con la que el sujeto se presenta en y para la situación (Castilla del Pino, 1999: 130). El Yo es construido por el sujeto como un sistema de signos[110] con el objetivo

---

109 Una posición que resume muy bien nuestra concepción del sujeto es la de Karl Popper, quien, partiendo de una crítica a la perspectiva kantiana, define *sujeto* así: «El término filosófico 'puro' se debe a Kant y sugiere algo así como 'previo a la experiencia' o 'libre de (la contaminación de la) experiencia'; y de ese modo, la expresión 'yo puro' sugiere una teoría que considero equivocada: la teoría según la cual el ego estaba ya allí antes de la experiencia, de modo que todas las experiencias estuviesen acompañadas, desde el comienzo, por el 'yo pienso' cartesiano o kantiano (o tal vez por 'yo estoy pensando' o, en cualquier caso, por una 'apercepción pura' kantiana). Frente a ello, pienso que ser un yo es resultado en parte de disposiciones innatas y, en parte, de la experiencia, especialmente de la experiencia social» (Popper; Eccles, 1993: 125).

110 Desde un punto de vista lingüístico, Emile Benveniste (1997) considera el pronombre personal como una clase de palabra muy especial al escapar al estatuto de todos los demás signos del lenguaje. El Yo, se pregunta Benveniste, ¿a que Yo se refiere? El Yo es un término que solo puede ser identificado gracias al contexto, puesto que la realidad a la que remite es la realidad del discurso. Benveniste explica: «Así, es verdad, al pie de la letra, que el fundamento de la subjetividad está en el ejercicio de la lengua. Por poco que se piense, se advertirá que no hay otro testimonio objetivo de la identidad del sujeto que el que da él mismo sobre sí mismo. El lenguaje está organizado de tal forma que permite a cada locutor apropiarse la lengua entera designándose como yo»

de, en palabras de Castilla, provocar en el receptor una determinada imagen que el sujeto quiere transmitir dependiendo del contexto en el que esta se emita. Castilla del Pino distingue tres espacios de actuación del Yo: el de los contextos empírico-públicos, hechos para la exhibición; el de los contextos empírico-privados, en los que es posible, pero no permitida, una observación por parte de los extraños al sujeto; y, en último lugar, el de los contextos íntimos, en donde esta observación no es posible (Castilla del Pino, 1999: 126). El desarrollo de estos tres contextos es de sumo interés para la construcción del espacio íntimo en el diario literario, en tanto que el Yo se ubica en el último contexto para llevar a cabo una reflexión cotidiana acerca de sus propias actuaciones.

De la reflexión de Castilla se puede extraer, en definitiva, una concepción del sujeto como constructor de yoes adecuados a cada circunstancia. Estos yoes se construyen como un sistema, como discursos articulados, e incluso se puede aventurar que el proceso de esta construcción es análogo al de una narración en la medida en que opera, al desarrollarse como un argumento —vital o experiencial—, mediante una estructura narrativa —aquí Castilla del Pino se posicionaría junto a Ricoeur—. El Yo es, entonces, una propuesta del sujeto para el receptor, una propuesta que al mismo tiempo caracteriza al sujeto, al que el receptor atribuye un significado en relación con la actuación del Yo (Castilla del Pino, 1999: 131).

En una aplicación de esta teoría a lo autobiográfico, y en concreto al diario literario, se puede entender que el Yo diarístico se forma como un Yo derivado del sujeto autor. A partir de la construcción semiótica efectuada por el sujeto, se crea el personaje protagonista del diario personal. Este Yo responde, por tanto, a un contexto muy concreto, que es el propio del texto; si el sujeto modela sus diferentes yoes a semejanza de un narrador que construye sus narraciones, como se ha dicho, aquí la narración posee una estructura textual. A lo largo del texto, este Yo diarístico resume todos los yoes del sujeto, que aparecen en diferentes manifestaciones tamizadas por el filtro de lo lingüístico y del propio Yo diarístico narrador, que impone un nuevo estatus a este sujeto. De esta forma, no es lógico asumir una correspondencia exacta entre el Yo del texto y el sujeto autor: en primer lugar, porque solo es uno entre los diferentes yoes que el sujeto construye; en segundo lugar, porque el Yo diarístico tiene la suficiente autonomía como para constituirse en personaje, máscara textual del sujeto.

(1997: 182). Esto es interesante para entender que el lector identifica el Yo diarístico gracias al contexto, lo que determina la evidente mediación entre sujeto real y Yo textual.

¿Cómo el Yo deviene personaje y a partir de ahí literatura? Es una pregunta no del todo compleja si se tiene en cuenta que el sujeto construye su Yo textual empleando como instrumento la memoria. No una memoria de datos puntuales, como explica Castilla —algo que interesará luego a propósito del diario no-literario—, sino una memoria evocativa, según la cual el sujeto rememora la actuación del Yo. En este proceso, sin embargo, el Yo evocado no es exactamente el mismo Yo que fue en la actuación, sino que al evocar se modifica el Yo de la actuación evocada (Castilla del Pino, 1999: 132). En resumen, el Yo recordado por el sujeto no es exactamente igual que el Yo empírico, dado que la distancia que existe conlleva un desplazamiento. En el caso de la autobiografía este desplazamiento es muy marcado, por la lejanía de los acontecimientos evocados, y en el caso del diario no lo es tanto, al tratarse de sucesos a priori cercanos en el tiempo, pero la modificación existe en ambos casos. Este desplazamiento conlleva siempre un acto de elaboración ficcional —sumado al carácter *poiético*, destacado por Ricoeur, de la representación textual del Yo— en el registro de los hechos (Castilla del Pino, 1999: 133), lo que alude precisamente al meollo de esta investigación: el Yo deviene personaje y por tanto literatura gracias a ese componente ficcional que posee el Yo evocado y construido en la página del diario personal.

En conclusión, el Yo diarístico mantiene una inequívoca correspondencia con el sujeto que describe, y, sin embargo, cobra independencia al desarrollarse en el texto. La transducción del sujeto en Yo diarístico le cuesta al primero dos peajes: el primero, al modelarse como Yo textual; el segundo, al emplear una herramienta como la memoria, que opera con componentes *ficcionalizadores*. A partir de esta perspectiva, en la escritura del diario personal se produce la autoconstrucción del Yo, que no es solo reproducción exacta del sujeto, sino, como se ha afirmado, creación textual y autofigurativa.

II. 3. 1. 4. El Yo, núcleo generador del diario literario

Volviendo a Ricoeur, este Yo diarístico modela su identidad narrativa a través de la construcción de la trama en el texto, del *mythos* aristotélico o de aquello que puede denominarse relato. En una forma tan particular como el diario, cabría preguntarse: ¿funciona el diario como un relato? Esta es precisamente la pregunta que se hace Michel Braud (2009), tratando de responder al hecho de que el diario, desde coordenadas aristotélicas, no pueda conformarse aparentemente como un relato, esto es, como una narración estructurada de acuerdo a unos hechos relacionados, con intencionalidad, entre sí. A diferencia de la autobiografía, el diario no puede mostrar una unidad narrativa, porque se construye cotidianamente, a partir de la entrada diaria, y además tampoco puede manipular los sucesos de manera retrospectiva, como lo hace la autobiografía; muy al contrario, el diario es reflexión diaria de los actos acaecidos, de modo que la obra que se edita como diario, el *opus* publicado, es una compilación de lo escrito sin considerar la lógica de la totalidad —a ello se referían Picard y Celia Fernández más arriba, precisamente.

Michel Braud, sin embargo, destaca algunos aspectos del diario que favorecen su lectura como relato. Braud señala la construcción de una vida en el diario, por medio de una trama que implica una intriga, a través de lo que denomina una narración intercalada.[111] Braud menciona para este propósito la existencia de un ritmo narrativo en el diario, algo que ha sido destacado por otros especialistas como Simonet-Tenant (2004), proporcionado por la estructura de la entrada. Desde nuestro punto de vista, esto explicaría la aparición de numerosas figuras narrativas en el diario, como pueden ser analepsis o prolepsis, y, lo que es más importante, la recurrencia de elementos temáticos. Todos estos componentes, acompañados del ritmo que imprime la entrada, hacen del diario una narración intercalada; de hecho, no es casualidad que numerosas novelas hayan empleado la estructura del diario para narrar su historia. Esta narración parte del Yo, de sus reflexiones cotidianas sobre sus propias actuaciones, y a través de él desarrolla su trama.

El Yo se puede definir, por tanto, como el núcleo generador del texto diarístico. A partir de la estructura de entradas, única condición formal de la escritura diarística, el Yo se desarrolla en el texto en representación de un sujeto que se define por las diferentes actuaciones del anterior bajo sus respectivas máscaras. No es necesario explicar de nuevo la teoría de Castilla del Pino acerca del sujeto, pero sí destacar el papel del Yo como elemento del que derivan las otras instancias narrativas. La perspectiva del diario, de esta forma, está condicionada por la mirada del Yo y todos los personajes se hallan al arbitrio de sus consideraciones. Algo similar ocurre con el espacio y el tiempo: en términos bajtinianos, el cronotopo nace y se desarrolla a partir del Yo, puesto que lo que está en juego en el diario literario no es otra cosa que la reproducción de una vida; una vida que puede leerse desde lo literario por parte de un lector que tiende a ficcionalizar los materiales presentados a lo largo del texto.

Dicho lo anterior, no cabe entender el Yo del diario literario sencillamente como un constructo cuyos límites están condicionados por lo lingüístico. Lo que

---

111 Gérard Genette ya empleó esta expresión para aludir al diario (1989: 275), si bien se refiere, sobre todo, a la forma en que se desarrolla lo diarístico desde un punto de vista temporal.

diferencia el diario literario de los otros géneros como la novela o el texto teatral es que puede mantener una correspondencia con la realidad al mismo tiempo que escapa a ella. Es, por emplear las palabras de Darío Villanueva, la paradoja del género autobiográfico (Villanueva, 1993). En este sentido, y esta es la perspectiva tomada en estas páginas, el Yo del diario literario, aunque puede leerse desde lo ficcional, respeta el pacto o compromiso autobiográfico, de tal manera que representa a un sujeto con nombres y apellidos: un sujeto autor.

II. 3. 2. La construcción del espacio íntimo en el diario literario

Al comienzo de este trabajo aseguraba que la evolución del diario personal propicia un desarrollo del espacio personal dentro del texto diarístico que coincide con la aparición de los grandes diaristas en los siglos XVII, XVIII y XIX. Este desarrollo de lo personal conlleva, en muchos casos, una profundización del espacio privado en el diario, de tal manera que con el tiempo se llega a hablar, en los contextos francés y español, de *diario íntimo*. Sin embargo, como ocurría precisamente con esta última etiqueta, la utilización de los términos *privado* e *íntimo* se ha llevado a cabo sin mucho rigor teórico, y, lo que es más importante, sin delimitar el ámbito de su definición. Partiendo de la distinción entre lo exterior y lo interior, considerando que lo público es lo contrapuesto a lo íntimo, se ha confundido en numerosas ocasiones el concepto de privacidad con el de intimidad, hasta el punto de que en el imaginario común ambas formas se utilizan indistintamente. Para entender el desarrollo del espacio íntimo en el diario literario, es necesario, entonces, delimitar los conceptos empleados y explicar, desde un punto de vista teórico, la forma en que lo íntimo se desarrolla en el texto.

II. 3. 2. 1. Lo íntimo, lo privado y la aparición del diario personal[112]

Aunque en apariencia se trate de conceptos que aluden a espacios similares, lo íntimo se diferencia de lo privado. Para una mejor comprensión de esta dicotomía debe introducirse un tercer elemento en la cuestión, que es el de lo público. Carlos Castilla del Pino define estos tres espacios: el escenario íntimo posee la propiedad de ser observable solo para el sujeto; el escenario de las actuaciones privadas, a pesar de que estas se produzcan a solas, es necesariamente observable en tanto que son actuaciones exteriorizadas; el escenario público, en contraste con los otros dos, se dispone de tal forma que las actuaciones sean justamente

---

112 Parte del presente análisis se ha expuesto en Luque Amo (2018a).

observables (Castilla del Pino, 1996: 19–20). La diferencia esencial entre las actuaciones íntimas y el resto, según el psiquiatra, estriba en que las primeras nunca serán observables, porque carecen de la proyección externa de las anteriores. Acciones como fantasear, imaginar y, en suma, pensar, no poseen esa categoría externa que caracteriza a las públicas y privadas y, por tanto, no pueden ser conocidas por un ente externo al sujeto. Lo íntimo nunca es comprobable, ni por consiguiente su verdad o mentira, porque se puede inferir a través de lo que se dice o se hace, pero jamás se tiene acceso a la intimidad por su carácter inobservable (Castilla del Pino, 1989: 29).

José Luis López-Aranguren define la intimidad como el acto de repliegue de la persona sobre sí misma a partir del cual se produce una relación intrapersonal o de intradiálogo (López-Aranguren, 1989: 19). Este intradiálogo evidencia la posibilidad de que la intimidad se comunique; algo que comparte Castilla del Pino, quien destaca la capacidad comunicativa de las actuaciones íntimas (Castilla del Pino, 1996: 19). El espacio íntimo, sin embargo, es un espacio protegido, como describe José Luis Pardo (1996: 145), lo que provoca que, a pesar de su comunicabilidad, sea inconfesable. Esta última paradoja se explica con facilidad: la confesión nunca puede ser un acto solitario en tanto que no hay confesión sin confesor; de esta forma, si la única manera de confesar la intimidad es hacerlo ante una persona, esta está condenada, puesto que en el momento en que se revela la intimidad se destruye. José Luis Pardo proporciona un ilustrativo ejemplo a propósito de la intimidad construida entre unos amantes: esta intimidad, que no reside solo en el mero hecho físico, sino en los silencios, en lo que ellos han llegado a saber sobre sí mismos, puede destruirse en el momento en que cualquiera de los dos le comunique a un tercero cómo es esta relación; en tal caso, no podrá decirse que la intimidad ha sido revelada, sino simplemente que ha sido destruida, y quien destruye la intimidad, continúa Pardo, destruye parcial o totalmente la verdad de los traicionados, dado que caricaturiza su vida (Pardo, 1996: 145). Este argumento nos va a resultar de gran importancia a la hora de analizar el Yo del diario personal, que en muchas ocasiones queda inevitablemente caricaturizado.

Desarrollada la inconfesabilidad de lo íntimo, hay que declarar, no obstante, su capacidad para ser comunicado. Lo íntimo, en palabras de Castilla del Pino, no puede mostrarse, pero sí «decirse»; en este sentido, lo íntimo (Castilla del Pino, 1996: 22) pugna por exteriorizarse, bien hasta un ámbito privado —en la confidencia—, bien a uno público, como en la radio, televisión o, enmascarado, en la literatura. Las actuaciones íntimas pueden transformarse en privadas o públicas a través de su codificación verbal o extraverbal, por lo que se habla con frecuencia de un texto, un género o una literatura íntima, si bien se trata de una etiqueta retórica, como se verá más adelante.

Por otro lado, la intimidad, si bien podría parecer algo consustancial al ser humano, no ha existido siempre en su concepción actual, sino que debe su desarrollo a la potenciación del espacio privado desde el ascenso social de la burguesía. Como señala Aranguren, en continuidad con la vida privada, surgió la intimidad (López Aranguren, 1989: 19), de tal manera que no cabe concebir a esta última sin la primera y por ello es interesante retroceder a los orígenes de lo privado, que se relacionan con el carácter que adquiere la idea de individuo a lo largo de los siglos XVIII y XIX, tras las revoluciones inglesa y francesa y el advenimiento del periodo ilustrado. La Ilustración es la culminación de la confianza plena en la emancipación total del ser humano como sujeto autosuficiente (Sánchez Trigueros, 2013: 33), el cual adquiere su autonomía a partir de un individualismo que, en palabras de Helena Béjar (1989: 51), entraña un distanciamiento de la vida pública y una retirada a la esfera privada.[113] Aunque tanto el individualismo como la privacidad son ideas de presencia constante en el pensamiento occidental a partir de la época moderna, se desarrollan plenamente en el liberalismo del siglo XIX (Béjar, 1989: 52), algo que Aranguren relaciona con lo burgués y que constata el nuevo interés del individuo por los asuntos de su vida privada, familiar y económica (Béjar, 1989: 22). No es casualidad que sea en el siglo XIX cuando se amplía y desarrolla la práctica del diario personal. Ya no se trata, por tanto, de un entretenimiento propio de la aristocracia, como ocurría en la época en que escribe Samuel Pepys;[114] al contrario, se trata de una actividad que llega a todas las esferas sociales ilustradas. La popularización del diario personal se debe, además, a la laicización de los antiguos procedimientos cristianos de desciframiento de la persona, como señala Corbin (1991: 158). Escribir un diario pasa a considerarse una práctica que registra los sucesos cotidianos del diarista, por lo que no resulta extraño que el diario personal acabe desarrollando, en su contenido, un espacio íntimo.

---

113 Béjar define privacidad como «una esfera de soberanía individual libre de interferencias externas» (Béjar, 1989: 51).

114 Es interesante, no obstante, el hecho de que el nacimiento de la burguesía y el nuevo sistema democrático se asientan antes en el contexto inglés, lo que inevitablemente repercute en la aparición de diarios ingleses muy anteriores a los aparecidos en otros contextos europeos, tal y como se ha visto en el capítulo II. De esta forma, lo que acontece en el siglo XIX a niveles generales en el contexto europeo, sucede ya en el XVII y el XVIII en Inglaterra.

II. 3. 2. 2. **Paradojas de lo íntimo**

Si se vuelve al primer punto, hay que recordar que la intimidad, a pesar de su carácter incomunicable, no es inefable. La intimidad se puede decir; por ese motivo, a priori tiene sentido que el diario personal pueda ser considerado íntimo. La intimidad, potenciada gracias al desarrollo de la privacidad acontecido en el ambiente del siglo XIX, es cultivada en textos escritos que el nuevo sujeto produce, en apariencia, únicamente para él. Sin embargo, y como ya se anticipaba líneas atrás, hay dos razones que pueden oponerse a este planteamiento. En primer lugar, lo íntimo es aquello inobservable, aquello a lo que no se tiene acceso desde el exterior, de tal modo que cuando el diarista traduce su intimidad a la página, cuando la desarrolla en el texto, no quiere decir que pueda mostrar la intimidad; la intimidad, y estas son palabras de Castilla del Pino,[115] se puede verbalizar, pero no mostrar. De hecho, las actuaciones íntimas que el diarista codifica verbalmente se transforman, como mínimo, en privadas:[116] el de *diario íntimo*, en este sentido, es un simple apelativo retórico para el diario personal cuya denominación más precisa sería, posiblemente, la de *diario privado* —término frecuente en el contexto anglosajón—. En segundo lugar, la idiosincrasia retórica del término *diario íntimo* deviene más perceptible todavía cuando a finales del siglo XIX y a lo largo del XX todos estos textos pasan a ser publicados, de tal manera que el diario ya no es íntimo, ni privado, sino sencillamente público. La publicidad del diario personal y, lo que es más importante, la conciencia del escritor de diarios respecto a las posibilidades de publicación de su obra, le conceden un nuevo estatus al diario personal. Alain Girard hacía hincapié, precisamente, en los efectos que el paso de la privacidad a la publicación tiene en el escritor de diarios (Girard, 1996: 32).

Este cambio paradigmático en la concepción del diario personal, acontecido tras la publicación del diario de Amiel, ha provocado que algunos autores hayan establecido una diferencia metodológica —algunos conscientemente y otros de

---

115 Dice Castilla del Pino: «Las actuaciones íntimas pueden ser, y lo son muchas veces, referidas, narradas, en suma, comunicadas mediante el lenguaje o la expresión no verbal, pero esto no las convierte, en puridad, ni en privadas ni en públicas. La comunicación de lo que imaginamos es, todo lo más, la verbalización de lo imaginado, pero no la mostración de lo imaginado. Lo íntimo puede decirse, no mostrarse» (Castilla del Pino, 1996: 19).

116 Señala Castilla del Pino: «Las actuaciones íntimas pueden transformarse, con mejor o peor fortuna, en privadas o públicas a través de su codificación verbal y/o extraverbal» (1996: 30).

forma inconsciente— que a nuestro juicio entorpece el análisis de esta forma discursiva. Laura Freixas, por poner un ejemplo, sostiene la disyuntiva de que «o se escribe un diario íntimo, pero no se publica, o se publica un diario, pero no es íntimo» (Freixas, 1995: 41). Esta hipótesis, como la de Picard (1981), está «presa de la fascinación por el accidente de la no publicación» (Hierro, 1999: 104) y no asume por tanto el carácter de artefacto que tiene la intimidad. El nuevo diarista, al igual que el previo a la consideración del diario como forma editorialmente comercial, diseña un espacio íntimo que en nada tiene por qué diferenciarse del ideado por Pepys, Constant o, tiempo más adelante, Amiel. La definición de intimidad que ofrece esta autora, de hecho, es la siguiente:

> Podemos sugerir que la intimidad, tal y como la practicaron los grandes diaristas, consiste en la introspección, la exploración de las propias emociones, el soliloquio moral, aunque enraizado siempre en lo concreto, en lo cotidiano, en la vida diaria del autor (Freixas, 1995: 37).

Tomando esta definición como referencia, puede citarse el diario de González-Ruano para comprobar cómo el autor construye una intimidad basada en el día a día de su autor; el diario de Carlos Edmundo de Ory, en que el autor se comporta de manera semejante; los diarios de Rosa Chacel, quizás los más introspectivos del panorama español; incluso en los diarios de Andrés Trapiello, que Freixas analiza para concluir lo contrario (Freixas, 1995), se observa una profunda introspección: una introspección que no consiste en hablar de sexo o de episodios oscuros a la manera de una Anaïs Nin —más amiga del escándalo que de mostrar su verdadera intimidad—, sino en una mirada interior que se muestra explícita en muchas ocasiones y que, en otras, se deduce de lo exterior. Cuando Trapiello (2010) habla del ambiente familiar de su casa en Madrid, de las disputas con su vecino en Las Viñas, e incluso cuando sugiere que su esposa tiene un tumor, el autor, además de desarrollar su privacidad en el texto, está haciendo un profundo ejercicio de introspección. En este sentido, es un error considerar que la intimidad del diario se ve resentida en los diarios pensados para publicarse. Un diario no es más íntimo por mostrar la desnudez del autor, sus vicios o sus miserias; asumir esto, además de confundir intimidad con privacidad, implicaría considerar que un diario es más o menos íntimo por los acontecimientos privados que narra, cuando la definición de intimidad que se ha sostenido tiene un carácter diferente. Una reflexión de Andrés Trapiello puede arrojar luz al señalar lo siguiente:

> La intimidad en un diario no existe, es una de esas ilusiones típicamente francesas (…): cuando la intimidad se hace pública en vida de un autor, justamente por ello deja de serlo (has citado muchas veces aquello tan gracioso maireniano «nada menos íntimo

que un diario íntimo»); y cuando ese autor muere, la intimidad se disuelve o se evade, por la misma razón que los piojos abandonan un cuerpo cuando éste muere (Trapiello, 1998a: 248).

Si bien Trapiello aquí mezcla los conceptos de intimidad y privacidad, se puede leer su planteamiento como una crítica directa del posicionamiento esgrimido por Freixas, entre otros. Ciertamente, la intimidad no existe en el diario a la manera que lo entiende Freixas; lo íntimo entendido en puridad, como lo definía Castilla del Pino, deja de existir mucho antes: concretamente, cuando se plasma en el texto y su estatus pasa a ser privado. La intimidad que aparece en el diario personal es un constructo textual; de hecho, ni siquiera en el caso de que un autor pretenda escribir su diario para sí mismo puede entenderse como un documento íntimo: máxime, ya que es necesariamente observable,[117] como un documento privado.

Cabría matizar, además, el pensamiento de muchos autores respecto al cambio ontológico del diario personal al aparecer un interés editorial por publicar este tipo de textos (Picard, 1981: Girard, 1996). Asumiendo que lo largo del siglo XX el diarista, al saberse cercano a la publicación de su obra, abre las puertas de su interioridad, y que estos escritores tienen en cuenta directamente la figura del lector externo, lo cierto es que esto no hace del texto diarístico previo un texto más privado. Tienen razón Trapiello cuando indica que nadie que lleve un diario ha renunciado a que pueda ser leído alguna vez por otro lector (Trapiello, 1998a: 28) y Sartre al declarar que nunca se escribe para uno mismo (Sartre, 1990: 70–71); ni siquiera en el caso de los autores que escribieron su diario personal en un lenguaje cifrado, como es el ejemplo paradigmático de Pepys, puede afirmarse que hagan gala de una privacidad más pura. Hay que advertir que, al emplear el lenguaje, el escritor de diarios asume la universalidad de su texto, que puede ser leído por cualquiera que domine los rudimentos de esa lengua. Todo aquel que escribe lo íntimo está asumiendo el carácter de construcción que tiene ese espacio, consecuencia que podría adornarse con el célebre aserto machadiano puesto en boca de Mairena: «De los diarios íntimos decía mi maestro que nada le parecía menos íntimo que esos diarios» (Machado, 1999: 271).

Frente a esta exteriorización de lo íntimo, no obstante, pueden localizarse diferentes circunstancias entre los diaristas. Por ejemplo, Iñaki Uriarte expresa lo siguiente en el último de sus diarios:

TERMINA DICIEMBRE DE 2010, el mes durante el que menos líneas he escrito desde que comencé estos archivos. Propósito de enmienda. Escribir algo cada día. Es absurdo

---

117 Lo íntimo es inobservable, sostiene Castilla del Pino (1989: 29).

> el miedo que le he tomado a escribir. Como si cada línea que yo escribiera fuera a ser leída, escrutada y juzgada por todo el mundo (Uriarte, 2015: 122–123).

Uriarte, quien escribe esta entrada poco tiempo después de publicar sus primeros diarios, evidencia la compleja relación del diarista que expone su vida ante el público. Esta condición no es óbice, sin embargo, para una construcción fiel de la intimidad, como se ha visto en el diario de Trapiello y respecto del cual lo confirma José Manuel Benítez Ariza cuando señala que «la materia íntima de los diarios» es «la argamasa que une y da sentido a la totalidad de la obra» (Benítez Ariza, 2009: 153), dado que Trapiello «ha ejercido un benéfico influjo sobre toda una generación que sintió como propia la necesidad de convertir la intimidad y la interioridad en materia literaria» (Benítez Ariza, 2009: 254). La nueva relación con el público que se mantiene tras el acceso del diario personal al sistema literario no tiene por qué modificar, pues, la construcción del espacio íntimo en el diario literario.

Por todo lo anterior, planteamientos como el de Laura Freixas resultan, desde esta perspectiva, desafortunados, porque ignoran intencionadamente el carácter de constructo del espacio íntimo dentro del diario personal. En palabras de Celia Fernández, lo íntimo del diario no es una realidad dada, que pueda existir al margen del lenguaje, sino un efecto de las palabras (Celia Fernández, 2015: 65). Como efecto de las palabras, por tanto, como construcción, y no como realidad, es el modo en que debe interpretarse lo íntimo en el diario personal.

II. 3. 2. 3. Intimidad y diario literario

La conclusión de los puntos anteriores es clara: la intimidad que se levanta en el diario es un constructo textual que no tiene la categoría ontológica de la intimidad pensada; en opinión de Antonio Moreno (2012), se podría hablar de una «intimidad literaria». A este respecto, César Aira desarrolla en «La intimidad» (2008) una idea reveladora: en la intimidad hay una resistencia al lenguaje. Si, como se veía antes, es cierto que la intimidad puede *decirse*, hay que asumir que la frontera de la intimidad retrocede tanto como avanza la voluntad de contarla (Aira, 2008: 3). En esta misma línea, José Luis Pardo hacía hincapié en la característica inconfesable de la intimidad; cuando la intimidad se confiesa, como ocurre con el diario personal que se publica, se destruye, y ridiculiza la verdad de los protagonistas traicionados. Por ese motivo, el protagonista de un diario suele tener reminiscencias irónicas. Fernando Pessoa, en *El libro del desasosiego*, declara: «Mi figura humana, si la consideraba con una atención exterior, era la del ridículo que todo lo humano asume cuando es íntimo» (Pessoa, 2013: 38). La ridiculez se relaciona así con el problemático ejercicio de transformar en lenguaje, instrumento público por excelencia y herramienta de conformación cultural, aquello que nace y habita en nuestro interior, lo que, debido a la confrontación de espacios, da como resultado estampas frecuentemente ridículas, y constata el carácter de constructo que posee el espacio íntimo en el diario. César Aira añade algo que se anticipaba en el primer párrafo: «Es bastante evidente que la creación de intimidad se parece mucho a la creación de literatura» (Aira, 2008: 5). La intimidad en el diario personal se entiende entonces como una construcción, como una creación que acomete el ser humano cuando verbaliza su pensamiento íntimo y que, frente a la intimidad original, resulta un artificio manifiesto. Lo íntimo en un diario personal no es lo íntimo, sino una reproducción de lo íntimo. La intimidad del diario personal no es así falsa, ni mentirosa, ni tampoco verdadera; la intimidad del diario personal es literaria.[118]

Hay un hecho que puede resultar ilustrativo a este respecto. Curiosamente, a lo largo de la evolución del diario personal, y al contrario de lo que podría parecer, el diario personal va adquiriendo independencia de las otras formas —el libro de cuentas o el diario de navegación— a medida que potencia e intensifica su faceta introspectiva. Por este motivo los primeros diarios personales modernos son los de Samuel Pepys, los de Benjamin Constant o el mencionado de Amiel; porque desarrollan por primera vez esa mirada ensimismada. Al mismo tiempo, son estos diarios los primeros que se consideran literarios: por ejemplo, Laura Freixas (1996b) señala las características que hacen del texto diarístico de Amiel un texto literario. En este sentido, parece haber consenso en que un libro de cuentas o un diario de navegación al uso no poseen nunca un carácter literario y su verdadera naturaleza es documental; sin embargo, el diario personal adquiere su identidad precisamente cuando refuerza la parte personal de su estructura, cuando muestra el Yo del diarista en toda su plenitud.

---

118 El que la intimidad se conforme en el diario personal como una construcción no quiere decir, en cambio, que los acontecimientos narrados no tengan una correspondencia con la realidad. La intimidad del diario personal, en este caso, no es incompatible con la sinceridad, ni con el pacto autobiográfico de Lejeune. El propio Castilla del Pino mantiene que al respecto de la intimidad no se puede mentir: «lo que se dice acerca de lo que se pensó, imaginó (…) puede no corresponderse con lo que fue pensado, imaginado, etcétera. En todo caso no hay comprobación empírica posible» (Castilla del Pino, 1996: 19). Lo íntimo, como ocurre con lo ficcional, no tendría comprobación empírica posible, y por este motivo el pacto autobiográfico de Lejeune se actualiza y adquiere valor, porque el autor establece con el lector un acuerdo según el cual él va a narrar lo íntimo y el lector va a confiar en él.

No es difícil, por tanto, llegar a la siguiente conclusión: el espacio íntimo del diario personal potencia su carácter literario. Efectivamente, el diarista construye una imagen de sí mismo; esa imagen se corresponde con la realidad desde un punto de vista pragmático, pero no *es* la realidad. La intimidad que aparece en el diario es una construcción que resulta básica en la configuración de un Yo diarístico que está diseñado, precisamente, con los materiales propios de la ficción, según venimos afirmando. La intimidad del diario personal es pues un artificio, tiene una categoría literaria en la medida en que no es una verdad científica o histórica y finalmente contribuye al carácter literario del diario; de ahí que el diario literario sea un texto en donde, por encima de todo, prima el desarrollo del Yo. No por otra cosa mantiene Borges que Montaigne, uno de los escritores más canónicos de la historia literaria, es el padre de la intimidad (Borges, 2007: 521); posiblemente, el padre de la intimidad literaria.

En definitiva, y si bien es cierto que no todo diario literario explota su faceta íntima de la misma forma —no puede compararse el espacio íntimo del diario de Amiel con el de Gombrowicz—, sí puede concluirse que todos los diarios literarios desarrollan de algún modo el espacio introspectivo: desde el diario más público de Paul Léautaud al más privado de Julien Green. Desde nuestra perspectiva, por tanto, el cambio que algunos autores advierten en los diarios concebidos con posterioridad al fenómeno de la publicación no existe, puesto que el carácter artificial de lo íntimo se mantiene antes y después. Por último, quedando demostrada la naturaleza retórica de lo íntimo, se prefiere, frente a la de *diario íntimo*, la denominación de *diario literario* como definición aglutinadora de todos los elementos literarios que forman el diario personal interpretado desde esta perspectiva; elementos entre los que se incluye el espacio íntimo.

II. 3. 3. Elementos narrativos del diario literario

Los dos componentes esenciales del diario literario, el Yo y el espacio íntimo, capitanean su desarrollo narrativo. El Yo puede interpretarse como un personaje narrativo a partir de las teorías de Ricoeur, y a partir de él surgen todos los elementos que conforman la estructura del diario literario; ocurre así con los personajes, el tiempo, el espacio, el desarrollo de la fábula. La aparición de estos actores habilita una lectura del diario literario como narración; una narración dispersa pero que, como un relato fragmentario, se desarrolla hasta alcanzar un estatus literario. Todos los elementos de la narración pueden ser analizados desde la narratología, como se intentará en las líneas siguientes, para concretar su naturaleza y la forma en que se integran dentro de lo que aquí se ha denominado *diario literario*.

Pese a lo anterior, debe reconocerse desde un primer momento la imposibilidad de establecer una categorización cerrada del diario literario, en la medida en que se trata, tomando las palabras de Béatrice Didier, de una «forma abierta» (Didier, 1996). Este concepto, que ya ha sido desarrollado en un apartado anterior —II. 1. 4. —, define la naturaleza del diario literario como una matriz aglutinadora de textos heterogéneos. Si bien algunos de estos textos no son literarios, e incluso asumen las características que le impiden ser tal cosa y que se señalaban, por ejemplo, a propósito del diario de Leandro Fernández de Moratín (2008), su presencia no imposibilita una lectura de la obra total como texto literario. Una novela, por ejemplo, puede contener en su interior pasajes que no se corresponden, analizados aisladamente, con aquello que se considera un texto literario —véase un documento notarial— y sin embargo contribuyen, bien insertos en ella, al desarrollo de la trama —no obstante, la heterogeneidad es la característica que define, desde su origen, el texto novelístico—. En este sentido, habría que diferenciar entre escrituras diarísticas suceptibles de ser leídas desde lo literario y aquellas que no lo son, y solo en caso de que un diario personal esté compuesto principalmente a partir de estas últimas habría que hablar de diario no-literario.[119]

Lo que se ofrece a continuación, por tanto, es una aproximación a los elementos que, desde la presente teoría de la escritura diarística, conforman el diario literario. No se trata de enumerar los requisitos del diario literario, sino de arrojar luz sobre sus constituyentes principales. Algo que ayudará, en última instancia, a ofrecer una propuesta de definición.

II. 3. 3. 1. Narración intercalada

Más arriba, Michel Braud se preguntaba si el diario podía ser o no entendido como un relato (Braud, 2009b). Para responder esta pregunta en su trabajo se remonta a las concepciones clásicas del relato como narración estructurada de acuerdo a unos hechos relacionados entre sí. Braud (2009b: 387–388) cita la distinción aristotélica entre relato y crónica, según la cual el primero estaría compuesto a partir de una acción única —construida a través de elementos como la peripecia, el reconocimiento o anagnórisis y el sufrimiento— y la segunda por medio de lo que denomina periodo; es decir, unos acontecimientos que suceden

---

119 Como ejemplo, el *Diario íntimo* (1970) de César González-Ruano está compuesto de estas dos escrituras, de tal manera que algunos años contenidos en la obra publicada no pueden ser contemplados desde lo literario, en la medida en que son simples anotaciones que tienen un objetivo puramente testimonial y documental.

a lo largo del tiempo y que no tienen por qué tener concordancia entre sí. En esto último radica, precisamente, la diferencia establecida por Aristóteles: el relato, que es lo que pudo acontecer, se construye a través de sucesos no arbitrarios; la crónica, historia de lo que ya aconteció, se organiza de acuerdo al arbitrio de las leyes naturales, como hechos que tienen entre sí una «relación puramente casual» (Aristóteles, 1974: 215). Aristóteles desarrolla el proceso que lleva a Homero no a contar la guerra de Troya en su totalidad, empresa inabarcable para lo artístico, sino a *seleccionar* una parte del todo (Aristóteles, 1974: 216), lo que resume su posición: el relato se definiría por ser aquella narración ordenada de acuerdo a una estructura construida por el poeta que ha seleccionado los componentes de la historia, frente a aquella narración que no selecciona los episodios del relato y que, por tanto, es crónica referencial de lo que ha sucedido. En segundo lugar, Braud comenta la teoría de Greimas, para quien el relato se caracteriza por la transformación narrativa que experimenta, entendida esta como la diferencia que va de un estado inicial a un estado final a partir de la configuración lógica y consciente del relato (Braud, 2009b: 389). Si se tiene en cuenta estas dos teorías del relato, concluye Braud, el diario personal no puede ser interpretado como un relato en términos aristotélicos, sino como una crónica, en la medida en que no hay, en apariencia, una selección de los elementos narrativos ni por tanto, en términos de Greimas, un orden o una relación lógica entre ellos según los cuales se disponen. En este sentido, el diario mantendría una correspondencia con la realidad, una referencialidad que solo le permitiría remitir a lo ocurrido y que por tanto no se construiría por medio de la elaboración del poeta, sino por la memoria notarial del cronista. Ni siquiera tendría la capacidad de la autobiografía para ordenarse de acuerdo a una selección retrospectiva de los acontecimientos, pues el diario avanzaría entrada a entrada, determinado por los sucesos de la jornada.

Pese a lo anterior, Braud enumera dos condiciones que sí cumple el diario para conformarse como un relato, si no aristotélico, sí más próximo a la narración literaria que a la crónica: destaca la construcción de una vida en el relato —como respuesta a la consideración transformacional del relato en Greimas— (Braud, 2009b: 388) y el componente de tensión narrativa —relacionado con la intriga aristotélica— que conlleva esta construcción expuesta de manera fragmentaria (Braud, 2009b: 389). En relación con esta tensión, explicada desde el punto de vista de la recepción, Braud menciona la existencia de un ritmo narrativo que estructura el relato de forma fragmentaria (Braud, 2009b: 395). Esta naturaleza fragmentaria, además, proporcionaría la denominación del diario literario como una narración intercalada (Braud, 2009b: 389), término que recoge de Genette (1989: 275).

Compartiendo la interpretación de Braud, habría que matizar la concepción aristotélica del relato enfrentado a la crónica; de este modo, si se profundiza en conceptos como el de la selección lógica de los componentes narrativos puede ofrecerse una lectura de interés del diario literario. A este respecto, hay que partir de una base obvia: toda *textualización* conlleva una selección. El diarista no puede reproducir, como se comprende, la totalidad de una vida; como señala Bou, «también el escritor de diarios se ve obligado a hacer una elección. Solo algunos aspectos particulares, detalles concretos son salvados» (Bou, 2018: 377). Sobre esta primera selección, el diarista elige los momentos que más le interesan; esta segunda elección tiene más de labor literaria que de cronística, porque si bien no busca una mejor comprensión del relato total —el diarista carece, en principio,[120] de la posibilidad de manipular el texto de manera retrospectiva—, sí incide en una serie de temas que interesan al sujeto y que se repiten entrada a entrada. Es lo que Simonet-Tenant definía como un eterno retorno según el cual el diarista suele repetir parecidas acciones, parecidos pensamientos, que surgen todos ellos de su rutina (Simonet-Tenant, 2004: 107). Esta recurrencia temática propicia la construcción narrativa del diario. En esta misma línea hay que entender la utilización de la estructura diarística en numerosas novelas; como señalaba Philippe Forest (2012: 221), en este caso el relato ficcional y la crónica referencial de los días cotidianos son indistinguibles, y precisamente por ello carece de sentido limitar las posibilidades del diario, que se construye, en última instancia, como una narración susceptible de ser interpretada como ficción literaria.

El diario literario puede leerse, en definitiva, como un relato novelístico, en la medida en que se desarrolla a partir de unos elementos que le otorgan un ritmo, una recurrencia e incluso una intriga —un argumento— propias del primero. Ricoeur lo ejemplifica en las *Confesiones* de san Agustín:

> Si abrimos las *Confesiones* de San Agustín en el Libro XI descubrimos una descripción del tiempo humano que responde exactamente a la estructura de concordancia-discordancia que Aristóteles había discernido algunos siglos antes en la composición poética (Ricoeur, 2006: 20).

---

120 Esto es, sin duda, matizable. El diarista que prepara el texto para su publicación puede modelarlo a su antojo e incluso se podría afirmar que algunos diaristas escriben directamente pensando en su publicación, hasta el punto de que seleccionan día a día los sucesos que contribuyen a esta narración. Pese a ello, el diario literario se desarrolla entrada a entrada para mostrar finalmente un conglomerado que en nada se parece a la unidad argumentativa de la autobiografía.

Como el autobiógrafo, el diarista desarrolla en sus páginas lo que previamente es ya una narración,[121] algo que evidencia su naturaleza de relato. Este relato se organiza mediante una estructura de entradas, una estructura fragmentaria que hace del diario una narración intercalada. A través de esta narración, se puede construir una historia, término que se emplea en las coordenadas genettianas (Genette, 1989: 309), en la que aparecen los elementos propios de otras construcciones narrativas en prosa como un relato corto o una novela. Por este motivo, se van a analizar los principales elementos de esta narración diarística.

II. 3. 3. 2. La perspectiva

Si el diario literario puede funcionar como una narración, esta debe tener una determinada perspectiva interpretable desde la narratología. En primer lugar, el Yo, como elemento configurador del texto diarístico, condiciona la escritura del diario literario hasta hacer de ella un texto, en términos de Genette (1989: 299), homodiegético, toda vez que el narrador está presente como personaje en la historia que narra en primera persona.[122] Dentro de los textos homodiegéticos, Genette distingue dos tipos: unos en los que el narrador es protagonista de su relato, que denomina autodiegéticos, y otros en los que desempeña un papel secundario (Genette, 1989: 300). El diario literario, que forma parte de los primeros, es por tanto homodiegético y autodiegético. Para definir *En busca del tiempo perdido*, Genette habla de su narrador como un narrador-protagonista que no cede nunca a nadie el privilegio de la función narrativa (Genette, 1989: 301). De igual manera, se podría decir que el diarista nunca cede el testigo de su relato; este se construye a través de su mirada, que lo modela a su gusto y conveniencia. El Yo narrador del diario literario sabe, como señala Genette, en lo absoluto, conoce la Verdad (Genette, 1989: 307), pues sobre él pilotan todos los elementos de la narración. El discurso del diarista se podría definir, parafraseando al teórico francés, como *auctorial*, término que indica a la vez la presencia del autor y la autoridad soberana de esa presencia en su obra (Genette, 1989: 312).

De mayor interés resulta la presencia del narratario, que Genette describe como un elemento intradiegético, equivalente al lector solo en la medida en que el narrador equivale a autor (1989: 312). En el diario literario, se produce la paradoja comentada en varias ocasiones según la cual el narrador parece dirigirse

---

121 Añade Ricoeur: «Se podría decir que nos aplicamos a nosotros mismos el concepto de voces narrativas que constituyen la sinfonía de las grandes obras, como las epopeyas, las tragedias, los dramas, las novelas» (Ricoeur, 2006: 21).

122 Frente a los relatos heterodiegéticos, de narrador ausente (Genette, 1989: 299).

a sí mismo. Se puede afirmar que esta es una de las convenciones de la forma diarística y que, a pesar de su carácter público en la época actual, el destinatario formal de estos textos sigue siendo el autor mismo. Esto, que invalidaba aparentemente el pacto autobiográfico, hace del relato diarístico una narración especial, formada y constituida de cara al propio autor, que en última instancia es el receptor retórico del texto. A su vez, provoca que en muchas ocasiones el narrador parezca dirigirse al propio texto —es muy conocida la fórmula de *Querido diario*— en un proceso de objetivación del sujeto; el autor se dirige en realidad al autor mismo y a partir de esa premisa se modela un relato cuyos elementos están condicionados por este cerco retórico.

Recogiendo todo lo anterior, cabe resumir el funcionamiento del relato diarístico de la siguiente forma: el Yo diarístico, construcción textual del autor, actúa como narrador homo y autodiegético, y también como narratario del diario literario, para modelar un relato que puede denominarse, dada esta soberana presencia del autor, como *auctorial*. Este Yo del autor, en palabras de Genette, conoce en lo absoluto, lo que otorga a la narración diarística una focalización de nivel cero, puesto que es un relato en donde el narrador «dice más de lo que sabe personaje alguno» (Genette, 1989: 244), característica que lo convierte habitualmente en protagonista.

II. 3. 3. 3. **El cronotopo diarístico**

Witold Gombrowicz comienza su diario de la siguiente forma:

> Lunes
> Yo.
> Martes
> Yo.
> Miércoles
> Yo.
> Jueves
> Yo (Gombrowicz, 2011: 19).

Gombrowicz, a través de un tono jocoso, evidencia el carácter del Yo como eje central del diario; sin embargo, incluso en un diario que comienza así lo primero con lo que se topa el lector no es con el Yo, sino con una fecha. En efecto, el elemento que estructura y da sentido a la narración diarística es el tiempo, que antecede —esté fechado o no el diario, pues en el caso de no estarlo sigue condicionando la estructura de entradas— al resto de elementos en el diario literario. El día, como ya explicaba Blanchot a propósito de la cláusula cotidiana que establecía, es un elemento temporal que determina la estructura diarística. El diarista, como señala Manuel Hierro, tiene un compromiso —a veces inconstante, dado que en pocas ocasiones el diarista es capaz de escribir todos los días— con lo cotidiano, y por ello encuentra su horizonte expresivo en el presente de la anotación (Hierro, 1999: 116). El Yo está condicionado así por un verbo pronunciado en presente: escribo. Esto, con notables excepciones —pues muchos diaristas incorporan en sus entradas un tiempo autobiográfico, como las continuas alusiones a su pasado en el caso de Iñaki Uriarte, o un tono ensayístico en forma de epigrama, como los aforismos de Amiel—, propicia el efecto de roce que indicaba Genette entre el momento de escritura y el momento de evocación, provocado por la narración de los sucesos del día recién concluido —«Hoy me ha ocurrido lo siguiente»— en conjunción con la simultaneidad en la exposición de los pensamientos —«Ahora pienso lo siguiente»— (Genette, 1989: 275). Es esta la combinación de lo que Genette denomina dos modos del lenguaje: el directo y el diferido, el casi-monólogo interior y el relato a posteriori.

La estructura temporal le otorga un ritmo al relato diarístico, un ritmo fragmentado pero no por ello menos integrador. Así, la impresión de eterno-retorno que destacaba Simonet-Tenant, debida al límite temporal de la jornada y al carácter aparentemente indefinido del texto diarístico, propicia un ritmo temporal vertebrador del relato. En esta dimensión temporal tiene sentido la aparición de figuras como la analepsis y la prolepsis. El diarista previene lo que va a contar en futuras entradas o, por el contrario, se refiere a lo que ya contó en entradas antiguas, y todo ello contribuye a la configuración del relato, en la medida en que los puntos de referencia se repiten hasta convertirse en motivos de la trama. A la constitución de este ritmo contribuye también la longitud de las entradas, como señala Braud (2006: 166): a veces las entradas cortas le otorgan mayor rapidez a la lectura del relato; por el contrario, las largas le aportan solidez narrativa, en la medida en que algunas de ellas se conforman como pequeños relatos breves –es el caso de las entradas dedicadas a crónicas de viajes en el caso de Andrés Trapiello–. En otras ocasiones, el diario protagoniza años de muchas entradas y otros años de escasos registros, como ocurre en el *Diario íntimo* de González-Ruano; en estos casos la irregularidad puede perjudicar la lectura literaria del diario, en la medida en que se evidencia su carácter notarial y referencial en perjuicio de un ritmo narrativo propio de la obra ficcional. Por este motivo, el diario literario escrito en las últimas décadas suele potenciar cierta regularidad en la construcción de las entradas, lo que repercute en el ritmo narrativo de la lectura.

Siguiendo a Bajtín y su teoría del cronotopo,[123] se puede decir, por tanto, que el tiempo es el centro organizador de los principales acontecimientos argumentales del diario literario. El componente espacial que ya esté en el propio concepto de Bajtín se ha introducido en el punto anterior a propósito de su dimensión íntima. Si bien el diario se concibe como una forma abierta, y por tanto caben en su interior tantos espacios como situaciones del Yo, en el diario literario se desarrolla lo íntimo, entendiendo este espacio como conjunción de las actuaciones íntimas, privadas y públicas del Yo, y sobre todo como reflexión de todas las anteriores. En el diario literario, el diarista se piensa a sí mismo; recoge las actuaciones que ha protagonizado a lo largo del día o que protagonizó en un día anterior, y, al mismo tiempo que las testimonia, las somete a análisis —el diario no literario, a este respecto, solamente se queda en el primer estadio testimonial—. Como he explicado, no es la intimidad la que aparece en el diario, sino la construcción literaria de la misma, y esta construcción se lleva a cabo precisamente, con las mencionadas excepciones, a partir de la distinción espacio-temporal establecida por Genette: el diarista combina en su texto lo narrado con el «ahora pienso sobre lo narrado». Se tratará de un cronotopo mediado por la reflexión diaria, por lo que tendría un carácter muy cercano al propio del ensayo. Ese espacio de pensamiento cotidiano ofrece una ilusión de intimidad y de ahí la tradición que emerge a partir del diario de Amiel: el diario parece íntimo en la medida en que desarrolla la reflexión personal y privada del autor —*textualizado* a través de su Yo— acerca de los acontecimientos del día. Esta construcción, no obstante, es literaria, y contribuye precisamente a la categorización literaria del diario personal.

II. 3. 3. 4. Los personajes

A partir de este cronotopo diarístico, el Yo modela todos los elementos del diario literario: espacios, pensamientos, narración de lo cotidiano y los personajes que habitan en estas narraciones; estos forman lo que Braud denomina como «la

---

123 Bajtín define el cronotopo como «la conexión esencial de relaciones temporales y espaciales asimiladas artísticamente en la literatura» (Bajtín, 1989: 237). A lo que añade: «En el cronotopo artístico literario tiene lugar la unión de los elementos espaciales y temporales en un todo inteligible y concreto. El tiempo se condensa aquí, se comprime, se convierte en visible desde el punto de vista artístico; y el espacio, a su vez, se intensifica, penetra en el movimiento del tiempo, del argumento, de la historia. Los elementos de tiempo se revelan en el espacio, y el espacio es entendido y medido a través del tiempo. La intersección de las series y uniones de esos elementos constituye la característica del cronotopo artístico» (Bajtín, 1989: 238).

trame d'une vie»[124] (Braud, 2006: 272). Ello implica que todos elementos se construyan en las coordenadas cognoscitivas del Yo; puede comprobarse claramente en lo concerniente a la aparición de los personajes: el Yo hace referencia a los personajes, a los diálogos entre estos personajes, a las situaciones que viven estos personajes, y después reflexiona sobre todo lo anterior. En el diario de Paul Léautaud puede comprobarse cómo van apareciendo personajes en la vida del protagonista que van teniendo mayor o menos importancia según su relación con el constructor de la trama: en el *Diario literario* desarrolla la figura de Bl..., su pareja sentimental (Léautaud, 2016: 85); otras mujeres como Aricie (Léautaud, 2016: 91); aparece Remy de Gourmont como alguien con el que adquiere cada vez mayor confianza (Léautaud, 2016: 127); aparecen, en definitiva, los grandes personajes literarios de la Francia de la época (Valery, Cocteau) y, al mismo tiempo, los pertenecientes a la cotidianidad de Léauteaud, y todos ellos perfilados a partir de la descripción del Yo diarístico. Si el primer personaje creado es el propio diarista, que, como señala Picard (1981: 120), pasa a ser personaje literario, el resto de personajes son subproductos de esta instancia principal.

A este respecto, resulta de interés la independencia narrativa que estos personajes acaban teniendo en el diario. El personaje, una vez pasa a ser un elemento narrativo, adquiere independencia respecto a su condición referencial a medida que se desarrolla en el diario. Un testimonio muy interesante de ello es el ofrecido por Miriam Moreno Aguirre, compañera sentimental de Andrés Trapiello y cuyo alter ego, M., se constituye como uno de los personajes más importantes de su diario, el *Salón de pasos perdidos*. En un artículo titulado «M. y su doble», Miriam Moreno explica el modo en que lee su identidad narrativa:

> Con los primeros tomos no tuve aparentemente ningún problema en distinguir el punto de vista del diario del enfoque de mis propios recuerdos. Pero el síntoma empezó a manifestarse en forma de extrañeza a medida que crecían las páginas del *Salón*, precisamente porque en algunos detalles que yo había ido olvidando quedaban allí consignados y, por tanto, fijados. (…) El Salón me acercaba tanto a aquello que era lejano para mí, que me dejaba confundida y perpleja (Moreno, 2009: 238)

Aunque establece un juego irónico mediante la posibilidad de que su personaje diarístico sea más real que ella misma, finalmente reconoce las diferencias entre ambas (Moreno, 2009: 400) para constatar la distancia que existe entre lo vivido y lo narrado. El mismo Trapiello ha declarado en muchas ocasiones la condición de su Yo como personaje; algo que se repite en muchos autores de la tradición diarística y que, en el caso del *Salón de pasos perdidos*, Juan

---

124 «La trama de una vida», (N. T.).

Marqués confirma: «sería sano que todo el mundo entendiese que el retratado en el *Salón* ya no es una persona sino un personaje, construido por la mirada del autor» (Marqués, 2018: 23). Al igual que sucede con los demás elementos que aparecen el diario literario, los personajes del diario personal, que tienen una correspondencia referencial en la medida en que el diarista respeta el pacto autobiográfico, adquieren independencia narrativa a medida que el relato diarístico los desarrolla. Esto confirma la naturaleza literaria y la posible interpretación ficcional del diario literario.

En la elaboración de los personajes, además, se confirma la capacidad del Yo diarístico como ente central del diario literario, en tanto que todos los personajes son modelados a partir de la voz en primera persona: el Yo se construye a sí mismo y modela el resto de personajes en relación con el cronotopo diarístico que termina definiendo el espacio para que el protagonista del diario desarrolle su vida cotidiana.

II. 3. 3. 5. El estilo

El estilo es el elemento formal que termina de configurar la narración diarística en tanto que unifica el a priori carácter heterogéneo del diario. En principio, el estilo de una forma como el diario personal, heredera de la práctica cotidiana de llevar un diario, debería corresponderse con un estilo descuidado, falto de preparación y condicionado por la inmediatez de la anotación cotidiana. Esto ocurría con los diarios de Tolstói, tal y como explicaba Selma Ancira (2002: 10), y es la cualidad que destaca Michel Braud en su análisis estilístico de los diarios. Braud señala que el estilo del diario se desarrolla a partir de una estética basada en «lo insignificante» y «lo banal». En la medida en que el diarista aspira a lo inmediato, dice Braud, el diario personal expone una literatura opuesta a la técnica de la escritura propiamente literaria, a la que contrapone una suerte de «ingenuidad» basada en la expresión del sujeto ordinario (Braud, 2006: 274–275).

Pese a esto, basta recordar el análisis acometido en el punto III de este trabajo para encontrar diarios en los que destaca una escritura cuidada y de evidente carácter literario, como es precisamente el caso de Amiel, uno de los paradigmas del diario personal. Cualquier entrada de Amiel lo demuestra:

> A 21 de enero de 1866. Esta noche, después de cenar, no sabía yo dónde pasear mi soledad; me devoraba la sed de conversación, de cambio de sociedad. Pensé ir a la casa de nuestros amigos ***. Estaban en la mesa cuando llegué. Después pasamos al salón; la madre y la hija se acercaron al piano y cantaron un dúo de Boïldieu. Las teclas de marfil de este antiguo piano de cola, en el que la madre ya tocaba desde antes de

casarse, (…) esas teclas chasqueaban y falseaban; pero la poesía del pasado cantaba en este fiel servidor, confidente de penas, compañero de vigilias, eco de toda una vida consagrada al cumplimiento del deber, a los afectos, a la piedad y a la virtud (Amiel, 1980: 127).

Como puede comprobarse, el estilo de Amiel está lejos de la ordinariez destacada por Braud; el lirismo de su prosa evidencia la intención literaria de su autor. Lo mismo podría decirse de muchos otros diarios: el de Stendhal, el de Léautaud, los de Cheever o los de Silvia Plath destacan por una prosa claramente literaturizada. Si además se tiene en cuenta que el estilo es posiblemente el elemento más subjetivo de la escritura, se podría aventurar la incapacidad de establecer una constante en el estilo de los diarios.

Como objeción a lo anterior, sí cabría reconocerle a Braud la existencia de algunos elementos comunes en ciertas poéticas diarísticas basadas en una sencillez de estilo, que además se asemejan a la concepción de la escritura de Montaigne. Este estilo se construye a partir de la sencillez de una escritura cuyo objetivo es mostrar la transparencia del diarista, que plasma la verdad autobiográfica. Iñaki Uriarte, ante la disyuntiva de corregir sus textos diarísticos o no, señalaba que en ese proceso podían perder «lo que en el Renacimiento llamaban en italiano *sprezzatura*», es decir, un «efecto de aparente desatención (…), esa naturalidad algo desaliñada que en el fondo también es puro artificio» (2010: 184). Este estilo que trata Uriarte es el que Montaigne define como «simple y natural» (2016: 224) y que en realidad es una constante en la literatura occidental desde Cervantes hasta Juan Ramón Jiménez, quien lo definía como propio de «quien escribe como se habla» (Jiménez, 1990: 164). Esta tradición, en el diario literario, podría unir a Stendhal con Léautaud, a Léautaud con Trapiello y Uriarte. Ahora bien, este estilo no es ordinario en el sentido que establece Braud; por el contrario, y a tenor de las palabras de Uriarte, es precisamente «tal vez el mayor» artificio de todos (Uriarte, 2010: 184).

En último lugar, se puede destacar el cambio producido en la concepción del estilo de los diaristas a medida que el diario accede al sistema literario a lo largo del siglo XX. Muchos diarios del XIX no tienen así la brillantez estilística de los diarios literarios de finales del siglo XX, ya concebidos y preparados para la publicación. Incluso algunos diarios como los de Gide no mantienen todavía el cuidado estético de los diarios literarios de las últimas décadas. En estos últimos, el estilo es elemento que culmina el carácter narrativo del diario; en relación con el concepto de *opus*, el estilo termina de configurar la obra cerrada que es el diario literario. En muchos casos es, además, el culpable de su naturaleza literaria.

II. 3. 4. Recapitulación: hacia una definición del diario literario

Partiendo del análisis de sus componentes narrativos, y pese a asumir su condición consustancial de forma abierta y por tanto difícil de clasificar, se puede llegar a una definición de diario literario. En 1996, Enric Bou acometía una definición de esta forma —llamada diario a secas— que terminaba expresando de modo sencillo a través de la siguiente fórmula: «El diario es una crónica cotidiana, escrita desde el presente, de una experiencia personal. (...) Necesita el diario de unas mínimas condiciones: anotaciones periódicas, atención hacia lo inmediato, entidad literaria» (Bou, 1996: 124). Esta definición de Bou, que puede servir no obstante como base para la definición de este trabajo, debe ser explicada y matizada.

En primer lugar, junto a la elección de la palabra *crónica*, es conveniente la utilización del término *relato*, que en la dicotomía aristotélica era el elegido para designar lo que el griego entendía como literatura. El diario leído desde la literatura, entonces, posee una estructura propia de la narración cerrada, del *opus*, en la medida en que el diario ha sido publicado y solo en este caso se encuentra dentro del sistema literario; por ello, puede leerse como relato literario además de como crónica de vida. El carácter cronístico del diario literario —en tanto que narración referencial— nunca se verá mermado, como se comprueba a propósito del pacto diarístico, pero convive en total equilibrio con su condición de relato. Se podría decir, como narración ambivalente, que el diario personal puede funcionar al mismo tiempo como crónica referencial y como relato.

En segundo lugar, destaca Bou el carácter cotidiano y periódico del texto diarístico, que efectivamente es una de las características del diario literario, estructurado a partir de entradas diarias y escritas desde el presente. Muy relacionado con este carácter cotidiano del diario está esa atención a lo inmediato, entendida como desarrollo de la faceta personal del diarista, cuyo Yo reflexiona en la página acerca de los acontecimientos que le ocurren. El diario literario, pese a su condición literaria, desarrolla los ámbitos del Yo, y solo en este caso puede leerse desde lo ficcional.

En tercer y último lugar, Bou señala el requisito más importante: que el diario posea entidad literaria. Es curioso, a nuestro juicio, que Bou no desarrolle esta idea a lo largo de su artículo, lo que efectivamente aclararía la ambigüedad de su postura. Esta entidad literaria, se ha mantenido en este trabajo, aparece en el diario personal cuando este posee unos elementos narrativos que son susceptibles de ser leídos como materiales literarios. Todos los puntos que se han expuesto en este epígrafe conducen a la misma idea: el diario personal puede interpretarse como diario literario cuando el Yo desarrolla una narración de sus días en la que aparecen los componentes propios de todo relato literario. Una vez que se produce esta circunstancia, se puede acometer la diferenciación ya explicada entre diario literario y diario no-literario.

En resumen: en el diario literario, el Yo construye el espacio, el tiempo, los personajes, todos los elementos narrativos que pueden hacer del diario un material literario. En un diario personal en el que no exista un desarrollo del Yo no cabe hablar de una lectura literaria, puesto que no existe la posibilidad de trascender una lectura referencial. Un diario como el de Leandro Fernández de Moratín, por ejemplo, compuesto a base de notas contables,[125] solo puede entenderse como documento notarial y en ningún caso puede interpretarse desde la literatura. Estas ideas se pueden vincular con lo comentado en el anterior punto por Castilla del Pino acerca del proceso que implica la construcción del Yo. Castilla decía, así, que este proceso se lleva a cabo a través de la memoria, pero no una memoria de datos puntuales, sino una memoria evocativa. Como se ha podido intuir en el ejemplo citado, Moratín construye su diario personal a base del registro notarial de los sucesos acaecidos a lo largo de la jornada. No se detiene a desarrollar estos sucesos, simplemente los anota con la intención de dejar constancia de los hechos. A excepción de las adjetivaciones y de breves comentarios valorativos, el texto se construye a partir de una memoria puramente contable, una memoria que no deja espacio al poder restaurador del *rememorar* y que además impide el desarrollo del Yo diarístico, imposibilitando una lectura literaria en los términos que se han fijado aquí.

Dentro de esta categoría de diarios no-literarios, cabría hacer referencia a los diarios personales puramente exteriores[126] que se construyen a la manera

---

125 Un ejemplo: «Junio de 807. 1 Calles./Calles, vestuario of +. Promenade. chez Conde. 2 Calles. / chez Tineo. Cum ils promenade. chez Conde. 3 Calles; new house. / chez Tineo; cum Atienza, Comedia Príncipe; promenade; chez Conde. 4 Calles; chez Clori; chez Tineo manger. / cum ils, promenade; chez Conde. 5 chez Príncipe Pacis, non erat; Calles; chez Melón manger, nam frater ivit. / Comedia +; chez Conde. 6 Calles; new house. / Calles; Comedia Príncipe; promenade; chez Conde. X7 Calles; ici Conde manger. / cum il, Botánico; promenade; chez Conde. (113r) 8 Calles; new house. / Calles; promenade; chez Conde. 9 chez Pinto; chez Tineo; chez Argaiz. / vestuario of +; promenade; chez Conde. 10 Calles; new house. / Calles; fire in Príncipe Pío hill; chez Conde. 11 new house; Calles. / Calles; promenade, cum quaedara Iliberitana loqui; chez Conde. 12 new house. / Calles; promenade; chez Conde. 13 Calles; new house. / Calles; promenade; chez Conde» (Moratín, 2008: 1094). Esta es la estructura de anotación de la mayor parte del diario.

126 Estos diarios han sido catalogados por algunos autores de *dietarios*; como se ha explicado en el punto II. 1 de este trabajo, se trata de un término propio de la tradición

de un ensayo o de un libro periodístico. Es el caso, por ejemplo, de los *Diarios* de Arcadi Espada, construidos a base de entradas teóricas sobre la escritura periodística. Los textos de Espada son, así, pequeños ensayos en los que el Yo aparece tímidamente y en casi ningún caso —existen algunas injerencias, sobre todo al comienzo (Espada, 2002: 15–30) y en la última parte del diario (2002: 191–194) — es desarrollado, lo que impide la construcción de unos elementos narrativos como los comentados con anterioridad. Podría decirse que el tono es periodístico y el mundo que presenta es puramente referencial: los personajes son los mismos que pueden aparecer en un periódico. Este texto se construiría, casi en su totalidad, en referencia a un plano exterior, de tal manera que no es posible interpretar lo expuesto en la página desde un punto de vista ficcional. Este tipo de diario solo podría ser considerado literatura en caso de interpretar el ensayo como un género literario, algo que, en todo caso, debería ser tratado en otro lugar.

La ausencia de un desarrollo autobiográfico —de hecho, textos como el de Espada ponen serias dificultades para situarlos dentro de los llamados géneros autobiográficos—, impide la lectura literaria, lo que demuestra que el desarrollo del Yo desde un punto de vista personal[127] es uno de los factores que determinan la cualidad literaria del diario. En este sentido y aunque por diferentes causas, los dos ejemplos de diarios mencionados están incapacitados para una lectura literaria por el sencillo hecho de que no desarrollan unos componentes literarios capitaneados, claro está, por el Yo. Precisamente, alguien como Roland Barthes se muestra consciente de este hecho en una de las notas de su *Diario de duelo* cuando señala lo siguiente: «No quiero hablar por temor a hacer literatura —o sin estar seguro de que eso no lo sería— aunque de hecho la literatura se origine en estas verdades» (Barthes, 2009: 27). El «hablar» de Barthes entendido en un sentido extenso, como desarrollo de la personalidad del diarista, es lo que hace del diario un texto susceptible de ser leído como literatura.

La construcción del Yo en el texto diarístico, en suma, determina sus posibilidades literarias. El desarrollo de la identidad narrativa implica, siguiendo a Ricoeur, una construcción narrativa que libera el texto autobiográfico de sus ataduras referenciales. En ese momento, y no antes, el diario puede ser considerado

---

catalana que induce a confusión, en la medida en que en esa tradición no existe una diferencia ontológica entre *diari* y *dietari*. Se prefiere hablar aquí, pues, de diario personal con carácter exteriorizado; una diferencia que ya hacía Gusdorf en 1948, en su libro *Le decouverte de soi*, entre «journal externe» y «journal interne» (Gusdorf, 1948: 39–41).

127 Puede encontrarse en el diario otro tipo de desarrollo del Yo, como el ensayístico.

una narración interpretable desde coordenadas literarias. Si hoy día todavía puede leerse un diario como el de Witold Gombrowicz (2005), por poner un ejemplo, no es tanto por la sucesión de nombres que aparecen en sus páginas —que para un lector contemporáneo son nombres desconocidos—, como por la construcción narrativa que se produce en ellas. Gombrowicz es capaz de levantar un mundo narrativo a través de un Yo que se describe día a día. No hay renuncia al compromiso de verdad autobiográfica en ningún caso, y el Yo solo puede ser el de Witold, pero el diario se libera finalmente de todos esos componentes para ofrecer una construcción literaria. En ello reside la doble virtud del diario literario.

Desde esta diferenciación y las características enumeradas, se puede definir el diario literario finalmente como *una crónica cotidiana escrita en prosa y desde el presente, a través de una estructura fragmentaria de entradas habitualmente fechadas, por un personaje principal que, a partir de una identificación autobiográfica entre narrador, autor y personaje, se narra a sí mismo, se dirige a sí mismo y desarrolla un relato personal con capacidad estética que privilegia lo íntimo —en tanto que reflexión de sus propias actuaciones— para construir un texto que posee un estatus referencial y literario*. Si bien supera el tamaño convencional de una definición, puede resultar de gran utilidad en la medida en que aglutina todos los fenómenos descritos en este trabajo a propósito del diario literario y anticipa su consideración como género.

A propósito de esta definición, cabría aclarar en último lugar las posibles excepciones a las que están sujetas todas las definiciones genéricas. Se ha advertido antes la dificultad de categorizar una forma abierta como el diario personal, a partir de cuya estructura se pueden establecer propuestas narrativas de todo tipo. Por ejemplo, existe la posibilidad de construir un diario personal en segunda persona, tal y como ensaya Paul Auster en *Diario de invierno*; emplear la misma estructura de la entrada para escribir en tercera persona, como en ocasiones lleva a cabo Trapiello en el *Salón de pasos perdidos*; o, como ha hecho Jacques Audiberti en *Dimanche m'attend*, experimentar con las estructuras de las entradas, cambiando el orden de los días para alterar el orden cotidiano de la lectura. Son ejemplos poco frecuentes en la literatura actual, pero en todos los casos puede respetarse su condición de diario literario; si bien el uso de diferentes personas aleja el texto de su condición referencial y lo acerca al relato lúdico de la autoficción, en realidad la construcción sigue supeditada al desarrollo de un Yo autobiográfico. Este Yo pasa a ser Tú o Él, pero sigue siendo el protagonista narrativo que se identifica con el autor y construye a partir de sí el relato cotidiano de sus días; solamente en el caso de que se omita el desarrollo de este personaje para pasar a narrar asuntos novelísticos se podría hablar de una novela que emplea la forma diarística, caso, por otra parte, muy frecuente desde el siglo XVIII.

La anterior definición, en suma, se emplea como base para la fundamentación teórico-crítica del diario personal con capacidad literaria, a la que deberá añadirse un análisis de las características que, individualmente, posea cada diario literario —lo que contribuirá a matizar y ampliar la definición.[128]

---

128 Es necesario aclarar, a propósito de la definición recién aportada, que el análisis de las posibilidades narrativas del texto es solo uno de los modos de valorar su idiosincrasia literaria. En el caso de una obra en prosa como el diario, se trata, según nuestro punto de vista, de una perspectiva que puede arrojar luz sobre su capacidad para constuirse como relato literario. En el caso de otros géneros, como ocurre con la lírica, no se puede valorar el carácter literario de un texto atendiendo a sus rasgos como relato; su literariedad, sin embargo, deberá medirse por aspectos como su expresividad, su capacidad estética etc. En este sentido, la concepción de la literatura que se mantiene en este trabajo se asemeja a la expuesta por Terry Eagleton en *El acontecimiento de la literatura* (Eagleton, 2013: 39–141); la literatura no se puede definir de modo unívoco, sino atendiendo a una serie de «parecidos familiares» (Eagleton, 2013: 40) que existen entre las diferentes manifestaciones literarias.

II. 4. El diario personal como género literario

La interpretación del diario como género literario, al igual que ocurre con el estatus genérico de la autobiografía, es una cuestión tan esquivada como el análisis de su condición literaria en tanto que, como indica Kurt Spang, hablar de géneros es hablar necesariamente del concepto de literatura (Spang, 1996: 18). Si Todorov, en la misma línea, evidencia la relación obligada de lo literario con la idea de género al señalar que «no ha habido nunca literatura sin géneros» (Todorov, 1988: 34), en el ámbito de la escritura autobiográfica esta cuestión es consustancial a la problemática de la verdad y la ficción, y solo enfrentándose a esta última cabe ofrecer una solución a la primera. Por este motivo, escasean las aportaciones teóricas centradas en el diario personal como género literario; autores canónicos como Alain Girard han definido el diario como género sin profundizar en la cuestión,[129] línea que han seguido muchos investigadores.

En este punto se va a establecer un análisis del diario personal como género partiendo de su caracterización como forma literaria acometida a lo largo de este trabajo y concretada en la definición proporcionada al final del punto II. 6. Dadas las particularidades del diario personal y su reciente incorporación al sistema literario, estas páginas no van a servir para establecer una definición cerrada del diario como género literario. Más bien apuntan a la posibilidad de ofrecer un planteamiento panorámico de las relaciones entre diario y género literario y, sobre todo, describir el contexto de recepción actual del diario en los estudios literarios, algo que se une a la definición general del diario personal acometida a lo largo de los capítulos anteriores y que contribuye, en última instancia, a su consolidación como género.

---

129 Hay que reconocerle a Girard, no obstante, ser de los primeros autores en cuestionarse el carácter genérico de lo que él denomina *diario íntimo*. En una comunicación de 1964, poco después de la publicación de su canónico *Le journal intime*, Girard se pregunta ante el público si el diario puede constituirse como un nuevo género literario (Girard, 1965). Aunque deja esta cuestión en el aire, la somera descripción que establece del diario evidencia la consideración genérica de esta forma textual.

II. 4. 1. El concepto de género literario y las categorías autobiográficas

Jesús González Maestro ofrece una definición de género literario que resulta de utilidad al catalogarlo como «el conjunto de características comunes que pueden identificarse entre las diferentes partes que constituyen una totalidad» (González Maestro, 2012: 46). Dentro del sistema literario, la totalidad sería el género, definido así por las diferentes partes que lo constituyen: en el caso de la novela como género, las distintas novelas —novela de aprendizaje o de caballerías—, que Maestro define como especificaciones o especies (González Maestro, 2012: 61) y que se ha identificado en muchas ocasiones con el concepto de subgénero. Desde una perspectiva similar, Antonio García Berrio y Javier Huerta Calvo entienden el género como «armónica articulación entre la constitución formal y el contenido temático e ideológico» del texto (García Berrio; Huerta Calvo, 2015: 146); a partir de aquí, la práctica reiterada de un género constituye una serie genérica, dentro de la cual el conjunto de las variables —lo que Maestro denomina como características comunes— determina la especificidad de un texto respecto del modelo —género— (García Berrio; Huerta Calvo, 2015: 146).

Partiendo de estas dos definiciones, que se emparentan con las de teóricos clásicos como Alistair Fowles —quien define el género literario como «constelación de cualidades formales» (Fowles, 1991: 51) —, se puede establecer un primer acercamiento a este aspecto del diario personal. Este, para empezar, ha sido conceptualizado en ocasiones como subgénero de la autobiografía. De acuerdo son el sistema explicado, y según lo anterior, la autobiografía sería el género literario establecido y el diario un subgénero que, por un lado, compartiría parte de ese contenido temático al que se referían Berrio y Huerta Calvo y, por otro, divergiría en la constitución formal, toda vez que el diario se construye a partir de la narración cotidiana —en entradas diarias— y la autobiografía lo hace a partir de una perspectiva retrospectiva —narrando desde el comienzo de una vida.

Entre los autores que comparten este planteamiento se encuentran Romera Castillo (1992), Anna Caballé (2015a), Kurt Spang (2000: 641–642) o Puertas Moya (2005: 300) entre otros, y lo cierto es que se ha convertido en la posición predominante en los estudios españoles sobre autobiografía y diario personal. Esta hipótesis, si bien nadie se ha detenido a desarrollarla con detenimiento, se entiende fácilmente: la condición autobiográfica del diario literario conduce a estos autores a asumir su subordinación respecto al que se considera el género matriz: la autobiografía. Precisamente García Berrio y Huerta Calvo eligen esta forma para situar el diario en su clasificación teórica de los géneros, si bien su clasificación es incluso más reveladora, en tanto que lo incluyen, como subgénero de la autobiografía, dentro de lo que ellos denominan géneros didáctico-ensayísticos (García Berrio; Huerta Calvo, 2015: 219). Junto a la autobiografía —que engloba a la confesión, el diario y las memorias—, sitúan el ensayo —género, frente a los anteriores, de expresión objetiva— y los diálogos —de expresión dramática—. Estos géneros, según Berrio y Huerta Calvo, podrían calificarse de no ficcionales y se caracterizarían por haber estado siempre excluidos de la poética tradicional (2015: 218). La teoría de Berrio y Huerta Calvo resulta interesante en la medida en que el diario es un género que comparte algunas características con lo didáctico-ensayístico —la faceta crítico-literaria del diarista, el uso del aforismo o la sentencia breve—, pero no explica el carácter ficcional desde el que se puede leer lo autobiográfico. De hecho, el género concreto de la autobiografía tiene, a priori, un carácter didáctico o ensayístico muy leve, y estaría más próximo a la novela que a cualquier otra forma genérica.

Por otro lado, ha habido autores que han entendido el diario como un género independiente —y no como un subgénero autobiográfico—, como es el caso de Lejeune, que habla de la autobiografía y el diario como «géneros vecinos» (Lejeune, 1994: 51). En la línea de Lejeune, los estudios que han tratado el diario personal en el contexto extranjero (Merry, 1979; Wuthenow, 1990; Simonet-Tenant, 2004; Rannoux, 2004; Braud, 2006; Jackson, 2010) suelen aislarlo como forma genérica. A semejanza de estos estudios, aquí se va a interpretar el diario literario como un género con marcadas diferencias respecto de la autobiografía y otras modalidades autobiográficas. A lo largo de este trabajo se ha procedido a hacer un análisis, a partir de la búsqueda de lo que Maestro denominaba características comunes, de las formas diarísticas. Eso ha permitido crear un principio de poética del diario literario en la medida en que se han aislado estas características de las propias de otras formas autobiográficas; entre ellas, además de las diferencias formales, se descubren también variaciones o particularidades de contenido como la construcción de un espacio íntimo o el cronotopo de la entrada cotidiana. Ello, unido al hecho de que forma y contenido son realmente indisociables —por remitir a los dos elementos que Berrio y Huerta Calvo delimitaban para la definición de género—, propicia una consideración diferenciada del diario literario respecto de las otras formas autobiográficas. En esta misma idea profundizarán los siguientes puntos.

II. 4. 2. El diario literario, género autónomo

Tomando el concepto de serie genérica de García Berrio y Huerta Calvo (2015: 146), pueden destacarse los componentes históricos e institucionales de todo género literario, que es tal en la medida en que se asienta a lo largo del tiempo en el sistema literario. Como señala Todorov, los géneros se relacionan, a través de la institucionalización, con la sociedad en la que están vigentes (Todorov, 1988: 38). Para describir la consolidación del diario literario como género, y para definirlo en sus relaciones con lo autobiográfico, es necesario acudir a un acercamiento histórico. En este sentido, comienza aportando una idea fundamental acerca del origen de los géneros; a la pregunta de dónde provienen estos, Todorov responde: «un nuevo género es siempre la transformación de uno o de varios géneros antiguos» (Todorov, 1988: 34). Motivo por el que resulta útil preguntarse por las formas textuales de las que proviene el diario literario, como ya se ha establecido en los primeros puntos.

Al comienzo de este trabajo, se vinculaba el diario con el origen de prácticas muy cercanas al modelo autobiográfico, en tanto que el contexto en que se desarrolla la cultura del autoconocimiento es similar y ambas pueden catalogarse, en términos foucaultianos, de tecnologías del Yo. Siguiendo de nuevo a Todorov, que concibe el género como procedencia de un acto de lenguaje y que proporciona tres ejemplos entre los que señala la plegaria, la cual provendría de un acto de lenguaje con existencia no literaria (Todorov, 1988: 41), se podría asociar tanto autobiografía como diario a un antepasado común: el acto de lenguaje de la confesión. Tal era la teoría de María Zambrano, que veía en la confesión vital el origen de la autobiografía; de hecho, sostenía una posición sobre los géneros muy parecida a la de Todorov al declarar que «lo que diferencia a los géneros literarios unos de otros, es la necesidad de la vida que les ha dado origen» (Zambrano, 2004: 25). Esta necesidad autoconfesional es común en diario y autobiografía, si bien es cierto que la disposición formal generada por la desemejanza temporal redunda en una marcada diferenciación: la diferencia esencial radicaría en la disposición de los hechos narrados; mientras que la autobiografía es un «relato retrospectivo» (Lejeune, 1994: 50), el diario narra el día a día del diarista en una suerte de «narración intercalada» (Genette, 1989: 275). La cláusula del calendario (Blanchot, 2005: 219) comportaría singularidades para el diario: el diarista escribe en presente, con una gran cercanía a los hechos, e incorpora un elemento de reflexión sobre estos hechos que la autobiografía no tiene por qué poseer. La autobiografía se asemeja mucho más, en este sentido, a la novela; mientras que el diario comparte características con la escritura epistolar y el ensayo. Georges May añade, en este sentido, la capacidad ordenadora de la autobiografía, que dispone el relato a su gusto desde los orígenes de una vida hasta el final, con un orden concreto; a diferencia del diarista, cuyo único orden, como se ha visto, es el impuesto por la cotidianidad (May, 1984: 152). El autobiógrafo conoce el final de su relato, mientras que uno de los principales temas del diario es precisamente el desconocimiento de ese final. Esto último constata, en definitiva, una diferencia entre autobiografía y diario que se produce desde el origen; la confesión que aparece en los *hypomnemata* y en las epístolas clásicas, dado el aspecto formal y el espacio cotidiano, se diferencia mucho de la confesión agustiniana. Por tanto, se podría concluir que autobiografía y diario literario parten de un acto de lenguaje común para disociarse formalmente en su paso a modalidad textual.

Esta diferenciación es evidente a propósito de la aparición de las modalidades autobiográficas en su forma moderna, durante los siglos XVII, XVIII y XIX, y su definitiva institucionalización. Para empezar, el término *autobiografía*, que aparece en Alemania a finales del XVIII (Gusdorf, 1991a: 83) y es utilizado por primera vez en el contexto británico en 1797 —bajo la forma *self-biography*, que evolucionará más tarde a *auto-biography*— (Montémont, 2018: 77), es bastante posterior al nombre *diario*, que se empieza a emplear como sinónimo de diario personal a lo largo de los siglos XVI y XVII, como se ha visto en el punto I. 2. A ello se le suma el hecho de que el primer texto en considerarse una autobiografía moderna, *Las Confesiones* de Rousseau (Goulemot, 1979: 59; Lejeune, 2012), es muy posterior al primer diario moderno: el de Samuel Pepys. Aunque las dos son formas que se asientan públicamente en el siglo XIX, y la autobiografía lo hace con mayor éxito y rapidez que el diario, la aparición anterior del diario personal dificultaría su caracterización como subgénero. Por otro lado, solo hace falta acudir a la evolución que sufre el diario a lo largo del siglo XIX y XX para evidenciar que se trata de una forma distinta a la autobiografía. Si se acude al diario de Woolf, al de Kafka, al de Pavese, al de Gombrowicz, al de Alejandro Sawa, al de André Gide, es fácilmente perceptible la diferencia entre esas obras y las autobiografías modernas, como pueden ser la de Rudyard Kipling, *Algo de mí mismo*; la *Autobiografía* de Chesterton; las *Confesiones de un burgués*, de Sándor Márai; *El mundo de ayer*, de Zweig; *Me acuerdo*, de Perec; *Los hechos*, de Philip Roth o *Pretérito imperfecto*, de Castilla del Pino, por citar autobiografías canónicas de varias tradiciones literarias. Si es cierto que algunos autores emplean un diario durante toda su vida para luego, en la época final, escribir su autobiografía, como ocurre con Carlos Castilla del Pino (Díaz Pérez, 2009), la disposición formal de ambos los diferencia en el resultado final. Además, no se estaría tan solo ante diversidades formales, sino que podría hablarse de una recurrencia de temas diarísticos no presentes en la autobiografía: a saber, el aspecto crítico-literario —muchos autores empleaban, como se ha visto, el diario como cuaderno cotidiano de reflexión literaria: ocurría con Pavese y también con Gombrowicz—, la autorreflexión inmediata, la inclusión de modalidades textuales de otro tipo, como conferencias o ensayos, o el uso del aforismo y sus consecuencias temáticas. En última instancia, no es necesario distinguir entre forma y fondo: un género como el cuento solo se diferencia de la novela en cuestiones meramente formales —la diferencia entre el cuento largo y la novela corta son indiscernibles— y no hay autores que lo sitúen como subgénero novelístico.[130]

Todo lo anterior redunda en la misma idea: el diario literario, a pesar de que se construye a partir de los componentes autobiográficos de la identificación autorial y el compromiso de verdad autobiográfica, adquiere independencia de la autobiografía y el resto de géneros autobiográficos para asentarse como un género diferenciado y reconocible.

II. 4. 3. El diario literario y la Literatura del Yo

La conclusión anterior no impide concebir el diario literario como una modalidad autobiográfica y, por lo tanto, dentro de etiquetas macrogenéricas que se han adoptado generalmente. Desde la catalogación de Lejeune como «géneros vecinos» (Lejeune, 1994: 51) para aludir a las formas cercanas a la autobiografía, muchos autores han utilizado diferentes denominaciones para referirse a una especie de sistema autobiográfico: se ha hablado de escrituras autobiográficas (Winslow, 1995: 5; Romera Castillo, 2006); de géneros autobiográficos (Morales, 2013); de escrituras del Yo y escrituras de sí (Simonet-Tenant, 2018: 290); o de *Life-Writing* (Winslow, 1995). Todas estas etiquetas aluden a conceptos similares; se trata de agrupar todas las modalidades relacionadas con lo autobiográfico bajo un mismo término que aluda a una escritura basada en la narración verídica de carácter biográfico. Hay, no obstante, muchas variaciones: mientras que algunos autores utilizan estas etiquetas para aludir exclusivamente a las modalidades autobiográficas, otros añaden la noción de biografía, lo que resulta contradictorio dada la falta de carácter autobiográfico de esta última; esto es lo que ocurre con el término *Life-Writing*, muy en boga en el contexto anglosajón y rechazado en estas páginas por el motivo anterior.[131] Simonet-Tenant (2018: 290) agrega la cuestión de la autoficción, que induce a cierta confusión teórica: así, mientras que para algunos autores estas etiquetas pueden incluir formas autoficcionales, para otros solamente se refieren a las propuestas autobiográficas que se derivan del planteamiento referencial de Lejeune.

---

130 García Berrio y Huerta Calvo, por ejemplo, incluyen al cuento y a la novela en apartados estancos (García Berrio; Huerta Calvo, 2015: 171).

131 No obstante, se asume que, debido a la omnipotencia de la crítica académica anglosajona, este término cada vez tiene más vigencia. Uno de los libros más importantes en los estudios autobiográficos es la enciclopedia dirigida por Margaretta Jolly (2001): *Encyclopedia of Life Writing: Autobiographical and Biographical Forms.*

Frente a todas las etiquetas anteriores, tal y como se precisaba en la introducción, en este trabajo se va a emplear el término *Literatura del Yo*, que en las últimas décadas ha tenido cierta acogida entre autores españoles de importancia como Darío Villanueva (1995), Anna Caballé (1995) o Jordi Gracia (1993). Este último lleva a cabo una definición del concepto que va a servir como base de su explicación:

> La literatura del yo (en su acepción más reducida y también problemática: las memorias y autobiografías) no sería tanto un cuerpo de reglas como una manera de contar y revelar una verdad (la experiencia exterior y/o interior del yo), basada en la fiabilidad histórica y documental que el lector confía al texto (Gracia, 1993: 26).

La Literatura del Yo se va a considerar, a partir de esta definición, como el conjunto de géneros autobiográficos que, en las coordenadas del pacto lejeuniano, va a englobar a formas como la autobiografía, las memorias, la escritura epistolar y los diarios literarios.[132] Como señala Gracia, estos textos desarrollan un relato fundamentado en el compromiso de verdad autobiográfica con el lector, que los lee como textos históricos. De esta forma, se excluyen las formas autoficcionales y novelísticas, y se refuerza el carácter referencial de estas modalidades. El término literatura, por otro lado, incide en la capacidad ficcional y narrativa de tales formas, de modo que se opone a los conceptos de *non fiction* y antificción. A partir de este doble carácter, referencial y ficcional, la etiqueta condensa todo lo desarrollado en este trabajo a propósito del diario literario. Si bien es susceptible —dada su proliferación en los últimos estudios literarios— de ser interpretada con otro significado, el anterior va a ser el empleado en este trabajo para definir el diario literario como género ubicado en el macrogénero de la Literatura del Yo.

A propósito de la Literatura del Yo, es oportuno reseñar en último lugar el auge de la literatura autobiográfica en el sistema literario y el inevitable contagio que se produce entre formas novelísticas y autobiográficas. Aunque se han establecido unos límites claros respecto de lo autoficcional, el influjo de la novela determina la naturaleza del diario literario en el nuevo contexto comercial. Andrés Trapiello (1998a) construía en su ensayo sobre el diario literario una tesis que puede explicar esto; según su hipótesis, el desarrollo del diario se produce en una época, el siglo XX, en la que el género novelístico ha empezado a perder la hegemonía que tuvo en el siglo XIX. De la misma opinión es George Steiner, quien acuña el concepto de «posficción» (Steiner, 2003: 104) para resumir «la

---

132 Se excluyen formas como la biografía y el ensayo, dado que no tienen por qué incorporar —sobre todo en el caso de la primera— elementos autobiográficos.

enorme difusión de técnicas novelísticas en libros que no son de ficción o que lo son parcialmente», lo que es síntoma de que «ha pasado el principal período de la novela» (Steiner, 2002: 174). Este proceso repercute, según Trapiello, en una usurpación por parte de los diarios literarios de «una parte de la realidad que le estaba reservada de siempre a la novela» (Trapiello, 1998a: 42). No es un hecho arbitrario, en este sentido, que la gran novela del siglo XX, como es *En busca del tiempo perdido*, tenga como eje principal la construcción del Yo narrativo, ni que a lo largo de las décadas la tercera persona configuradora de la novela en el XIX haya sido reemplazada por la primera, gran protagonista de las novelas actuales, como ha estudiado Vicente Luis Mora en *La literatura egódica* (Mora, 2013). Esta es una idea que define con gran precisión Juan Carlos Rodríguez:

> (…) la forma del «Diario» condensa en su pureza misma todas las formulaciones posibles de la problemática de la literatura moderna. Pues en efecto: el Diario es ya una práctica social masiva desde el XVIII, a la vez que una fórmula literaria: la fórmula idónea del relato. Antes de pasar al «El» (con la novela realista del XIX), el «yo» del diario es el único (o mayoritariamente el único) vehículo generador —soporte— de la narración en prosa (como desde el XV-XVI lo había sido el verso) (Rodríguez, 1984: 254).

En este contexto en que lo ficcional y lo referencial se hallan imbricados, el diario literario expone una naturaleza ambivalente, referencial y ficcional, que no le impide oponerse a la autoficción y, al mismo tiempo, ocupar el espacio que hasta ahora había regentado la novela, género rey en el siglo XX. Como ocurre con otros géneros de la Literatura del Yo, hay que entender el asentamiento del diario personal en el sistema literario a partir de esta relación con lo novelístico; fenómeno que se ampliará en el epílogo de este trabajo y que, además, explica el éxito comercial del diario literario en las últimas décadas.

II. 4. 4. La recepción del diario literario como género: el contexto español

Definido el diario literario como forma específica, debe analizarse el sistema literario para determinar su aceptación crítica y comercial. Esta labor se ha llevado a cabo en el punto I. 3. de este trabajo, en el que se ha establecido una aproximación histórico-crítica al desarrollo del diario personal en la literatura a lo largo de los siglos XIX y XX. Desde Shklovski (1975: 32) hasta Todorov y Genette, la teoría literaria del siglo XX se sumaba —a veces con antelación a ellos, como se veía en el caso de los formalistas— a los acercamientos de los estudiosos del diario (Girard, 1963; Didier, 1976) para confirmar su estatuto genérico. En el ámbito español esta consideración se produce de manera tardía, pero de modo unánime, entre los autores que estudian el diario personal (Freixas, 1996a; Romera

Castillo, 2000; Caballé, 2017; Gracia, 2018). Para constatar la culminación de este proceso, es necesario además aludir a los textos publicados en el sistema literario español, pero, como esto se ha desarrollado en el punto I. 3, en este epígrafe solo se va a ampliar la información de estas publicaciones en los últimos años, que constatan el auge y la confirmación del diario personal como género literario.

Desde el año 2015 y hasta 2019, así, pueden destacarse las publicaciones de los siguientes diarios de autores españoles: Iñaki Uriarte publica *Diarios (2008–2010)* (2015); Concha García, *Los antiguos domicilios* (2015); Andrés Sánchez Robayna, *Mundo, año, hombre* (2016); Kepa Murua, *Los sentimientos encontrados* (2016); Salvador Pániker, *Adiós a casi todo* (2017); Eduardo Laporte, *Diarios (2015–2016)* (2017); Laura Freixas, *Todos llevan máscara* (2018); Andrés Trapiello, *Diligencias* (2018); José Luis García Martín, *Hablando claro* (2019); Marcos Ordóñez, *Una cierta edad* (2019); Miguel Sánchez-Ostiz, *Rumbo hacia no sé dónde* (2019); Miguel Ángel Hernández, *Aquí y ahora. Diario de escritura* (2019). Los doce diarios citados —cuatro publicados en el último año a la altura de septiembre, lo que da fe de la continua progresión— encajan con la definición propuesta en el punto I. 6 y, por tanto, pueden catalogarse de diarios literarios; circunstancia que evidencia el auge de la forma diarística en el sistema literario. En el proceso de estas publicaciones, los autores muestran conciencia de estar ofreciendo un texto literario y la crítica lo entiende de igual forma: Eduardo Laporte, en una entrevista, señala que «yo quería intentar que el diario sea un libro en sí, hacer un producto literario que tenga cohesión interna y, a la vez, una trama» (Garayoa, 2017); a propósito del diario de Sánchez Robayna, Carlos Peinado señala que «podemos entender que el diario es para Sánchez Robayna una parte de su obra literaria (no meramente ejercicio privado y personal)» (Peinado Elliot, 2018); Laura Freixas, en una entrevista concedida por su último diario, señala que su interés por la escritura diarística «se debe a que estudié en el Liceo francés, viví en Francia e Inglaterra, (…) de donde me viene la idea de que un diario es una obra literaria» (Irurzun, 2019); y Manuel Alberca, en una crítica a los últimos diarios de José Luis García Martín, señala que «se puede decir que es el suyo un diario literario para diferenciarlo de los diarios íntimos convencionales» (Alberca, 2019). Estas declaraciones muestran cómo, en el panorama editorial español de los últimos años, el diario personal se concibe ya como un texto literario en igualdad de condiciones a las formas canónicas como la novela, el cuento o el poemario. En la misma línea inciden los continuos acercamientos de la prensa cultural a la forma del diario en la literatura (Manrique, 2010; Bonilla, 2016; Ferrero, 2016; Gracia, 2019; Llorente, 2019) y las declaraciones, introducidas antes, de uno de los editores más importantes del mercado editorial español de los últimos cincuenta años, Jorge Herralde, quien se autoproclamaba, respecto al diario personal, como «un merodeador de este género literario» (Herralde, 2003: 5). La asunción por parte de todos estos autores de la existencia del diario personal en la literatura evidencia por tanto lo que en el punto I. 3. ya era una realidad en las hipótesis de los investigadores académicos más importantes y que se resume bien en las palabras de Jordi Gracia, a propósito de esta forma en el contexto literario español: «este género intruso llegó para quedarse hace ya muchos años» (Gracia, 2018: 36).

Desde un punto de vista pragmático, pues, se confirma la presencia cada vez mayor en el sistema literario de unos textos cuyas características se corresponden, con los matices pertinentes, con la definición propuesta en el punto II. 3. para el diario literario. Si el diario funciona como «horizonte de expectativas» para los lectores y como «modelos de escritura» para los autores, tal y como señala Todorov (1988: 38), se puede constatar el asentamiento de esta forma en la literatura española —como ha ocurrido en las otras literaturas occidentales—, cuyo modelo de escritura es ya general para los autores y su horizonte de expectativas una constante para crítica y lectores. El sistema literario ha sancionado definitivamente la forma del diario literario, lo que, siguiendo a Schmidt, quien sostenía que «las obras literarias y sus propiedades están definidas por el sistema de la literatura, y no al contrario» (Schmidt, 1997: 238), demuestra el definitivo carácter literario del diario personal en este contexto y su condición de género.

Parte III. El *Salón de pasos perdidos*: el diario literario de Andrés Trapiello

Un primer acercamiento a la producción diarística de Andrés Trapiello puede arrojar luz sobre la dificultad que conlleva su análisis: el *Salón de pasos perdidos*, en septiembre de 2019, está compuesto por veintidós tomos publicados desde el año 1990 y que suman un total de 11 402 páginas. La magnitud física del proyecto de Trapiello dificulta el estudio que se aproxime al *Salón* con intención de interpretarlo en su totalidad; ante esta circunstancia, en este trabajo solo cabe afrontar una selección del corpus textual.

Partiendo de esta base, en la tercera parte de este estudio se va a llevar a cabo un análisis teórico-crítico de la obra diarística de Andrés Trapiello con el objetivo de determinar su naturaleza genérica y el espacio que ocupa en la literatura española actual. El corpus elegido está formado por los veintidós tomos del *Salón*, si bien no se afrontará un estudio detallado y solo se citará una selección de los mismos. Su función en esta parte del trabajo será la de servir como fundamento de la hipótesis principal, basada en la consolidación de un nuevo género en las últimas décadas. Obedeciendo a ello, el *Salón* será valorado como un proyecto homogéneo que está sujeto a modificaciones de todo tipo a lo largo de las tres décadas de publicación que abarca, del que priorizaré los elementos comunes que, según autores como Alfonso Meléndez, constituyen a los volúmenes del *Salón* como «el mismo libro» (Meléndez, 2009). Este análisis estará sustentado además en la concepción del diario personal que han explicitado autores como Simonet-Tenant y Braud en la segunda parte de este trabajo, según la cual este tipo de diario puede leerse como una narración circular derivada de la vida del autor, de modo que el diario reproduce siempre el mismo contenido. Ello dificulta la posible división del *Salón* en diversas fases o periodos y habilita una concepción sincrónica de los materiales textuales.

En estas páginas, en suma, se abordará la figura de Andrés Trapiello y la génesis del *Salón de pasos perdidos*; se analizará la poética diarística de Trapiello y sus relaciones con la crítica académica y cultural; se valorará, a partir de lo anterior, la naturaleza literaria y diarística del *Salón*; se tratarán las principales cuestiones de la teoría sobre literatura autobiográfica y se culminará este apartado con el análisis del *Salón* como representante por antonomasia del género del diario literario en el contexto español.

III. 1. Andrés Trapiello y el proyecto del *Salón de pasos perdidos*

Andrés Trapiello (1953, Manzaneda de Torío, León) es uno de los autores más prolíficos de la literatura española contemporánea.[133] Conocido en los años 90 como poeta —en 1993 fue galardonado con el Premio Nacional de Poesía—, durante las décadas siguientes ha ido elaborando una obra heterogénea en la que destacan otros géneros literarios como la novela, el ensayo o el diario personal. Si bien el propio autor ha expresado su predilección por la poesía (Fuente, 2009), algunas de sus obras más destacadas se circunscriben precisamente a algunos de estos últimos géneros, como el ensayo y, sobre todo, el diario personal. En este último campo, Trapiello ha cosechado el mayor éxito de crítica literaria: su proyecto diarístico titulado *Salón de pasos perdidos*, formado por un total de veintidós tomos y calificado como una de las obras más ambiciosas de la literatura española actual. Tal y como se comentaba en la introducción, numerosos autores (Gracia, 2018: 43; Azúa, 2012 y 2013; Bonilla, 2016; Ovejero, 2017; Gracia y Mainer, 2000) respaldan esta opinión que nos lleva a considerarlo como el texto más representativo del asentamiento del diario personal en el sistema literario español.

Un elemento destacable en Andrés Trapiello, situado a medio camino entre biografía y obra, es cierta actitud que lo define como persona y escritor y que explica la génesis de estos diarios. Trapiello ha cultivado una figura de autor heterodoxo que no comulga con las ideas dominantes del *establishment* literario español. Son famosas así sus polémicas y disputas tanto en el ámbito de la poesía como en el de la historiografía literaria —a partir de la publicación de *Las armas y las letras*, que cuestiona las ideas predominantes del canon literario español de la Transición— o en el del ámbito político —donde ha tomado partido en conflictos como el provocado por el separatismo catalán—, espacios en los que Trapiello ha luchado por dejar clara su opinión incluso a riesgo de forjar una apariencia de figura problemática para muchos sectores de la cultura española. Si bien Trapiello no reconoce para sí ningún rasgo de rebeldía (Abal y Baltar, 2013), esta actitud es una constante desde su biografía temprana, en la que se

---

133 Su producción literaria consta de más de setenta obras publicadas desde 1980 hasta 2019:   http://www.andrestrapiello.com/index.php?/obra/bibliografia-completa/ (24/03/2020).

pueden localizar episodios —como al ser expulsado del seminario en el que estaba internado a los diecisiete años o al pertenecer, y finalmente oponerse, a los movimientos más radicales de la izquierda setentera—[134][135] que concuerdan con esta rebeldía de su obra literaria, que además va a ser una de las características que expliquen su naturaleza como autor de diarios. En este sentido, Andrés Trapiello ha desafiado, en pugna continua, a toda la crítica literaria sobre escritura autobiográfica en cada tomo del *Salón de pasos perdidos*. Esto, que también ha sido llevado a cabo en otros aspectos de su obra literaria —otro ejemplo estaría representado por las polémicas suscitadas a raíz de su actualización del *Quijote* al español actual—, en el *Salón* es la regla que condiciona su génesis, pues es un desafío a las relaciones entre verdad y ficción, entre autobiografía y literatura, y también a todos los estamentos literarios de su época, en la medida en que el diario funciona como un continuo retrato de la vida literaria. Así lo confirman las palabras de Manuel Borrás, su editor:

> Confieso que ciertas cosas de los diarios de Andrés me han disgustado hondamente, no he coincidido con algunos de sus juicios de valor, muchos de ellos sobre amigos muy queridos y admirados, pero los he respetado y desde luego jamás se me ha ocurrido censurarlos. A lo sumo he tratado de disuadirle. Las más de las veces, debo reconocerlo, en vano. Andrés es un hombre de ideas firmes y difícilmente da su brazo a torcer. Le gusta ser propietario tanto de sus aciertos como de sus errores (Borrás, 2009: 18).

Andrés Trapiello es un escritor rebelde y crítico que basa su obra literaria en la libertad de escritura, condición que define el nacimiento del proyecto del *Salón*.

Este último, en un país en el que apenas se habían publicado diarios de autores desconocidos para el sistema literario, tiene una complicada génesis editorial. Aunque antes de su publicación, en 1987, los diarios de Trapiello habían aparecido por entregas en el suplemento «Citas» del *Diario de Cádiz*, dirigido por Juan Bonilla, la acogida de los principales editores españoles es reacia. Después de ser rechazados por varias editoriales, son finalmente publicados en Pre-Textos por Borrás, ya por entonces cercano a Andrés Trapiello tal y como este último explica:

> Cuando tuve listo el manuscrito de *El gato encerrado*, hice unas cuantas copias, y le mandé una a Beatriz de Moura de Tusquets, otra a Herralde de Anagrama, y cuando iba a enviar otra a Gimferrer, de Seix-Barral, editor de mi primera novela, este me dijo que no editaban diarios (…). Beatriz de Moura y Herralde lo rechazaron en sendas cartas

---

134 Parte de su biografía puede consultarse en: http://www.andrestrapiello.com/index.php?/mi-novela/

135 El acercamiento biográfico se amplía en otro lugar (Luque Amo, 2020: 219–221).

personales (…). Cuando me respondieron las otras dos editoriales que faltaban, llamé a Manolo, y le dije: «Me lo han rechazado cinco editoriales, y entendería que tú también lo rechazaras; no te apures, porque si tú no puedes editarlo, lo haré yo en La Veleta. El libro no se va a quedar sin publicar». Una tarde le pasé la copia que no envié a Seix-Barral, y a la mañana del día siguiente, a eso de las nueve o las diez, me llamó para decirme que lo había leído durante la noche, de un tirón (…). Hasta hoy (Trapiello, *apud* Abal y Baltar, 2013).

Estas declaraciones no solo manifiestan la insignificancia de Trapiello en el sistema literario de 1990, sino también la precariedad comercial de un género como el diarístico, del que solo se publican textos de escritores con cierto prestigio, así como la intención del autor: «el libro no se va a quedar sin publicar». Ya no se trata del escepticismo de los autores del XIX, sino de alguien que pelea por publicar su diario. La atención que generó este primer tomo, como señala Manuel Borrás, fue mínima, dado que se vendieron «menos de 200 ejemplares» (Borrás, *apud* Moreira, 2017); también lo confirma Trapiello cuando describe la presentación de este primer tomo en la sociedad literaria[136] y su recepción en la crítica inmediata.[137][138] Las reseñas de la época son escasas y, a excepción de José

---

136 «El primero, *El gato encerrado*, se presentó en Mirto, la librería de viejo más bonita que ha habido nunca en Madrid (…). Lo presentaron Soledad Puértolas y Juan Manuel Bonet. Por la mañana fui a llevar unos ejemplares a la librería, por si alguien quería comprarlos. Estaba allí Caro Baroja, que vivía al lado. Era muy amigo de Herminia. (…) Herminia le dijo: «Julio, esta tarde Trapiello presenta aquí un libro». Don Julio me preguntó: «¿Quiénes van a venir?». Era una librería en la que no cabían más de 15 o 20 personas. Le dije que algunos amigos y dos o tres periodistas. La presentación estaba ideada para eso, para presentarlo a la prensa y que se ocuparan del libro en los periódicos. Don Julio dijo: «Si vienen periodistas, yo no vengo». Y no fue. El caso es que tampoco fue ni uno solo de los periodistas a los que había avisado el editor. Estuvimos unos 12 o 13, entre amigos, conocidos y saludados. Eso fue todo» (Trapiello, *apud* Abal y Baltar, 2013).

137 «Los periodistas iban a un almuerzo, hablaban animadamente de sus cosas, comían y bebían en abundancia, porque el editor los llevaba a buenos restaurantes, pero seguían sin hablar del libro como se esperaba. Yo creo que no era culpa suya; si hubiesen podido hacer más, lo habrían hecho, pero cada uno de ellos tenía sus propios jefes, y a ellos, por la razón que sea, esos libros no les parecía que merecieran más de lo que ya les daban, que era poco» (Trapiello, *apud* Abal y Baltar, 2013).

138 Esta utilización del término *crítica inmediata* se corresponde con la definición de crítica literaria proporcionada por Antonio Chicharro: «la crítica literaria es un discurso interpretativo y valorativo, no científico, esto es, independizado de la teoría y 'fascinado' por su objeto, caracterizado además por poseer la función social de intervención inmediata» (Chicharro Chamorro, 1990: 105), basada en la denominación de «crítica inmediata» divulgada por Ricardo Senabre (Senabre, 1996a).

Luis García Martín, que le dedica en *La Nueva España* un texto muy elogioso,[139] todas transmiten cierta tibieza, como ocurre en la de Ángel Basanta (1990). En los años siguientes, la recepción es cada vez más numerosa —lo demuestran las reseñas de Pozuelo Yvancos (1999), Jordi Gracia (2004b, 2005) o García-Posada (2004) —, pero en 2008 Andrés Trapiello todavía define esta empresa como su «mayor fracaso literario» (Trapiello, *apud* Jiménez, 2008).

En la última década, sin embargo, el diario de Andrés Trapiello se ha consolidado como una de las propuestas más atractivas de la literatura española actual y los comentarios en la crítica han sido reveladores. Juan Bonilla, por ejemplo, define el diario como el «más colosal de la literatura en español, no solo por su extensión (…) sino también por la calidad» (Bonilla, 2016); en palabras de Félix de Azúa, «será uno de los monumentos en la literatura española de dos siglos» (Azúa, 2013); según Alberto Olmos, se trata de «uno de los proyectos literarios más adictivos y perdurables de la literatura española de nuestro tiempo» (Olmos, 2017); Félix Ovejero lo cataloga como un producto «único en nuestra tradición literaria» (Ovejero, 2017); y Arcadi Espada lo define como un «colosal ejercicio literario» (Espada, 2016).

Desde un punto de vista comercial, por otro lado, si bien no se trata de una literatura con gran proyección de ventas, en los últimos años se han reeditado los tomos descatalogados del diario, ha aparecido una edición de bolsillo de algunos tomos y el *Salón de pasos perdidos* se ha conformado como la propuesta editorial de mayor éxito de Pre-Textos, una editorial asentada en el panorama literario español. En la actualidad, a fecha de febrero de 2020, el *Salón de pasos perdidos* está formado por veintidós tomos —que citamos a pie de página.[140]

Paralela a la recepción inmediata, la crítica académica ha tardado en dedicarle atención a estos diarios. La problemática, en este caso, ha sido doble; a la escasa relevancia comercial de los diarios de Trapiello se le ha unido la poca atención

---

139 Señala García Martín, a propósito de *El gato encerrado*, que «es uno de los dos o tres libros que se seguirá leyendo cuando la mayor parte de la literatura de este final de siglo no sea sino envejecido pasto de eruditos» (García Martín, 1990).

140 La lista de tomos es la siguiente: *El gato encerrado* (1990); *Locuras sin fundamento* (1993); *El tejado de vidrio* (1994); *Las nubes por dentro* (1995); *Los caballeros del punto fijo* (1996); *Las cosas más extrañas* (1997); *Una caña que piensa* (1998); *Los hemisferios de Magdeburgo* (1999); *Do fuir* (2000); *Las inclemencias del tiempo* (2001); *El fanal hialino* (2002); *Siete moderno* (2003); *El jardín de la pólvora* (2005); *La cosa en sí* (2006); *La manía* (2008); *Troppo vero* (2009); *Apenas sensitivo* (2011); *Miseria y compañía* (2013); *Seré duda* (2015); *Solo hechos* (2016); *Mundo es* (2017); *Diligencias* (2018).

que ha suscitado el diario personal dentro de los estudios literarios. Solo a partir del prestigio adquirido por la Literatura del Yo en las últimas décadas, nuevos textos que se sitúan en las fronteras entre lo literario y lo histórico han sido considerados y admitidos por el sistema literario, y entre ellos el diario personal de Andrés Trapiello.

La importancia del *Salón de pasos perdidos*, desde un punto de vista académico, proviene de su inclusión en los últimos manuales de historia de la literatura española. Así ocurre, en primer lugar, en el tomo dirigido por Francisco Rico en el año 2000 y en cuyo interior Jordi Gracia y José-Carlos Mainer (2000) le dedican un capítulo al diario personal en el que se reserva un espacio privilegiado para el *Salón*; en segundo lugar, en el tomo del propio Gracia dedicado a la literatura española contemporánea en la *Historia de la literatura española* dirigida por Mainer y publicada por Crítica en 2010, en donde define el *Salón* como «uno de los proyectos literarios más fascinantes, originales y voluminosos de la literatura contemporánea» (Gracia; Ródenas de Moya, 2010: 936). El espacio que Jordi Gracia y Domingo Ródenas le dedican a Trapiello es extenso, e incluso se aportan claves para la definición genérica de la obra. Señala así Gracia: «Mientras ratificaba las condiciones del género (…), la serie se ha comportado como un organismo vivo y ha ido subvirtiendo casi todas las condiciones del género para llegar a ese híbrido basculante entre novela y diario que es una 'novela en marcha'» (Gracia; Ródenas de Moya, 2010: 936). Esta inclusión simboliza la confirmación canónica del *Salón*.

Por otro lado, existe un elemento paratextual que caracteriza a estos diarios y arroja luz sobre su espacio en el sistema literario: el método de escritura que sigue Trapiello y su desarrollo de cara a la publicación. Si antes quedaba clara la voluntad de publicación de estos diarios desde su origen, resulta de interés el proceso que las cuartillas sufren desde su estado manuscrito hasta la publicación final, como Trapiello cuenta:

> Yo escribo casi todos los días en unas libretas las cosas que me pasan. Al cabo del tiempo vuelvo a las libretas manuscritas que correspondan al año que toque. Aproximadamente la mitad de lo escrito no me sirve. (..) me quedo con 150 páginas, que pueden crecer en el momento de la reescritura en el ordenador hasta las 500 o 600 (Trapiello, *apud* Espada, 2016).

Trapiello explica su *modus operandi* en otra ocasión,[141] y aunque las cifras varían ostensiblemente, puede colegirse un método concreto de escritura: la anotación

---

141 Señala Trapiello que el «*Salón de pasos perdidos* es un libro que se escribe como diario y que, entre cinco y siete años después, se publica como novela. Busca un sentido que la realidad no tiene. Es decir, hace el trabajo de la ficción: ordenar la realidad. Por eso,

periódica de los sucesos que le acaecen en su cotidianidad y, a partir de ahí, su reelaboración y ampliación posterior hasta novelizar los sucesos cotidianos, configuradores de una obra que ya es literaria y no documental. A ello contribuye el hecho de que estos diarios se escriben años antes de su publicación; así, si el desfase temporal comenzó siendo de tres años, en la actualidad es de diez.[142]

En este sentido, la configuración de los diarios es ya el primer elemento de debate acerca del carácter ficcional o autobiográfico de la obra, que al mismo tiempo nos va a servir como introducción a su poética diarística. Anna Caballé, por ejemplo, ha señalado lo siguiente:

> Del diario «auténtico» —esos cuadernos o libretas pequeñas, modestas y manejables a las que hace referencia a menudo— Trapiello toma prestada no sólo la estructura —entradas frecuentes y regulares inscritas en un marco temporal homogéneo—, sino también el punto de vista que genera la inmediatez de lo vivido, marca indiscutible de cualquier diario personal. Después, la publicación de las entregas se pospone entre 3 y 5 años, período suficiente para disponer de un control casi absoluto sobre lo vertido inicialmente en el diario (y en esta demora, calculada, radica una de las claves del proyecto; la otra es la novelización) (Caballé, 2015a: 287).

Ahora bien, este proceso solamente manifiesta lo que en tantos otros diarios ocurre de igual forma: la preparación del diario personal para su publicación. Si bien en Trapiello hay menos marcas del documento diarístico —no hay fechas, las alusiones directas al día son menos frecuentes y en muchas ocasiones no se tiene clara la situación temporal del Yo que se describe en la página—, desde Gide en adelante los diarios que se preparan para la publicación suelen someterse a diversos filtros que alejan el texto publicado del texto diarístico primigenio. Lo que Trapiello hace con ello es asumir con sinceridad la literaturización

---

por esa intención, el diario necesita un reposo, una distancia. De las 300 páginas que escribo a mano cada año, me sirven 50, que luego se alargan hasta 800» (Trapiello, *apud* Rodríguez Marcos, 2011).

142 La lista sería la siguiente: *El gato encerrado* (1990): narra los hechos de 1987; *Locuras sin fundamento* (1993): 1988; *El tejado de vidrio* (1994): 1989; *Las nubes por dentro* (1995): 1990; *Los caballeros del punto fijo* (1996): 1991; *Las cosas más extrañas* (1997): 1992; *Una caña que piensa* (1998): 1993; *Los hemisferios de Magdeburgo* (1999): 1994; *Do fuir* (2000): 1995; *Las inclemencias del tiempo* (2001): 1996; *El fanal hialino* (2002): 1997; *Siete moderno* (2003): 1998; *El jardín de la pólvora* (2005): 1999; *La cosa en sí* (2006): 2000; *La manía* (2008): 2001; *Troppo vero* (2009): 2002; *Apenas sensitivo* (2011): 2003; *Miseria y compañía* (2013): 2004; *Seré duda* (2015): 2005; *Sólohechos* (2016): 2006; *Mundo es* (2017): 2007; *Diligencias* (2018): 2008.

de su diario, pero esto no implica que se pervierta el carácter verídico de los hechos narrados, ni el compromiso con el lector. Incluso cuando él reconoce la ficcionalización de los hechos, rápidamente se observa la complejidad de la afirmación, como ocurre en la entrevista, una de las más ilustrativas sobre este tema, con Arcadi Espada:

> A. E.- ¿En esa ampliación introduce elementos categóricamente ficcionales?
> A. T.- Sí. Le pondré uno de mis ejemplos favoritos. Un año conté que me encontré con una muchacha en mi barrio y la seguí. La seguí hasta tal punto, que acabamos en un hotel, digamos que en el vestíbulo, porque ahí se detuvieron las fantasías del narrador. Cuando mi mujer leyó ese fragmento cerró el libro furiosa y me pidió explicaciones. Yo le dije (…) que se trataba de una ficción. «Imposible», me contestó, «es imposible que eso que cuentas no haya sucedido, y también es imposible que no hayas pasado del vestíbulo del hotel».
> A. E.- Como creo que siguen juntos debieron de cambiar sus pactos conyugales.
> A. T.- Je, je. Esas cosas se gestionan como se gestionan, no sin problemas. Me dijo: «Te creo, porque es mi obligación y no indago más». Lo cierto es que era pura ficción, y que me habría gustado que no lo fuese (Trapiello, *apud* Espada, 2016).

Esta declaración demuestra cómo, aunque Trapiello es capaz de reconocer que introduce elementos ficticios en su obra, ni su propia esposa —uno de los principales protagonistas del diario— es capaz de discernir el carácter verídico o falso de la narración. Ello alerta sobre la naturaleza paradójica de estos textos, que el propio Trapiello reconoce:

> Alguien decía que es una contradicción en los términos, ya que novela es todo aquello que tiene sentido, y no podemos hablar de sentido en unos libros a los que no se les ve un final (…). Decimos en la vida: parece mentira. Y decimos al leer una novela: es más real aún que la vida. (…) da igual si el *Salón de pasos perdidos* es un yelmo, una bacía o un baciyelmo, un diario, una novela o una diarivela (Trapiello, *apud* Abal y Baltar, 2013).

Esta naturaleza *baciyélmica* va a ser de suma importancia para la fundamentación teórica de estos diarios, pero en todo caso no contribuye a solucionar el problema desde un punto de vista pragmático. Para llegar a esta solución, se deberá asumir la paradoja de estos textos y plantear una teoría que justifique una lectura referencial del *Salón* al tiempo que se privilegia su carácter literario. El *Salón* no es solo un diario personal, ni tampoco solo una novela, sino un diario literario; tal será la hipótesis de estas páginas, que empezará a desarrollarse a partir de la poética de Trapiello.

III. 2. La poética diarística de Andrés Trapiello

Andrés Trapiello es autor del primer volumen teórico-crítico en España sobre el diario personal como texto literario —se omite la obra de Granell y Dorta (1963) por tratarse de una antología—: *El escritor de diarios* (Trapiello, 1998a). Este ensayo presenta la teoría diarística de Trapiello y evidencia la importancia que esta faceta tiene para poder afrontar la categoría del *Salón* como diario literario; a lo largo de esta obra, Trapiello recoge sus tesis desarrolladas en los diarios publicados antes de esa fecha y las amplía para construir una poética del género y analizar textos diarísticos de la tradición hispánica. Lo que persigue es realizar un recorrido histórico con el objetivo descubrir los paralelismos entre el desarrollo del género novelístico en el siglo XIX y los inicios del diario personal como forma de narración literaria.

La poética diarística de Trapiello, por tanto, se vincula a su concepción del diario como novela, que evidencia cuando añade el sintagma «novela en marcha» como subtítulo del diario. La primera vez que aparece esta idea es en el prólogo de *El tejado de vidrio*:

> Hace un tiempo alguien me confesó que este *Salón de pasos perdidos* le parecía una novela en marcha, por entregas, de la misma manera que muchas de las novelas que pasan por tales suelen ser una autobiografía, un diario íntimo o un trasunto de la existencia de su autor. La diferencia, me dijo, ni siquiera reside en las máscaras, siempre las mismas: unas veces finge el autor, otras sus personajes. Quién sabe. Quizá sea como él dice (Trapiello, 2016a: 7).[143]

A partir del cuarto tomo, *Las nubes por dentro* (Trapiello, 1995), añade el subtítulo, que el autor escoge como eslogan y fundamenta teóricamente en *El escritor de diarios*. En ese paso de diario a novela lo que hace Trapiello es situarse junto a Ricoeur al admitir la reelaboración novelística que implica toda rememoración y puesta en escrito del relato de una vida: «Al ver reunida nuestra vida llega incluso a figurársenos más armoniosa y rotunda, y no porque en verdad lo sea, sino porque es diferente (…). No es preciso siquiera mentir. Llegados a un punto, la vida misma, de tan real, nos parece una ficción» (Trapiello, 1998a: 179). Trapiello no renuncia a la posibilidad de construir una verdad autobiográfica —«no es preciso mentir»—, pero sí asume la inevitabilidad de fabulación en la rememoración de lo hecho por uno mismo. De ello se obtiene una concepción del

---

143 Se emplea, para elaborar las citas, la reedición de 2016. La primera edición, como se ha dicho, es la de 1994: Trapiello, Andrés (1994), *El tejado de vidrio*, Valencia, Pre-Textos.

diario personal mediante la que Trapiello justifica tanto el proceso de creación de estos diarios como la interpretación literaria que de muchos diarios personales puede llevarse a cabo. Ahora bien, esta asunción de su diario como novela no implica una renuncia al decir verdad, y la conclusión habría que buscarla más bien en el estudio del carácter fronterizo de estos textos, algo que el propio Trapiello resume en lo siguiente: «ESTO no es, como creíamos, ni un diario ni una novela. Ni siquiera una dianovela o un novelario. Esto, señores, no es más que un vidario, el lugar en el que concurren los sueños y las vidas de las gentes» (Trapiello, 2009a: 175).

Esta poética se amplía en los prólogos de los diferentes tomos del *Salón*, en donde Trapiello lleva a cabo un despliegue teórico y metaliterario al modo de Cervantes en el prólogo de las *Novelas ejemplares*, por citar un ejemplo paradigmático y de gran influencia en su obra. Son juegos metanarrativos que evolucionan hasta convertirse en una de las partes más relevantes del diario, toda vez que presentan la propuesta diarística del *Salón* y habilitan un espacio en el que Trapiello se dirige a los críticos y periodistas literarios. En el prólogo de *Sólo hechos*, por ejemplo, responde a Arcadi Espada para ofrecer una de las reflexiones que mejor condensan esta poética:

> Y esta es la cosa, en mi opinión: en mis diarios las diferencias de naturaleza son a menudo sólo diferencias de grado. Quiero decir que a menudo hay un problema de indecibilidad: el lector no puede decidir muchas veces, en efecto, si eso que se le cuenta ocurrió o es sólo una ficción, aunque tiene sobradas razones para pensar que es sólo ficción en muchos relatos (cuando el autor, por ejemplo, sale, en ese *Seré duda*, hablando a una hormiga, que le responde; o cuando aparece una zarza ardiendo que le habla a él, en alguno de los anteriores). Y tampoco puede determinar si X es X o Y o Z. Ni siquiera si es real. Estoy contigo en que la mayoría los lee como un diario de hechos reales relatados de una manera veraz, aunque admite que tales o cuales episodios (los referidos de la hormiga y la zarza y muchos más) sólo pueden ser una ficción. Entre unos y otros episodios, hay un sinfín de gradaciones. ¿Entonces? En estos libros hemos de admitir que la frontera entre los géneros literarios está desdibujada. (…) Y hasta aquí es hasta donde yo puedo aclarar algo: estos libros (que se escriben como diarios y se publican como novela o «representación narrativa», y que tantos siguen leyendo como diarios) son sólo la obra de un poeta. O sea, alguien que no se arroga ninguna «verdad objetiva», suma en mi caso sólo de «algunas verdades subjetivas». O si lo prefieres, algo que sólo aspira a ser una verdad indemostrable y libre, que no otra cosa es la poesía. Suscribo también lo que decía Stendhal, que anda como aviso de navegantes en alguno de estos diecinueve tomos: «Cuando miento, me aburro» (Trapiello, 2016b: 9–11).

En esta última cita de Stendhal radica el nudo gordiano de la interpretación del *Salón de pasos perdidos*, pues mediante ella Trapiello mantiene una responsabilidad, al menos estética, de no mentir en su texto, y las posibilidades de fabular quedan severamente limitadas. Esta conclusión culmina un extracto que es un perfecto resumen del estatuto del *Salón*: Trapiello habla de «diarios»; analiza la recepción de su texto para concluir la ambivalencia de la lectura que se hace habitualmente; y, sobre todo, centra su discurso en el carácter indecidible de sus diarios para admitir que en ellos «la frontera de los géneros está desdibujada» e insistir en la zona fronteriza, entre vida y literatura, en la que se sitúan.

Estas son las claves de interpretación más útiles para afrontar los diarios de Trapiello, que realmente no son un eslabón perdido, sino que representan el gran problema de interpretación de los géneros autobiográficos: su delicada idiosincrasia de texto fronterizo entre Literatura e Historia.

Del resto de los prólogos, aunque de menor importancia que los anteriores, pueden extraerse conclusiones muy parecidas. Especialmente significativo es el de *El jardín de la pólvora*, escrito años antes que los citados hasta ahora, en donde un encuentro polémico con Anna Caballé le sirve a Trapiello para esbozar algunas de estas ideas. Pese a carecer de la claridad de exposición teórica de los prólogos posteriores, algunas de sus declaraciones resultan de interés: para empezar, alude a la cuestión suscitada por Lejeune a propósito de su concepto de *antificción* y la cercanía o lejanía de los hechos narrados. Ante esto, Trapiello deja clara su posición:

> En la vida todo es memoria y en literatura todo es intimidad. Podrá haber grados en una y en otra (recordar a medias o mal; velar más o menos nuestros sentimientos y pensamientos, de una manera explícita o implícita), pero no categorías distintas, y así un diarista, anotando algo sucedido el día anterior, ejercita lo mismo que quien la aplica a sucesos ocurridos medio siglo antes, y está harto probado que hay escritores más imprecisos recordando lo sucedido la víspera, y más confusos o falsarios, que otros volviendo a remotos sucesos del pasado (Trapiello, 2005: 14).

Concepción vinculada a la opinión que Trapiello mantiene acerca del pacto autobiográfico de Lejeune:

> En cuanto al llamado «pacto autobiográfico», vamos a dejarlo aquí; el único pacto de una palabra, pública o privada, es consigo misma, y tanto en la literatura como en la vida, en la ficción como en la realidad, la palabra no conoce otro pacto que el de la verdad; todas las palabras acaban siendo verdaderas, incluso en sus pobres e interesadas mentiras, y antes se pilla a un mentiroso que a un cojo, como suele decirse (Trapiello, 2005: 14).

Su argumento se muestra en consonancia con explicado hasta ahora: no se trataría tanto de una oposición real al concepto de Lejeune, ni un intento de evitar el compromiso propio de la obra autoficcional, sino más bien una búsqueda de la libertad para narrar su verdad autobiográfica.

Esta poética se traslada a la relación de Trapiello con determinados críticos. En estos prólogos suele hablar así de los autores que cuestionan la veracidad y la coherencia biográfica de los hechos narrados. Trapiello suele agrupar a estos autores, entre los que se encuentran Anna Caballé, Laura Freixas o Manuel Alberca, bajo diversas denominaciones irónicas: así habla de la PMD (Policía Montada de los Diarios) (Trapiello, 2006a: 550), la PDA (Policía de los Diarios Ajenos) o la BCA (Brigada contra el Crimen de los Diarios) (Trapiello, 2005: 131). A su vez, si Trapiello suele escribir contra la PMD, que ve un exceso en sus continuas fabulaciones y ampliaciones del material autobiográfico, en el prólogo a *La cosa en sí* trata el caso contrario en la figura de un profesor que prohíbe a su alumno hacer una tesis doctoral sobre el *Salón de pasos perdidos* por la siguiente razón: «Le expuso su intención al catedrático de turno que debía dirigirle la tesis, y este se la desautorizó con aspereza, improvisando sus razones. Le dijo: 'Con la vida cotidiana es muy difícil hacer literatura; más aún, yo creo que imposible'» (Trapiello, 2006a: 9). En la figura de este catedrático están representados todos aquellos que ponen en duda la posibilidad de encontrar virtudes literarias en los textos autobiográficos[144] y que, derivado de lo anterior, leerían los diarios de Trapiello como textos referenciales con numerosos impedimentos para ser interpretados desde lo literario. La presencia de este último bando incidiría entonces en el carácter fronterizo de la poética de Trapiello, que tendría que reivindicarse frente a unos y a otros: por un lado, los autores que censuran sus excesos fabuladores para otorgarle al texto un estatus exclusivamente ficcional —el cual falsearía su carácter autobiográfico—; por otro, los autores que cuestionan el carácter literario de lo autobiográfico, pues solo considerarían el texto exclusivamente ficcional como propio del terreno literario.

Asumido esto, la conclusión debería pasar por dar fe de este carácter fronterizo del texto de Trapiello y su naturaleza ambivalente entre lo referencial y lo ficcional, que en última instancia deberá ser dirimida por el lector. Como ejemplo del primer caso, es muy ilustrativa a efectos pragmáticos una anécdota relatada por Trapiello y protagonizada por el expresidente José María Aznar: «Hace años X, secretario de Estado de Cultura, le dijo a MB., editor de este Spp, quien le había preguntado por qué no era invitado yo jamás a ciertos almuerzos con el

---

144 Como señala Manuel Alberca: «una de las rémoras que arrastra la autobiografía todavía es la falta de reconocimiento literario, porque la crítica, la academia y los propios autobiógrafos españoles la menosprecian, cuando no la desprecian abiertamente. Se ha considerado y se considera que es un género seudoliterario, registrador de hechos históricos sin gracia ni vuelo artístico» (Alberca, 2018: 10).

presidente de Gobierno, a la sazón el señor Aznar: 'No, mientras siga publicando su diario'» (Trapiello, 2015: 23).[145] Es posible que no haya mejor ejemplo para explicar la recepción referencial de los diarios de Trapiello, que inevitablemente son leídos en clave real por muchos lectores. Él mismo, en la conclusión de su prólogo a *Apenas sensitivo*, señala: «Lo más extraño de todo es que ni yo, autor de esta ficción nuestra, sé qué ocurrirá, y no debería ser así» (Trapiello, 2011a: 12). Esta última frase ilustra la naturaleza de su texto, en tanto que impredecible, como diario real y autobiográfico. Trapiello no puede saber cómo va a concluir su *Salón*, pues se trata de una trama en movimiento, en marcha, y ahí es donde confluyen su idiosincrasia real y su carácter fabulado.

Un último asunto destacado por Trapiello en estos prólogos versa sobre el carácter íntimo de sus diarios, cuestión que protagoniza un debate frecuente en los estudios sobre el género. Autores como Laura Freixas, Manuel Alberca o Anna Caballé emplean el concepto de lo íntimo para censurar los excesos del *Salón* respecto de la norma diarística. Freixas, por ejemplo, señala que «Trapiello rehúye el carácter tradicionalmente íntimo del diario» (Freixas, 1995: 38); Manuel Alberca añade que Trapiello escribe «con el freno de mano de la intimidad echado» (Alberca, 2013) y Caballé acusa a Trapiello de «mantener la intimidad (…) al margen de sus proyectos diarísticos» (Caballé, 2015a: 286).

Frente a estos autores, Trapiello muestra en sus reflexiones gran cercanía con la citada obra filosófica de José Luis Pardo, autor de *La intimidad*,[146] y parte de una idea según la cual «la intimidad no puede ser juzgada como valiosa, sino únicamente como intimidad, y en ambos casos se roza, sin duda, con una intimidad en estado puro, hasta donde es pura la intimidad que se participa a un diario» (Trapiello, 1998a: 45). En estas coordenadas, ofrece su propia definición de lo íntimo:

> Intimidad es exactamente aquello sobre lo que descansa nuestra verdad, lo que realmente somos no a ojos de los demás, sino para nosotros mismos. (…) La intimidad viene a ser algo así como la conciencia en estado puro, antes de que la modifique nada (…) Algo, en definitiva, que, mientras permanece íntimo, no tiene valor ninguno más que para el sujeto. (…) Pero en un momento determinado la intimidad deja su ámbito natural de reserva (y habría seguramente que hacer una distinción entre lo íntimo y lo secreto, en la medida en que lo íntimo nace y muere con uno y lo secreto nace siempre

---

145 Pese a ello, en *Las inclemencias del tiempo* se relata una invitación de este tipo mediante la que Trapiello asiste, junto con otros escritores, a una recepción del entonces presidente José María Aznar (Trapiello, 2001: 371–376).

146 Trapiello, incluso, menciona un encuentro personal con Pardo en el que aparecen estos mismos temas (1998a: 45).

fuera del sujeto, y muere en él) y por diversas razones se pone en circulación. Digamos que se inicia un tráfico. De hecho en los diarios íntimos también se trafica con intimidad (Trapiello, 1998a: 62).

Si bien el autor distingue rigurosamente entre la intimidad «en estado puro» y la que se construye en un diario —en cuyo proceso, en términos de Pardo, se pasaría de intimidad a privacidad—, finalmente reconoce su capacidad para ser puesta en circulación y el tráfico de intimidad que puede existir en determinados diarios. Mayor relevancia posee su equiparación entre intimidad y «nuestra verdad», puesto que se trataría de lo que somos «para nosotros mismos»; tal concepción de la intimidad como relación con uno mismo determina la poética diarística de Trapiello toda vez que conlleva el punto central de su pensamiento: carece de sentido medir la intimidad de un diario si esta depende del carácter personal del diarista, circunstancia que lo conduce a oponerse a los críticos que miden cuantitativamente el espacio íntimo del diario personal.

Esta concepción determina la construcción del espacio íntimo llevada a cabo en el *Salón*, que Trapiello define como un lugar familiar y cercano: «A mí me gustaría que estas páginas fuesen solo la novela de esa pequeña sala a la que se va sumando gente (…) El lugar en el que no se cuentan intimidades, desde luego, pero del que tampoco está ausente esa clase de confidencias que guardamos para unos pocos» (Trapiello, 1998a: 183). Frente a los diarios de las escandalosas revelaciones personales, propone un texto que se encargue de «restituir un poco de silencio a una sociedad dominada por el ruido, y un poco de quietud a una civilización demasiado movida» (Trapiello, 1998a: 48). Un texto en el que el diarista recibe a sus fieles lectores para contarles privacidades que solo tienen valor en la atmósfera de confidencias construida en el *Salón*. El carácter familiar y sincero de sus diarios se ve reflejado, por ejemplo, en la distinción que hace entre el tono de sus diarios y el tono de su blog:

> Llegó uno a sentirse incómodo, porque sin querer me veía en el almanaque hablando de cosas íntimas. Aquí no me molesta hablar de mi intimidad; allí mucho. O mejor dicho, aquí no me importa hablar con intimidad de las cosas, un libro, un paseo, un viaje, un amigo, una urraca, M., mis hijos… Pero allí sí. El hecho de que en el blog pudieran leerlo gentes que no conozco en absoluto me inquietaba. Por el contrario, siempre he creído conocer a todos y cada uno de los lectores de estos libros (Trapiello, 2015: 22).

Se trata de una concepción de lo íntimo adaptada a la intención de Trapiello para hablar de sí mismo sin tener que agotarse en un discurso egoísta y esquivar así la omnipresencia del Yo.[147]

---

147 Unamuno, en su *Diario íntimo*, ya hablaba de la «pueril yoización» (1970: 144).

En definitiva, una idea que puede resumir todo lo planteado a propósito de su poética es la siguiente: Trapiello intenta cabalgar las contradicciones de su texto para dejar clara su intención primordial, que es la de crear una obra de gran literatura a partir de un diario personal. Casi todos los interrogantes que se plantea con respecto al *Salón* se relacionan en última instancia con la interpretación y lectura real o ficcional del texto diarístico; esto, que es de sumo interés para un acercamiento teórico, resulta sin embargo incómodo para el autor que intenta mantener cierta coherencia. Como se ha dicho, el autor tiene que lidiar con dos grupos de escritores: por un lado, los críticos que le reprochan sus infidelidades continuas a lo que consideran el género puro del diario personal; por otro lado, aquellos que solo admiten una lectura referencial del texto, sin reparar en las virtudes literarias del *Salón*. Ante estas dos posiciones, Trapiello opta por adoptar una intermedia, construida, eso sí, por las diferentes declaraciones que expone a lo largo de los casi treinta años que median entre la publicación del primer tomo y el último.

En *Los caballeros del punto fijo*, Trapiello relata una escena que funciona como ejemplo de lo anterior. Allí narra el recuerdo de cuando era un niño y buscaba los álbumes de fotos familiares; en esas imágenes su apariencia le decepcionaba tanto que un día decidió romper las fotos: «comprendí que era posible destruir el pasado, incluso el presente. Fui rompiendo en trocitos irrestañables todas aquellas fotos que tanto daño me habían causado» (Trapiello, 1998a: 193). A lo que añade:

> Han pasado más de treinta años de aquel día y no siempre consigo permanecer indiferente delante de retratos que me han ido haciendo después, pero yo creo que ya no me tomaría la molestia de romperlos. ¿Para qué? (…) La naturalidad, hoy, me parece que es dejar las cosas como estaban, como nos van llegando. En las páginas de esta novela en marcha yo también me suprimiría a veces, si pudiese, pero de nuevo me acomete el desánimo y cierto desasosiego, al mismo tiempo, y ya no hago nada (Trapiello, 1998a: 194).

Para empezar, admite la posibilidad de ofrecer una imagen edulcorada de sí mismo. Esto, que seguramente es inevitable en un diario —Gide confiesa su «exasperación» al leerse en sus diarios de juventud (Gide, 2013: 252) —, es compensado sin embargo por una actitud como la del anterior párrafo; Trapiello expone a la hora de retratarse una honestidad, basada en la naturalidad, que resume así: «para la vida uno tiene que acostumbrarse a estar siempre un poco desilusionado y un poco triste. Quizás la naturalidad sea eso, no ser más ni menos de lo que pensamos, sino otros» (Trapiello, 1998a: 194–195). Esta última declaración apunta a dos elementos: por un lado, la ética del autobiógrafo que no se miente a sí mismo; por otro lado, la frase de ecos rimbaudianos —*Yo es otro*— que permite pensar en un Yo personaje, un Yo otro, un Yo novelesco y literario. En la convivencia de estos dos elementos puede hallarse el doble carácter de los textos de Trapiello, en donde el Yo mantiene rasgos referenciales y performativos al mismo tiempo. Por tanto, y con el objetivo de aclarar la naturaleza de estos diarios, se establecerá un análisis del *Salón* que aborde, por un lado, su idiosincrasia literaria y, por otro, su estatus autobiográfico.

III. 3. El *Salón de pasos perdidos*: texto literario

Una lectura literaria del *Salón de pasos perdidos* deberá partir de las posibilidades que los diarios de Trapiello poseen como relato literario. El análisis de los diversos componentes que pueden localizarse en toda narración literaria —tales como espacios, personajes, tiempo o estilo literario— permite establecer una comparación entre diario personal y texto literario, y posibilita una interpretación del *Salón* como obra literaria equiparable a cualquier novela contemporánea.

Hay, para empezar, un componente narrativo que destaca en el propio título, y es la *espacialización*[148] de estos diarios. El *Salón de pasos perdidos*, como Trapiello explica en cada edición, es aquel salón de las viejas casas «donde nadie se detenía, pero por donde se pasaba siempre que se quería ir a alguno de los otros».[149] Ese sitio de paso, sin aparente grandeza, es presentado a través de la *captatio benevolentiae* de Trapiello para explicar su propia consideración de los diarios: libros en los que es «absurdo quedarse», pero por los que es necesario pasar. El concepto del *Salón* se configura como un marco narrativo empleado para cobijar todo el mundo que se desarrolla a partir del Yo de Trapiello; lo interesante es que nada

---

148 Se emplea el concepto de *espacialización*, utilizado por Darío Villanueva, para explicar el proceso narrativo que se produce en el *Salón* cuando los espacios referenciales se desarrollan como espacios literarios. La definición de Villanueva es ilustrativa: «Operación fundamental en el proceso de transformación de una Historia en un Discurso mediante una Estructura narrativa. Consiste en la conversión del Espacio de la Historia en un espacio verbal en el que se desenvuelvan los personajes y situaciones mediante procedimientos técnicos y estilísticos entre los que destaca la Descripción» (Villanueva, 1992: 189).

149 Se reproduce aquí el texto inscrito en todas las contracubiertas del *Salón*: «En las viejas casas había siempre un Salón Chino, un Salón Pompeyano, un Salón de Baile, otro de Retratos, cada uno empapelado o pintado de un color, con unos muebles apropiados y decoración idónea… En estos palacios españoles, un tanto vetustos y destartalados, había también un salón que llamaban de Pasos Perdidos. La casa que no lo tenía no era una buena casa. Era el salón donde nadie se detenía, pero por donde se pasaba siempre que se quería ir a alguno de los otros. Al autor le gustaría que estos libros llevaran el título general de *Salón de pasos perdidos*. Libros en los que sería absurdo quedarse, pero los cuales no podríamos llegar a esos otros lugares donde nos espera el espejismo de que hemos encontrado algo. A ese espejismo lo llamamos novela, y a ese algo lo llamamos vida».

del marco elegido es inocente: la naturaleza vetusta y destartalada del palacio español venido a menos coincide con toda la poética modernista del Trapiello que se nutre de la obra de Francis Jammes (Marià Manent, 1994: 60). Los paralelismos con el tópico de la hidalguía española en decadencia son claros, pero además hay también cierto galicismo, como señala Carlos Pujol (2009: 33), que asemeja esta poética a la de los poetas simbolistas franceses. La segunda parte del título completa ese tono decadente cuando alude a los «pasos perdidos» que son el símbolo más notorio del *flanêur*, el paseante en el que Trapiello se convierte en muchas partes del *Salón*. Estos pasos perdidos, como ha visto Carlos Pujol, remiten además a un elemento temporal, dado que son los que «al vivir se dejan atrás rápidamente, porque la vida empuja sin miramientos, y que no tardan en ser recuerdos confusos, en la mayoría de los casos simple olvido» (Pujol, 2009: 33), y una de las funciones del diario es la de rescatar estos recuerdos en la página escrita.

El *Salón de pasos perdidos*, en suma, se trata del marco cuya función es englobar a los otros espacios del diario, por lo que no es arbitraria la naturaleza doméstica del nombre. Como señala Mainer,

> el rito de denominar la propia casa —expresión de nuestra proyección en la realidad y, a la vez, corazón de nuestra intimidad, cuerpo concéntrico con ella— forma parte de un instinto común de posesión. Los autores de dietarios o de series personales construyen con palabras un artilugio parecido que les muestra y, a la vez, les vela y por eso, las denominaciones metafóricas que ponen a su obra recuerdan tan poderosamente el ámbito doméstico (Mainer, 2009: 38).

En la larga lista de espacios englobados dentro de esta suerte de macroespacio, cabe destacar el primer lugar que aparece en el *Salón de pasos perdidos*, en la primera página de *El gato encerrado*, el primer tomo: «Esta mañana tenía el Rastro esa grandeza de los días de invierno» (Trapiello, 2010: 9).[150] El Rastro de Madrid es el espacio más emblemático de los diarios de Trapiello y presenta una simbología que se corresponde perfectamente con la atmósfera narrativa del *Salón*. Solo hay que comprobar el resto de ese primer párrafo: «Apenas había amanecido y ya estaban desplegándose los primeros puestos. Todas las cosas que iban extendiendo sobre la acera parecían oxidadas (…); hasta los libros tenían algo de escombros». Esta utilización irónica del término *grandeza* para referirse a un conjunto de chatarra muestra el tono tragicómico y distorsionador de Trapiello.

---

150 Se emplea, para elaborar las citas, la reedición de 2010. La primera edición, como se ha explicado, es la de 1990: Trapiello, Andrés (1990), *El gato encerrado*, Valencia, Pre-Textos.

El Rastro es el escenario perfecto para que el Trapiello *flâneur* deambule durante horas en un espacio que, aparte de poseer un carácter literario en tanto que almacén de libros, es un vertedero de objetos humanos de todo orden: en el Rastro se localizan desde los restos de casas señoriales, hasta ropajes o muebles de lujo venidos a menos, conviviendo con monedas de cobre, libros viejos y todo tipo de chatarra. Un mundo en ruinas en donde el paseante deambula con el objetivo de encontrar algo que no sabe qué es exactamente; no puede haber un símil más claro con el *Salón*.

Si el principal escenario urbano es el Rastro, la contraposición natural, el espacio rural que más abunda en el *Salón*, es el referente de la casa de campo que tiene Trapiello en Extremadura con el nombre de Las Viñas, en la que AT[151] pasa muchos periodos vacacionales en compañía de su familia. De hecho, se trata del primer espacio que aparece regularmente en el diario, pues este comienza siempre el primer día de cada año. Dado que AT suele pasar la Nochevieja en Las Viñas, este lugar se ha conformado como el pórtico habitual del *Salón*.

Las Viñas se conforma como el lugar de evasión de estos diarios. Allí Trapiello ha compuesto las páginas más simbolistas y, posiblemente, las que establecen una mayor cercanía entre su prosa diarística y su poesía. Para entender lo que significa este paisaje bucólico en el desarrollo de los diarios, hay un pasaje significativo de *Las nubes por dentro* en el que Trapiello describe la abrumadora sensación de felicidad que lo invade en su casa de campo:

> Al llegar a Las Viñas se produce siempre ese milagro que es encontrar todo igual que hace un mes, unos años, doce, doscientos. Acostumbrados a ver que las cosas cambian cada temporada (desde los yogures hasta la literatura), algo como Las Viñas no tiene precio. (…) Todo el campo está verde, los membrillos por el suelo y las aceitunas volviéndose cada día que pasa más negras y brillantes (Trapiello, 1995: 307).

Frente al dinamismo de lo urbano, de un espacio como el del Rastro, el espacio rural que describe Trapiello es estático y atemporal, y se relaciona con el tópico renacentista de la feliz Arcadia. La mención a todos los elementos de la belleza rural —membrillos, aceitunas— culmina un paisaje poetizado por el protagonista, lo que remite, en última instancia, a la literaturización de los espacios referenciales que se produce tanto con el espacio del Rastro como con Las Viñas.

Algo similar ocurre con los personajes, que es posiblemente el componente narrativo central del *Salón*. En este sentido, la aparición del narrador como

---

151 Como se verá más adelante, AT es la denominación del protagonista narrador: Andrés Trapiello. Se empleará con asiduidad para aliviar la repetición nominal entre autor, narrador y personaje.

personaje, con las diferentes personalidades que lo acompañan, es posiblemente el elemento de novelización más claro de estos diarios: el paso de la realidad a la textualidad se vuelve más perceptible cuando se trata de representar a los tipos humanos. En el *Salón de pasos perdidos* este es un elemento esencial, a su vez, por el carácter referencial de los personajes: el lector se siente atraído por la existencia de unos personajes que puede llegar a reconocer. Una de las características de estos personajes es que con frecuencia están camuflados con una X o con su inicial, lo cual induce a pensar en la discreción del autor respecto a su privacidad. El elemento secreto es una de las claves del diario personal en toda su tradición; aquí Trapiello recurre a una técnica que ya estaba en Stendhal (1888: 108) —pero también en otra de sus grandes influencias, como es Valentí Puig (1985) — para ampliar las posibilidades de interpretación. Esta técnica arroja luz sobre la naturaleza narrativa de tales nombres, que ya no son personas reales sino personajes. El propio Trapiello lo explica:

> El lector de estos libros verá desfilar ante sí, como cuando nos sentamos en el velador de una terraza, un montón de personajes, interesantes por lo que cuentan, no por lo que son o han sido. En el libro no hay una norma fija, muchos aparecen con una X, otros con sus iniciales y otros con su nombre propio (Trapiello, *apud* Abal y Baltar, 2013).

Pese a esta ausencia de norma fija, la utilización de una forma u otra a la hora de denominar a estos personajes obedece a algunas razones: los que tienen mayor trascendencia en el desarrollo del diario suelen responder a la inicial de sus nombres reales. Como Trapiello advierte, a veces estos personajes pueden responder a varias etiquetas —caso de Ramón Gaya—, pero normalmente la elección obedece a lo anterior. Debido a ello, desfilan por estas páginas numerosas X que se corresponden con nombres de todo tipo: desde escritores de tercera fila hasta presidentes de gobierno. Esto último sirve a Trapiello para escudarse ante las críticas de los propios personajes famosos que puedan verse afectados por sus declaraciones, pero, al mismo tiempo, incide en su poética de priorizar una construcción del personaje basada en sus acciones y no en su identidad nominal.

Uno de los personajes más relevantes del *Salón* es M., que Juan Marqués describe como «uno de los grandes personajes de la narrativa española contemporánea» (Marqués, 2018) y que es el nombre-abreviatura empleado por Trapiello para referirse a Miriam Moreno Aguirre, su esposa, que también lo es en el espacio textual. M., por tanto, es la protagonista más regular del diario junto a Trapiello. A pesar de ello, y de la tendencia a configurarse como un personaje referencial en tanto que enlace entre la vida de Trapiello y su texto, la propia Miriam Moreno ha publicado un trabajo —citado ya en este libro— en el que problematiza el estatuto de esa M. diarística. A propósito de la carta de un amigo que le asegura saber de su vida solo a través de los diarios, Miriam se pregunta quién es realmente ese personaje: «El *Salón* me acercaba tanto a aquello que ya era lejano a mí, que me dejaba confundida y perpleja. ¿Dónde estaban los límites de mi propia existencia, por más que yo confiara en que la mía estaba a salvo de vendavales?» (Moreno, 2009: 238). En este mismo texto, ante el problema de su carácter indecidible, «de lo que no es ni realidad ni ficción» (Moreno, 2009: 240), no termina por llegar a una conclusión, pero en las preguntas que se hace deja entrever la problemática de un personaje que va más allá de su naturaleza referencial. En el *Salón* se desarrolla un personaje que, para empezar, está configurado a través de la mirada de AT. La propia Miriam duda de su personaje en el texto citado: «Ella tan juiciosa, discreta, prudente y dormilona, y yo tan impulsiva, impaciente, maniática y tantas veces insomne» (Moreno, 2009: 237). Miriam Moreno acierta con sus atributos principales, pues la primera escena de importancia que protagoniza en los diarios, en *El gato encerrado* (Trapiello, 2010: 62), aparece como una mujer dormida que acompaña a un AT maltrecho; es el símbolo del apoyo conyugal, que va a ser la principal característica de M. en los diarios. La Miriam que se observa en su existencia empírica, por tanto, es diferente a la que AT observa, lo que va a evidenciar su naturaleza de personaje literario.

El actante principal de estos diarios, en cambio, no es otro que el personaje que identifica a autor con narrador y protagonista bajo la sigla de A. y al que todos conocen como AT (Trapiello, 2017: 423). El personaje de AT, dada la naturaleza del texto diarístico, se caracteriza por su omnipresencia en el *Salón*: absolutamente todos los elementos se derivan de su mirada, en tanto que son modelados a través de la perspectiva del Yo. De esta forma, no se trata sencillamente del protagonista del relato, sino que es el creador del relato, un personaje que, desde Montaigne, tiene tanta fuerza como el autor y el narrador por cuanto unifica estas instancias narrativas.

El primer elemento de interés puede encontrarse en la naturaleza del Yo, que en muchos pasajes de estos diarios tiene que competir con otra forma pronominal: el Uno. Trapiello utiliza este pronombre que ya implica, por parte del personaje, cierto alejamiento del sujeto real: «A UNO le gustaría el silencio ordenado, práctico y reglamentado de los antiguos anacoretas del desierto» (Trapiello, 2010: 24). Se trata de un alejamiento formal que es fruto de la poética diarística de Trapiello, quien ha manifestado en sucesivas ocasiones esta diferenciación entre él mismo y el personaje del diario: «Mis diarios están escritos por una persona que se parece algo a mí, pero que no soy exactamente yo» (Trapiello, *apud* Arias, 2009). Aunque en muchas ocasiones aparece el Yo, e incluso también el narrador utiliza el plural mayestático, un gran número de entradas está protagonizado por la presencia de un Uno que, además, universaliza el personaje; ya no se trata de un individuo concreto, de AT, sino que el Uno, al rebajar la individualización del sujeto, está sugiriendo la presencia de un personaje que puede ser cualquiera. Una reflexión de Antonio Moreno ayuda a entenderlo:

> El yo de su autor es, claro está, un punto de partida, (...) pero basta leer un solo tomo de estos diarios para entender que, paradójicamente, huyen del ensimismamamiento del yo como de la peste. Aunque Trapiello exponga mil peripecias y mil detalles de su vida, siempre lo hará imponiéndose una distancia narrativa que transforma esa primera persona del singular y ese pronombre indeterminado —el «uno» distanciador tan propio de él— en meros accidentes gramaticales (Moreno, 2009: 163).

En el *Salón* no hay un Yo personaje tan marcado como en las obras clásicas de la Literatura del Yo, como las *Confesiones* de Rousseau o el *Diario* de Gombrowicz; la mirada de AT esquiva al propio protagonista para evitar una sobreexposición del sujeto diarístico. Ahora bien, si hay autores que aprovechaban esta circunstancia para destacar la falta de intimidad de estos diarios, lo anterior no se opone a un profundo desarrollo del Yo que puede comparar esta obra a los grandes relatos en los que se construye un espacio íntimo de forma ejemplar. En ello tiene que ver la extensión total del *Salón*, pero también la capacidad de Trapiello para modelar una perspectiva por medio de la cual habla de todo lo que le rodea y, al mismo tiempo, habla de sí mismo. En esto último radica la característica más notable de Trapiello en los diarios: hablar de sí mismo para construir un personaje que, sin embargo, no se vacía en ese egotismo de otras obras similares.

El proceso de novelización de los componentes referenciales encontrado en la construcción de los espacios y los personajes afecta en la misma medida a otros elementos de relevancia en la configuración de la trama diarística, como es el caso del tiempo o la acción.

Para analizar la estructural temporal hay que recordar, en primer lugar, que no hay diario sin entradas y la escritura diarística está limitada por el fragmento. El elemento formal que estructura la entrada es la fecha. La fecha es la prueba del registro cotidiano, fundante de la propuesta diarística. Esta marca formal no es obligada, y su ausencia no implica la falta de la estructuración temporal diaria, pero sí conlleva una correspondencia referencial que ata el diario al afuera del texto. En el caso de Andrés Trapiello, una de las características más notables del *Salón* es que no está fechado; salvo alguna excepción, las entradas solo destacan tipográficamente al estar encabezadas por la primera palabra en mayúscula. Por lo demás, aunque en muchas ocasiones se puede deducir la referencia temporal del contenido, no hay nada que relacione la entrada con el tiempo exterior en el que está escrita. Esto, además de liberar de las ataduras referenciales a un texto que pretende ser novela, favorece la lectura de las entradas como un relato. Como se ha explicado, los diarios sufren un proceso de reescritura profundo, de tal manera que no tiene sentido fechar entradas que mutan con los años y que, además, se combinan con otros elementos incorporados en diferentes momentos de escritura —sentencias, aforismos o breves apuntes—. Tal y como reconoce él mismo, ni siquiera le importa «que haya anacronismos, siempre que sean leves y no alteren los retratos morales o históricos de los personajes» (Trapiello, *apud* Espada, 2016), de modo que se puede interpretar la ausencia de fechas —en clave positiva— como uno de los elementos del *Salón* que favorecen su lectura novelística a semejanza de un relato literario.

Por otro lado, el diario personal muestra, frente a las otras formas autobiográficas, una cercanía a los hechos narrados por parte del diarista, que cuenta sucesos relacionados con su jornada. Esto nos conducía a considerar el diario, en ocasiones y siguiendo a Genette, como una narración intercalada que combina, a priori, dos espacios temporales: el del pasado reciente con la simultaneidad en la exposición de los pensamientos (Genette, 1989: 275). Este concepto, que define el tiempo narrativo del diario, se restringe no obstante a la concepción del diario como práctica cotidiana en la que quien escribe se ciñe a lo acontecido en el día. En el *Salón*, por ejemplo, Andrés Trapiello está lejos de ofrecer una regularidad temporal. Con cierta frecuencia emplea un tono autobiográfico para recordar anécdotas de todo tipo —el narrador sigue hablando desde el presente pero ignora el «Hoy me ha ocurrido lo siguiente»—, y al mismo tiempo combina estas con momentos del presente de escritura, como ocurre en este fragmento:

> QUEDABAN por hacer media docena de planos de la película. Es todo latoso, unas veces porque no hay gente en la calle y no hay ambiente, otras porque hay demasiada y no se puede trabajar. Es verdad, el otro día, después del Rastro, 10:30, se hallaban las Salesas, la plaza de París y nuestra calle vacías (Trapiello, 2015: 307).

La entrada se inicia con el pretérito imperfecto de la primera oración para referirse a un pasado indeterminado e impersonal, de tal manera que incorpora un registro, muy cercano a la narración en tercera persona, casi novelístico. En la siguiente oración, sin embargo, el narrador introduce un presente que lo convierte en protagonista de la narración; se incorpora su reflexión presente y, además, se evidencia su participación en lo narrado. Algo que culmina en la tercera oración, que mezcla el presente de la reflexión —«Es verdad»— con una vuelta al pretérito imperfecto que recoge la información de la primera frase; además, el Yo queda finalmente evidenciado en el determinante «nuestra», que culmina el juego pretérito-presente al que aludía Genette. Esta narración intercalada entre el pasado y el presente, sin embargo, sortea los posibles condicionantes de la escritura diarística y amplía la perspectiva, otorgando a la narración un mayor dinamismo y aumentando sus posibilidades como relato.

Esto incide directamente en el último elemento de la narración: la acción. En el caso del *Salón*, es posible encontrar una tensión narrativa que el autor logra construir a través de elementos diversos. La aparición de personajes concretos que vuelven cada cierto tiempo —como Miguel el Loco— y la recurrencia de asuntos temáticos y de determinadas reflexiones se conforman como la primera muestra de ello. Un caso ilustrativo puede ser una noticia que protagoniza varios pasajes del diario: la enfermedad de M. En *Seré duda*, a M. se le detecta un tumor benigno después de varias entradas de incertidumbre en las que se consigue crear una auténtica atmósfera de novela, con un desenlace feliz (Trapiello, 2015: 609–619). Los momentos de tensión descritos por la voz protagonista constituyen un relato construido fragmentariamente; lo más interesante es que el narrador evita en todo momento hacer una historia de lo sucedido, y el lector asiste a una serie de confesiones oscuras e inconexas que, ante todo, se nutren del tono sincero de quien escribe asustado. La historia, por tanto, se levanta a pesar de la verdad autobiográfica inherente a lo narrado.

La tensión narrativa está fuertemente interrelacionada con el otro factor que Braud destaca: el desarrollo de una vida. Empleando el concepto de Simonet-Tenant, en el diario de Trapiello hay una impresión de «eterno retorno», puesto que al final el relato no es sino una narración de los días del protagonista en los que se repiten «parecidas acciones, parecidos pensamientos» (Simonet-Tenant, 2004: 107). Puede verse en cada tomo del *Salón de pasos perdidos*: aunque muchos personajes secundarios aparecen y desaparecen, y las situaciones parecen cambiar cada cierto tiempo, en el fondo se trata siempre de la misma atmósfera, con los mismos personajes principales y parecidas reflexiones por parte de un Yo que no puede dejar de ser él mismo. De forma parecida se expresa Sánchez Rosillo cuando señala que «en realidad, Andrés Trapiello —y no podría ser de otra manera, dada la autenticidad del escritor— ha estado siempre escribiendo 'el mismo libro', como el propio autor diría» (Sánchez Rosillo, 1994: 12). El mismo Trapiello, en un pasaje de *Siete moderno*, se muestra consciente de ello:

Tengo la sensación de que todo se repite. Estaría bien que dentro de un rato apareciera por el barrio Miguel el Loco, y a todos los que se han muerto o ya no están, cuando venían hasta aquí los gitanos de la cabra. Quién sabe si la famosa trompeta de la resurrección no sea. Quién sabe si no habrá uno acabado de resucitar. Quién sabe si no estará uno trabajando ya sobre su propia ruina, que nunca llegó más lejos (Trapiello, 2012a: 158).[152]

En ello radica la naturaleza del diario como relato: aunque se componga de fragmentos, el resultado total es el de una narración que se erige por encima de ellos, como una suerte de «libro de bosquejos» (Bou, 1996: 126), construido a partir de la «musicalidad del fragmento» (Gracia, 2004a: 230). De forma muy parecida lo entiende Anna Caballé cuando señala que las entradas del *Salón* «están concebidas como pequeños relatos autónomos aunque tienen una unidad, la que confiere la propia voz de Trapiello» (Caballé, 2015c). Esta voz produce una acción que es equivalente a la del relato novelesco.

A su vez, cabe hacer referencia a la construcción de un estilo literario, que en el caso del *Salón* es uno de sus rasgos más notorios. El estilo de los diarios suele ser señalado por la crítica que se aproxima a su obra: Alberto Olmos define a Trapiello como «el mejor prosista español de nuestro tiempo» (Olmos, 2013); Eloy Sánchez Rosillo como «uno de los más grandes poetas en prosa que ha dado hasta la fecha nuestra literatura» (Sánchez Rosillo, 2009: 57); y Felipe Benítez Reyes como «uno de los mejores prosistas actuales» (Benítez Reyes, 1994: 87). La poética estilística de Trapiello puede resumirse a partir de sus propias palabras:

> El estilo es bueno si no se nota. Decía Tolstói: «Señor, dame la sencillez de estilo». Creo que uno puede hacerse un estilo a base de estudio, de trabajo, en la fragua. Pero la sencillez de estilo te la conceden. (…) lo que vale, creo, es lo otro, esa transparencia que no altera las cosas (Trapiello, *apud* Abal y Baltar, 2013).

La sencillez o ausencia —por otra parte imposible— de estilo; he ahí la principal ley de esta poética estilística. En esa línea, los antecedentes y las influencias, dados los numerosos comentarios de Trapiello, son fácilmente rastreables: Juan Ramón Jiménez, Unamuno, Machado. Puede verse en la frase de Juan Ramón Jiménez que Trapiello (Trapiello, 2012b) ha citado en más de una ocasión: «Quien escribe como se habla, irá más lejos y será más hablado en lo porvenir que quien escribe como se escribe» (Jiménez, 1990: 164).

Pese a su llaneza, este estilo es precisamente un elemento que le otorga una cualidad literaria al diario, y lo hace en dos direcciones: por un lado, en su naturaleza poética se diferencia del lenguaje puramente prosístico de otras modalidades autobiográficas y ensayísticas, por lo que se podría hablar de un determinado lenguaje literario en el *Salón*. Por otro lado, y como se ha visto en la introducción

---

152 Se emplea, para elaborar las citas, la reedición de 2012. La primera edición, como se ha explicado, es la de 2003: Trapiello, Andrés (2003), *Siete moderno*, Valencia, Pre-Textos.

a este punto, el estilo ha sido uno de los motivos más influyentes para su incorporación al canon literario de la literatura española moderna. Jordi Gracia da cuenta de ello: «El secreto de su fortuna está en la manera de contar la vulgaridad de los días» (Gracia; Ródenas de Moya, 2010: 937). Tal mirada de la que habla Gracia, así como el tono, se derivan del estilo mediante el que Trapiello construye sus entradas diarísticas. En esta misma línea, la última reseña del *Salón de pasos perdidos* realizada por José-Carlos Mainer se titula «Escribir sin que se note» (Mainer, 2017), título que alude a la poética estilística de Trapiello como elemento más característico de los diarios.

En último lugar, y desde un punto de vista pragmático, el carácter literario del *Salón* se ve validado por la recepción de la obra. Así, en el ámbito académico, los acercamientos de José-Carlos Mainer y Jordi Gracia confirman el estatus del diario de Trapiello como texto literario, mientras que en el contexto de la crítica inmediata muchos de los artículos y reseñas que se le han dedicado parten de la concepción del *Salón* como texto literario. Sucede así en el artículo divulgativo de Juan Marqués (2018); en los artículos periodísticos de Alberto Olmos (2017), Juan Bonilla (2016); o en las reseñas de José-Carlos Mainer (2017), por señalar algunos de los textos más importantes.

Siguiendo el hilo interpretativo mantenido en este punto, todos los elementos del *Salón* —tanto los textuales como los paratextuales— inciden en la misma idea: el *Salón* es un texto literario que, como el propio autor pretende, admite una lectura novelística. A partir de lo cotidiano, el Yo levanta una construcción narrativa cuyos principales elementos son interpretables desde una perspectiva literaria. Se podría concluir que el carácter literario del *Salón* solo necesita esta confirmación; por contra, lo que tendría que ser demostrado es su idiosincrasia referencial y autobiográfica, tal y como se intentará llevar a cabo en las siguientes páginas.

III. 4. El *Salón de pasos perdidos*: diario personal

Pese a los intentos de Trapiello por suspender su estatuto referencial y al carácter literario e incluso novelesco de muchos de sus elementos, la recepción del *Salón de pasos perdidos* en los contextos académico y periodístico, aparte de otorgarle un estatus literario, también lo caracteriza como un texto *real*. El *Salón* es interpretado por críticos, periodistas y lectores medios como un diario personal en el que Trapiello, con el peaje que implica un método de remodelación conocido por todos, expone su verdad autobiográfica. Las objeciones, como ya se ha sugerido, pueden ser aducidas a propósito de numerosos aspectos, pero en pocos casos puede dudarse de esta lectura generalizada.

Un ejemplo palmario está representado por la recepción académica de sus tomos. En este contexto, José-Carlos Mainer no duda en tildarlos de diarios en la reseña de *Mundo es* (Mainer, 2017); lo mismo ocurre con Félix Ovejero (2017), con Jordi Gracia a propósito de *El jardín de la pólvora* (Gracia, 2005), con José María Pozuelo Yvancos al respecto de *Una caña que piensa* (Pozuelo Yvancos, 1999), o con José Luis García Martín en su reseña a la última publicación del *Salón*, *Diligencias* (García Martín, 2019).

Hay, no obstante, algunas excepciones: Anna Caballé, en la línea de todo lo que ha escrito sobre el *Salón*, problematiza el estatuto del texto en su reseña «¿Diarios en marcha?» (Caballé, 2001), en donde define la obra de Trapiello como «diario de escritor» y al mismo tiempo enfatiza el paso del «diario auténtico» a su forma novelística final. Y es destacable la evolución entrevista en otro crítico como Miguel García-Posada a partir de dos reseñas publicadas en ABC. Este titula su crítica de *Siete moderno* (García-Posada, 2004) con el sintagma «novelar la vida» y en ella diferencia al *Salón* de la «poética verista» de otros diarios; en cambio, sigue llamando a Trapiello «diarista», y los asuntos que destaca tienen un carácter referencial. Unos años después, en la reseña que dedica a *Troppo Vero* (García-Posada, 2010), establece un auténtico acercamiento a la teoría de los géneros literarios para catalogar al *Salón* como novela, mencionando una sola vez el término «diario» y para hablar de él como recurso novelístico empleado por Trapiello. Para García-Posada, así, el *Salón* cumple el objetivo propuesto por Trapiello al comienzo de su empresa: escribir una novela a partir de su vida.

Más allá de posturas aisladas como la de García-Posada, sin embargo, el *Salón de pasos perdidos* es frecuentemente leído como un diario personal, y su contenido es interpretado como real. Lo mismo ocurre en la crítica inmediata: Alberto

Olmos (2013), Juan Bonilla (2016), José Ángel Mañas (2014), Juan Marqués (2018), Javier Rodríguez Marcos (2011) o José Manuel Benítez Ariza (2004), entre otros, hablan del *Salón* como los diarios de Andrés Trapiello y proponen una lectura más referencial que novelística. Estos últimos autores marcan la pauta para el lector convencional, que, con independencia del modo de lectura, se acerca al texto de Trapiello con la conciencia de estar ante un diario. Algunos testimonios de lectores anónimos y pseudoanónimos en Internet, vertidos sobre todo en *weblogs*, lo confirman: C. Willard[153] y Carlos F. Romero[154] los leen como «diarios»; Jesús Artacho[155] lo define como «texto híbrido» para denominarlo finalmente «diario» y diezcuentoschinorris[156] declara: «Los diarios son la vida de Trapiello relatada, que no necesariamente es lo mismo que su vida real pero que en algo se le debe parecer, digo yo».

En suma, puede concluirse una lectura predominantemente referencial del texto de Andrés Trapiello: el lector, ya sea un crítico académico o un lector convencional, no puede en ningún caso omitir el elemento referencial de esta escritura. Así lo entiende el propio autor, quien reconoce lo siguiente: «Y por creer que no se les miente (…), la mayoría de los lectores siguen leyendo, oyendo los interminables relatos de mi vida» (Trapiello, 2016b: 11).

Esto resulta de importancia a la hora de valorar dos aspectos: en primer lugar, la naturaleza formal del *Salón* como diario personal y sus disimilitudes respecto a la estructura diarística; en segundo, el compromiso que Trapiello adquiere con el lector, para lo que se pondrá en diálogo el diario personal y las teorías de los estudios sobre escritura autobiográfica.

Para comenzar el análisis por el primer aspecto, hay que afirmar que, pese a las singularidades del proyecto, el *Salón* posee una estructura diarística. Las entradas que ordenan el texto, el tiempo verbal empleado por Trapiello, la cotidianidad de lo narrado o la introducción de todo tipo de formatos genéricos, son indicios de un diario personal. Ahora bien, el *Salón* introduce al mismo tiempo algunas variantes respecto a lo que, a priori, pueden considerarse las manifestaciones

---

153 http://loslibrosqueleiayer.blogspot.com/2014/11/el-gato-encerrado-salon-de-pasos.
     html (08/09/2019).

154 http://conlmayuscula.blogspot.com/2013/10/el-gato-encerrado-andres-trapiello.html
     (08/09/2019).

155 https://bartleby-elcuadernorojo.blogspot.com/2017/08/la-mania-de-andres-trapiello.
     html (08/09/2019).

156 https://diezcuentoschinorris.wordpress.com/2013/05/09/ecos-de-un-placer-solitario/
     (08/09/2019).

hegemónicas de esta forma discursiva, lo que enriquece el debate sobre su constitución genérica.

Si Béatrice Didier, en la segunda parte de este trabajo, concebía el diario personal como un texto construido a partir de la conciliación de dos fuerzas enfrentadas, y definía una de ellas como la «cárcel formal» de la entrada cotidiana (Didier, 1996: 39), este es uno de los convencionalismos del diario más relevantes en la obra de Trapiello: el *Salón de pasos perdidos* se nutre de la entrada diarística y a partir de ella desarrolla el ritmo de una narración que aspira a ser relato novelístico. Ahora bien, a diferencia de muchos diarios personales, la entrada en el *Salón* manifiesta una característica relevante: carece de fecha. Esto ha sido destacado en multitud de ocasiones (Tortosa, 2001: 190) y Anna Caballé le da gran importancia para destacar que el lector ignora el ritmo del diario (Caballé, 2015a: 286). Gracias a la ausencia de fecha desaparece la identificación entre día y entrada, y esta puede desarrollarse con total libertad, ofreciendo pasajes en los que se combinan entradas de gran envergadura —las dedicadas a determinadas crónicas de viaje, por ejemplo— con piezas muy breves, lo que, como se ha señalado a propósito de las virtudes literarias del *Salón*, contribuye a la construcción del relato y a su lectura como novela.

Esto último se relaciona con una de las grandes polémicas del *Salón*: la posibilidad de no concebir el texto como un diario personal en sentido estricto por la ausencia de fecha y la consideración particular de la entrada. Esto lo confirma Trapiello, quien señala que en ocasiones se le ha excluido del canon diarístico porque el *Salón* «incumple muchas de las reglas de los diarios», entre otras cosas «porque las anotaciones vienen sin fechar» (Trapiello, 2015a: 15). Tal posibilidad, sin embargo, implicaría renunciar a muchos textos diarísticos de relevancia —los de Juan Bernier, por ejemplo— y, además, no termina de valorar la verdadera importancia de la entrada, que no reside en la fecha, sino en la estructura. La cláusula del calendario de la que hablaba Blanchot, en este sentido, está presente solo en la medida en que el diarista está atado al momento en que escribe. Este momento puede ser el mismo en sucesivas entradas, e incluso las entradas pueden estar modificadas y reescritas en la preparación para su publicación —y esto puede suceder no solo en el caso de los diarios no fechados, también en el de los fechados—; solo desde una perspectiva purista, que valoraría en exclusiva la cualidad documental del diario, se podría admitir una interpretación similar.

La ausencia de fecha, a su vez, no implica una ausencia del elemento temporal en el diario. No solo en ocasiones aparece la fecha explícita o implícita, sino que además el *Salón* empieza y termina cada año en la misma fecha, como explica el mismo Trapiello: «¿No empiezan todos los volúmenes un uno de enero y terminan un treintaiuno de diciembre? ¿Cabe mayor puntualidad?» (Trapiello,

2015: 18). Aunque en la entrevista realizada por Arcadi Espada confiesa la posible invención de algunas fechas provocada por la continua reelaboración del diario, cada tomo tiene como recinto la longitud del año en que se escribe, en una suerte de marco temporal que determina todo lo narrado durante tal periodo. *La cosa en sí*, por ejemplo, comienza así:

> —SOY adivino —vaticiné—. Mañana, en cuanto salga el sol, oiréis los tiros de un cazador, y con el frío se quedará la detonación suspendida en el aire, mucho tiempo, como la nota de un diapasón. (…) Entonces X me preguntó cómo sabía una cosa así. Le dije: porque es lo que sucede cada año en la primera página de mis diarios (Trapiello, 2006a: 17).

Mediante una ironía metaliteraria, el Yo narrador anticipa lo que ocurre invariablemente en todos los tomos: el Año Nuevo determina el comienzo de cada nuevo diario. Este es un detalle ilustrativo de que, si bien existen diferencias obvias y relevantes con los diarios fechados, en donde la fecha condiciona la entrada y el contenido de lo que se va a decir, en el *Salón* también se produce una relación entre el tiempo exterior y el tiempo propio del texto; el anclaje referencial, aunque reducido al mínimo, también existe. Michel Braud, por ejemplo, recoge en *La forme des jours* los diarios de autores como Jacques Audiberti o Hervé Guibert, en donde la ausencia de fechas no conlleva una ausencia de temporalidad. Braud destaca el establecimiento de este tiempo referencial de manera indirecta: aunque no se desarrolla de acuerdo al calendario, el orden cronológico se mantiene gracias a la sucesión de eventos que se deja percibir (Braud, 2006: 163).

Además de poseer esta dimensión referencial, el tiempo en el *Salón* se construye mediante elementos muy similares a los que podrían considerarse propios del diario hegemónico: la cercanía de este tiempo con el espacio da lugar a un cronotopo concreto como es el de lo cotidiano, cuya importancia es resumida por Michel Braud: «El primer conjunto de observaciones personales recogidas en el diario tiene un carácter cotidiano» (Braud, 2006: 76). En el *Salón*, lo cotidiano, como se ha visto, ocupa un espacio central; en sus páginas se desarrolla el día a día de Trapiello en Madrid o Extremadura, junto a su familia, a sus amigos más cercanos y llevando a cabo sus aficiones rutinarias, como acudir al Rastro. El tono es cercano y sincero en todo momento, como se observa en la descripción de su barrio:

> ME gusta la vida de este barrio. El panadero, a sus casi noventa años, asomándose en la puerta de su panadería, figurita mecánica. El mendigo con los cartones a cuestas. El grupo de oficinistas que salen a tomar café. Las mujeres ricas y sofisticadas que vienen pasado el mediodía a ver escaparates a la calle Almirante (…). Y al fondo Santa Bárbara y sus acacias y el bando de palomas que levanta de pronto el vuelo de la Plaza de las Salesas y parece la espuma que desborda un vaso de cerveza Trapiello, 2016a: 52).

Trapiello se recrea en las menudencias del día para construir una atmósfera personal. Esto emparenta al *Salón* con la tradición clásica del diario; Blanchot, quien señalaba que «el interés de un diario reside en su insignificancia» (Blanchot, 2005: 221), ratifica el carácter diarístico del texto.

Vinculada a la modelación de lo cotidiano, por otro lado, se halla la configuración de lo íntimo. Tanto en las páginas de la segunda parte dedicadas a esta cuestión como en el punto III. 2. se analiza el *Salón* como un representante del diario pensado para la publicación, el cual, a pesar de esta circunstancia, mantiene una notoria construcción de lo íntimo. El elemento a tener en cuenta es el tipo de intimidad expuesta en el *Salón*, que está mediada por la personalidad concreta de Trapiello. En este sentido, no debe compararse la intimidad del diario de Trapiello con la de diarios clásicos —escritos normalmente en el siglo XIX— para valorarla negativamente por sus diferencias,[157] porque esta viene a corresponderse en última instancia con dos circunstancias: en primer lugar, la personalidad real del Trapiello hombre; en segundo lugar, la forma elegida para el desarrollo del AT personaje. En este sentido, es adecuado recordar las teorías de Castilla del Pino basadas en la inevitable subjetividad de lo íntimo: por ejemplo, carece de sentido medir la sinceridad de lo verdaderamente íntimo, porque sobre lo que solo está en nuestra cabeza se puede mentir (Castilla, 1996: 19). La representación de lo íntimo está basada en la libertad del Yo que elige el modo y el contenido de lo que cuenta. En el caso de Trapiello, hay una estrecha hilazón entre lo cotidiano y lo íntimo. Él mismo lo definía: «Mi intimidad de hoy está hecha de leer libros, de ir al Rastro, de estar aquí escribiendo cosas muy poco íntimas. Pero a veces leer un libro es más íntimo que fornicar» (Trapiello, 1998a: 230). Frente a las grandes revelaciones de los diarios, la intimidad de Trapiello se construye por medio de elementos muy cercanos a su cotidianidad: las charlas con su familia, los monólogos reflexivos, los paseos en solitario, etcétera. Carlos Marzal ha analizado esta construcción de la intimidad:

> Asistimos en su novela a la literaturización de la vida del autor, lo que se puede conocer como intimidad de lo contado. Andrés ha logrado hacer del relato doméstico también una aventura, y hemos asistido a través de los años al crecimiento de sus hijos, a la participación de su mujer, Miriam, en la trama, al espectáculo del amor familiar. De ahí que el conjunto de los diarios erija una imagen de la conciencia del autor, son su retrato directo e indirecto (…). Porque la alta literatura representa una prospección recíproca de naturaleza intelectual y afectiva, una mutua búsqueda de la intimidad en la aventura y de la aventura en la intimidad (Marzal, 2009: 136–137).

---

157 A semejanza de lo que han hecho autores como los citados Alberca y Freixas.

A lo largo de los veintidós tomos publicados, Trapiello acomete un ejercicio de desnudez a partir de la construcción de su cotidianidad y, derivada de ella, su intimidad. El grado de intimidad expuesta en el autorretrato pintado por Trapiello —siguiendo la metáfora pictórica de Montaigne (2016: 5) — solamente tiene importancia desde un punto de vista literario, en la medida en que al crítico o lector pueda interesarle mayor o menor desnudez. La forma en la que Trapiello construye lo que Marzal denomina como «relato doméstico» es cercana e íntima; el tono, que es el elemento más importante, está basado en una suerte de confidencia continuada a través del paso de los días: todo ello conduce a considerar lo íntimo como un elemento referencial manifiesto, dado que a partir de él se desarrolla un sistema de correspondencia entre el texto y el plano real. Esto último no implica, evidentemente, la omisión del carácter literario de esta intimidad: como se mantenía en la primera parte de este trabajo, la intimidad que desarrolla el diario se constituye, inevitablemente, como intimidad textual y/o literaria, y en el caso del *Salón de pasos perdidos* no puede ser más obvia esta relación entre intimidad y literatura. Como también adivinaba Marzal, todo el mundo construido por Trapiello deviene relato y aventura; en este caso, aventura de lo íntimo.

El aspecto referencial del *Salón* también destaca a la hora de valorar uno de los elementos que ha caracterizado el diario de Andrés Trapiello para el público y la crítica, como es la utilización de las iniciales y las X para referirse a buena parte de sus personajes. La utilización de las X cobra relevancia cuando se trata de personajes conocidos para el gran público, situados fuera del círculo compuesto por familiares y amigos cercanos —entre los que, no obstante, también se hallan personajes públicos como Ramón Gaya o Juan Manuel Bonet entre otros— de Trapiello. En este caso, tales personajes incorporan con su presencia un estatus referencial inevitable, pues son conocidos para el lector debido a su faceta extratextual. Se trata, en este sentido, de uno de los grandes reclamos del diario, al que muchos lectores acuden en busca de las posibles revelaciones y privacidades acerca de estos personajes. A este propósito, es necesario establecer en qué medida la condición de estos personajes inciden en el carácter referencial del diario o, por el contrario, contribuye a su novelización.

En esta disyuntiva, Trapiello aporta el primer elemento para descubrir la función de las X:

> las X son lo que le dan a esta obra su carácter novelístico, la impronta de una ficción, y quienes se crean retratados o caricaturizados, podrán decir incluso que lo que se dice de ellos es mentira, que no guarda ninguna relación con la realidad, y tendrán razón en decirlo. Porque la verdad del retrato es solo una verdad literaria, no una verdad histórica (Trapiello en Abar y Baltar, 2013).

Omitir los nombres se convierte en una herramienta para desfigurar la identidad exterior de los personajes, lo que refuerza la faceta universal y prototípica de los mismos hasta el punto de que estos, como el mismo Trapiello asevera en otra entrevista, dejan de ser «personas» y se convierten en «conductas» (Trapiello, *apud* Espada, 2016).

Este posicionamiento, que forma parte de las pretensiones novelísticas del autor, no debe hacer olvidar, sin embargo, la inevitable naturaleza de estos personajes, que, una vez superada su aparente inconcreción, rápidamente remite a un plano real. El mismo Trapiello lo admite cuando responde a Anna Caballé, quien lo acusa de utilizar esta herramienta debido a un posible «terror a que la escritura sea excesivamente comprometedora» (Caballé, 2015a: 286). A lo que Trapiello contesta: «si X —Caballé— lee esta página, sabrá que estoy hablando de ella, y que no encripto su nombre por temor o cálculo (…), sino por su irrelevancia para el propósito de esta novela» (Trapiello, 2015: 16). Esta respuesta arroja luz sobre cómo el escritor asume lo evidente: los personajes de los que se habla en su diario tienen un origen real y, como tales, poseen una condición referencial insoslayable.

Esta circunstancia se colige de la propia forma en que el narrador afronta la descripción de muchos personajes aparecidos en el *Salón*. En *Seré Duda*, por ejemplo, describe un encuentro casual con Arturo Pérez-Reverte y la narración, por medio de un tono irónico, no se aleja en ningún momento del personaje como un ente real; AT describe a un escritor con el porte de Clint Eastwood, marcado por su pasado de corresponsal de guerra y con el aura de un escritor con gran éxito comercial. Trapiello no deja de jugar en todo momento con la referencialidad de Pérez-Reverte, que aparece como un personaje vinculado a su naturaleza real y no como un personaje literaturizado. El propio AT reconoce esta condición cuando alude a los efectos de su escritura en el plano real para ironizar sobre el carácter del personaje:

> Mientras sucedía todo esto, pensaba mis cosas, porque aunque no he hecho ni la mili, también tiene hechas uno algunas guardias en toda clase de garitas, y me decía: A., ándate con ojo si vas a escribir de este encuentro, porque este hombre tiene malísimas pulgas y es capaz de escalar por la fachada de Conde de Xiquena como los hombres de Harrelson, (…) darle una patada al balcón y soplarte una hostia (Trapiello, 2015: 91).

Este tipo de descripción suele abundar en el *Salón* a propósito de personajes conocidos y normalmente pertenecientes al sistema literario; en estos casos resulta muy difícil obviar su estatuto referencial. Esto se pone de manifiesto si se tienen en cuenta las reacciones de algunos personajes al leer el *Salón*. Por ejemplo, Juan Manuel de Prada, que aparece en varios tomos de los diarios desde que Trapiello lo conoce como un joven escritor con ínfulas, ha señalado en una entrevista reciente que este «me ridiculizaba en sus diarios de todas las maneras habidas y por haber», y que le resultaba especialmente doloroso un pasaje de *Siete moderno* en el que «llegó a hacer un retrato esperpéntico de mi madre, a la que no conocía de nada» (Drake, 2016). Esta declaración es respondida por el propio Trapiello en una entrada de su blog, quien señala su disconformidad con Juan Manuel de Prada al destacar su buena fe a la hora de describir a su madre: «Como todo el mundo sabe, esos que algunos llaman diarios son una novela, y quizá a lo que se refiere ese hombre es a este fragmento de *Siete moderno* (…). Y por supuesto, como lo que sigue es una novela, cualquier parecido con la realidad es pura coincidencia» (Trapiello, 2016c).

Aunque Trapiello acierta al apuntar a la exageración de De Prada, es difícil asumir su «cualquier parecido con la realidad es pura coincidencia». En este sentido, todo tipo de lector puede reconocer a la X referida, entre otras cosas porque el autor no hace por disolverla en el anonimato —es una práctica habitual que AT cite pequeños detalles que identifican al autor, como el nombre de alguna de sus obras escritas o su profesión—. Además, en la misma línea de lo acontecido con Pérez-Reverte, y aunque el desarrollo del personaje sea mayor, este no cobra total independencia de su identidad real; las identidades son literaturizadas, pero no lo suficiente como para resultar independientes.

Sucede así en muchos otros casos: AT mantiene un crucial encuentro con Juan Cruz que narra en *La manía* (Trapiello, 2007: 265–279), en el que aprovecha para ajustar cuentas con uno de los grandes periodistas culturales del momento, quien, según AT, le había perjudicado enormemente hasta entonces; lo mismo ocurre en *Seré duda* (Trapiello, 2015: 214–219) con un encuentro bastante incómodo con Isaac Rosa, quien había cargado veladamente contra Trapiello en *La malamemoria*; también con los tradicionales encontronazos con Pere Gimferrer, al que satiriza desde una llamada del barcelonés para proponerle un viaje a Toledo en *Los caballeros del punto fijo* (Trapiello, 1996: 277); o su sonora disputa con Javier Marías (Trapiello, 2016b: 96).[158] Desde otra perspectiva, más amigable, describe su encuentro con el cantante Raphael (Trapiello, 2015: 219), también con Luis Mateo Díez y otros escritores leoneses entre los que quizás se adivina a Julio Llamazares (Trapiello, 2002: 109) o su relación con Carlos Pujol (Trapiello,

---

158 Javier Marías tilda a Trapiello de «novelista de muy patético destino: empeñado en ser el más cervantino de todos, el pobre hombre no se da cuenta de que cuanto sale de su pluma huele a zapatillas a cuadros y a casino de ciudad rancia» (Marías, 2006), a lo que este responde llamándolo «señorito español» (Trapiello, 2006b).

2016b: 97). En el diario se multiplican los casos en que el autor retrata a las diferentes X e iniciales de un modo mediante el cual resulta muy difícil separar el estatus real del personaje de su naturaleza textual.

Lo anterior no es óbice para restarle valor a las palabras de Trapiello cuando este define a sus X y sus iniciales como conductas y no como personas. En la descripción de alguien como José Luis Pardo, por ejemplo, AT construye una atmósfera familiar en la que poco importa que detrás de esa P. esté uno de los filósofos más reconocidos en la España de las últimas décadas: se trata de un hombre tímido que, en la casa de Las Viñas, encuentra una guitarra e improvisa canciones humorísticas para asombro de todos los presentes. Ahora bien, debe añadirse que, incluso en este último caso, el personaje tampoco puede nunca independizarse de su condición referencial, como sucede cuando Trapiello señala: «P. es filósofo (…). El año pasado le dio clases a M. Hace años nos pidió a X y a mí, que compartíamos con él la tertulia, que le presentáramos el libro que escribió sobre la intimidad, y que le había publicado M.B., el cuarto miembro de la tertulia» (Trapiello, 2007: 484). Esas iniciales, y la presentación que se hace de ellas, contextualizan referencialmente al personaje. De esta forma, y aunque José Luis Pardo se convierta en algo parecido a una personalidad, una conducta o una actitud textuales, en última instancia resulta inevitable su relación con el mundo real del que proviene.

Todo lo anterior confirma la naturaleza diarística del *Salón*. Pese a los continuos intentos de su autor por desafiar las normas del género, por dar a su texto un estatuto de novela y, en definitiva, por intentar romper los moldes del diario en beneficio de su libertad creativa, el lector nunca renuncia a la interpretación referencial del texto, lo que terminará de confirmarse mediante el análisis de su naturaleza autobiográfica.

III. 5. El *Salón de pasos perdidos*: diario autobiográfico

El segundo aspecto vinculado al carácter referencial del *Salón* es su estatuto autobiográfico. Respecto a esta cuestión, se ha destacado en varias ocasiones la aversión de Trapiello hacia el concepto lejeuniano del pacto autobiográfico. En *El jardín de la pólvora* evidencia su oposición al pacto cuando señala que solo había un pacto y es el de la palabra «consigo misma» (Trapiello, 2005: 14); en una entrevista, además, dice: «Estos libros se atienen al estatuto de la ficción, yo no he hecho ningún 'pacto autobiográfico' con los lectores. (…) No exijo que me tengan que creer cuando hablo de esta X o de la de más allá» (Trapiello, *apud* Abal y Baltar, 2013).

En ambas declaraciones se puede intuir la resistencia de Trapiello a comprometerse con la verdad de su texto. A partir de ellas sería factible hilvanar una teoría que centre sus hipótesis en el carácter autoficcional del *Salón*, pero, según mi opinión, el debate tiene que apuntar a conclusiones más complejas. Para empezar, la resistencia de Trapiello posee una intención clara; él, como escritor de un texto que se basa en la narración de su cotidianidad, reivindica la libertad de contar lo que desee. Trapiello no niega así exactamente un pacto de verdad autobiográfica con el lector, sino el pacto concreto de Lejeune. Se puede deducir de muchas declaraciones recogidas en este trabajo. En *Seré duda*, Trapiello señalaba: «esta novela y mi vida en ella son la misma cosa, y no se puede estimar una y no apreciar la otra. Por eso no puedo ni mentirte ni pedir que me creas, precisamente porque esto casi no es ni literatura» (Trapiello, 2015: 8). De estas palabras, mediante las que Trapiello asegura no poder mentir y que establecen una identidad entre la vida del autor y su texto diarístico, se extrae una suerte de advertencia para el lector que se parece mucho al concepto establecido por Philippe Lejeune, con los matices que requiera su adaptación a las teorías del pacto autobiográfico.

En la construcción de su pacto autobiográfico, Lejeune empezaba asumiendo la identidad entre nombre del autor, narrador de la narración y el personaje de quien se habla: el pacto autobiográfico, sostenía, «es la afirmación en el texto de esta identidad, y nos envía en última instancia al nombre del autor sobre la portada» (Lejeune, 1994: 64). Entre las diferentes posibilidades en las que este pacto se producía, además, distinguía tres manifestaciones: una manifestación pura, según la cual se producía esa identidad entre actores y, al mismo tiempo, aparecía de forma explícita la noción de autobiografía; una media, en la que se producía la identificación y se alertaba de forma implícita del contenido autobiográfico; y una tercera, referida a aquellas autobiografías en las que tal identificación no se producía de forma explícita, pero sí estaba sugerida por el título. Dado por evidente esta identificación en Trapiello —quien se afana por trascender su Yo, pero que en última instancia construye a AT, o Andrés Trapiello, como protagonista de su texto—, la declaración de tratarse de un diario, si bien no aparece en la portada, sí lo hace constantemente en el texto publicado e, igualmente, en el paratexto; lo que situaría la obra de Trapiello, a priori, en un espacio autobiográfico ubicado entre las dos primeras manifestaciones citadas.

La cuestión se vuelve más problemática, sin embargo, si se alude a dos elementos: por un lado, la utilización del término *novela* por parte de Trapiello para subtitular su obra; por otro, y lo que resulta más relevante, los componentes éticos de la tesis de Lejeune. El primer elemento se analizará a propósito del concepto de autoficción; el segundo se corresponde con la parte más importante del pacto autobiográfico, al referirse al compromiso de verdad que asume el autobiógrafo.

En lo referente al espacio autoficcional, hay que tener en cuenta que autores como Lecarme emplean el término *novela* para establecer una diferencia entre autobiografía y autoficción (Lecarme, 1994: 227): en las dos se produciría la identificación entre los tres actores de Lejeune, pero solo en la segunda se desarrollaría una novela. Entendida esta como representante por excelencia del espacio ficcional puro, la reivindicación novelística de Trapiello, unida a sus continuas declaraciones de escepticismo autobiográfico, posibilitarían esa interpretación autoficcional de su texto, como ya han sugerido Fuentes Chaves (2017: 35) o Winston Manrique (2008). Sin embargo, para analizar *Salón* hay que establecer una lectura pormenorizada del texto y del paratexto y acudir a una definición más precisa y estricta de lo que significa la autoficción, que, desde mi perspectiva, requeriría algo más que la puesta en duda del pacto autobiográfico y la utilización del término *novela* para conformarse como tal cosa.

Para ello se puede recurrir a la obra de Vera Toro, quien parte de una concepción de la autoficción expuesta en la primera parte de este trabajo.[159] Vera

---

159 Se reproduce nuevamente para facilitar la lectura: «la autoficción, según mi concepto (y el de Colonna), no se ubica en una rara zona fronteriza entre textos que por su apariencia podrían pasar por factuales (en estos casos y solo en ellos serviría de algo fijarse en indicios de ficción). Más bien se ubica en la zona de textos extremadamente ficcionales; su ficcionalidad se remata ya de por sí a través de recursos narrativos múltiples paradójicos, metaficcionales y antilusorios cuyo empleo se ubica genuinamente y necesariamente en textos ficcionales. En otras palabras: lo que abunda en una autoficción son indicios (explícitos o implícitos) de su ficcionalidad» (Toro, 2017: 37).

Toro explicita lo que en Lejeune era ya una hipótesis de lectura: la autoficción se diferencia de la autobiografía porque es una ficción pura, que sencillamente recurre al Yo como uno de sus temas novelísticos. El término *novela* que citaba Lecarme se presenta ahora como algo más que una etiqueta: lo importante ya no es la manera en que se nombra a la obra, sino el marco a partir del cual esta es concebida. En este sentido, ni siquiera se trata de calibrar la sinceridad mediante la que se afronta el texto —una autoficción puede, como una novela, llegar a transmitir una verdad autobiográfica sobre el sujeto más fidedigna que la de algunas autobiografías—, sino que se está hablando del punto de partida, de la perspectiva que afronta el autor para construir su obra. A partir de aquí, y de la diferencia entre los conceptos de *fictum* y *fictio* ya señalada —II. 2. 3. —, Toro llega al núcleo de su teoría: la autoficción no consiste en el adorno ficcional con el que un autor acompaña su obra autobiográfica; por el contrario, en ella se parte de la ficción para desarrollar —en la medida en que se desee— asuntos que pueden atañer al ámbito autobiográfico, sin que se llegue a producir una identidad verdadera entre autor, narrador y personaje. Como la diferencia radica en la perspectiva, ante la cuestión de la verdad autobiográfica y la mentira Toro incluso llega a admitir que «no es suficiente, o más bien, no es posible mentir en una autobiografía para que esta se convierta en autoficción» (Toro, 2017: 54).

Contrastando la naturaleza del *Salón de pasos perdidos* con las hipótesis de Toro, puede afirmarse que en los diarios de Trapiello no abundan los indicios de ficcionalidad y ningún autor puede sostener la consideración del texto como un texto «extremadamente» ficcional (Toro, 2017: 37). Más allá de la utilización del término *novela* y sus continuas alusiones a la intención de pergeñar una obra de gran literatura, Trapiello desarrolla en el texto su vida cotidiana utilizando la forma diarística y este precisamente es el argumento más importante de las páginas del *Salón*. Aun tomando en serio las insinuaciones de fabulación o las declaraciones en entrevistas como la de Espada (2016), desde esta perspectiva esta circunstancia no sería «suficiente» para considerar la obra como autoficcional, dado que la base del *Salón* reside en la narración referencial de su vida. Cuando el propio autor revela que su intención inicial era escribir una novela, pero que su incapacidad para ello lo hizo desembocar en el diario, está reconociendo lo siguiente: el origen de su texto reside en un relato de vida al que, en sucesivas reelaboraciones, le ha añadido máscaras y pasajes de cierta entidad ficcional, pero en ningún caso la sustancia primaria ha sido desnaturalizada. Trapiello pretendía hacer una autoficción, pero solamente pudo hacer una autobiografía con algunos —escasos e insuficientes— indicios de ficción; así debe entenderse su siguiente declaración: «Algunas veces, cuando he releído el centón de estas hojas, me he abatido al verlas tan parecidas a mí; otras, en cambio, me proporcionaban un espumoso contento por figurarme yo en ellas alguna sombra del arte y de la vida» (Trapiello, 1998a: 175). Frente al concepto de autoficción, un análisis de los diarios de Trapiello debe apostar por la etiqueta de diario autobiográfico.

Así, y aludiendo ya a la connotaciones éticas del pacto autobiográfico, es recomendable advertir que, aunque Lejeune no desarrolla una teoría de la verdad autobiográfica, sigue unos preceptos resumidos en un remedo jurídico: «Yo juro decir la verdad, toda la verdad, y nada más que la verdad» (Lejeune, 1994: 76). Este juramento es matizado con varias aclaraciones —no se trata de un pacto tan «abrupto» como el jurídico; tan solo se trata de una «prueba suplementaria de la honestidad» (Lejeune, 1994: 76) — pero, en suma, incluye la cláusula más importante del pacto: aquella que impide al autobiógrafo mentir sobre su propia vida. Lejeune lo explica claramente con el siguiente enunciado: «Incluso si la narración es, históricamente, completamente falsa, será del orden de la mentira (la cual es una categoría autobiográfica) y no de la ficción» (Lejeune, 1994: 68). Ahora bien, once años después Lejeune publica un texto en el que reconoce ciertos excesos contenidos en su teoría de 1975. En este texto, titulado «El pacto autobiográfico (bis)» (Lejeune, 1994: 123–147), llega a censurar su propia actitud inicial, que tilda de «jansenista», sobre todo si se tiene en cuenta que en la misma obra primigenia habilita un espacio autobiográfico muy amplio —tal y como se ha explicado antes—, en el cual también se alberga «la existencia de ambigüedades y de graduaciones» (Lejeune, 1994: 131–132). Si bien no introduce una remodelación de las ideas más relevantes del pacto, a partir de este ánimo de autocorrección Lejeune matiza muchos elementos de su teoría, lo que servirá para ofrecer un análisis más riguroso del *Salón* en el espacio autobiográfico.

Por su parte, y como se decía al comienzo, Trapiello presenta una actitud oscilante respecto al pacto de verdad con el lector; si en repetidas ocasiones renuncia a establecer un compromiso de verdad autobiográfica, en otros momentos sugiere la correspondencia referencial de su texto. En el prólogo de *Solo hechos*, por ejemplo, señalaba:

> Y así es como lo que empezó siendo un diario acaba siendo una novela… que se lee la mayor parte de las veces (tienes razón) como un diario, y me gusta que sea así, quiero decir, que no se tome esto como literatura, sino como algo vivo, como algo que es parte de mi vida, de la vida, de la verdad de la vida (Trapiello, 2016b: 10).

Lo que puede encontrarse si se acude a la poética de Trapiello, en definitiva, es una suma de afirmaciones que posee un hilo común, pero que, sobre todo, apunta a una conclusión muy amplia, contradictoria, que intenta conciliar las ambigüedades de sus diarios y reivindicar esa naturaleza indecidible entre referencialidad y ficcionalidad. Existe, además, cierta falta de correspondencia entre lo que Trapiello pretende como autor de sus diarios y lo que es sancionado finalmente por los lectores —en su papel de editores, críticos o lectores comunes—. Como se ha demostrado antes, la mayor parte de la recepción de estos diarios incide en el carácter referencial de los mismos, algo que Trapiello acaba de reconocerle arriba a Espada: su texto «se lee la mayor parte de las veces como un diario». Esto habilita la siguiente idea de Lejeune:

> Por parte del autor, puede haber una diferencia entre la intención inicial y la que finalmente le prestará el lector, bien porque el autor desconoce los efectos inducidos por el modo de presentación que ha elegido, bien porque entre él y el lector existen otras instancias: muchos elementos que condicionan la lectura (subtítulo, clasificación genérica, publicidad, ruego de inserción) pueden haber sido elegidos por el editor y luego interpretados por los medios de comunicación (Lejeune, 1994: 133).

En este caso, los elementos que condicionan la lectura son los sugeridos por el propio Trapiello en los diferentes paratextos, a los que se le suman los elegidos por los editores y los añadidos por la crítica. Todas las aportaciones forman un conglomerado cuyo resultado final es la lectura referencial que se ha destacado; de esta forma, podría localizarse una suerte de pacto involuntario en los diarios de Trapiello. Este pacto estaría sustentado en la ausencia de voluntad por parte del autor o, mejor dicho, en la suspensión de su intencionalidad. Se trata de un elemento que se deduce de la cita de Lejeune; el texto y el paratexto cobran independencia del autor para construir un nuevo pacto que puede considerarse involuntario, porque se produce exclusivamente entre texto y lector, y, pese a su oposición inicial, a este pacto contribuye el propio Trapiello con muchas de sus declaraciones.

En esta línea, Félix Ovejero señala que los diarios se componen de «la vida meditada, con tensión moral y afán de verdad» (Ovejero, 2009: 115–116). El afán de verdad al que se refiere Ovejero es la confirmación de lo abordado en el acercamiento a su poética: hay un interés de Trapiello por construir un texto basado en la revelación verdadera de su cotidianidad que se compromete con su propia palabra y solo con ella. Como señala Ovejero:

> (…) al final lo que queda es el trato de uno con lo que hace. Un trato que no ofrece muchas alternativas. En realidad sólo dos: mentir y mentirse o tomarse en serio. (…) Ya que no la pone el mundo, la verdad en el arte ha de ponerla el creador. Desde otra esquina es una manera de llegar a la vieja idea de que no hay estética sin ética (Ovejero, 2009: 117).

En el *Salón* se desarrolla una ética, y es una ética que se basa en el contrato, pacto o trato «de uno con lo que hace». Desde la perspectiva de Ovejero, Trapiello lleva a cabo un pacto consigo mismo, y en ello radica la seriedad y la naturalidad de la verdad que intenta transmitir con su obra. Este pacto no es exactamente el de Philippe Lejeune. El compromiso que firma Trapiello no lo adquiere con ningún lector; se trata exclusivamente de una ética personal que lo ata a la verdad de su texto y que se ve reflejada en muchas declaraciones, como en la recogida anteriormente para hablar del concepto lejeuniano: «el único pacto de una palabra, pública o privada, es consigo misma» (Trapiello, 2005: 14).

Ampliando esta suerte de autopacto, puede asumirse una prolongación del contrato: si Trapiello se compromete consigo mismo en un pacto de coherencia, ello puede conllevar un acuerdo involuntario con el lector. Aunque no sea su intención, Trapiello está habilitando una lectura referencial de sus diarios para legitimar al lector que busca en ellos la verdad autobiográfica. El propio Lejeune se refería a esto cuando explicaba que «por parte del autor, puede haber una diferencia entre la intención inicial y la que finalmente le prestará el lector» (Lejeune, 1994: 133); en el caso del *Salón*, la lectura más frecuente por parte de la crítica y los lectores es la referencial, circunstancia en la que influye la buscada coherencia y naturalidad del proyecto de Trapiello. Si bien el autor no suscribe el pacto de Lejeune, acaba construyendo un horizonte de expectativas que convierte al *Salón* en un texto que el lector lee e interpreta como verídico. El propio Trapiello es consciente de esta lectura, y la admite, por lo que toma conciencia de un acuerdo que funciona a semejanza del pacto autobiográfico. A partir de este, si Trapiello se mostrara incoherente consigo mismo en la redacción de sus diarios, romperá su autopacto y, al tiempo, quebrará el pacto con el lector derivado del anterior. Esta circunstancia confirma el pacto involuntario de los diarios de Trapiello.

Este compromiso involuntario respecto a la referencialidad del *Salón* no implica una renuncia al carácter ficcional del texto. Como ya se ha desarrollado en la primera parte de este trabajo, se mantiene en estas páginas una lectura del diario que respeta sus posibilidades referenciales y ficcionales, sin necesidad de contradicción entre ambas. En el caso de Trapiello, esta lectura es todavía más necesaria y evidente: su texto oscila en todo momento en la dialéctica entre referencialidad y ficcionalidad. La constatación autobiográfica de su naturaleza, sin embargo, implica algunas matizaciones. Siguiendo a Vera Toro, y admitiendo las tendencias ficcionales de todo texto autobiográfico, debe señalarse que la selección de los materiales a la que aludía Ovejero, la construcción de una narración cuyos mimbres son susceptibles de *ficcionalización* o la labor *ficcionalizadora* de todo ejercicio memorialístico son elementos que incurren en la necesaria lectura ficcional del texto.[160] En esta línea cabe interpretar la naturaleza ficcional (de *fictio*) y referencial a un tiempo del *Salón de pasos perdidos*.

Tras el análisis de las dimensiones referencial y ficcional de los diarios de Trapiello, puede describirse esta obra como un diario personal que se constituye como un texto literario. El *Salón* posee una estructura diarística; el texto rompe con algunas convenciones del diario personal, pero en última instancia mantiene las características esenciales. A partir de estas, el texto se desarrolla como una narración que funciona como crónica referencial y relato literario, pues todos los componentes que exhibe —espacio, tiempo, personajes, voz y perspectiva— lo asemejan a una novela en la que el protagonista, convertido en personaje literario, cuenta su día a día. Además, es capaz de respetar un pacto de verdad autobiográfica con el lector, lo que lo convierte en un texto autobiográfico. Lo expuesto en la segunda parte de este trabajo, por tanto, se ha confirmado en el estudio del diario de Trapiello: el diario personal de carácter autobiográfico puede leerse e interpretarse como obra literaria; una obra que se puede llamar, como el *Salón de pasos perdidos*, *diario literario*.

---

160 Toro intentaba matizar las diferencias, en terminología genettiana (Genette, 1993), entre lo factual —terreno de lo autobiográfico— y lo ficcional —terreno de la novela—; para ello, seguía a Wolf y sus diferencias entre la *fictio* y el *fictum*: la primera se refiere al «aspecto de la ficción que enfoca su carácter de artefacto —de constructo— en contraste con la realidad naturalmente dada» (Toro, 2017: 52); la segunda al «aspecto que enfoca la 'irrealidad', la falta de referencia a algo realmente existente en el mundo extratextual» (Toro, 2017: 52). A partir de las teorías de Toro, y del pacto involuntario que le otorga el carácter autobiográfico, puede asegurarse que el *Salón* goza de ese carácter de la *fictio* y, en contadas ocasiones, juega superficialmente con el *fictum*. En las coordenadas de Toro, «no puede haber obviamente ninguna autobiografía sin ficción, pero es de carácter existencial e inevitable» (Toro, 2017: 53).

III. 6. El *Salón* y el asentamiento del diario personal en la literatura española

Definido como diario literario, el *Salón de pasos perdidos* se vincula a la formación del nuevo género en España. Como se señalaba en la introducción, son Mainer y Gracia quienes habilitan, mediante su introducción en el manual historiográfico de Francisco Rico (Gracia; Mainer, 2000), la constitución de un nuevo espacio en la literatura española para el diario personal. En un artículo reciente, Gracia describe una crítica velada de Francisco Rico a los diarios de Trapiello en la que el primero «sancionaba de forma indirecta la existencia real de una modalidad literaria sin tradición sólida en España, capaz, por de pronto, de irritar al profesor Rico» (Gracia, 2018: 37). A lo que se sumaba otro hecho revelador: la punta de lanza de esa nueva forma discursiva era el texto de Trapiello, pues no otro diarista iba a ser objeto de su crítica. En esta misma línea puede entenderse a Jorge Herralde, editor de Anagrama, cuando señala, refiriéndose a los últimos diarios españoles, que «parece como si el líder fuera Andrés Trapiello, por tonelaje y repercusión» (Herralde, 2003: 8). Incluso Anna Caballé, cuyos encontronazos con Trapiello son frecuentes, reconoce la vigencia del *Salón* en la nueva literatura diarística.[161] Puede comprobarse, en suma, el peso del diario de Trapiello en la constitución de este nuevo género en el contexto español.

A su vez, cuando en el año 2000 Jordi Gracia y José-Carlos Mainer publicaron el citado capítulo, lo hacían movidos por las posibilidades genéricas del diario. En estas páginas, publicadas previamente en 1997, Jordi Gracia (1997) se refería al dietario de escritor como forma y Mainer (1997) analizaba el *Salón de pasos perdidos* de Andrés Trapiello. Tanto en uno como en otro las etiquetas utilizadas, combinadas frecuentemente, eran las de *diario de escritor*, *dietario* y *dietario de escritor*. Esta indefinición evitaba que estos autores establecieran claramente las bases del nuevo género —al que catalogan así, como *género*—; en vez de ello,

---

161 En el caso de Caballé se produce una situación irónica, dado que cita una opinión de José Luis Melero acerca del *Salón* en la que define a Trapiello como «el diarista español por excelencia y uno de los maestros del género» para a continuación señalar de ella que es una afirmación entusiasta e inexacta que, sin embargo, «da idea de la importancia de su obra entre los lectores de diarios» (Caballé, 2015a: 285). A su vez, y curiosamente, en la guía diarística que lleva a cabo, Melero denomina a Trapiello «el diarista español por excelencia» (Melero, 2007: 91), pero no añade la segunda parte del enunciado de Caballé.

Gracia se centra en la constitución de ese nuevo escritor, el diarista o dietarista, que ya se considera a sí mismo como un escritor profesional (Gracia, 1997: 42). Pese a todo, las características de la modalidad descrita por ambos se ajustan a las propias de la forma que aquí hemos definido como diario literario:

> El sustrato necesario del dietarista es la conciencia de artificio y la virtualidad de de la ficción del yo porque concibe ese ejercicio como segmento de su actividad literaria propia. (…) De estas combinaciones nace la ficcionalidad del escritor y personaje, y desde luego es la misma ficcionalidad en que incurre el epistológrafo al ordenar y seleccionar su información privada. Lo cual no banaliza la escritura del dietarista, sino que la contempla desde claves literarias en las que la veracidad documental e íntima cede el paso a la aptitud para crear un personaje interesante y un mundo particular bajo el acuerdo de su proximidad al escritor que lo firma (Gracia, 1997: 40).

En esta definición se halla condensada gran parte de la teoría del diario literario expuesta en este trabajo: la creación de un personaje como premisa para el desarrollo del texto diarístico a semejanza del texto literario; la combinación de la veracidad documental y la ficcionalidad del escritor y personaje; la coherencia del autobiógrafo en ese acuerdo o pacto —lejeuniano— de proximidad entre autor y personaje. Jordi Gracia parte, pues, de una concepción muy parecida del diario en la literatura.

Ha sido recientemente, en su artículo de 2018 (Gracia, 2018), cuando Gracia ha establecido una suerte de canon español del diario entendido como texto literario. El elemento de mayor interés en la aproximación de Jordi Gracia reside en la confirmación del diario como género literario. Lo que en los primeros trabajos era una hipótesis, en los últimos es una realidad: la existencia de un «género intruso» (Gracia, 2018: 36) que en las últimas décadas se ha asentado en el panorama literario español. Lo que Gracia denomina *dietario de escritor*, en este trabajo se define como diario literario, y en suma se reduce a una manifestación literaria concreta: aquel texto diarístico que, respetando la identificación lejeuniana y el pacto de verdad autobiográfica en la medida de sus posibilidades, desarrolla un Yo construido a semejanza de un personaje literario, para ofrecer en última instancia un despliegue *literaturizado* de la cotidianidad del autor.

Además, y como se ha visto, son varios los académicos que emplean esta voz de *diario literario*, como hacía por primera vez Cano Calderón (1987) y más tarde Manuel Alberca (2000), Romera Castillo (2000) o Anna Caballé, recientemente, confirmando su potencial al describir los diarios literarios como «aquellos que desde el principio se conciben como un proyecto de libro y por tanto se ajustan a una poética literaria» (Caballé, 2017),[162] precisamente a propósito de los diarios

---

162 La definición de Caballé, no obstante, se acompaña en el artículo de una diferenciación entre diario personal y diario literario que carece de una fundamentación sólida y que

de José Luis García Martín. Todo ello conduce a pensar en la consolidación de un término que, en definitiva, puede resumir la poética diarística desarrollada por Jordi Gracia en estos últimos años; lo que él considera diario o dietario de escritor y lo que en este trabajo se ha considerado diario literario vienen a confluir en la definición expuesta en el anterior punto y en la constatación de un nuevo género literario en España. Esta confirmación puede intuirse también en la recepción de la crítica inmediata de los últimos años, que corrobora las tesis de Gracia (2018), Mainer (1997) y Caballé (2015): pueden citarse los artículos de Winston Manrique (2010), Laura Ferrero (2016) o Manuel Llorente (2019), entre muchos otros.

En el desarrollo del nuevo género en la literatura española, como se decía, tiene un papel primordial la obra diarística de Trapiello. La importancia del *Salón* en el contexto español se apoya en varios elementos que han sido expuestos en este trabajo, entre los que nunca se puede obviar su calidad literaria, pero destacan por encima de todo dos circunstancias: la originalidad del proyecto y su relación con el surgimiento de un nuevo tipo de autor en la literatura española.

En lo concerniente al primer aspecto, es muy ilustrativa la descripción que lleva a cabo Jordi Gracia en su artículo. Allí tilda el diario de Trapiello de «laboratorio literario en marcha» y a partir de este estatus de texto experimental describe el papel rupturista de su autor, definiéndolo como «el diarista más original y menos conformista con la práctica escolástica del género» (Gracia, 2018: 43). Las innovaciones de Trapiello respecto al género se han desarrollado minuciosamente en este trabajo y se refieren, sobre todo, a su intento de llevar al extremo las posibilidades novelísticas y ficcionales de su texto; Gracia resume esta continua experimentación en la inclusión de «semblanzas, desafueros, elegías, caricaturas, viajes y fabulaciones falsamente autobiográficas» (Gracia, 2018: 42) y, en definitiva, la actitud de un autor que «disfruta con la transgresión cómplice y las presuntas infracciones punibles» (Gracia, 2018: 42). Aunque la obra de Trapiello se emparenta con la de otros diaristas de los años 80 como Sánchez-Ostiz o Valentí Puig, la poética rupturista del *Salón de pasos perdidos*, así como la magnitud de su empresa, lo hace conformarse como el texto diarístico más innovador y sugerente de los diarios publicados en las últimas décadas, lo que explica su posición preeminente en el canon.

se enfrenta a lo explicado en este trabajo; desde la perspectiva defendida aquí, el diario personal no es una forma opuesta al diario literario: este último, por el contrario, deriva del primero, conformándose como un diario personal con interés literario.

Esta originalidad, en la medida en que produce una diferenciación respecto a los moldes canónicos del género, posee además un efecto derivado de ella: como señala Jordi Gracia, Trapiello «ha sido también el menos representativo de los autores de diarios literarios de la última década y media» (Gracia, 2018: 43). Esta afirmación, discutible como se verá a continuación, no se opone, sin embargo, a la existencia del segundo elemento destacado: Trapiello simboliza mejor que ningún otro diarista contemporáneo la aparición de un nuevo tipo de autor en la literatura española, e incluso el propio Gracia reconoce que «ha sido, desde luego, el símbolo de la aclimatación completa del diario de autor en nuestra sociedad literaria» (Gracia, 2018: 43). Dada la repercusión de su obra en el panorama español, Andrés Trapiello se ha convertido en el primer autor en ser reconocido por su estatus de diarista; aunque su faceta poética antecede a la diarística, alcanza su fama literaria a través de los diarios, lo que lo diferencia de los otros autores y lo que provoca que, en palabras de Caballé, se haya convertido en «el catalizador de la explosión diarística que se produjo, especialmente entre los poetas, en los años noventa del pasado siglo» (Caballé, 2015a: 286). Trapiello es, en suma, el diarista español más importante de las últimas décadas, y como tal asume la condición de ser el referente de un nuevo género.

A causa de esta última circunstancia, se puede discutir la afirmación anterior de Gracia según la cual Trapiello es el menos representativo de los autores de diarios literarios españoles; si bien es cierto que su constante intención de problematizar el texto diarístico lo aleja del molde de algunos diaristas contemporáneos, su repercusión en las letras españolas provoca otro efecto: muchos de los autores que escriben sus diarios después de la publicación del *Salón* lo hacen influenciados por el texto de Trapiello. Como una panorámica sobre la influencia de Trapiello en la nueva escena diarística sería inabarcable en este trabajo, amén de la dificultad que supone analizar la influencia de un diarista sobre otro —en tanto que cada diario tiene un tema propio: la vida del que se describe a sí mismo—, basta ahora con estudiar el influjo que ha tenido la obra de Trapiello en la de Iñaki Uriarte, uno de los diaristas que más atención ha recibido por parte de la crítica en la última década (Jabois, 2011; Muñoz Molina, 2015; Gracia, 2015). Uriarte, en sus *Diarios* publicados en tres tomos desde 2010 a 2015, emplea una estructura diarística que comparte similitudes con la registrada en el *Salón*, desarrolla una voz irónica que se pasea por los temas personales y literarios con parecida desenvoltura y, aunque su intención final está lejos de la vasta obra de Trapiello, comparte la intención de hacer de sí mismo un personaje memorable en la literatura española. Ha sido precisamente Jordi Gracia quien ha reparado en este paralelismo; en la reseña a los diarios de Uriarte señala los elementos que comparten con *Salón*, entre los que destaca «el humor sin carcajada pero sí con malicia perpleja, la rumia aprensiva del tiempo perdido, el *metadietario* como parte del diario o la tensión de la publicidad de la vida privada» (Gracia, 2015). La influencia de Trapiello sobre Uriarte torna evidente. El propio Uriarte ha señalado en una entrevista que los diarios de Trapiello le gustan «mucho» (Barragán, 2018) y este último patrocinaba, como autoridad en el ámbito, el segundo tomo de los diarios de Uriarte, mediante un comentario en la solapa de estos diarios que originó una polémica menor resumida en una entrada del blog de Trapiello, la cual no se va a desarrollar aquí (Trapiello, 2011b).

De todo lo anterior puede obtenerse una idea del lugar que ocupa el *Salón* en la literatura española actual. Si en la primera parte de este trabajo Todorov condicionaba la constitución del género literario a la existencia de dos componentes que cifraba en los conceptos de «horizonte de expectativas» y «modelos de escritura» (Todorov, 1988: 38), puede afirmarse la aparición de estos dos elementos en la tradición española: el diario personal que empieza a publicarse en los años ochenta se consolida tras la llegada del *Salón*, cuya recepción determina una nueva forma en la literatura española. Los lectores conocen esta nueva forma, los críticos patrocinan esta recepción en sus columnas periodísticas y los editores habilitan un espacio en el que los escritores escriben textos que refrescan el panorama literario español y lo sitúan a la altura de otras tradiciones literarias. Esta circunstancia se demuestra en el artículo de Manuel Llorente (2019), en el que aparecen escritores, como Joaquín Pérez Azaústre o Sergio Suárez, que declaran haber comenzado a escribir diarios de forma reciente. En este nuevo contexto, el *Salón de pasos perdidos* ejerce como faro y guía; las declaraciones de diaristas como Eduardo Laporte, quien afirma conocer mejor la vida de Trapiello que la su propio padre (Laporte, 2015: 22), se suman a las de Iñaki Uriarte y confirman una idea general: todos los diaristas actuales tienen en cuenta el texto de Trapiello, ya sea para valorarlo como uno de los espejos en los que mirarse, como ocurre con Laporte, Uriarte o Salvador Pániker —quien lo cita en *Cuaderno amarillo* para destacar su capacidad estilística (Pániker, 2000: 335)—, ya se trate de una suerte de rival, como han mostrado en repetidas ocasiones Laura Freixas (Freixas, 2018: 14) y José Luis García Martín (2019). Esto redunda en la construcción del horizonte de expectativas de una nueva generación de escritores.

Regresando a las teorías de Schmidt, se puede concluir la naturaleza del diario personal como género literario teniendo en cuenta su aceptación en un sistema literario que ha fagocitado esta práctica privada generalizada en el siglo XIX. En España, como ha sucedido a lo largo del siglo XX en las tradiciones literarias francesa o anglosajona, el diario personal conquista el sistema literario en los años ochenta y noventa, y lo hace a través de la figura de Andrés Trapiello.

Este, frente a la idea expuesta por Jordi Gracia a propósito de su excepcionalidad, marca la norma del canon diarístico español con la publicación y el desarrollo del *Salón*. Carece de importancia que el propio Trapiello problematice su estatus; en la línea de Schmidt, cabe afirmar que se trata del sistema literario el que está determinando su naturaleza como diario personal y, al mismo tiempo, como literatura. Por todo ello, se puede catalogar el *Salón de pasos perdidos* como un diario personal y, siguiendo a Mainer, como una de «las obras definitivas de la literatura de los últimos veinticinco años españoles» (Gracia y Mainer, 2000: 460), dado que, en definitiva, se trata del fundador de un nuevo género de la literatura española de la democracia.

Epílogo

El diario literario y la evolución de la novela

A lo largo de estas páginas se ha podido comprobar la evolución experimentada en la práctica privada de llevar un diario personal aparecida en los siglos XVII y XVIII, y democratizada en el XIX, mediante la cual, en un progresivo proceso de asentamiento durante el siglo XX, el diario termina conformándose como una modalidad literaria. Si bien este desarrollo se produce de forma diferente en la cada tradición literaria —por ejemplo, el diarismo francés se adelanta varias décadas al diarismo español—, en la segunda mitad del pasado siglo tiene lugar la aparición generalizada de un nuevo texto en el mercado literario, acompañada del surgimiento de un nuevo tipo de autor: el diarista. El rescate que se hace de los textos clásicos, desde Pepys hasta Amiel, pasando por Stendhal y Constant, se suma a la aparición de los primeros diarios personales concebidos para ser publicados, como los de Gide o los de Green. En las últimas décadas del siglo XX se confirma la presencia de un tipo de texto diarístico que dialoga desde su nacimiento con el sistema literario y convierte al diarista en un autor profesional, reconocido en el contexto literario a semejanza de un novelista o un poeta. Entre los nuevos diaristas destacan autores como Julio Ramón Ribeyro, Mario Levrero, Charles Juliet, John Cheever o Andrés Trapiello. Esta presencia del diario personal en el sistema literario es reforzada además por los acercamientos críticos de los ámbitos cultural y académico; aunque la atención dedicada al diario es escasa en la primera mitad del siglo XX, en la segunda mitad esta forma accede progresivamente al canon literario de manera generalizada, hasta conformarse como una presencia habitual en el mercado literario y en acercamientos teórico-literarios en las últimas dos décadas. En la línea de lo establecido por Schmidt en sus teorías literarias de carácter pragmático, como se ha repetido en varias ocasiones, la existencia de todos estos componentes le otorga un carácter literario al diario personal, sancionado por el propio sistema literario, para alumbrar el nacimiento de lo que se ha denominado *diario literario*.

Esta evolución descrita debe ser puesta en diálogo con una idea sugerida —y no desarrollada ampliamente en este trabajo— por autores como Juan Carlos Rodríguez o Andrés Trapiello, según la cual el diario personal es una de las vías de escape que toma la novela para evolucionar como género literario. Juan Carlos Rodríguez sostenía así la idoneidad de diario como relato literario desde el siglo XVIII (Rodríguez, 1984: 254), dado que «antes de pasar al El (con la novela realista del XIX), el yo del diario es el único (o mayoritariamente el único) vehículo generador —soporte— de la narración en prosa» (Rodríguez, 1984: 254). Años después, en su ensayo *El escritor de diarios* (Trapiello, 1998a), Trapiello exponía una idea parecida al mantener que el diario personal es el género por excelencia de la modernidad, por cuanto en él vienen a confluir todas las inquietudes del sujeto moderno. La tesis de Trapiello se sustenta en la decadencia que, según su punto de vista, sufrió la novela a finales del siglo XIX y principios del XX, la cual coincidió precisamente con el ascenso en el sistema literario de formas a priori espurias como el diario personal.

Si bien las tesis de Rodríguez y de Trapiello no coinciden exactamente en la cronología de este asentamiento, y tampoco ninguno de los dos autores entra en honduras teóricas a propósito del diario literario, ambas muestran el contorno de una idea similar: el diario personal se funda con la forma novelística a lo largo de los siglos XVIII y XIX y su éxito en el mercado literario puede deberse a la relación entre diario y novela. Esta idea se ve respaldada por la evolución histórica que experimenta esta forma en los siglos posteriores. En el contexto inglés, como se ha visto, la forma diarística ya se emplea como estructura de la novela ficcional a principios del siglo XVIII, en los textos de Defoe y Richardson, e incluso alguien como James Boswell la utiliza en un texto que ya no es ficcional, la crónica de su viaje junto a Samuel Johnson: *Diario de un viaje a las Hébridas*. En el siglo XIX este uso de la forma diarística para estructura una narración novelística deviene casi un tópico literario, y entre las grandes novelas de este tipo se encuentran *El diario de un seductor*, de Kierkegaard; el *Diario de un hombre superfluo*, de Turgueniev; o el *Diario de un enfermo*, de Azorín, entre muchas otras. El propio Juan Carlos Rodríguez se hace eco de esta enumeración de obras (Rodríguez, 1984: 254), lo que viene a respaldar la idea de que la forma del diario personal, poseedora entonces de un valor literario, puede funcionar como una novela.

Estos diarios citados, sin embargo, no son exactamente diarios personales, sino novelas —tampoco se trata de obras autoficcionales—, y por lo tanto no pueden ser considerados como diarios literarios. Estos últimos van a aparecer ya en el siglo XIX y no se van a asentar en el sistema literario hasta la primera mitad del siglo XX, pero todo el recorrido expuesto ayuda a entender su constitución en el siglo pasado como género literario. Así, tras la publicación de todas las novelas diarísticas mencionadas, se produce un caldo de cultivo en el sistema literario que da paso a la publicación masiva de diarios personales en el siglo XIX y a la aparición de un nuevo tipo de autor en el sistema literario a lo largo del XX. En el caso del diario literario, por tanto, no se puede hablar justamente de una modalidad literaria decimonónica, aunque es cierto que el origen del diario personal como práctica se corresponde con los siglos XVIII y XIX, y que incluso un texto como el de Samuel Pepys, compuesto en pleno siglo XVII, se puede catalogar como un diario literario moderno.

Volviendo a las tesis de Juan Carlos Rodríguez, en este último sentido se ha vinculado el surgimiento de la práctica diarística con el advenimiento de una nueva cosmovisión: la que tiene lugar en Occidente tras la revolución burguesa e industrial, y la llegada de la Ilustración. En palabras de Rodríguez, «escribir Diarios es la forma más significativa de la literatura burguesa —ya desde el siglo XVIII— en tanto que expresión directa de la famosa relación sujeto-objeto», dado que el diario personal «reproduce literalmente esa esa ideología burguesa del 'sujeto': porque se piensa que la única realidad a conocer (el único elemento a producir) es el propio yo que se vacía, que se evacua, en las páginas íntimas y secretas del diario personal» (Rodríguez, 1984: 253). Aunque Rodríguez muestra una perspectiva concreta del diario personal, supeditada a sus hipótesis marxistas y no demasiado contrastada mediante la lectura de diarios personales concretos, su análisis arroja luz sobre una idea ya expuesta y que explica muy bien Susan Sontag, y es el cambio que tiene lugar en el arte en los siglos XVIII y XIX y que propicia finalmente el desarrollo del movimiento romántico.[163] Este cambio gnoseológico permite entender las relaciones entre diario personal y literario en un contexto en el que el Yo ha pasado a ser el gran tema literario. Este Yo normalmente es el eje argumentativo de los poetas líricos, grandes protagonistas del movimiento romántico europeo, pero rápidamente se contagia a formas prosísticas como la autobiografía —y el caso de Rousseau es el paradigma del género— o las propias novelas en forma de diario personal mencionadas.

El ejemplo de Samuel Pepys puede ilustrar sobre este proceso. Como señalaba Claire Tomalin, cuando Pepys empieza a escribir su diario ya es un hombre muy leído y preocupado por el estilo literario, hasta el punto de haber intentado escribir alguna novela. Es posible, según Tomalin, que poco a poco contemplara el diario como una gran plataforma para llevar a cabo una gran obra sobre su tiempo, que al final va a derivar en la gran novela de su vida (Tomalin, 2002: 81). Siguiendo posiblemente el consejo de Francis Bacon, quien ya explica los beneficios de llevar un diario personal para registrar el recorrido de los viajes (Tomalin, 2002: 81), Pepys acaba reemplazando la crónica general de los acontecimientos políticos de su tiempo por la de su propia vida, y, al pasar del relato

---

163 Sostenía Sontag: «En la tradición aristotélica del arte como imitación, el escritor era el medio o el vehículo para describir la verdad de algo que estaba fuera de él. Con la tradición moderna (en líneas generales, desde Rousseau) del arte en cuanto expresión, el artista dice la verdad sobre sí mismo» (Sontag, 2014: 67).

general al individual, logra cerrar un proceso de universalización que ilustra por primera vez acerca de los resortes narrativos del diario y su inevitable vínculo con la novela.

La aparición de los diarios posteriores confirma una relación entre diario y novela que llega a su culmen a finales del XX y principios del siglo XXI, cuando los diaristas publican tomo a tomo de sus diarios en una suerte de «novela en marcha», como ha desarrollado Trapiello en su poética diarística, que sería el paradigma del diario literario en su relación con la novela. Cuando Trapiello declara que «resulta evidente es que el diario como género empieza a ser tenido en cuenta por los escritores justamente en ese momento en que la novela ha cedido su cetro indiscutible» (Trapiello, 1998a: 38), está habilitando, en definitiva, el espacio necesario para que el diario personal pueda ser interpretado como un relato novelístico, que pragmáticamente es el efecto que este texto tiene en los lectores modernos y de ahí se deriva su utilización como esquema estructural de las novelas mencionadas.

Para entender en último lugar esta tendencia de la novelística contemporánea es necesario acudir además a los conceptos aludidos a propósito del giro hacia *lo real* que toman los novelistas a mediados del siglo XX. Desde la célebre aparición de la novela de Truman Capote, *A sangre fría*, y la divulgación del sintagma *nonfiction novel*, existe en la narrativa mundial una tendencia a la narración de hechos reales y a la lectura ficcionalizadora de muchos textos de carácter referencial. Esta veta de la literatura contemporánea se relacionó con la influencia ejercida por los relatos periodísticos, protagonistas del mercado literario y cultural de la época, en los géneros tradicionalmente literarios, en este caso la novela, modalidad más importante de la literatura del siglo XX. Se trata, según sostenía Steiner, de la «posficción» (Steiner, 2002: 174). Dado que se trata de un concepto muy recurrente en la teoría literaria de las últimas décadas, bastan las palabras de Ignacio Echevarría, en un artículo de 2010, para resumir lo que él denomina «narrativa sin ficción», concepto que es fruto de «unos tiempos reacios a los encorsetamientos de cualquier etiqueta», en los que la novela exhibe un «carácter proteico» que «le permite asumir formas y materiales de toda índole» (Echevarría, 2010).

En este escenario, el diario literario culmina su evolución desde el siglo XIX como una manifestación genérica inserta en un macrogénero denominado Literatura del Yo. Este mismo contexto favorece también la aparición de formas mixtas, como la autoficción, que no pueden considerarse exactamente como diarios literarios, y por ello es necesario añadir que la diferenciación llevada en este trabajo entre diario literario y autoficción —que sería equivalente a una forma novelística pura en la que se identifican narrador y protagonista— no impide la relación entre el primero y la evolución de la novela.

Por concretar en un contexto como el español, que es el espacio privilegiado en este trabajo, los diarios literarios de las tres últimas décadas ocupan en el mercado literario un lugar similar al de la novela, y en muchas ocasiones estos autores reconocen la similitud entre su propia escritura diarística y sus novelas. Se debe citar el nombre de Trapiello, pero también otros autores se expresan en términos parecidos: Miguel Ángel Hernández reconoce que el diario le ha servido a la hora de escribir una novela para «escribir la novela incluso cuando no la estaba escribiendo» (Hernández *apud* Llorente, 2019) e Iñaki Uriarte se pregunta en la última compilación de sus diarios si «es un personaje de ficción el autor de los diarios que me atribuyo» (Uriarte, 2019). La cercanía entre diario literario y novela en el sistema literario actual valida, en definitiva, las hipótesis establecidas por Juan Carlos Rodríguez y Andrés Trapiello, en tanto que dicho proceso culmina la evolución del diario personal como texto literario. En este momento el diario personal autobiográfico pasa de ser fagocitado por la novela —y de ahí los diarios ficcionales o novelas diarísticas— a ganarle terreno, y ocupa un espacio cada vez más relevante en la narrativa contemporánea, copada hasta hace pocas décadas por la novela. Todos los elementos narrativos analizados en este trabajo a propósito del diario literario inciden en esta idea, lo que permite entender esta manifestación genérica, el diarismo, como una suerte de nueva novelística. En palabras de Trapiello, «es como si las novelas hubieran perdido terreno a favor de los diarios, y los diarios, como sugería Jünger, se hubieran novelizado, o hubieran usurpado una parte de la realidad que le estaba reservada de siempre a la novela» (Trapiello, 1998a: 38). En una época literaria en la que el Yo ha vuelto a situarse en la centralidad del canon, a semejanza de lo que ocurrió en el Romanticismo europeo, el diario literario es uno de los géneros más dúctiles para el desarrollo de este autonarrador convertido en personaje literario.

Escrituras ensayística y poética en el diario literario

A la relación que el diario literario conserva con la novela pueden sumarse otros vínculos intergenéricos que explican su configuración como género abarcador y heterogéneo —a ello contribuye, además, su disposición formal *abierta* (Didier, 1996) —. Tras la novela, tal vez el género que mayor cercanía ha mantenido con el diario personal ha sido el ensayístico, en tanto que su uso como cuaderno de reflexión cotidiano induce a la recopilación y sistematización de los pensamientos del diarista. Si bien he hablado antes del género del ensayo, en realidad deberían tratarse como escrituras ensayísticas, dado que estos pensamientos se desarrollan en diferentes modalidades narrativas: el aforismo, que es uno de los elementos más recurrentes en muchos diarios, dada su capacidad para expresar una reflexión aguda en pocas palabras; la sentencia breve, que incide en esta propiedad del aforismo para prolongar el pensamiento sentencioso; o la entrada diarística que se conforma como un texto ensayístico de varias páginas. A ello se le suman pasajes intercalados en narraciones de otro tipo y que poseen un carácter ensayístico, en la medida en que el Yo narrador establece un espacio de autorreflexión a lo largo de todo el diario.

Esta última, de hecho, debe ser la base interpretativa que sostenga el análisis de la escritura ensayística en el diario literario: el Yo configura en el diario un espacio para la autoconstrucción llevada a cabo a partir de la autorreflexión cotidiana, a propósito de sus vivencias, lo que piensa sobre estas vivencias y a lo que añade las reflexiones surgidas en el momento de escritura. Lo reconoce así Alejandro Sawa, en uno de los comienzos de diario más sintomáticos, al señalar que su diario se basa en el desarrollo de un «pensamiento que me llena por completo: la formación de mi personalidad» (Sawa, 2004: 35–36). El Yo diarístico se autoconstruye en el texto, por tanto, a partir de estos pensamientos cotidianos, y el cuaderno diarístico se convierte en muchos pasajes en un ejercicio de autoconstitución que lo emparienta con formas clásicas de la escritura del Yo como las propias que estudia Foucault a propósito del cuidado de sí en la época precristiana. También se explica la cercanía de textos ensayísticos puros, como los *Ensayos* de Montaigne, con el diario literario, y sobre todo la naturaleza de muchos de estos diarísticos que están a medio camino entre el diario personal y la autorreflexión diarística, como es el caso de los diarios de Salvador Pániker. Este último caso es especialmente ilustrativo, y el propio autor declara lo siguiente a propósito de su primer diario, *El cuaderno amarillo*, que va a tener una estructura similar a los siguientes tomos diarísticos: «Según se mire, éste es un libro de ensayo con intercalados anecdóticos. También la viceversa. A medida que seleccionaba páginas teniendo la impresión —y el estímulo— de estar construyendo una cierta escultura, una cierta *paideia*. Mi filosofía de la vida, por decirlo llanamente» (Pániker, 2000: 7). No es de extrañar, en este sentido, que García Berrio y Huerta Calvo introduzcan en su sistema de géneros el diario como texto propio de los géneros didáctico-ensayísticos (García Berrio; Huerta Calvo, 2015: 219). Si bien hay que objetarle a estos autores que el diario literario, así como los géneros autobiográficos, están más cerca de las formas ficcionales puras, como la novela, que de otros géneros como los cuentos morales o el ensayismo filosófico, sí es cierto que una parte del diarismo se corresponde con una veta de esta tradición filosófico-literaria: el diarista es un ensayista cuyo tema de ensayo, si se aplican las palabras de Montaigne, es él mismo, y en ese sentido incorpora todo este tipo de discursos.

Otro género que posee tanta relevancia como el ensayístico en la configuración del diario literario es el poético, por cuanto muchos de los aspectos formales del poemario pueden ponerse en diálogo con los del diario personal. La estructura del poemario, su distribución textual en unidades poemáticas, es similar a la de la entrada diarística, hasta el punto de que muchos poemas son fruto de la labor diaria, cotidiana, como ocurre en el caso paradigmático de Juan Ramón Jiménez y su *Diario de un poeta recién casado*. Se ha visto de tal modo cómo multitud de poemarios en el siglo XX han incorporado en su título o subtítulo el sustantivo *diario* y, lo que resulta más interesante, cómo muchos de estos poetas son los primeros lectores en el contexto de la literatura española en leer a los diaristas clásicos, como Amiel o Kierkegaard.

Estos vasos dialogantes repercuten, por otro lado, en un segundo elemento de relevancia: la construcción del estilo literario. Muchos diaristas emplean así un tono lírico en sus diarios, que se explica a su vez si se valora la condición de poetas de muchos de estos escritores, como ocurre con Amiel, Pavese o Torga; y en el contexto español Gil de Biedma, Bernier, Trapiello o García Martín. Anna Caballé se preguntaba, a este último respecto, por «la explosión diarística que se produjo (…) entre los poetas» (Caballé, 2015a: 286) y los motivos de esta relación entre diario y poesía, y cabe aventurar todo tipo de relaciones entre sus obras poéticas y diarísticas. La génesis de esta ola de diaristas en el contexto español se puede rastrear en el tiempo y arrojar luz sobre esta relación entre diario y poesía. En 1985, la editorial Trieste, dirigida en ese momento por Andrés Trapiello, publica un libro muy breve de Valentí Puig titulado *En el bosque*, que se trata de una obra miscelánea en la que se observan muchos de los rasgos que luego pueden encontrarse en los dos primeros grandes textos del nuevo diarismo de esta época: *La provincia negra de Flaubert*, de Miguel Sánchez-Ostiz, publicado en 1986, y *El gato encerrado*, de Andrés Trapiello, publicado en 1990. El libro de Puig, que puede funcionar como un diario poético y que se inscribiría en la tradición de los dietarios catalanes, como pueden ser los ficticios de Josep Pla o los autobiográficos de Marià Manent, presenta una estructura de entradas sin fechar al igual que estos dos diarios. A su vez, y esto resulta de relevancia, la forma en que Puig describe a ciertos personajes, así como el uso de las X para ocultar la identidad de los mismos, coincide con el modo de proceder de Sánchez-Ostiz y Trapiello, a lo que se añade una utilización del aforismo, que agiliza la estructura de las entradas, muy similar a la localizada en todo el *Salón de pasos perdidos*. En último lugar, el tono de Puig tiende a lo ensayístico, pero en todo momento predomina un uso del estilo cargado de lirismo que encuentra su eco en los dos diarios citados. Puig, por ejemplo, escribe: «El calor de verano de este julio barcelonés nos convierte en un conjunto irreconstruible de fragmentos sin ilación ni armonía» (Puig, 1985: 34). O también lo siguiente: «La lasitud inquieta de los paisajes después del amor» (Puig, 1985: 111). Esta veta lírica iniciada por Puig está presente, en definitiva, en muchos de los diarios españoles que empiezan a publicarse en los años 90 —y los que se reeditan durante todos estos años, como los de Emilio Prados, Gil de Biedma o Bernier—, y a su vez ilustra sobre la cercanía existente entre la forma diarística y la poética. El diarista escribe la entrada diaria como si de un pequeño poema se tratase, adornando la aparente grisura de la narración diaria con un estilo bello y cuidado que es el único que puede emplear, como la propia concepción de Trapiello sugiere, el verdadero poeta. El diarista, incluso, puede incluir poemas en el interior del diario, como llevaba a cabo Miguel Torga o como hace Chantal Maillard en su texto misceláneo *India*, lo que en definitiva confirma la idea sostenida hasta el momento a propósito de la relación entre la entrada diarística diaria y la unidad poemática.

Puede hablarse, sin necesidad de entrar en su desarrollo —entre otras cosas, porque se ha llevado a cabo progresivamente a lo largo de este trabajo—, de otros géneros que acompañan al diario personal en su evolución como forma literaria: el relato corto, la literatura de viajes o el género epistolar, entre muchos otros. Esta circunstancia termina de demostrar, en definitiva, la idiosincrasia del diario como género de géneros y como modalidad literaria moderna, que confronta y al mismo tiempo amplía el sistema literario contemporáneo.

Lo íntimo, lo autobiográfico y el Yo diarístico

Si bien este epílogo se está dirigiendo, por ahora, a la existencia de los vínculos que el diario literario conserva con los grandes géneros de la literatura moderna y contemporánea, a lo largo de este trabajo se ha perseguido, sobre todo, explicar su singularidad en el sistema literario y su papel en relación a las otras modalidades literarias. Se han destacado las cualidades que caracterizan el diario personal como género literario y que precisamente lo diferencian de las formas novelísticas y autobiográficas, incidiéndose especialmente en la lejanía existente entre el diario literario y el género de la autobiografía. Esta distinción entre diario literario y autobiografía, precisamente, explica a la perfección la idiosincrasia independiente del primero, lo que será de utilidad en este epígrafe para entender sus características diferenciales.

El principal elemento que explica la distancia entre el diario literario y la autobiografía se ha relacionado en este trabajo con lo formal, pero también hay que acudir a un segundo motivo, cifrado en una perspectiva de contenido. En la medida en que el diario se escribe día a día, en un *continuum* discursivo vinculado al espacio privado en que se desarrolla, la construcción del Yo adquiere otro tipo de idiosincrasia, y este tiende a ser un ente fragmentario, contradictorio, en cierto modo más cercano al espacio referencial que el Yo autobiográfico, dado que, desde el punto de vista temporal, su acto de relatar está más cerca de los hechos y pensamientos que narra.[164] En consecuencia, y por acusada que sea la reelaboración posterior, el diario deviene un espacio textual en el que se establece una propuesta diferente de construcción del Yo; este reproduce toda la problemática asociada al desarrollo cotidiano del protagonista diarista. Con similares palabras lo expresa, en el primer tomo de sus diarios, Salvador Pániker: «me siento particularmente a gusto con el género *diario* porque así levanto acta de lo único que, en mí, roza lo real: el momento presente» (Pániker, 2000: 78).

Siguiendo las palabras de Pániker, este rozamiento de lo real —verbo, el de *rozar*, que también utiliza Genette— posibilita una relación del diario literario con lo autobiográfico distinta a la establecida en la autobiografía. No se trata tanto de la imposibilidad de mentir a la que alude Lejeune, ni tampoco de la diferencia temporal en exclusiva —y lo que ello conlleva en relación a la construcción del ritmo narrativo—, como del contagio que se produce entre realidad y texto, que es absoluto en el diario. El diarista está sometido a la cárcel de la entrada y, aunque puede desplegar las perspectivas temporales que se le antoje, la estructura del diario acerca forma y contenido; a partir de esta situación el Yo diarístico despliega su cotidianidad de modo directo o indirecto. Lo que determina que, cuando el diarista respeta consciente o inconscientemente el contrato, el pacto autobiográfico —denominado en este trabajo pacto diarístico— sea una condición connatural al propio ejercicio de escribir el diario. Esto, sin embargo, no quiere decir que el diario posea una mayor resistencia a lo literario; el propio Pániker continúa su reflexión afirmando que «si tuviera que escribir una novela, seguiría el mismo patrón —el del diario—, suprimiría la linealidad del tiempo, el texto incidiendo en el hipertexto, donde todo sucede simultáneamente» (Pániker, 2000: 78). Y algo parecido piensa Trapiello al señalar, irónicamente, que «la vida cotidiana es lo primero que suele desechar la 'gran literatura', en realidad los que se dedican a poner las etiquetas» (Trapiello, 2011: 71), para confirmar el estatuto de gran literatura al que también puede optar el diario personal.

---

164 A este respecto teorizaban tanto Genette, con su concepto de *escritura intercalada*, como Lejeune, que se apoyaba en esta idea para construir su concepto de *antificción*, puesto en cuestión en este trabajo.

En diálogo con este espacio cotidiano se halla la construcción del espacio íntimo, sobre la que se ha teorizado ampliamente. Sorteadas las cuestiones más polémicas a propósito de lo íntimo, el ámbito privado del diario se despliega como cualquier otro espacio literario, con las propiedades narrativas que desarrolla también el texto referencial. Es interesante vincular esta construcción del espacio a la naturaleza doméstica de la escritura diarística. Se ha utilizado, en este sentido, la metáfora de la casa en muchas ocasiones para referirse a la prolongación del espacio privado en el diario personal: en el caso del *Salón de pasos perdidos*, José-Carlos Mainer lo apuntaba a propósito de los títulos de los diarios, que «recuerdan tan poderosamente el ámbito doméstico» (Mainer, 2009: 38); José Carlos Cataño señala que en los diarios se halla «una vida» que Trapiello «ha levantado a modo de casa» (Cataño, 2009: 90); Elena Medel revela que suele deambular «por las habitaciones de esta novela en marcha» (Medel, 2009: 233); y el propio Trapiello ha declarado que «un diario es en cierto modo una casa» (Trapiello, 2016a: 10), para concluir que le gustaría que su *Salón de pasos perdidos* se conformara como una «pequeña sala a la que se va sumando gente y de la que, a medida que pasa la tarde, la gente se va retirando» (Trapiello, 2016a: 11). Esta circunstancia se refleja a su vez en la titulación de otros diarios, como *La casa del rojo*, de Miguel Sánchez-Ostiz, y en definitiva confirma la relación entre construcción del espacio íntimo o privado y diario literario. Esta es precisamente una de las cualidades propias del diario personal como género literario; no hay ninguna otra forma literaria que construya de igual modo un espacio en el que Yo se siente cómodo para revelar su pensamiento y acciones cotidianas, lo que lleva en último lugar a la construcción de un personaje genuino.

El Yo diarístico, como idea general deducida de todo lo anterior, se autoconfigura de un modo singular, sin precedentes directos en la literatura moderna de Occidente. Una de las características que lo definen frente al resto de géneros canónicos es la libertad con la que afronta su texto; este, al construirse de un modo necesariamente irregular y fragmentario, no le impone ningún plan al narrador —ni siquiera el plan de la autobiografía—, de tal manera que el diarista avanza por las páginas de su texto sin temor a los obstáculos formales que son propios de otras formas literarias como el poema o la novela. José Luis García Martín, por ejemplo, señala: «Me gusta llevar un diario, porque así me libro de la manía de la verosimilitud, que tanto me obsesiona cuando trato de escribir un cuento» (García Martín, 1993: 18). Aunque el enunciado es matizable —como se ha intentado demostrar en estas páginas, el relato diarístico se construye con materiales similares al novelístico—, estas palabras dan fe de la libertad del Yo diarístico, el cual puede autoconstruirse en el texto con la fluidez propia del monólogo interior. En este sentido, el diario literario es el escenario idóneo para la elaboración de un relato regido por la voluntad narrativa de la voz protagonista, autoconstruida a partir de un verdadero *stream of consciousness* que, a grandes rasgos y con las diferencias pertinentes, es similar al empleado en las grandes novelas modernistas de la primera mitad del XX. El tono narrativo moldeado mediante el uso de la voz protagonista copa el relato y llega hasta el último de los elementos de la historia; el propio Genette vincula la omnipresencia de este Yo autobiográfico con el Yo de Proust en *En busca del tiempo perdido*, lo que arroja luz sobre los vínculos —antes sugeridos— entre el diario literario y la gran novela del siglo XX.

Este Yo, convertido en gran personaje de la narrativa diarística, genera a partir de sí mismo los siguientes elementos del relato: espacios, personajes, acciones. Todos estos componentes son susceptibles de ser interpretados desde un punto de vista literario y, de hecho, su desarrollo favorece esta lectura literaria del diario personal. Las opciones a este respecto son variadas: por un lado, existen diaristas, como Salvador Pániker o García Martín, que explotan este personaje protagonista y apenas trascienden su figura omnipresente; por otro, hay diaristas como Trapiello que prefieren rebajar la presencia del Yo para posibilitar una lectura más novelística de su diario, incidiendo en la formación de los personajes y espacios, y construyendo un relato que aspira a hacer olvidar al lector la naturaleza de esa voz total. En los dos casos, sin embargo, la presencia del Yo fundamenta el relato y patrocina la aparición de factores que termina de apuntalar la interpretación literaria del diario personal. Entre estos elementos se encuentran la construcción del espacio privado del diario, el desarrollo de su cotidianidad o los despliegues monologales, y la suma de todos ellos, además de otorgarle a muchos diarios personales su estatus literario, evidencia al mismo tiempo las singularidades del diario literario en relación con los otros géneros.

La literatura diarística de Andrés Trapiello

El *Salón de pasos perdidos* ha sido catalogado en este trabajo como el gran proyecto diarístico de la literatura española reciente. A partir de los diarios de Trapiello, tal y como se confirma en el último capítulo al vincularlos al concepto de género, se construye un horizonte de expectativas en el sistema literario español; en este sentido, los diarios de Trapiello son el modelo a seguir —en clave positiva o negativa— para el resto de diaristas, y su éxito en la crítica inmediata y académica confirma la existencia del diario literario en España.

Para justificar el carácter autobiográfico del *Salón* se ha distanciado el texto del ámbito autoficcional, que es una marbete muy recurrente en los estudios sobre este tipo de obras. Se ha partido de un concepto de autoficción concreto, alejado de la indefinición que acostumbran los acercamientos teóricos a esta forma y apoyado en la idea que Vera Toro explora: un texto autoficcional debe mostrar indicios evidentes y constantes de su ficcionalidad (Toro, 2017: 37). Este no es el caso del *Salón de pasos perdidos*; por el contrario, en este trabajo se han seguido las agudas palabras de Miguel Delibes, quien resumió la naturaleza del diario así: «Andrés Trapiello ha ido haciendo su vida al tiempo que su obra. Porque su obra ha sido su vida y su vida su obra. (…) La gracia de sus diarios es su gracia natural; no hay trucos» (Delibes, 2009: 25). La naturalidad buscada por Trapiello, base del tono de sus diarios, se ha relacionado en este trabajo con la ética del diarista que redunda en esa suerte de pacto involuntario; la escritura del *Salón de pasos perdidos* tiene un estatus marcadamente referencial gracias a la atmósfera de sinceridad construida por Trapiello en el texto. A esta circunstancia se le añade la lectura referencial que hace la mayor parte de los lectores del diario, tal y como ha reconocido Trapiello, la cual determina finalmente la idiosincrasia autobiográfica del diario. Esto no conduce, sin embargo, a obviar las consecuencias derivadas de su condición como constructo textual: en el *Salón de pasos perdidos* se elabora un relato literario a partir de la literaturización del Yo, personaje protagonista. Como señala Jordi Gracia, «Trapiello cuenta lo que cuenta tras haber levantado un doble de sí mismo muy perfeccionado» (Gracia,: 169); este doble textual es la principal evidencia del carácter literario de los diarios de Trapiello, que muestran la independencia que el texto diarístico puede alcanzar respecto de su naturaleza referencial. En un doble modo de constitución, a partir de la naturalidad de la escritura y la performatividad de los elementos narrativos, se cifra la idiosincrasia del *Salón de pasos perdidos*, perfecto ejemplo del funcionamiento de la literatura autobiográfica.

Siguiendo al propio Trapiello, ocasionalmente se ha empleado en este trabajo una metáfora que puede explicar la naturaleza del *Salón de pasos perdidos* y que, en las coordenadas cervantinas del autor, está extraída de un episodio del *Quijote*: el célebre pasaje del baciyelmo (Cervantes, 2015: 456–465). El baciyelmo como símbolo de la poética ficcional de Cervantes, como representante del espíritu monstruoso del nuevo género novelístico, explica la naturaleza ambivalente de los diarios de Trapiello, a partir de la cual se puede leer el texto como un texto autobiográfico y referencial, pero también como un texto literario y ficcional. Esta metáfora, a su vez, es de aplicación al diario literario y a la literatura del Yo en todas sus manifestaciones; si las formas autobiográficas acceden al sistema literario es precisamente debido a su capacidad para ofrecer un texto interpretable desde coordenadas referenciales y, también, ficcionales. El doble estatuto que intentaban conciliar autores como Villanueva se interpreta a través de esta metáfora cervantina que ilustra la idiosincrasia problemática de lo autobiográfico. El diario literario, en las coordenadas del *Salón de pasos perdidos*, se ha descrito en este trabajo como el diario personal que es capaz de desarrollar un texto con capacidad para ser interpretado a semejanza de un texto ficcional. Estableciendo esta condición como base, la definición que se ha desarrollado en el punto II. 6 de este trabajo puede arrojar luz sobre las características de este nuevo género: a partir de ella, el diario literario es concebido como un relato cotidiano en el que se desarrolla un Yo que tiene capacidad autobiográfica y ficcional para terminar configurándose como personaje literario; definición que se apoya en la consideración baciyélmica de lo diarístico.

Esta primera imagen puede vincularse a una segunda que ha sido habitual en los estudios sobre literatura autobiográfica: la metáfora de la frontera.[165] De acuerdo a esta comparación, la escritura autobiográfica ocupa un espacio fronterizo entre disciplinas diferentes; concretamente, las dos que le servían a Aristóteles para establecer las bases de lo poético: la historia y la literatura. Como los territorios fronterizos entre dos naciones que carecen de una identidad fija, o precisamente comparten varias identidades, la escritura autobiográfica se desarrolla en dos terrenos para conformarse como habitante nativo de ambos, dado que no puede prescindir de ninguna de sus dos nacionalidades: si se prescinde de su estatus ficcional, la autobiografía será un texto histórico con valor sencillamente documental; si, por el contrario, se le priva de su estatus referencial, lo autobiográfico se relacionará con las formas ficcionales puras, pasando a ser autoficción. Esta misma circunstancia caracteriza el diario literario, que habita las dos disciplinas diferenciadas por Aristóteles y es el motivo por el que se ha relacionado con el baciyelmo cervantino. En esta línea de semejanza, el *Salón de pasos perdidos*, con su naturaleza ambivalente, habita los dos espacios referidos y, más que ninguna otra forma diarística, se sitúa constantemente en los límites de las dos fronteras para problematizar y ampliar estas en cada una de sus posibles

---

165 Pozuelo Yvancos utiliza la metáfora de la frontera para referirse a los géneros autobiográficos (Pozuelo Yvancos, 1993: 179), y Alberca mantiene la utilización de tal imagen (Alberca, 1999). A su vez, Trapiello sitúa en el centro de su poética esta cuestión: como ha señalado en varias ocasiones, inicia la escritura de su diario en el momento en que decide realizar una novela y se da cuenta de que no sabe hacer una (Trapiello, *apud* Abal y Baltar, 2013); esa novela frustrada que fue su diario termina convirtiéndose en un texto poliédrico que habita la frontera entre lo autobiográfico y lo novelístico. No por casualidad Anna Caballé vuelve a emplear esta metáfora de la frontera para definir el texto de Trapiello: «hay motivos fundados para definir a Trapiello como el novelista del diario, y pensar en su diario-río como un espacio fronterizo y abierto, de tránsito de un lugar a otro» (Caballé, 2015a: 287).

lecturas. Por esta razón, en la medida en que el *Salón de pasos perdidos* exhibe los mismos problemas que la autobiografía y los problematiza aún más, se puede concluir que los diarios de Trapiello poseen un carácter autobiográfico.

Existe un elemento que une las dos metáforas empleadas, y es la idea de libertad literaria. Cervantes, al ubicar el neologismo del baciyelmo en boca de Sancho Panza, expone su libertad creativa en la propuesta de una nueva forma, que rompe con la preceptiva literaria de la época, como la novela moderna que acaba siendo el *Quijote*. El autor del diario literario exhibe esta misma libertad al construir una obra que problematiza los géneros literarios —entendidos como reglas— y las fronteras de las disciplinas mencionadas. El ejemplo paradigmático vuelve a ser el *Salón de pasos perdidos*; Trapiello elabora una poética diarística basada en la libertad cervantina que le permite cuestionar los límites del género diarístico en sus márgenes fronterizos con la novela. Trapiello escribe, como se ha expuesto, con la libertad del que solo tiene un pacto de verdad consigo mismo, de tal manera que construye un relato a partir de sus vivencias cotidianas en el que la única ley, impuesta por el propio autor, es la de construir un tono natural, espontáneo y sincero. La libertad del *Salón de pasos perdidos*, en este sentido, se desarrolla en dos direcciones: por un lado, Trapiello hace alarde de cierta valentía autobiográfica exponiendo su intimidad ante el público en un claro acto de libertad, en la línea de Michel Leiris en *La literatura considerada como una tauromaquia* (Leiris, 1975); por otro, lleva hasta el límite las posibilidades novelísticas del diario personal. En esta convivencia con la frontera se le pueden hacer algunos reproches a Trapiello, como su vacilación respecto a la naturaleza del *Salón de pasos perdidos* o la utilización del término *novela* —que Mainer le recrimina (Mainer, 1997: 23), toda vez que entiende esta utilización como una excusa no pedida, dado el inequívoco carácter tanto literario, como diarístico, de su texto—, pero resulta más interesante destacar la libertad expuesta al intentar romper los moldes de una forma genérica para, al mismo tiempo, construir un artefacto literario sin precedentes en la literatura española. Como se sugería en la introducción de este trabajo, precisamente es esta la característica señalada por Micó para definir a los textos clásicos, dado que «no los define su representatividad», sino que «están ahí porque no se parecen a sus contemporáneos, porque transgredieron las normas, superaron las teorías e hicieron algo que nadie más hizo» (Micó, 2018: 7). Este trabajo ha mostrado en su desarrollo la transgresión llevada a cabo por Trapiello, mediante un acto de absoluta libertad literaria atestiguado por Juan Bonilla (2016), para hacer del *Salón de pasos perdidos* el gran representante de un nuevo género literario.

Una última imagen ha sido empleada a propósito del diario literario: la metáfora de la casa. Desde esta perspectiva, el diarista prolonga la naturaleza privada del diario en la concepción de su texto como casa o refugio en el que guarecerse. Por medio de esta imagen, puede entenderse la naturaleza libre y baciyélmica del diario literario. Trapiello construye una obra literaria y pública a partir de sus reflexiones personales e íntimas; al construir el *Salón* de ese modo, Trapiello abre las puertas de su privacidad en un acto de libertad y valentía, al mismo tiempo que deja ver un hogar construido día a día, cuyos cimientos están hechos de vida y de literatura. Las tres metáforas expuestas, en conclusión, resumen las ideas desarrolladas hasta ahora y terminan de definir la naturaleza de un nuevo género de la literatura occidental, el diario literario, cuya existencia confirma la hipótesis general de este trabajo.

Referencias bibliográficas

Abal, Marcos; Baltar, Ernesto (2013), «El mayor fracaso de la oposición al franquismo fue que se demostró inútil para derrocarlo» (Entrevista a Andrés Trapiello), *Jot Down* [en línea] [consulta: 25/05/2019] https://www.jotdown. es/2013/05/andres-trapiello-el-mayor-fracaso-de-la-oposicion-al-franquismo-fue-que-se-demostro-inutil-para-derrocarlo/

Abbott, H. Porter (1973), «The Journals of W.N.P. Barbeillon», *Journal of Modern Literature*, 3.1, págs. 45–62.

Aira, César, «La intimidad», *Boletín del Centro de Estudios de Teoría y Crítica Literaria*, 13–14 (2008), págs. 1–8.

Alberca, Manuel, «El diario íntimo, hoy (encuesta)», *Boletín de la Unidad de Estudios Biográficos*, 2 (1997), págs. 11–25.

Alberca, Manuel, «Tres testimonios sobre el diario íntimo», *Boletín de la Unidad de Estudios Biográficos*, 3 (1998), págs. 101–110.

Alberca, Manuel, «En las fronteras de la autobiografía», en Ledesma Pedraz, Manuela (ed.), *II Seminario «Escritura autobiográfica»*, Jaén, Universidad de Jaén, 1999, págs. 53–76.

Alberca, Manuel (2000), *La escritura invisible. Testimonios sobre el diario íntimo*, Oyarzun, Sendoa.

Alberca, Manuel (2007), *El pacto ambiguo: de la novela autobiográfica a la autoficción*, Madrid, Biblioteca Nueva.

Alberca, Manuel (2013), «Un verdadero diario íntimo» [en línea] [última consulta: 01/04/2019] https://www.laurafreixas.com/freixascriticas41.htm

Alberca, Manuel (2017), *La máscara o la vida. De la autoficción a la antificción*, Málaga, Pálido fuego.

Alberca, Manuel, «Los desafíos autobiográficos hoy», *Cuadernos hispanoamericanos*, 811 (2018), págs. 4–19.

Alberca, Manuel (2019), «El enemigo número 1», *Cuadernos Hispanoamericanos* [en línea] [última consulta: 01/04/2019] https://cuadernoshispanoamericanos.com/el-enemigo-numero-1/

Amelang, James S. (2003), *El vuelo de Ícaro: la autobiografía popular en la Europa moderna*, Madrid, Siglo XXI.

Amiel, Henri-Frederic (1927), *Fragments d'un journal intime*, París, Stock, Delamain et Boutelleau.

Amiel, Henri-Frederic (1980), *Diario íntimo*, Madrid, Giner.

Ancira, Selma, «Sobre la presente edición», en Tolstói, Lev, *Diarios (1847–1894)*, Barcelona, Acantilado, 2002, págs. 7–11.

Anónimo, «Diario de un burgués en París», en Granell, Manuel; Dorta, Antonio, *Antología de diarios íntimos*, Madrid, Labor, 1963, págs. 1–13.

Arias, Jesús (2009), «Todos los diarios y los otros yo de Andrés Trapiello», *Granada Hoy*, [en línea] [consulta: 25/05/2019] https://www.granadahoy.com/ocio/diarios-Andres-Trapiello_0_257674460.html

Aristóteles (1974), *Poética* (ed. Valentín García Yebra), Madrid, Gredos.

Aub, Max (2003), *La gallina ciega*, Barcelona, Alba.

Austin, John Langshaw (1982), *Cómo hacer cosas con palabras*, Barcelona, Paidós.

Ayala, Francisco, «La gallina ciega», *Ínsula*, 320–321, 1973, págs. 1–3.

Aznar, Manuel, «Max Aub en el laberinto español de 1969», en Aub, Max, *La gallina ciega*, Barcelona, Alba, 2003, págs. 7–95.

Azúa, Félix de (2012), «Exponerse a los rayos», *Boomerang* [en línea] [consulta: 09/05/2019] http://www.elboomeran.com/blog-post/1/11971/felix-de-azua/exponerse-a-los-rayos/

Azúa, Félix de (2013), «La indiscreción de un escritor», *Jot Down* [en línea] [consulta: 09/05/2019] https://www.jotdown.es/2013/04/felix-de-azua-la-indiscrecion-de-un-escritor/

Bajtín, Mijaíl(1989), *Teoría y estética de la novela*, Madrid, Taurus.

Bajtín, Mijaíl (1999), *Estética de la creación verbal*, Madrid, Siglo XXI.

Barbellion, W.N.P. (2003), *El diario de un hombre decepcionado*, Barcelona, Alba.

Barragán, Carlos (2018), «Iñaki Uriarte: 'Yo no me hablo con adjetivos'», *El oficio de escritor* [en línea] [consulta: 09/05/2019] https://eloficiodelescritor.com/2018/03/19/inaki-uriarte-yo-no-me-hablo-con-adjetivos/

Barthes, Roland, «Notes sur André Gide et son *Journal*», en Roland Barthes, *Œuvres complètes I*, París, Seuil, 2002a, págs. 33–46.

Barthes, Roland, «Alain Girard: *Le Journal intime*», en Roland Barthes, *Œuvres complètes II*, París, Seuil, 2002b, págs. 806–810.

Barthes, Roland, «Déliberation», en Roland Barthes, *Œuvres complètes V*, París, Seuil, 2002c, págs. 668–681.

Barthes, Roland (2009), *Diario de duelo*, Barcelona, Paidós.

Basanta, Ángel (1990), «El gato encerrado», *ABC* [en línea] [consulta: 25/05/2019] http://hemeroteca.abc.es/nav/Navigate.exe/hemeroteca/madrid/abc/1990/07/21/056.html

Béjar, Helena, «La cultura del individualismo», *Reis: Revista española de investigaciones sociológicas*, 46 (1989), págs. 51–80.

Beltrán Almería, Luis, «Diario y novela», en Rodríguez Suárez, Luisa Paz; Pérez Chico, David (eds.), *El diario como forma de escritura y pensamiento en el mundo contemporáneo*, Zaragoza, Universidad de Zaragoza, 2011, págs. 9–19.

Benítez Ariza, José Manuel (2004), «Siete moderno», *El Cultural* [en línea] [consulta: 25/05/2019] https://elcultural.com/Siete-moderno

Benítez Ariza, José Manuel, 'Yo', en Borrás, Manuel *et alii*, *Vidario. A propósito del Salón de pasos perdidos de Andrés Trapiello*, Valencia, Pre-Textos, 2009, págs. 149–154.

Benítez Reyes, Felipe, «Las vidas del gato», en Sánchez Rosillo, Eloy *et alii*, *Andrés Trapiello*, Madrid, Calambur, 1994, págs. 85–87.

Benveniste, Émile (1997), *Problemas de lingüística*, México D.F., Siglo XXI.

Berne-Joffroy, André (1944). *Présence de Valéry précédé de Propos me concernant par Paul Valéry*, Paris, Plon.

Bernier, Juan Antonio (2004), «El diario inédito de Juan Bernier», en Hermosilla Álvarez, María Ángeles; Fernández Prieto, Celia (eds.), *Autobiografía en España, un balance*, Madrid, Visor, 2004a, págs. 289–296.

Bernier, Juan Antonio, «El diario de Juan Bernier», en Bernier, Juan, *Diario*, Valencia, Pre-Textos, 2011, págs. 9–14.

Bernier, Juan Antonio (2016), «Juan Bernier: sujeto lector», *Impossibilia*, 12, págs. 80–113.

Beverley, John; Achugar, Hugo (2002), *La voz del otro: testimonio, subalternidad y verdad*, Ciudad de Guatemala, Universidad Rafael Landívar.

Bioy Casares, Adolfo, «Del diario literario de Paul Léautaud», *Revista de la Universidad de México*, n° 8 (1978), págs. 25–26.

Blanchot, Maurice (2005), *El libro por venir*, Madrid, Trotta.

Bloom, Harold (1995), *El canon occidental*, Barcelona, Anagrama.

Blythe, Ronald (1989), *The Pleasures of Diaries: Four Centuries of Private Writing*, Nueva York, Pantheon Books.

Bobes Naves, Carmen (2008a), *Crítica del conocimiento literario*, Madrid, Arco/Libros.

Bobes Naves, Carmen, «Teoría de la comedia en la Poética Toscana de Sebastiano Minturno», *Revista de literatura*, n° 140 (2008b), págs. 371–404.

Boerner, Peter (1969), *Tagebuch*, Berlín, Springer.

Bonilla, Juan (2016), «Auge de un género: los diarios, literatura del yo», *Tam-Tam Press* [en línea] [consulta: 09/05/2019] https://tamtampress.es/2016/08/25/auge-de-un-genero-los-diarios-literatura-del-yo-por-juan-bonilla/

Borges, Jorge Luis (2007), *Poesía completa*, Barcelona, Destino.

Borrás, Manuel *et alii* (2009), *Vidario. A propósito del Salón de pasos perdidos de Andrés Trapiello*, Valencia, Pre-Textos

Boswell, James (1950), *Londres Journal*, Nueva York, McGraw Hill.

Bou, Enric (1993), *Papers privats: assaig sobre les formes literàries autobiogràfiques*, Barcelona, Edicions 62.

Bou, Enric, «El diario: periferia y literatura», *Revista de Occidente*, nº 182–183 (1996), págs. 121–136.

Bou, Enric, «Teorías del diario: a propósito de Iñaki Uriarte y Pere Rovira», en Laín Corona, Guillermo; Santiago Nogales, Rocío, *Cartografía literaria: en homenaje al profesor José Romera Castillo*, Madrid, Visor, 2018, págs. 375–390.

Bourcier, Élisabeth (1976), *Les Journaux privés en Anglaterre de 1600 à 1660*, París, Université de la Sorbonne nouvelle.

Bourget, Paul (1920), *Essais de psychologie contemporaine II*, París, Plon.

Braud, Michel (2002), «'Le texte d'un roman': Journal intime et fictionnalisation de soi», *L'Esprit créateur*, XLII, nº4 (2002), págs. 76–84.

Braud, Michel (2006), *La forme des jours*, París, Seuil.

Braud, Michel, «Journal littéraire et journal d'écrivain aux XIX et XX siècles. Essai de définition», en Dufief, Pierre-Jean, *Les Journaix de la vie littéraire*, Rennes, Presses Universitaires de Rennes, 2009a, págs. 21–32.

Braud, Michel, «Le journal intime est-il un récit?», Poétique, 160 (2009b), págs. 387–396.

Braud, Michel (2012a), *Journaux intimes. De Madame de Staël à Pierre Loti*, París, Gallimard.

Braud, Michel, «Lecture et écriture du journal intime au XIXe siècle», *Interférences littéraires*, nº 9 (2012b), págs. 27–36.

Braud, Michel, «Juliet, Charles», en Simonet-Tenant, Françoise, *Dictionnaire de l'autobiographie. Écritures de soi de langue française*, París, Honoré-Champion, 2018, págs. 466–467.

Bravo Castillo, Javier (2003), *Grandes hitos de la novela euroamericana*, Madrid, Cátedra.

Brunetière, Ferdinand (1888), «La littérature personnelle», *Revue des Deux Mondes*, págs. 433–452.

Bruss, Elizabeth (1976), *Autobiographical Acts*, Baltimore, The Johns Hopkins University Press.

Bueno, Gustavo, «Unidad e identidad», http://www.fgbueno.es/med/tes/t016.htm [en línea] [consulta: 09/05/2019]

Bueno, Gustavo (2000), *Televisión: Apariencia y Verdad*, Barcelona, Gedisa.

Burke, Peter (2008), «Montaigne y el arte del diálogo», *ABC Cultural* [en línea] [consulta: 09/05/2019] http://hemeroteca.abc.es/nav/Navigate.exe/hemeroteca/madrid/cultural/2008/08/30/005.html

Byron, Lord (2018), *Diarios*, Barcelona, Galaxia Gutemberg.

Caballé, Anna (1995), *Narcisos de tinta: ensayos sobre la literatura autobiográfica en lenguaje castellano (siglos XIX y XX)*, Madrid, Megazul.

Caballé, Anna, «Entrevista a Miguel Sánchez-Ostiz», *Boletín de la Unidad de Estudios Biográficos*, 1 (1996), págs. 77–81.

Caballé, Anna (2001), «¿Un diario en marcha?» [en línea] [consulta: 25/05/2019] http://hemeroteca.abc.es/nav/Navigate.exe/hemeroteca/madrid/cultural/2001/11/10/021.html

Caballé, Anna, «Witold Gombrowicz: la lección del Diario», *Pasajes: Revista de pensamiento contemporáneo*, n° 20 (2006), págs. 19–25.

Caballé, Anna (2015a), *Pasé la mañana escribiendo. Poéticas del diarismo español*, Sevilla, Fundación José Manuel Lara.

Caballé, Anna (2015b), «Anna Caballé publica *Pasé la mañana escribiendo*, Premio Manuel Alvar 2015», [en línea] [consulta: 09/05/2019] http://www.culturamas.es/blog/2015/05/30/anna-caballe-publica-pase-la-manana-escribiendo-premio-manuel-alvar-2015/

Caballé, Anna (2015c), «Anna Caballé asegura que 'existe un arte de la vida, y el diario es capaz de sugerirlo'», *Agencia EFE* [en línea] [consulta: 09/05/2019] https://www.efe.com/efe/espana/cultura/anna-caballe-asegura-que-existe-un-arte-de-la-vida-y-el-diario-es-capaz-sugerirlo/10005-2626796

Caballé, Anna (2016), «¿La dama o el tigre?», *El País* [en línea] [consulta: 25/05/2019] https://elpais.com/cultura/2016/12/20/babelia/1482237546_845066.html

Caballé, Anna (2017), «Los solos de diarista», *El País* [en línea] [consulta: 25/05/2019] https://elpais.com/cultura/2017/02/21/babelia/1487677485_979051.html

Cano Calderón, Amelia, «El diario en la Literatura: estudio de su tipología», *Anales de filología hispánica*, n° 3 (1987), págs. 53–60.

Casajuana, Carles, «Prólogo», en Pla, Josep, *Notas y dietarios*, Barcelona, Planeta, 2008, págs. VI–XXXI.

Casas, Ana, «El simulacro del yo: la autoficción en la narrativa actual», en Casas, Ana (ed.), *La autoficción: reflexiones teóricas*, Madrid, Arco/Libros, 2012, págs. 9–42.

Castilla del Pino, Carlos, «Público, privado, íntimo», en Castilla del Pino, Carlos (ed.), *De la intimidad*, Barcelona, Crítica, 1989, pág. 25–31.

Castilla del Pino, Carlos, «Teoría de la intimidad», *Revista de Occidente*, 182–183 (1996), págs. 15–31.

Castilla del Pino, Carlos, «El sujeto como sistema», *Isegoría*, 20 (1999), págs. 115–137.

Cataño, José Carlos, «Yo en casa de uno», en Borrás, Manuel *et alii*, *Vidario. A propósito del Salón de pasos perdidos de Andrés Trapiello*, Valencia, Pre-Textos, 2009, págs. 85–91.

Catelli, Nora (2006), *En la era de la intimidad: seguido de El espacio autobiográfico*, Rosario, Beatriz Viterbo.

Cedena Gallardo, Eusebio (2004), *El diario y sus aplicaciones en los escritores del exilio español de posguerra*, Madrid, Fundación Universitaria Española.

Cervantes, Miguel de (2015), *Don Quijote de la Mancha*, Barcelona, Alfaguara.

Chacel, Rosa (1982), *Alcancía. Ida*, Barcelona, Seix Barral.

Chacel, Rosa (2004), *Obra completa. Diarios*, Valladolid, Fundación Jorge Guillén.

Cheever, John (2018), *Diarios*, Barcelona, Random House.

Chicharro Chamorro, Antonio, «Estética y teoría y crítica literarias (Notas para un estudio de sus relaciones actuales)», en Hernández Guerrero, José Antonio (ed.), *Teoría del Arte y Teoría de la Literatura*, Cádiz, Seminario de Teoría de la Literatura, 1990, págs. 105–117.

Chicharro Chamorro, Antonio, «Estética y Teoría de la Literatura (Notas para un estudio de sus relaciones según la teoría empírica de la literatura de S. J. Schmidt)», *Signa*, 4 (1995), págs. 113–126.

Chicharro Chamorro, Antonio, «Introducción. Acerca del valor de la literatura como ficción y como discurso de la conciencia», en Puche Gutiérrez, Teresa; Pardo Fernández, Rodrigo (eds.), *Ex libris. Estudios críticos y de literatura comparada*, Morelia, Universidad Michoacana de San Nicolás Hidalgo, 2013, págs. 7–17.

Cohn, Dorrit (1999), *The Distinction of Fiction*, Baltimore, John Hopkins.

Colón, Cristóbal (1991), *Los cuatro viajes del almirante y su testamento*, Madrid, Espasa-Calpe.

Colonna, Vincent, «Cuatro propuestas y tres deserciones (tipologías de la autoficción)», en Casas, Ana (ed.), *La autoficción. Reflexiones teóricas*, Madrid, Arco/Libros, 2012, págs. 85–122.

Constant, Benjamin (2017), *Journaux intimes*, París, Gallimard.

Constantin, Danielle, «Carnet», en Simonet-Tenant, Françoise, *Dictionnaire de l'autobiographie. Écritures de soi de langue française*, París, Honoré-Champion, 2018, pág. 162.

Compagnon, Antoine (2015), *El demonio de la teoría. Literatura y sentido común*, Barcelona, Acantilado.

Corbellini, Helena (2018), *El pacto espiritual de Mario Levrero*, Montevideo, Paréntesis.

Corbin, Alain, «El secreto del individuo», en Ariès, Philippe; Duby, Georges (eds.), *Historia de la vida privada. Sociedad burguesa: aspectos concretos de la vida privada*, Madrid, Taurus, 1991, págs. 121–203.

Corominas, Joan (1987), *Breve diccionario etimológico de la lengua castellana*, Madrid, Gredos.

Corrado, Danielle (2000), *Le journal intime en Espagne*, Aix-en-Provence, Université de Provence.

Correa Ramón, Amelina (2008), *Alejandro Sawa: luces de bohemia*, Madrid, Fundación José Manuel Lara.

Crespo, Ángel, «Prólogo», en Pavese, Cesare, *El oficio de vivir*, Barcelona, Seix Barral, 2014, págs. 7–11.

Curtius, Ernest Robert (1989), *Ensayos críticos acerca de la literatura europea*, Madrid, Visor.

Dee, John (1842), *The Private Diary of Dr. John Dee*, Londres, The Camden Society.

De Juan, Juan Luis (2004), «El hombre que vivía dos veces», *Revista de Libros* [en línea] [consulta: 25/05/2019] https://www.revistadelibros.com/articulos/ diario-de-samuel-pepys

Delibes, Miguel, «Unas palabras», en Borrás, Manuel *et alii*, *Vidario. A propósito del Salón de pasos perdidos de Andrés Trapiello*, Valencia, Pre-Textos, 2009, pág. 25.

De Man, Paul, «La autobiografía como des-figuración», *Anthropos: La autobiografía y sus problemas teóricos. Estudios e investigación documental*, 29 (1991), págs. 113–118.

Del Litto, V. (éd.) (1978), *Le journal intime et ses formes littéraires*, Genève, Droz.

Díaz Pérez, Eva (2009), «El psiquiatra que amaba las palabras», *El Mundo* [en línea] [consulta: 25/05/2019] https://www.elmundo.es/elmundo/2009/05/16/ opinion/14882593.html

Didier, Béatrice (1976). *Le journal intime*. París: Presses Universitaires de France.

Didier, Béatrice, «El diario ¿forma abierta?», *Revista de Occidente*, 182–183 (1996), págs. 39–47.

Dilthey, Wilhelm (2000), *Dos escritos sobre hermenéutica*, Madrid, Istmo.

Doubrovsky, Serge (1999), *Laissé pour conte*, París, Grasset.

Drake, Virginia (2016), «Juan Manuel de Prada: 'Hay quien me quiere ver muerto'», *XLSemanal*, [en línea] [consulta: 25/05/2019] https://www.xlsemanal.com/personajes/20161205/juan-manuel-prada-quien-me-quiere-ver-muerto.html

Durán López, Fernando (2005), *Vidas de sabios: el nacimiento de la autobiografía moderna en España (1733–1848)*, Madrid, CSIC.

Dusini, Arno (2005), *Tagebuch: Möglichkeiten einer Gattung*, München, Wilhelm Fink Verlag.

Dyer, Geoff (2009), «The Journals of John Cheever», *The Guardian* [en línea] [consulta: 25/05/2019] https://www.theguardian.com/books/2009/oct/31/journals-biography-john-cheever-dyer

Eagleton, Terry (2013), *El acontecimiento de la literatura*, Barcelona, Península.

Echevarría, Ignacio (2010), «Narrativa sin ficción», *El Cultural* [en línea] [consulta: 25/05/2019] https://elcultural.com/Narrativa-sin-ficcion

Espada, Arcadi (2002), *Diarios*, Madrid, Espasa-Calpe.

Espada, Arcadi (2016), «Yo vivo peligrosamente», *El Mundo* [en línea] [consulta: 25/05/2019] https://www.elmundo.es/cultura/2016/01/30/56abb-28746163fcc298b4691.html

Esteve Guillén, Anna (2010), *El dietarisme català entre dos segles (1970–2000)*, Barcelona, Biblioteca Sanchís Guarner & Publicacions de l'Abadia de Montserrat.

Estrella Cózar, Ernesto, «Sobre el texto y lecturas sugeridas», en Thoreau, Henry D., *El Diario (1837–1861)*, Madrid, Capitán Swing, 2013, págs. 27–40.

Ferguson, Sam (2018), *Diaries Real and Fictional in Twentieth-Century French Writing*, Oxford, Oxford University Press.

Fernández de Moratín, Leandro (2008), *Moratines. Obras completas II*, Madrid, Cátedra.

Fernández Prieto, Celia, «Diario e intimidad», *Revista de Occidente*, 406 (2015), págs. 49–70.

Ferrero, Laura (2016), «Diarios, escritores que se convierten en su propia creación», *ABC*, [en línea] [consulta: 25/05/2019] https://www.abc.es/cultura/cultural/abci-diarios-escritores-convierten-propia-creacion-201605061125_noticia.html

Forest, Philippe, «Ego-literatura, autoficción, heterografía», en Casas, Ana (ed.), *La autoficción. Reflexiones teóricas*, Madrid, Arco/Libros, 2012, págs. 211–236.

Fothergill, Robert A. (1974), *Private chronicles: a study of English diaries*, Londres, Oxford University Press.

Foucault, Michel (1990), *Tecnologías del yo*, Barcelona, Paidós.

Foucault, Michel (1999), *Estética, ética y hermenéutica*, Barcelona, Paidós.

Foucault, Michael (2003), *El Yo minimalista y otras conversaciones*, Buenos Aires, La marca.

Foucault, Michel (2005), *La hermenéutica del sujeto*, Madrid, Akal.

Foucault, Michel (2010a), *El coraje de la verdad*, Buenos Aires, Fondo de Cultura Económica.

Foucault, Michel, «¿Qué es un autor?», en Araujo, N. y Delgado, T. (eds.), *Textos de teorías y críticas literarias*, Barcelona, Anthropos, 2010b, págs. 227–248.

Fowles, Alistair, «Genre», en Coyle, Martin *et alii* (eds.), *Encyclopedia of Literature and Criticism*, Londres, Routledge, 1991, págs. 151–163.

Freixas, Laura, «La perdida intimidad del diario íntimo», *Turia: Revista Cultural*, nº 32–33 (1995), págs. 34–44.

Freixas, Laura, «Auge del diario ¿íntimo? En España», *Revista de Occidente*, nº 182–183 (1996a), págs. 5–14.

Freixas, Laura, «El nuevo mundo de la mediocridad y de la angustia», en Amiel, Henri-Frederic, *En torno al diario íntimo*, Valencia, Pre-Textos, (1996b), págs. 11–23.

Freixas, Laura, «Amiel o el diario íntimo como género literario», *Turia: Revista Cultural*, nº 35–36 (1996c), págs. 46–56.

Freixas, Laura (1998), «De la práctica a la teoría», *Revista de libros*, [en línea] [consulta: 25/05/2019] https://www.revistadelibros.com/articulos/el-escritor-de-diarios-de-andres-trapiello

Freixas, Laura «Prólogo», en Gide, André, *Diario*, Barcelona, Alba, 2013a, págs. 9–30.

Freixas, Laura (2013b), *Una vida subterránea. Diario 1991–1994*, Madrid, Errata Naturae.

Freixas, Laura (2018), *Todos llevan máscara*, Madrid, Errata Naturae.

Freixas, Laura *et alii* (1996), «El diario íntimo. Fragmentos de diarios españoles (1995–1996)», *Revista de Occidente*, 182–183.

Fresán, Rodrigo, «Nota a esta nueva edición de los *Diarios* de John Cheever» en Cheever, John, *Diarios*, Barcelona, Random House, 2018, págs. 15–16.

Fuente, Manuel de la (2009), «Trapiello: 'Las buenas novelas tienen siempre un germen poético'», *ABC* [en línea] [consulta: 25/05/2019] https://www.abc.es/20090514/cultura-literatura/andres-trapiello-buenas-novelas-200905141934.html

Garayoa, Fernando F. (2017), «Eduardo Laporte: 'Lo mejor de los diarios es que te estudias a ti mismo para ver si puedes aportar al otro'», *Noticias de Navarra*, [en línea] [consulta: 25/05/2019] https://www.noticiasdenavarra.com/2017/12/27/ocio-y-cultura/cultura/lo-mejor-de-los-diarios-es-que-te-estudias-a-ti-mismo-para-ver-si-puedes-aportar-al-otro#Loleido

García Berrio, Antonio; Huerta Calvo, Javier (2015), *Los géneros literarios: sistema e historia*, Madrid, Cátedra.

García-Luengo, Eusebio (1955), «Literatura e intimidad», *ABC Sevilla*, Sevilla (11 de noviembre de 1955). http://hemeroteca.abc.es/nav/Navigate.exe/hemeroteca/sevilla/abc.sevilla/1955/11/11/003.html (última consulta: 11/04/2019).

García Martín, José Luis (1990), «El gato encerrado», *La Nueva España*, 1 junio 1990.

García Martín, José Luis (1993), *Colección de días*, Sevilla, Renacimiento.

García Martín, José Luis, «Notas sobre el Diario íntimo», *Trabajo y sociedad: indagaciones sobre el empleo, la cultura y las prácticas políticas en sociedades segmentadas*, nº 9 (2007), [en línea] [consulta: 25/05/2019] http://www.araz.net/pexe/martindia.htm

García Martín, José Luis (2017), *Razón de más*, Sevilla, Renacimiento.

García Martín, José Luis (2019), «Vida y literatura o cuidado con las espinas», *Crisis de papel* [en línea] [consulta: 25/05/2019] http://crisisdepapel.blogspot.com/2019/02/vida-y-literatura-o-cuidado-con-las.html

García-Posada, Miguel Ángel (2004), «Novelar la vida», *ABC* [en línea] [consulta: 25/05/2019] http://hemeroteca.abc.es/nav/Navigate.exe/hemeroteca/madrid/cultural/2004/02/21/013.html

García-Posada, Miguel Ángel (2010), «Una verdadera novela», *ABC* [en línea] [consulta: 25/05/2019] http://hemeroteca.abc.es/nav/Navigate.exe/hemeroteca/madrid/cultural/2010/01/09/022.html

Garrido Gallardo, Miguel Ángel (1987), *La crisis de la literariedad*, Madrid, Taurus.

Gasparini, Philippe, «La autonarración», en Casas, Ana (ed.), *La autoficción. Reflexiones teóricas*, Madrid, Arco/Libros, 2012, págs. 177–209.

Genette, Gérard (1989), *Figuras III*, Barcelona, Lumen.

Genette, Gérard (1993), *Ficción y dicción*, Barcelona, Lumen.

Genette, Gérard (1999), *Figures IV*, París, Seuil.

Gide, André (1951), *Journal*, París, Gallimard.

Gide, André (2013), *Diario*, Barcelona, Alba.

Gil de Biedma, Jaime (2015), *Diarios: 1956–1985*, Barcelona, Lumen.

Giordano, Alberto (2011), *La contraseña de los solitarios. Diarios de escritores*, Rosario, Beatriz Viterbo.

Giordano, Alberto, «Un *rapport* de la interrupción. Sobre los diarios de Rosa Chacel», *Zama*, nº4 (2012), págs. 147–156.

Giordano, Alberto, «La tentación del diario: escritura de la intimidad y experiencia ética en La tentación del fracaso de Julio Ramón Ribeyro», *Cuadernos de Literatura*, nº 19–37, 2015, págs. 341–360.

Girard, Alain, «Le journal intime, un nouveau genre littéraire?», *Cahiers de l'AIEF*, 17 (1965), págs. 99–109.

Girard, Alain (1986), *Le journal intime*, París, Presses Universitaires de France.

Girard, Alain, «El diario como género literario», *Revista de Occidente*, n° 182–183 (1996), págs. 31–38.

Gombrowicz, Witold (2011), *Diario (1953–1969)*, Barcelona, Seix Barral.

Goncourt, Jules y Edmond (2017), *Diario. Memorias de la vida literaria (1851–1870)*, Renacimiento, Sevilla.

González Maestro, Jesús (2012), *Genealogía de la Literatura. De los orígenes de la Literatura, construcción histórica y categorial, y destrucción posmoderna, de los materiales literarios*, Vigo, Academia del Hispanismo.

González Pozuelo, Juan José (2008), *Los dietarios de Pere Gimferrer y Enrique Vila-Matas*, Tesis doctoral [en línea] [consulta: 25/05/2019] https://www2.uned.es/centro-investigacion-SELITEN@T/pdf/Jose_Gonzalez_Pozuelo.pdf

González Ródenas, Soledad (2005), *Juan Ramón Jiménez a través de su biblioteca*, Sevilla, Universidad de Sevilla.

González-Ruano, César (1970), *Diario íntimo*, Madrid, Turner.

Goulemot, Jean-Marie, «*Les Confessions*: une autobiographie d'écrivain», *Littérature*, n.° 33 (1979), págs. 58–74.

Gracia, Jordi, «La autobiografía como invención y literatura: Bryce Echenique, C. J. Cela y M. Vargas Llosa», *El Ciervo*, 42 (1993), págs. 25–28.

Gracia, Jordi (1997), «El paisaje interior. Ensayo sobre el dietarismo español contemporáneo», *Boletín de la Unidad de Estudios Biográficos*, 2 (1997), págs. 39–50.

Gracia, Jordi, «Andrés Trapiello: 'El escritor de diarios. Historia de un desplazamiento'», *Boletín de la Unidad de Estudios Biográficos*, 3 (1998), págs. 171–173.

Gracia, Jordi; Mainer, José-Carlos, «El diario de escritor», en Rico, Francisco (ed.), *Historia y crítica de la literatura española*, Vol. 9, Tomo 2, 2000 (*Los nuevos nombres: 1975-2000: primer suplemento* / coord. por Jordi Gracia), págs. 449–459.

Gracia, Jordi (2001), *Hijos de la razón*, Barcelona, Edhasa.

Gracia, Jordi, «La voz literaria y la materia del dietarista», en Hermosilla Álvarez, María Ángeles; Fernández Prieto, Celia (eds.), *Autobiografía en España, un balance*, Madrid, Visor, 2004a, págs. 223–234.

Gracia, Jordi (2004b), «La novela sin enredo», *El País*, [en línea] [consulta: 25/05/2019] https://elpais.com/diario/2004/03/13/babelia/1079139019_850215.html

Gracia, Jordi (2005), «Confesión del cautivo», *El País*, [en línea] [consulta: 25/05/2019] https://elpais.com/diario/2005/10/15/babelia/1129333812_850215.html

Gracia, Jordi, «Y quién es él», en Borrás, Manuel *et alii*, *Vidario. A propósito del Salón de pasos perdidos de Andrés Trapiello*, Valencia, Pre-Textos, 2009, págs. 167–176.

Gracia, Jordi; Ródenas de Moya, Domingo (2010), *Historia de la literatura española. 7. Derrota y restitución de la modernidad (1939–2010)*, Barcelona, Crítica.

Gracia, Jordi (2015), «Islas vivas en medio de la nada», *El País* [en línea] [consulta: 25/05/2019] https://elpais.com/cultura/2015/08/19/babelia/1439981123_450895.html

Gracia, Jordi, «La virtud del intruso. El dietario de escritor (Segunda parte, 2000–2017)», *Cuadernos Hispanoamericanos*, 811 (2018), págs. 36–53.

Gracia, Jordi (2019), «Nuestras vidas de diario», *El País* [en línea] [consulta: 25/05/2019] https://elpais.com/cultura/2019/05/27/babelia/1558951304_741159.html

Granell, Manuel; Dorta, Antonio (1963), *Antología de diarios íntimos*, Barcelona, Labor.

Gräser, Albert (1955), *Das literarische Tagebuch. Studien über Elemente des Tagebuchs als Kunstform*, Saarbrücken, West-Ost Verlag.

Gray, Richard T. *et alii* (2005), *A Frank Kafka Enciclopedia*, Connecticut, Greenwood.

Green, Julien (1975), *Oeuvres complètes IV*, París, Gallimard.

Gusdorf, Georges (1948), *La découverte de soi*, París, PUF.

Gusdorf, Georges (1991a), *Les écritures du moi. Lignes de vie 1*, París, Les Éditions Odile Jacob.

Gusdorf, Georges, «Condiciones y límites de la autobiografía», *Anthropos*, 29 (1991b), págs. 9–18.

Hadot, Pierre (2006), *Ejercicios espirituales y filosofía antigua*, Madrid, Siruela.

Hamburger, Käte (1995), *La lógica de la ficción*, Madrid, Visor.

Harshaw, Benjamin, «Ficcionalidad y campos de referencia», en Garrido Domínguez, Antonio (ed.), *Teorías de la ficción literaria*, Madrid, Arco/Libros, 1997, págs. 126–158.

Heehs, Peter (2013). *Writing the Self: Diaries, Memoirs, and the History of the Self*. Nueva York, Bloomsbury.

Hermosilla Álvarez, María Ángeles; Fernández Prieto, Celia (eds.) (2004), *Autobiografía en España, un balance*, Madrid, Visor.

Hernández Rodríguez, Francisco Javier (1993), *Y ese hombre seré yo (La autobiografía de la Literatura Francesa)*, Murcia, Universidad de Murcia.

Herralde, Jorge, «Vicios nocturnos: la lectura de diarios», *Memoria: revista de estudios biográficos*, 1 (2003), págs. 5–12.

Hierro, Manuel, «La comunicación callada de la literatura: reflexión teórica sobre el diario íntimo», *Mediatika: cuadernos de medios de comunicación*, 7 (1999), págs. 103–127.

Huchín Sosa, Eduardo, «El diario de Reyes y sus editores», *Letras Libres*, 167 (2015a), págs. 58–61.

Huchín Sosa, Eduardo (2015b), «Para leer el Diario de Reyes», [en línea] [consulta: 25/05/2019] https://www.chiapasparalelo.com/trazos/2015/08/para-leer-el-diario-de-reyes/

Ingarden, Roman (2005), *La comprehensión de la obra de arte literaria*, México, Universidad Iberoamericana.

Irurzun, Patxi (2019), «Laura Freixas: 'Mis diarios son la expresión de alguien que se busca, que va formando su identidad'», *Naiz* [en línea] [consulta: 25/05/2019] https://www.naiz.eus/es/hemeroteca/gara/editions/2019-02-12/hemeroteca_articles/mis-diarios-son-la-expresion-de-alguien-que-se-busca-que-va-for mando-su-identidad

Iser, Wolfgang (1987), *El acto de leer*, Madrid, Taurus.

Jabois, Manuel (2011), «Diarios II: 2004–2007», *Jot Down* [en línea] [consulta: 25/05/2019] https://www.jotdown.es/2011/07/manuel-jabois-diarios-ii-2004-2007/

Jackson, Anna (2010), *Diary Poetics: Form and Style in Writer's Diaries, 1915–1962*, Londres, Routledge.

Jaume, Andreu, *Prólogo*, en Gil de Biedma, Jaime, *Diarios: 1956–1985*, Barcelona, Lumen, 2015, págs. 7–11.

Jauss, Hans Robert, «El lector como instancia de una nueva historia de la literatura», en Mayoral, José Antonio (ed.), *Estética de la recepción*, Madrid, Arco/ Libros, 1987, págs. 59–86.

Jiménez, Juan Ramón (1990), *Ideolojía (1897–1957)*, Barcelona, Anthropos.

Jiménez, Roberto (2008), «'La Manía', decimoquinto eslabón de una serie que sobrevive por su poco éxito», *El Mundo* [en línea] [consulta: 25/05/2019] https://www.elmundo.es/elmundo/2008/04/15/cultura/1208253953.html

John-Steiner, Vera, «From Life to Diary to Art in the Work of Anaïs Nin», en Wallace, Doris B.; Gruber, Howard E. (eds.), *Creative People at Work*, 1989, Nueva York, Oxford University Press, pp. 209–225.

Jolly, Margaretta (2001), *Encyclopedia of Life Writing: Autobiographical and Biographical Forms*, Londres, Fitzroy Dearborn.

Jovellanos, Gaspar Melchor de (2011), *Obras completas VIII. Diario, 3.º*, Gijón, KRK Ediciones.

Juliet, Charles (2017), *Gratitude (Journal IX 2004–2008)*, París, P.O.L.

Jünger, Ernst (2005a), *Radiaciones I. Diarios (1939–1943)*, Barcelona, Tusquets.

Jünger, Ernst (2005b), *Radiaciones II. Diarios (1943–1948)*, Barcelona, Tusquets.

Jünger, Ernst (2015), *Pasados los setenta. Diarios (1991–1996)*, Barcelona, Tusquets.

Kafka, Franz (1983a), *Diarios (1910–1913)*, Barcelona, Bruguera.

Kafka, Franz (1983b), *Diarios II (1914–1923)*, Barcelona, Bruguera.

Kertész, Imre (2016), *La última posada*, Barcelona, Acantilado.

Kierkegaard, Søren (1958), *The Journals of Kierkegaard*, Nueva York, Harper Torckbooks.

Langford, Rachael; West, Russell (1999), *Marginal Voices, Marginal Forms: Diaries in European Literature and History*, Amsterdam-Atlanta, Rodopi.

Laporte, Eduardo (2015), *Luz de noviembre, por la tarde*, Madrid, Demipage.

Lázaro Carreter, Fernando (1986), *Estudios de poética*, Madrid, Taurus.

Léautaud, Paul (2016), *Diario literario*, Madrid, Fuentetaja.

Lecarme, Jaques, «L'autofiction; un mauvais genre?», *Ritm*, 6 (1994), págs. 227–249.

Lees-Milne, James (1975), *Ancestral Voices*, Nueva York, Charles Scribner's Sons.

Leiris, Michel (1975), *La literatura considerada como una tauromaquia. Gran escape de nieve*, Barcelona, Tusquets.

Lejeune, Philippe, «Un siècle de résistance à l'autobiographie», *Tangence*, nº 45 (1990), págs. 132–146.

Lejeune, Philippe (1994), *El pacto autobiográfico*, Madrid, Megazul.

Lejeune, Philippe, «Le journal en procès», en Lejeune, Philippe (ed.), *L'autobiographie en procès*, París, Université de París X, 1997, págs. 57–75.

Lejeune, Philippe (1998), *Pour l'autobiographie*, París, Seuil.

Lejeune, Philippe; Bogaert, Catherine (2006), *Le journal intime. Histoire et antologie*, París, Textuel.

Lejeune, Philippe, «Le journal comme 'antificion'», *Poetique*, 1, vol. 149 (2007), págs. 3–14.

Lejeune, Philippe (2009), *On diary*, Hawaii, University of Hawaii.

Lejeune, Philippe (2012), «Rousseau et la révolution autobiographique», [en línea] [consulta: 27/05/2019] https://www.autopacte.org/Rousseau.pdf

Lejeune, Philippe (2016), *Aux origines du journal personnel*, París, Honoré Champion.

Leleu, Michèle (1952), *Les journaux intimes*, París, PUF.

Levrero, Mario, (2008), *La novela luminosa*, Barcelona, Mondadori.

Levrero, Mario, (2013), *Diario de un canalla. Burdeos, 1972*, Barcelona, Mondadori.

Leopardi, Giacomo (2018), *Recuerdos del primer amor*, Barcelona, Acantilado.

Llorente, Manuel (2019), «Nuevos autores, nuevos diarios», *El Mundo* [en línea] [consulta: 27/05/2019] https://www.elmundo.es/cultura/laesferadepapel/2019/06/16/5d03e13c21efa015638b4609.html

López Aranguren, José Luis, «El ámbito de la intimidad», en Castilla del Pino, Carlos (ed.), *De la intimidad*, Barcelona, Crítica, 1989, págs. 17–24.

López Mills *et alii* (2015), «Diarios», *Letras Libres*, 167.

Loureiro, Ángel G., «Autobiografía: el rehén singular y la oreja invisible», *Anales de literatura española*, 14 (2001), págs. 135–150.

Luciani, Isabelle, «Llevar un libro de cuenta y razón en la Provenza moderna (siglos XVI-XVIII): escritura doméstica y relato de uno mismo», *Manuscrits: Revista d'història moderna*, n° 31 (2013), págs. 163–203.

Luna Borge, José (1997), «En torno al diario íntimo», *Boletín de la Unidad de Estudios Biográficos*, 2 (1997), págs. 41–45.

Luque Amo, Álvaro, «El diario personal en la literatura: teoría del diario literario», *Castilla*, 7 (2016), págs. 273–306.

Luque Amo, Álvaro, «Literatura y autobiopolítica: aportaciones de Michel Foucault a la teoría de la autobiografía», *452ºF: Revista de Teoría de la Literatura y Literatura Comparada*, 17 (2017), págs. 18–35.

Luque Amo, Álvaro, «La construcción del espacio íntimo en el diario literario», *Signa*, 27 (2018a), págs. 745–768.

Luque Amo, Álvaro, «El Yo del diario literario: apuntes para una fundamentación teórica», *Impossibilia*, 16 (2018b), págs. 93–114.

Luque Amo, Álvaro (2020), *El diario personal en la literatura: teoría del diario literario. El Salón de pasos perdidos (1990-2018), de Andrés Trapiello*, Tesis doctoral. Director: Antonio Chicharro Chamorro. [Disponible en http://hdl.handle.net/10481/59332]. Universidad de Granada.

Machado, Antonio (1999), *Antología comentada (II. Prosa)*, Madrid, Ediciones De la Torre.

Mainer, José-Carlos (1981), *La edad de plata (1902-1939): ensayo de interpretación de un proceso cultural*, Madrid, Cátedra.

Mainer, José-Carlos, «Mirar es comprender (los diarios de Andrés Trapiello)», en Naval, María Ángeles (ed.), *Poesía en el campus*, Zaragoza, Octavio y Félez, 1997, págs. 21–25.

Mainer, José-Carlos, «Los títulos propiedad de un *Salón*», en Borrás, Manuel *et alii*, *Vidario. A propósito del Salón de pasos perdidos de Andrés Trapiello*, Valencia, Pre-Textos, 2009, págs. 37–43.

Mainer, José-Carlos (2017), «Escribir sin que se note», *El País* [en línea] [consulta: 25/05/2019] https://elpais.com/cultura/2017/12/27/babelia/151437 8442_111461.html

Maillard, María Luisa, «Presentación», en Zambrano, María, *Obras Completas II*, Barcelona, Galaxia Gutemberg, 2016, págs. 55–69.

Manent, Marià, «Andrés Trapiello y Emily Dickinson», en Sánchez Rosillo, Eloy *et alii*, *Andrés Trapiello*, Madrid, Calambur, 1994, págs. 59–61.

Manrique Sabogal, Winston (2008), «El Yo asalta la literatura», *El País* [en línea] [consulta: 27/05/2019] https://elpais.com/diario/2008/09/13/babelia/1221262752_850215.html

Manrique Sabogal, Winston (2010), «Diarios de escritores», *El País* [en línea] [consulta: 27/05/2019] https://elpais.com/diario/2010/07/25/eps/12800 39221_850215.html

Mañas, José Ángel (2014), «La literatura explicada a los asnos: Los diarios de Andrés Trapiello, Pliego suelto» [En línea] [consulta: 25/05/2019] http:// www.pliegosuelto.com/?p=13299

Marqués, Juan (2015), «Trapiello: 'Con la realidad hasta la muerte y un paso más'», Letras Libres, [en línea] [consulta: 25/05/2019] https://www.letrasli bres.com/mexico-espana/la-realidad-hasta-la-muerte-y-un-paso-mas

Márai, Sándor (2008), *Diarios (1984–1989)*, Barcelona, Salamandra.

Marañón, Gregorio (1962), *Amiel*, Madrid, Espasa.

Marías, Javier (2006), «Huyamos nosotros», *El País* [en línea] [consulta: 27/05/2019] https://elpais.com/diario/2006/01/29/eps/1138519612_850215.html

Marqués, Juan, «Trabajo de campo. Acerca del *Salón de pasos perdidos* de Andrés Trapiello», *Turia: Revista cultural*, 125–126 (2018), págs. 16–24.

Martí Monterde, Antoni, «Las palabras y los días. El diario como forma literaria», *Tropelías*, nº 22 (2014), págs. 70–81.

Martín del Barrio, Javier (2014), «Pessoa desasosegado pero en orden», *El País* [en línea] [consulta: 27/05/2019] https://elpais.com/cultura/2014/10/22/ babelia/1414000150_191182.html

Marzal, Carlos, «La aventura de la intimidad (y viceversa)», en Borrás, Manuel *et alii*, *Vidario. A propósito del Salón de pasos perdidos de Andrés Trapiello*, Valencia, Pre-Textos, 2009, págs. 133–137.

Matthews, William (1984), *British Diaries. An Annotated Bibliography of British Diaries Written between 1442 and 1942*, Berkeley, University of California Press.

May, Georges (1984), *Lautobiographie*, París, Presses Universitaires de France.

Medel, Elena, «Sus labores», en Borrás, Manuel *et alii*, *Vidario. A propósito del Salón de pasos perdidos de Andrés Trapiello*, Valencia, Pre-Textos, 2009, págs. 233–234.

Meléndez, Alfonso (2009), «El mismo libro, la misma vida», en Borrás, Manuel *et alii*, *Vidario. A propósito del Salón de pasos perdidos de Andrés Trapiello*, Valencia, Pre-Textos, 2009, págs. 177–180.

Melero, José Luis, «Guía de uso del lector de diarios. Una selección bibliográfica», *Memoria. Revista de Estudios Biográficos*, 3 (2007), págs. 77–94.

Merry, Bruce, «The Literary Diary as a Genre», *The Maynooth Review*, n° 5. 1 (1979), págs. 3–19.

Micó, José María, «Prólogo», en Aligheri, Dante, *Comedia*, Barcelona, Acantilado, 2018, págs. 7–29.

Molero de la Iglesia, Alicia, «Figuras y significados de la autonovelación», *Espéculo*, 33, 2006, [en línea] [consultado: 26/05/2019] http://webs.ucm.es/info/especulo/numero33/autonove.html

Montaigne, Michel de (2010), *Diario de viaje a Italia*, Madrid, Cátedra.

Montaigne, Michel de (2016), *Los ensayos*, Barcelona, Acantilado.

Montémont, Véronique (2018), «Autobiographie» en Simonet-Tenant, Françoise, *Dictionnaire de l'autobiographie. Écritures de soi de langue française*, París, Honoré-Champion, 2018, págs. 77–84.

Monnier, Philippe (1981), «Le dossier Amiel: bilan et perspectives d'un siècle de recherches», *Romantisme*, 32, págs. 91–100.

Mora, Vicente Luis (2013), *La literatura egódica: el sujeto narrativo a través del espejo*, Valladolid, Universidad de Valladolid.

Morales, Leonidas, «Memoria y géneros autobiográficos», *Anales de literatura chilena*, 19 (2013), págs. 13–24.

Morand, Paul, «Prólogo», en Pepys, Samuel, *Diarios (1660–1669)*, Sevilla, Renacimiento, 2014, págs. 7–12.

Moreira, Marta (2017), «Manuel Borrás: 'Los críticos literarios españoles están semi-amordazados'», *Alicanteplaza*, [en línea] [consultado: 08/09/2019] https://valenciaplaza.com/manuel-borras-tengo-la-sensacion-de-que-los-criticos-literarios-espanoles-estan-semi-amordazados

Moreno, Antonio, «Las confesiones discretas: el refugio literario de la intimidad», *RILCE: Revista de filología hispánica*, 28 (2012), págs. 74–81.

Moreno, Miriam, «M. y su doble», en Borrás, Manuel *et alii*, *Vidario. A propósito del Salón de pasos perdidos de Andrés Trapiello*, Valencia, Pre-Textos, 2009, págs. 237–243.

Morla Lynch, Carlos (1958), *En España con Federico García Lorca. Páginas de un diario íntimo 1928–1936*, Madrid, Aguilar.

Muñoz Molina, Antonio (2010), «Noche oscura de Cheever», *El País* [en línea] [consultado: 26/05/2019] https://elpais.com/diario/2010/09/11/babelia/1284163941_850215.html

Muñoz Molina, Antonio (2012), «El vicio Stendhal», *El País* [en línea] [consultado: 26/05/2019] https://elpais.com/cultura/2012/07/11/actualidad/1342018589_389963.html

Muñoz Molina, Antonio (2015), «Viendo nevar fuera», *El País* [en línea] [consultado: 26/05/2019] https://elpais.com/cultura/2015/03/23/babelia/1427134505_827622.html

Nicolás Rubio, César, «Autobiografía y ficción», en Hermosilla Álvarez, María Ángeles; Fernández Prieto, Celia (eds.), *Autobiografía en España, un balance*, Madrid, Visor, 2004, págs. 507–532.

Nin, Anaïs (2014), *Diarios amorosos*, Madrid, Siruela.

Olmos, Alberto (2013), «Andrés Trapiello: una introducción», *Eldiario* [en línea] [consulta: 25/05/2019] https://www.eldiario.es/lectormalherido/Andres-Trapiello-introduccion_6_90700933.html

Olmos, Alberto (2015), «Gil de Biedma, un catalán de Castilla», *El Confidencial* [En línea] [consulta: 25/05/2019] https://blogs.elconfidencial.com/cultura/mala-fama/2015-11-11/gil-de-biedma-homosexualidad-pederastia-diarios_1091079/

Olmos, Alberto (2017), «Trapiello: 'Muchos prefieren vivir en la calle de un fascista a cambiar su dirección'», *El Confidencial* [En línea] [consulta: 25/05/2019] https://www.elconfidencial.com/cultura/2017-01-09/andres-trapiello-salon-pasos-perdidos-solo-hechos_1313874/

Ortega y Gasset, José (1927), *Espíritu de la letra*, Madrid, Revista de Occidente.

Ovejero, Félix, «Como trenes en la noche», en Borrás, Manuel *et alii*, *Vidario. A propósito del Salón de pasos perdidos de Andrés Trapiello*, Valencia, Pre-Textos, 2009, págs. 113–116.

Ovejero, Félix (2017), «Moral y verdad: veinte años del *Salón de Pasos Perdidos* de Andrés Trapiello», *El Confidencial* [en línea] [consulta: 09/05/2019] https://blogs.elconfidencial.com/cultura/tribuna/2017-12-04/andres-trapiello-mundo-es-diarios-salon-pasos-perdidos_1486754/

Pániker, Salvador (2000), *El cuaderno amarillo*, Barcelona, Plaza & Janés.

Pardo, José Luis (1996), *La intimidad*, Valencia, Pre-Textos.

Pavese, Cesare (2014*), El oficio de vivir*, Barcelona, Seix Barral.

Pepys, Samuel (2014), *Diarios (1660–1669)*, Sevilla, Renacimiento.

Peinado Elliot, Carlos (2018), «Carnalidad de la memoria», *Cuadernos hispanoamericanos* [en línea] [consulta: 09/05/2019] https://cuadernoshispanoamericanos.com/carnalidad-de-la-memoria/

Pessoa, Fernando (2013), *Libro del desasosiego*, Barcelona, Acantilado.

Picard, Hans Rudolf, «El diario como género entre lo íntimo y lo público», *1616: Anuario de la Sociedad Española de Literatura General y Comparada*, 4 (1981), págs. 115–122.

Piglia, Ricardo (2015), *Los diarios de Emilio Renzi*, Barcelona, Anagrama.

Pincus, Steve (2013), *1688. La primera revolución moderna*, Barcelona, Acantilado.

Pla, Josep (2008), *Notas y dietarios*, Barcelona, Planeta.

Pla, Josep (2014), *La vida lenta: Notas para tres diarios (1956, 1957 y 1964)*, Barcelona, Destino.

Pla Barbero, Xavier, «El autobiografismo ficcional en la obra de Josep Pla», en Pozuelo Yvancos, José María; Vicente Gómez, Francisco (eds.), *Mundos de ficción*, Murcia, Universidad de Murcia, 1996, págs. 1229–1236.

Pla, Xavier, «The diaries of Josep Pla: Reflections on the Personal Diary, Draft Diary and Elaborated Diary», en Langford, Rachael; West, Russell, *Marginal Voices, Marginal Forms: Diaries in European Literature and History*, Amsterdam-Atlanta, Rodopi, 1999, págs. 126–135.

Plath, Sylvia (2016), *Diarios completos*, Barcelona, Alba.

Plath, Sylvia (2017), *La caja de los deseos*, Madrid, Nórdica.

Podnieks, Elizabeth (2000), *Daily Modernism: The Literary Diaries of Virginia Woolf, Antonia White, Elizabeth Smart, and Anaïs Nin*, Montreal, McGill-Queen's University Press.

Popper, Karl; Eccles, John Carew (1993), *El yo y su cerebro*, Barcelona, Labor.

Pozuelo Yvancos, José María (1983), *La lengua literaria*, Málaga, Ágora.

Pozuelo Yvancos, José María (1989), *Teorías del lenguaje literario*, Madrid, Cátedra.

Pozuelo Yvancos, José María (1993), *Poética de la ficción*, Madrid, Síntesis.

Pozuelo Yvancos, José María, «Lírica y ficción», en Garrido Domínguez, A. (ed.), *Teorías de la ficción literaria*, Madrid, Arco/Libros, 1997, págs. 241–268.

Pozuelo Yvancos, José María (1999), «Diarios de Trapiello», *ABC* [en línea] [consulta: 25/05/2019] http://hemeroteca.abc.es/nav/Navigate.exe/hemeroteca/madrid/cultural/1999/07/10/020.html

Pozuelo Yvancos, José María, «Autobiografía: del tropo al acto de lenguaje», en Hermosilla Álvarez, María Ángeles; Fernández Prieto, Celia (eds.), *Autobiografía en España, un balance*, Madrid, Visor, 2004, págs. 173–182.

Prieto de Paula, Ángel (2011), «Belleza sucia la del mundo», *El País* [en línea] [consulta: 25/05/2019] https://elpais.com/diario/2011/05/28/babelia/1306541541_850215.html

Puertas Moya, Ernesto, «Una puesta al día de la teoría autoficticia como contrato de lectura autobiográfica», *Signa*, 14 (2005), págs. 299–330.

Pujol, Carlos, «Una carta», en Sánchez Rosillo, Eloy *et alii*, *Andrés Trapiello*, Madrid, Calambur, 1994, págs. 105–107.

Pujol, Carlos, «El chino malabarista», en Borrás, Manuel *et alii*, *Vidario. A propósito del Salón de pasos perdidos de Andrés Trapiello*, Valencia, Pre-Textos, 2009, págs. 31–36.

Puig, Valentí (1985), *En el bosque*, Madrid, Trieste.

Raclot, Michèle, «Le *Journal* de Julien Green entre tradition y modernité», en O'Dywer, Michel; Raclot, Michèle, *Le Journal de Julien Green: miroir d'une âme, miroir d'un siècle*, Bern, Peter Lang, 2005, págs. 15–46.

Rannoux, Catherine (2004), *Les fictions du journal littéraire: Paul Léautaud, Jean Malaquais, Renaud Camus*, Gèneve, Droz.

Rannoux, Catherine, «Léautaud, Paul» en Simonet-Tenant, Françoise, *Dictionnaire de l'autobiographie. Écritures de soi de langue française*, París, Honoré-Champion, 2018, págs. 482–483.

Ribeyro, Julio Ramón (2003), *La tentación del fracaso*, Barcelona, Seix Barral.

Ribeyro, Julio Ramón (2018), «En torno a los diarios íntimos», [en línea] [consulta: 01/06/2019] http://www.leeporgusto.com/julio-ramon-ribeyro-en-torno-a-los-diarios-intimos/

Ricoeur, Paul, «Narratividad, fenomenología y hermenéutica», *Anàlisi*, 25 (2000), págs. 189–207.

Ricoeur, Paul (2001), *La metáfora viva*, Madrid, Trotta.

Ricoeur, Paul (2004), *Tiempo y narración I*, México D.F., Siglo XXI.

Ricoeur, Paul, «La vida: un relato en busca de un narrador», *Ágora: Papeles de filosofía*, 25 (2006), págs. 9–22.

Ricoeur, Paul (2008), *Tiempo y narración II*, México D. F., Siglo XXI.

Ricoeur, Paul (2009), *Tiempo y narración III*, México D. F., Siglo XXI.

Rodríguez, Juan Carlos (1984), *La norma literaria. Ensayos de crítica*, Granada, Diputación Provincial de Granada.

Rodríguez Fischer, Ana, «Del presente exasperado: 1941–1994», en Chacel, Rosa, *Obra completa. Diarios*, Valladolid, Fundación Jorge Guillén, 2004, págs. 7–15.

Rodríguez Marcos, Javier (2011), «La vida en diez mil páginas», *El País* [en línea] [consulta: 25/05/2019] https://elpais.com/cultura/2011/04/18/actualidad/1303077605_850215.html

Rodríguez Palomera, Luisa-Fernanda, «Virginia Woolf y su traducción: Los diarios», *Livius*, nº 10 (1997), págs. 165–181.

Rodríguez Suárez, Luisa Paz, «Los diarios de E. Jünger como forma del presente», en Rodríguez Suárez, Luisa Paz; Pérez Chico, David (eds.), *El diario como forma de escritura y pensamiento en el mundo contemporáneo*, Zaragoza, Universidad de Zaragoza, 2011, págs. 121–132.

Rodríguez Suárez, Luisa Paz *et alii* (2011), *El diario como forma de escritura y pensamiento en el mundo contemporáneo*, Zaragoza, Universidad de Zaragoza.

Romera Castillo, José, «La literatura, signo autobiográfico: el escritor, signo referencial de su escritura», en Romera Castillo, José (ed.), *La literatura como signo*, Madrid, Visor, 1981, págs. 13–56.

Romera Castillo, José (1992), «Literatura autobiográfica en España: Apuntes bibliográficos sobre los años ochenta», en Vilanova, Antonio (ed.), *Actas del X Congreso de la Asociación Internacional de Hispanistas*, Madrid, PPU, págs. 241–248.

Romera Castillo, José, «Diarios literarios españoles (1993- 1995)», en *Homenaje a José María Martínez Cachero: investigación y crítica*, Oviedo, Universidad de Oviedo, 2000, págs. 389–402.

Romera Castillo, José (2006), *De primera mano. Sobre escritura autobiográfica en España (siglo XX)*, Madrid, Visor.

Romera Castillo, José *et alii* (1993), *Escritura autobiográfica. Actas del II Seminario internacional del Instituto de Semiótica Literaria y Teatral*, Madrid, Visor.

Rousset, Jean, «Le journal intime, texte sans destinataire?», *Poétique*, 56 (1983), págs. 435–443.

Ruhstaller, Stefan, «Bartolomé de las Casas y su copia del Diario de a bordo de Colón. Tipología de las apostillas», *Cauce*, nº 14–15 (1992), págs. 615–637.

Saavedra, Francisco de (2004), *Diario de don Francisco de Saavedra*, edición de Francisco Morales Padrón, Sevilla, Universidad de Sevilla.

Saer, Juan José (1997), *El concepto de ficción*, Buenos Aires, Ariel.

Sagaert, Martine, «De la difficulté d'editer le *Journal* de Gide sur un support papier», en Meynard, Cécile (ed.), *Les journaux d'écrivains: enjeux génériques et éditoriaux*, Bern, Peter Lang, 2012, págs. 347–362.

Sagaert, Martine, «Journaux d'André Gide», en Simonet-Tenant, Françoise, *Dictionnaire de l'autobiographie. Écritures de soi de langue française*, París, Honoré-Champion, 2018, págs. 461–463.

Sánchez-Ostiz, Miguel (1994), *La negra provincia de Flaubert*, Pamplona, Pamela.

Sánchez-Ostiz, Miguel (1999), *El vuelo del escribano*, Valencia, Pre-Textos.

Sánchez-Ostiz, Miguel (2001*), La casa del rojo*, Barcelona, Península.

Sánchez Rosillo, Eloy, «Andrés Trapiello», en Sánchez Rosillo, Eloy *et alii*, *Andrés Trapiello*, Madrid, Calambur, 1994, págs. 7–12.

Sánchez Rosillo, Eloy, «La vida en general», en Borrás, Manuel *et alii*, *Vidario. A propósito del Salón de pasos perdidos de Andrés Trapiello*, Valencia, Pre-Textos, 2009, págs. 53–58.

Sánchez Rosillo, Eloy *et alii* (1994), *Andrés Trapiello*, Madrid, Calambur.

Sánchez Trigueros, Antonio (2013), *El concepto de sujeto literario y otros ensayos críticos*, Madrid, Biblioteca Nueva.

Sanz Manzano, María Ángeles (2003), *La prosa autobiográfica de Juan Ramón Jiménez (estudios de sus autobiografías, autorretratos y diarios)*, Madrid, Universidad de Alcalá.

Sartre, Jean Paul (1990), *Situación dos*, Buenos Aires, Losada.

Sawa, Alejandro (1910), *Iluminaciones en la sombra*, Madrid, Renacimiento.

Sawa, Alejandro (2004), *Iluminaciones en la sombra*, Madrid, Josef K.

Sawa, Alejandro (2009), *Iluminaciones en la sombra*, Madrid, Nórdica.

Scherer, Edmond, «Avertissement», en Amiel, Henri-Frederic, *Fragments d'un journal intime*, Génova, Georg & Co, 1897, págs. V–VII.

Schmidt, Siegfried J. (1990), *Fundamentos de la ciencia empírica de la literatura*, Madrid, Taurus.

Schmidt, Siegfried J. (1997), «La auténtica realidad es que la realidad existe: modelo constructivista de la realidad, la ficción y la literatura», en Garrido Domínguez, Antonio (ed.), *Teorías de la ficción literaria*, Madrid, Arco/Libros, 1997, págs. 207–240.

Schmitt, Arnaud (2017), *The Phenomenology of Autobiography: Making it Real*, Nueva York. Routledge.

Senabre, Ricardo, «La crítica inmediata», en Chicharro Chamorro, Antonio (ed.), *Periodismo y crítica literaria, hoy (Esbozo de situación)*, Sevilla, Alfar, 1996, págs. 31–35.

Shapiro, Stephen, «The Dark Continent of Literature: Autobiography». *Comparative Literature Studies*, vol. 5, 4 (1968), págs. 421–454.

Simón Tarrés, Antonio, «Memorias y diarios personales de la Cataluña moderna», *Historia social*, nº 2 (1988), págs. 119–134.

Simonet-Tenant, Françoise (2004), *Le journal intime. Genre littéraire et écriture ordinaire*, París, Téraèdre.

Simonet-Tenant, Françoise, «Gide, André», en Simonet-Tenant, Françoise, *Dictionnaire de l'autobiographie. Écritures de soi de langue française*, París, Honoré-Champion, 2018, págs. 387–389.

Simons, Judy (1990), *Diaries and Journals of Literary Women from Fanny Burney to Virginia Woolf*, Londres, MacMillan.

Shklovski, Viktor (1975), *La cuerda del arco*, Barcelona, Planeta.

Sontag, Susan (2008), *Reborn: Journals and Notebooks 1947–1963*, Nueva York, Farrar, Straus and Giroux.

Sontag, Susan (2014), *Contra la interpretación y otros ensayos*, Barcelona, Debolsillo.

Spang, Kurt (1996), *Géneros literarios*, Madrid, Síntesis.

Spang, Kurt, «La novela epistolar: un intento de definición genérica», *RILCE: Revista de filología hispánica*, 16 (2000), págs. 639–656.

Steiner, George (2002), *Extraterritorial: ensayos sobre literatura y la revolución lingüística*, Madrid, Siruela.

Steiner, George (2003), *Lenguaje y silencio*, Barcelona, Gedisa.

Stendhal (1888), *Journal*, París, G. Charpentier et Cie.

Stendhal (1955), *Diario*, Buenos Aires, Espasa-Calpe.

Stendhal, «Diario», en Granell, Manuel; Dorta, Antonio, *Antología de diarios íntimos*, Madrid, Labor, 1963, págs. 160–199.

Thoreau, Henry D. (2013), *El Diario (1837–1861)*, Madrid, Capitán Swing.

Tinianov, Yuri, «Sobre la evolución literaria», en Cuesta Abad, José Manuel; Jiménez Heffernan, Julián (eds.), *Teorías literarias del siglo XX*, Madrid, Akal, 2005, págs. 75–85.

Todorov, Tzvetan, (1987), *La notion de littérature et autres essais*, París, Éditions du Seuil.

Todorov, Tzvetan, «El origen de los géneros», en Garrido Gallardo, Miguel Ángel (ed.), *Teoría de los géneros literarios*, Madrid, Arco/Libros, 1988, págs. 31–48.

Tolstói, Lev (2002), *Diarios (1847–1894)*, Barcelona, Acantilado.

Tolstói, Sofía (2010), *Diarios (1862–1919)*, Barcelona, Alba.

Tomalin, Claire (2002), *Samuel Pepys: The Unequalled Self*, Londres, Viking.

Torga, Miguel (1968), *Diário*, Coimbra editora, Coimbra.

Toro, Vera (2017), *Soy simultáneo: el concepto poetológico de la autoficción en la narrativa hispánica*, Madrid, Iberoamericana.

Torre, Guillermo de (1970), *Doctrina y estética literarias*, Madrid, Guadarrama.

Tortosa, Virgilio (2000), «La literatura púdica como una forma de intervención pública: el diario», *Signa*, 9, págs. 581–622.

Tortosa, Virgilio (2001), *Escrituras ensimismadas: la autobiografía literaria en la democracia española*, Alicante, Universidad de Alicante.

Trabado Cabado, José Manuel (2017), «El diario como cuaderno de silencios», *Tropelías*, núm. extr. 1, págs. 283–292.

Trapiello, Andrés (1995), *Las nubes por dentro*, Valencia, Pre-Textos.

Trapiello, Andrés (1996), *Los caballeros del punto fijo*, Valencia, Pre-Textos.

Trapiello, Andrés (1998a), *El escritor de diarios*, Barcelona, Península.

Trapiello, Andrés (1998b), «La nostalgia», *El País* [en línea] [Consulta: 25/05/2019] https://elpais.com/diario/1998/06/20/opinion/898293602_850215.html

Trapiello, Andrés (2001), *Las inclemencias del tiempo*, Valencia, Pre-Textos.

Trapiello, Andrés (2002), *El fanal hialino*, Valencia, Pre-Textos.

Trapiello, Andrés (2005), *El jardín de la pólvora*, Valencia, Pre-Textos.

Trapiello, Andrés (2006a), *La cosa en sí*, Valencia, Pre-Textos.

Trapiello, Andrés (2006b), «Quita tus sucias manos de mi Mozart», *El País* [en línea] [Consulta: 25/05/2019] https://elpais.com/diario/2006/02/02/opinion/1138834807_850215.html

Trapiello, Andrés (2007), *La manía*, Valencia, Pre-Textos.

Trapiello, Andrés (2009a), *Troppo Vero*, Valencia, Pre-Textos.

Trapiello, Andrés, «Introducción», en Sawa, Alejandro, *Iluminaciones en la sombra*, Madrid, Nórdica, 2009b, págs. 13–23.

Trapiello, Andrés (2010), *El gato encerrado*, Valencia, Pre-Textos.

Trapiello, Andrés (2011a), *Apenas sensitivo*, Valencia, Pre-Textos.

Trapiello, Andrés (2011b), «Correo interno», *Hemeroflexia* [en línea] [Consulta: 25/05/2019] http://hemeroflexia.blogspot.com/2011/10/correo-interno.html

Trapiello, Andrés (2012a), *Siete moderno*, Madrid, Austral.

Trapiello, Andrés (2012b), «Ingratitud», La Vanguardia [en línea] [Consulta: 25/05/2019] https://www.lavanguardia.com/magazine/20121101/54354019467/ingratitud-andres-trapiello-opinion-magazine.html

Trapiello, Andrés (2015), *Seré duda*, Valencia, Pre-Textos.

Trapiello, Andrés (2016a), *El tejado de vidrio*, Valencia, Pre-Textos.

Trapiello, Andrés (2016b), *Sólo hechos*, Valencia, Pre-Textos.

Trapiello, Andrés (2016c), «El artista y la mamá», *Hemeroflexia* [en línea] [Consulta: 25/05/2019] http://hemeroflexia.blogspot.com/2016/12/el-artista-y-la-mama.html

Trapiello, Andrés (2017), *Mundo es*, Valencia, Pre-Textos.

Umbral, Francisco, «Prólogo a César», en González-Ruano, César, *Diario íntimo*, Madrid, Visor, 2004, págs. 7–10.

Unamuno, Miguel de (1958), *Obras Completas IX*, Madrid, Afrodisio Aguado.

Unamuno, Miguel de (1970), *Diario íntimo*, Madrid, Alianza.

Unamuno, Miguel de (1992), *San Manuel Bueno, mártir. Cómo se escribe una novela*, Madrid, Alianza.

Uriarte, Iñaki (2010), *Diarios (1999–2003)*, Pamplona, Pepitas de calabaza.

Uriarte, Iñaki (2015), *Diarios (2008–2010)*, Pamplona, Pepitas de calabaza.

Uriarte, Iñaki (2019), *Diarios. Edición completa seguida de un epílogo*, Pamplona, Pepitas de calabaza.

Villanueva, Darío (1990), *El polen de ideas: teoría, crítica, historia y literatura comparada*, Madrid, PPU.

Villanueva, Darío (1992), *Comentario de textos narrativos: la novela*, Gijón, Júcar.

Villanueva, Darío, «Realidad y ficción: la paradoja de la autobiografía», en Romera Castillo, José *et alii* (eds.), *Escritura autobiográfica. Actas del II Seminario internacional del Instituto de Semiótica Literaria y Teatral*, Madrid, Visor, 1993, págs. 15–32.

Villanueva, Darío, «Las *Sonatas* desde la teoría de la 'literatura del yo'», en Aznar Soler, Manuel; Rodríguez, Juan (eds.): *Valle-Inclán y su obra: actas del Primer Congreso Internacional sobre Valle-Inclán*. Barcelona, Cop d'idees: Taller d'investigacions valleinclanianes, 1995, págs. 241–256.

Villena, Luis Antonio de (2011), «*Diario*, de Juan Bernier», *luisantoniodevillena. es* [en línea] [Consulta: 25/05/2019] http://luisantoniodevillena.es/web/articulos/diario-de-juan-bernier/

Wagner-Egelhaalf, Martina, «Introduction: Autobiography/Autofiction Across Disciplines», en Wagner-Egelhaalf (ed.), *Handbook of Autobiography/Autofiction*, Berlín, De Gruyter, 2019, págs. 1–8.

Walton, Kendall L. (1990), *Mimesis as Make-Believe. On the Foundations of the Representational Arts*, Cambridge: Harvard University Press.

Winslow, Donald J. (1995), *Life-writing: Glossary of Terms in Biography, Autobiography and Related Forms*, Hawái, University of Hawai'i Press Honolulu.

Woolf, Virginia (1954), *Diario de una escritora*, Buenos Aires, Sur.

Woolf, Virginia (1992), *Diario íntimo I*, Barcelona, Mondadori.

Wuthenow, Ralph-Rainer (1990), *Europaïsche Tagebücher: Eigenart, Formen, Entwicklung*, Darmstadt, Wissenschaftliche Buchgesellschaft.

Zaboklicka, Bozena, «Presentación», en Gombrowicz, Witold, *Diario (1953–1969)*, Barcelona, Seix Barral, 2011, págs. 7–10.

Zambrano, María (2004), *La confesión: género literario*, Madrid, Siruela.

Zamora, Margarita, «'Todas son palabras formales del Almirante': Las Casas y el *Diario* de Colón», *Hispanic Review*, n° 57, 1 (1989), págs. 25–41.

Zavala, Iris María, «Estudio preliminar», en Sawa, Alejandro, *Iluminaciones en la sombra*, Madrid, Alhambra, 1977, págs. 2–64.

Estudios hispánicos en el contexto global
Hispanic Studies in the Global Context
Hispanistik im globalen Kontext

Edited by Ulrich Winter, Christian von Tschilschke und Labrador Méndez

www.peterlang.com